REDESCOBRINDO A INDEPENDÊNCIA

Hélio Franchini Neto

REDESCOBRINDO A INDEPENDÊNCIA

Uma história de batalhas e conflitos
muito além do Sete de Setembro

Benvirá

Copyright © Hélio Franchini Neto, 2022
Todos os direitos reservados.

Direção executiva Flávia Alves Bravin
Direção editorial Ana Paula Santos Matos
Gerência editorial e de projetos Fernando Penteado
Edição Clarissa Oliveira
Produção Rosana Peroni Fazolari

Preparação Oldair Morgado
Revisão Augusto Iriarte
Diagramação Adriana Aguiar
Capa Tiago Dela Rosa
Imagem de capa Pedro Américo / Museu do Ipiranga, São Paulo, BR.
Impressão e acabamento A.R. Fernandez

Dados Internacionais de Catalogação na Publicação (CIP)
Vagner Rodolfo da Silva - CRB-8/9410

F816r   Franchini Neto, Hélio

      Redescobrindo a Independência: uma história de conflitos e batalhas muito além do Sete de Setembro / Hélio Franchini Neto. – São Paulo : Benvirá, 2022.

     416 p.

      ISBN: 978-65-5810-177-2

      1. História do Brasil. 2. Independência. I. Meirinho, Augusto Grieco Sant'Anna. II. Lima, Alexandre Cesar Diniz Morais. III. Título.

                          CDD 981

2022-1378   CDU 94(81)

Índices para catálogo sistemático:
1. História do Brasil 981
2. História do Brasil 94(81)

1ª edição, agosto de 2022

Nenhuma parte desta publicação poderá ser reproduzida por qualquer meio ou forma sem a prévia autorização da Saraiva Educação. A violação dos direitos autorais é crime estabelecido na Lei n. 9.610/98 e punido pelo art. 184 do Código Penal.

Todos os direitos reservados à Benvirá, um selo da Saraiva Educação.
Av. Paulista, 901, 4º andar
Bela Vista - São Paulo - SP - CEP: 01311-100

SAC: sac.sets@saraivaeducacao.com.br

CÓDIGO DA OBRA   713218   CL   671069   CAE   802162

Sumário

Prefácio 9

Introdução. Você conhece mesmo a história da independência? 11

1 | A vida no Reino do Brasil: território, economia e sociedade 19
    1. População e sociedade 19
    2. As Províncias: distribuição, economia e transportes 23

2 | A herança da colonização: heterogeneidade e ausência de
    identidade "brasileira" 33
    1. Brasil ou "Brasis"? 33
    2. Existiam "brasileiros"? 40

3 | A novidade veio pelo mar 47
    1. A transferência da Corte: fuga ou retirada estratégica? 48
    2. De colônia a metrópole: a Corte, o Reino do Brasil e as transfor-
    mações no território 58
    3. Para além do Centro-Sul: a influência da Corte nas regiões 67
    4. A difícil gestão do Reino e o espírito de mudança 70

4 | Chega a revolução: o Porto lá e cá 73
    1. A reação do Rio de Janeiro à Revolução do Porto: preocupações
    com Portugal e os debates sobre as medidas a serem tomadas 76

2. A adesão do Rio de Janeiro à Revolução e a partida de
D. João VI 81

5 | A Regência de D. Pedro: da indecisão e instabilidade política
ao "Dia do Fico" 87
   1. Os primeiros passos de D. Pedro regente: fragilidade e indecisão ... 88
   2. Da indefinição à causa "brasileira": D. Pedro e as elites do
      Centro-Sul 101
   3. O Vintismo resiste no Rio de Janeiro: a mobilização militar e
      as primeiras medidas políticas 107
   4. O significado político do "Dia do Fico" 111

6 | A difícil gestão: o constitucionalismo em Lisboa e a "quebra
da mola real da sociedade" 117
   1. Uma engenharia política e jurídica complicada: a constituinte
      de Lisboa e o conflito entre "regeneração" e recolonização 119
   2. A "quebra da mola real da sociedade: o exemplo de Pernambuco.. 130

7 | Bahia, fevereiro de 1822: o início da guerra civil 143
   1. A Adesão à Revolução do Porto e as forças políticas heterogêneas.. 145
   2. Levantes militares e a ruptura de fevereiro de 1822: o início da
      guerra civil 152
   3. O interior da Bahia e a decisão em Cachoeira: a aliança com
      D. Pedro e a fase da guerra regional 158

8 | Para toda ação uma reação: Rio de Janeiro e Lisboa a cami-
nho da ruptura 167
   1. A construção do polo do Rio de Janeiro: do Conselho de Procu-
      radores à Constituinte brasileira 168

9 | A hora da verdade: Ipiranga, 7 de setembro de 1822 ou 12 de
outubro? 179
   1. Os movimentos após a convocação da Constituinte e o caso da
      Bahia 180
   2. O momento da Independência: do 2 ao 7 de setembro de 1822
      (ou 12 de outubro?) 186

3. Rei ou Imperador?... 191

10 | Um longo caminho à vista: as Províncias e a difícil aceitação
do Império 193

1. O Centro-Sul e o Sul: base de apoio, mas não tão segura......... 194
2. O Vintismo ainda com força: Maranhão e Pará 198
3. Nordeste e centro: os territórios em disputa 211

11 | A Guerra de Independência do Brasil 219

1. A mobilização brasileira: preparando as forças armadas para
a guerra 221
2. Lisboa e o esforço de guerra antiemancipação 234

12 | A guerra na Bahia: o conflito nacional pelo centro
estratégico 245

1. A transformação do conflito: Labatut e a formação do Exército
Pacificador 246
2. A Batalha do Pirajá e as ofensivas do brigadeiro Madeira 251
3. A guerra de posição e os conflitos internos nos dois lados 258
4. A Marinha rompe o cerco 264
5. Madeira deixa a Bahia: a vitória em 2 de julho e o duro saldo
da guerra 270

13 | A guerra ao Norte 275

1. A longa marcha do Fidié e a Batalha do Jenipapo 275
2. A guerra no Maranhão: adesão ou conquista? 287
3. A fronteira final ao norte: a incorporação do Pará 293

14 | A Cisplatina na Independência: apenas um novo capítulo
de uma secular batalha 297

1. A disputa pela Cisplatina e reflexos da Revolução do Porto...... 298
2. A Cisplatina entre Lisboa e o Rio de Janeiro: a decisão do
General Lecor 305
3. Dissensos na tropa e a saída de Lecor de Montevidéu: os
preparativos para a batalha 309

Sumário 7

4. O cerco de Montevidéu e a guerra de Independência na Cisplatina 316
5. A paz na Cisplatina e as consequências do conflito 319

15 | O longo processo de Independência: a crise política e a Confederação do Equador (1824) 323
1. O fim do inimigo comum: a instabilidade política no Rio de Janeiro e a Constituinte brasileira 324
2. A instabilidade nas Províncias: o retorno das forças de fragmentação e a Confederação do Equador (1824) 331
3. Portugal não desiste: as ações de recuperação do Brasil que alimentaram a instabilidade 336

16 | O reconhecimento do Brasil e o fim da guerra 341
1. As negociações do reconhecimento em três momentos 343
   A fase da inflexibilidade (1822-1823) 344
   As primeiras negociações diretas (1824-1825) 346
   A terceira fase: a efetiva intermediação britânica 349
2. O ambiente das negociações: no Brasil e no exterior, o clima era desfavorável 352
3. Afinal, um mau negócio ou um mal necessário? 362

Conclusão 365

Agradecimentos 369

Bibliografia 370

Veja também o material digital disponível no Saraiva Conecta:

https://somos.in/RI1

Prefácio

A independência do Brasil sempre esteve, de certa forma, encoberta. Camadas sobre camadas – feito parede com muitas demãos de tinta – recobriram os fatos, numa sucessão de narrativas entrelaçadas que, desde o início, revelaram mais sobre si mesmas, e sobre a época em que foram redigidas, do que sobre os eventos concretos de 1822. Redescobrir a independência era, portanto, tarefa urgente que se impunha.

E que outro momento seria mais indicado para tal redescoberta do que os 200 anos do brado do Ipiranga? Sim, o Bicentenário da Independência – que chega numa circunstância em que a nação se acha tumultuosa e polarizada – será marcado pela pluralidade, pelo siso e pela maturidade de novas e mais arejadas análises sobre um movimento que não começou e muito menos terminou no Sete de Setembro, às margens de um riacho, no meio do nada, na periferia de São Paulo.

Dentre as obras que vieram para dissipar névoas e clarificar o quadro, está essa, de autoria do diplomata e historiador Hélio Franchini Neto, apropriadamente chamada de *Redescobrindo a Independência*. Aliando o rigor da pesquisa historiográfica à amplitude da visão do diplomata, Hélio vai tecendo, ponto a ponto, um panorama vigoroso e dinâmico do que antecedeu e do que viria a suceder o suposto grito de "Independência ou morte". E é uma narrativa que se lê com deleite e arroubo, pois flui na corrente dos fatos e na perspicácia das análises. Também se trata de uma história com muitas camadas e de-mãos – só que feita para aclarar, não para encobrir.

A independência redescoberta é, assim, bem mais do que um quadro na parede da memória. É o processo que explica quem somos, de onde viemos e por que tantas vezes parecemos não saber para onde estamos indo.

EDUARDO BUENO
Escritor e jornalista

Introdução
Você conhece mesmo a história da Independência?

A Independência do Brasil precisa ser mais bem conhecida. Duzentos anos se passaram daquele dia 7 de setembro de 1822 e, no entanto, a maioria ainda conhece apenas os contornos gerais dessa história. Lembramos normalmente que em 7 de setembro de 1822, às margens do Rio Ipiranga, em São Paulo, D. Pedro declarou que o Brasil se constituiria em Império e estaria separado de Portugal. Nosso hino nacional, que cantamos em sessões solenes ou mesmo nos jogos da seleção, começa com a frase sobre o que as margens do Ipiranga ouviram, de um povo que se libertava. Este ato de emancipação foi eternizado por Pedro Américo na obra "Independência ou Morte"/"Grito do Ipiranga".

Já faz algumas décadas, porém, que estudiosos começaram a desconfiar dessas versões tradicionais. Um pouco de pesquisa e muita coisa nova apareceu, sugerindo que, nessa época de celebrações de nosso bicentenário, a Independência do Brasil, precisa ser redescoberta.

Vejamos, por exemplo, o famoso quadro do Grito do Ipiranga.

Figura 1 – *Independência ou morte,* Pedro Américo, 1988. Óleo sobre tela.
(Obra também conhecida como *O grito do Ipiranga*.)

A pintura é uma imagem irreal, feita muito tempo depois, para criar uma exaltação patriótica sobre o momento. Toda aquela exuberância heroica, com personagens em roupagens gloriosas, foi inspirada no quadro do artista Jean-Louis Ernest Meissonier, que retratou Napoleão após a vitória dos franceses sobre os russos, na batalha de Friedland, em 1807.

Figura 2 – Detalhe da obra *1807, Friedland,* Ernest Meissonier, 1861-75.
Óleo sobre tela.

Não é apenas o quadro que tem algo de errado. Vejamos a própria ideia do que teria sido o 7 de setembro: algo simples, um processo rápido, pacífico, sem complicações, no qual D. Pedro decidiu com a espada levantada a Independência e os "brasileiros" de todas as regiões ficaram ao lado dele e nada de muito complicado se passou. Um "divórcio amigável" entre Brasil e Portugal.

Aliás, se seguirmos essa lógica, o Brasil já existia antes mesmo da colonização portuguesa e teria hoje mais de 500 anos. Os "brasileiros" vinham, desde o início, ou mesmo antes, sendo submetidos ao jugo dos governos portugueses, que exploraram as riquezas naturais do "nosso país" e combateram injustamente as primeiras tentativas de liberdade aqui ocorridas, como, por exemplo, a Conjuração Mineira (1789), liderada por Tiradentes.

Às vezes, essa ideia é um pouco ampliada: para algumas interpretações mais críticas, a separação entre Brasil e Portugal não passou de conluio entre poderosos e elites que queriam continuar explorando a terra, junto com os comerciantes britânicos, e por isso se livraram dos portugueses. Essa versão vê o lado negativo da história, mas não foge da mesma base da primeira: a Independência foi um passeio.

O problema é que essas ideias ou versões de nossa Independência são tão irreais quanto o quadro de Pedro Américo. Mitos, que não condizem com nossa realidade histórica e criam uma sensação falsa do nosso passado.

Para conhecermos melhor os fatos e eventos que levaram à nossa Independência, precisamos, antes de tudo, reconhecer que boa parte do que nos foi contado precisa ser revisto e ampliado. Um exemplo: a ideia de que existia "Brasil" ou mesmo "brasileiros" antes da Independência é problemática. Já nos anos 1980, uma série de estudos passaram a mostrar algo distinto e muito mais complexo: a construção da identidade nacional brasileira foi produto de um lento desenvolvimento. Em outras palavras, não podemos falar em "Brasil desde 1500"

Introdução   13

e de "brasileiros" antes do século XVIII". Ao longo deste livro, você verá por que devemos ter cuidado com esse tema.

Quanto ao mito do "divórcio pacífico", de uma separação com Portugal feita em um ato, que seria a declaração às margens do Rio Ipiranga, em 7 de setembro de 1822, novas pesquisas revelam que nada poderia ser mais longe da realidade. Surgiram muitos debates sobre o porquê de o antigo território das colônias (depois Reino do Brasil, em 1815, tema importante do capítulo III) ter se mantido unificado, em um Império, ao contrário do que se passava nas colônias espanholas vizinhas, que se transformaram em vários países. Como indagou o historiador britânico Kenneth Maxwell: "Por que o Brasil foi diferente?"[1]

As hipóteses explicativas variam. Uma delas seria a relativa homogeneidade intelectual da elite portuguesa, egressa de Coimbra, que teria facilitado o entendimento entre os atores principais. Outras seriam o medo das rebeliões de escravos durante a instabilidade política de 1820-1825 – que teria unificado os interesses das elites –, e os interesses econômicos em jogo, principalmente com relação ao Reino Unido, que muito teria influenciado no processo de Independência.

São argumentos relevantes, fundados em pesquisas sérias. Mesmo essas novas perspectivas, porém, não incorporam em suas reflexões alguns elementos históricos importantes, como o fato de a Bahia, território estratégico para a gestão de todo o Reino, ter entrado em uma guerra civil que se transformou, ao longo de 1822, em uma "crua guerra de vândalos"[2], que durou até 2 de julho de 1823. Isso teria sido uma simples expulsão de tropas revoltadas ou a "independência da Bahia"?

---

1. MAXWELL, Kenneth. Por que o Brasil foi diferente? O contexto da independência. In: Viagem Incompleta. A experiência brasileira (1500-2000). Carlos Guilherme Mota (Org.). 2ª edição. São Paulo: Editora Senac, 2000.
2. Expressão de D. Pedro. In: Ata da Assembleia Constituinte brasileira, de 03/05/1823.

E não era apenas a Bahia. Em março de 1823, nas alturas de Campo Maior, Piauí, o Major Fidié,[3] militar português que comandava as tropas da Província, venceu a sangrenta Batalha do Jenipapo contra forças independentistas em operação, que envolveu toda a região Norte do Brasil. Também Montevidéu ficou por meses cercada, sendo a retirada das tropas "portuguesas" realizada apenas em 14 de fevereiro de 1824.

O interessante é que esses conflitos aconteceram ao mesmo tempo. No primeiro semestre de 1823, o jovem Imperador D. Pedro I enfrentava combates no Norte, no Sul e no Centro do País. Rio de Janeiro e Lisboa investiram intensamente no conflito baiano, mobilizando em torno de 30 mil soldados. Para se ter uma ideia, as tropas de Bolívar, chefe independentista que liderou a independência do que hoje são Venezuela, Colômbia e Equador, eram cerca 10 mil homens. Em 1822-1823, se Lisboa ganhasse a batalha na Bahia, poderia ter sua posição reforçada no Norte e cercar Pernambuco. Teria, com isso, logrado manter o Norte do que hoje é o Brasil, resultando em uma Independência em território muito menor?

O que realmente aconteceu, então, no nosso processo de emancipação nacional? Quem foram os principais atores das disputas e quais foram suas motivações? Como era o povo que habitava o território vasto e heterogêneo que se tornou o moderno estado brasileiro? O que aconteceu de fato naquele 7 de setembro de 1822 e por quê? E, sobretudo, como podemos contar uma história mais real, mais complexa e mais rica sobre o nosso nascimento enquanto nação?

Responder essas perguntas é o intuito deste livro. Procuramos mostrar que a Independência foi um desenrolar caótico, incerto, marcado por disputas, heterogeneidade de visões e de interesses, conflito político e guerra – como a maioria dos divórcios na vida real, diga-se de

---

3. FIDIÉ, João José da Cunha. *Vária Fortuna de um Soldado Português*. Teresina: Fundapi, 2006.

passagem. E um processo longo, que começou em 1820 e terminou apenas em 1825.

Ou seja, o nosso 7 de setembro foi apenas parte de algo maior e mais complexo. Um dia da maior relevância, sem dúvida. E o símbolo de uma Independência que, vemos agora, que precisa ser redescoberta.

Para fazer esse caminho precisamos, em primeiro lugar, por entender melhor como se desenvolveu a colonização portuguesa nas terras americanas e como cada ponto desse território evoluiu. Sobre essa base podemos avançar para as transformações do início do século XIX, a chegada da família Real, as diferenças regionais, a circulação de ideias etc. Em seguida, passaremos ao estopim do processo que terminou na emancipação brasileira, a Revolução do Porto, em Portugal, em 1820, e suas consequências no Brasil, incluindo a partida do Rei D. João VI de volta a Lisboa e a decisão do Príncipe D. Pedro de "ficar" no Reino do Brasil.

Tudo isso, no entanto, será apenas o começo da nossa história. Os capítulos seguintes revelarão o processo político no Rio de Janeiro, a situação das Províncias e, mais importante, a guerra que foi necessária para a emancipação do Brasil. Também veremos brevemente para os primeiros anos do Império, até 1825, vividos entre problemas políticos e o difícil processo de reconhecimento da Independência no plano internacional.

Nesse percurso, esperamos que, passados 200 anos da declaração às margens do Ipiranga, será possível superar o mito do "divórcio pacífico" e ir além da construção épica no consagrado quadro de Pedro Américo, para chegarmos a uma compreensão mais realista, madura e interessante desse episódio tão central da nossa história enquanto nação.

Essa redescoberta da Independência e do presente livro tem sido um caminho longo. Foi fundado em doutorado em História na Universidade de Brasília, defendido em 2015. O texto transformou-se no livro *Independência e Morte: política e guerra na emancipação do Brasil (1821-1823)*, publicado pela Topbooks em 2019. Uma obra que serviu de base da pesquisa histórica do que é apresentado a seguir, e serve de referência na base documental aqui apresentada.

A presente obra é uma continuidade desse trabalho. Traz novas pesquisas, uma estrutura e linguagem diferentes e uma visão ainda mais ampla de todo esse processo. Seu objetivo, ao final, é principalmente servir de ponte entre a pesquisa acadêmica e o público mais amplo, rompendo o fosso que muitas vezes existe entre a academia e a sociedade.

1

A vida no Reino do Brasil: território, economia e sociedade

Na época em que se passou a Independência, o que é hoje o Brasil era, em 1820, parte do Reino Unido de Portugal, Brasil e Algarves, composto por 19 Províncias (antes chamadas de Capitanias) e contando com aproximadamente 4,5 milhões de pessoas.

O Reino era um território grande, mas mal ocupado, com a população quase toda concentrada nas regiões costeiras. Havia ligações entre os pontos desses territórios, mas elas eram difíceis e lentas. Partindo do Norte do Brasil, por via marítima, chegava-se mais rápido a Lisboa do que ao Rio de Janeiro. O Brasil que conhecemos hoje estava longe de existir.

1. População e sociedade

O *Correio Braziliense*, jornal produzido em Londres, Reino Unido, mas que servia de base de informações da época, estimava em setembro de 1822 que a população do Reino do Brasil era de 4,48 milhões de habitantes.[1] A Bahia, nesta lista, aparecia com 592 mil habitantes

---

1. CORREIO BRASILIENZE, v. XXIX, n. 172, p. 332. *In*: Brasiliana USP. acervo digital.

(e proporção de livres/escravizados em 1:0,454); o Rio de Janeiro, com 706 mil; Minas Gerais, com 621 mil; Pernambuco, com 647 mil; Maranhão, com 462 mil. Infelizmente a publicação não especificava os números das outras Províncias.

Os números eram imprecisos, mas mesmo as pesquisas mais recentes confirmam as estimativas de uma população entre 4,5 e 4,8 milhões, em 1820.[2] A distribuição dessa população era um pouco distinta daquela que vemos hoje no Brasil. Não havia as regiões atuais (Norte, Nordeste, Centro-Oeste, Sudeste e Sul), mas, se utilizarmos essa divisão moderna como referência para visualização da distribuição das pessoas do Brasil da época, notaremos que o Nordeste (incluindo Bahia e Sergipe) era, em 1819 e 1823 (respectivamente, 1.703.111 e 2.050.218), mais populoso do que o Sudeste (1.512.995 e 1.541.648).

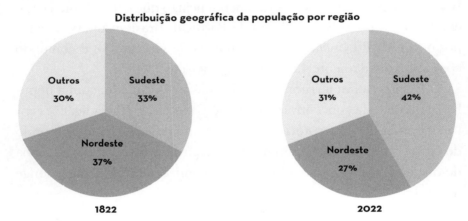

Distribuição geográfica da população por região

Fonte: Fonte: IBGE e Divisão de população da ONU.

Esse primeiro dado já é importante para nos recordar que, apesar de a decisão de D. Pedro sobre a Independência ter se passado entre

---

2. ABREU, Marcelo de Paiva; LAGO, Luiz Aranha Correia do. A economia brasileira no Império, 1822-1889. In: *Textos para Discussão*, n. 584, p. 2. Departamento de Economia PUC-Rio, 2010. Disponível em http://www.econ.puc-rio.br/pdf/td584.pdf. Acesso em: 20 nov. 2013). MARCÍLIO, Maria Luiza. Crescimento Histórico da População Brasileira até 1872, p. 10. Disponível em: www.cebrap.org.br. Acesso em: 18 fev. 2013.

Rio de Janeiro e São Paulo, o Nordeste, como veremos a seguir, era região-chave, sem a qual não haveria como unificar as Províncias.

Os cerca de 4,5 milhões de habitantes do Reino eram parte de uma sociedade "ao mesmo tempo multicultural e mestiça".[3] Cerca de 57% eram homens livres, aos quais se somavam cerca de 18% de indígenas livres, compreendendo 75% dos habitantes.[4] Os escravizados seriam em torno de 25% do total, mas distribuídos de forma desigual, com concentrações percentuais maiores em algumas regiões. Era número relevante, que dava conta do problema dessa prática macabra, que impactaria em toda a história do Império, com repercussões negativas sociais até os dias atuais. Apenas 9% da população seria, em um dos cálculos, proprietária de escravizados, sendo que a maior parte teria no máximo cinco cativos.[5] Eram poucos os grandes latifundiários com larga posse de terra e proprietários de grande número de escravizados.

Mesmo entre o grupo majoritário de livres, as diferenças eram significativas. Não formavam grupo coeso, não sendo homogêneos nem na origem, nem na posição que figuravam na sociedade. Havia uma classe de proprietários, altos funcionários, militares, profissionais liberais. Também existia uma espécie de classe média de pequenos comerciantes, contadores, despachantes etc.; e um tipo de classe média baixa, com seus mecânicos, marceneiros, ourives, entre outros. Utilizava-se, na época, uma série de categorias "raciais" para dar conta da mescla étnica, como pardo, cafuzo etc. Havia relativa fluidez nessa categorização, a depender da evolução social e econômica da pessoa.

---

3. COSTA E SILVA, Alberto da. *História do Brasil Nação: 1808/2010. Volume 1: Crise Colonial e Independência (1808-1830)*. Coordenação: Alberto da Costa e Silva. Direção: Lilia Moritz Schwarcz. Rio de Janeiro: Objetiva, 2011, p. 57.
4. CALDEIRA, Jorge. *História da Riqueza no Brasil*. Rio de Janeiro: Estação Brasil, 2017. P. 160.
5. CALDEIRA, 2017, p. 161.

A proporção desses diferentes componentes da sociedade não permite vislumbrar um país de classe média (na medida em que se pode usar o termo para a época). Nem tampouco se pode imaginar um Reino cruamente dividido entre senhores e escravizados. Entre homens livres e escravizados, havia toda uma classe de brancos e mestiços (conforme o termo que se usava na época), que se somavam a negros livres ou libertos para formar uma classe baixa. Havia um número significativo de pequenos proprietários, produtores independentes com unidades familiares.

Esse grupo sem face era a massa popular que não ficava excluída do que se passava no Reino, participando de manifestações e movimentos políticos, sem contar as revoltas. Esse registro é importante para o processo de 1821-1823, pois quem ganhasse politicamente esse grupo teria uma poderosa ferramenta política nas cidades brasileiras. Os grupos populares dependiam de "incentivos", de ideias, para se mobilizar. Assim, a propaganda política teve lugar importante na disputa política entre as Cortes de Lisboa e o Rio de Janeiro. Em resumo:

> Estudos recentes indicam uma sociedade mais complexa, com um mercado interno ativo no qual gêneros básicos eram comercializados para suprir esse mercado, e também identificam um amplo sistema de comércio regional e ofícios artesanais. Em todas essas atividades – agricultura, comércio e artesanato – encontramos proprietários e não proprietários de escravos, bem como trabalhadores livres e cativos.[6]

A maior parte da população se encontrava concentrada na costa entre Pernambuco e Rio de Janeiro, onde estavam as colônias de exportação, as instituições governamentais e a massa de escravizados utilizada na lavoura. Para além, no interior e nas periferias, as estruturas social e de governo se distinguiam, criando uma heterogeneidade importante

---

6. O estudo é de LUNA, Francisco e KLEIN, Herbert apud CALDEIRA, 2017, p. 162.

entre as realidades de cada localidade. Entre os núcleos de cada região, havia vastos territórios despovoados. O território como um todo estava distribuído administrativamente em Capitanias, que pouco antes da Independência haviam sido renomeadas "Províncias".

2. As Províncias: distribuição, economia e transportes

Fonte: Projeto República, elaborado com base em mapas da década de 1820.

Politicamente, o Reino era composto por 19 províncias, mais a cidade do Rio de Janeiro, a maior parte das quais correspondem a estados que ainda existem no Brasil atual. Partindo do Sul, encontrávamos a Cisplatina (hoje Uruguai), que fora incorporada ao Reino naquele mesmo ano de 1820, após sua ocupação por tropas portuguesas em 1816 (vide capítulo 14). Também tínhamos o Rio Grande (atual Rio Grande do Sul) e Santa Catarina. A Província de São Paulo, na época, incluía o que hoje é o Paraná. Minas Gerais, Rio de Janeiro e Espírito Santo se assemelhavam ao que existe atualmente.

No Centro do País, a divisão era simples: Mato Grosso e Goiás. Pela dimensão dessas Províncias, havia, na prática, uma quebra das influências regionais: ao passo que as Províncias do Sul eram mais influenciadas pelo que se passava no Centro-Sul (São Paulo e Minas Gerais), o Norte mato-grossense e o goiano estavam mais ligados, inclusive politicamente, à dinâmica que existia entre Maranhão, Piauí e Pará, a região Norte.

O Pará incorporava praticamente toda a Amazônia, um vasto território que, até 1774, fora uma colônia completamente separada, com dinâmicas políticas, econômicas e sociais distintas das demais, o que se refletiria no processo que terminou com a emancipação e criação do Brasil. Tanto o Maranhão quanto o Piauí foram parte do Grão-Pará, entidade distinta do "Estado do Brasil" (expressão que não significava um "Estado" como conhecemos hoje, mas apenas o conjunto das colônias lideradas por um vice-rei, tema que trataremos no próximo capítulo). Estes territórios terminaram separados em entidades autônomas em 1771-1772, para depois serem incorporados, com o Pará, ao Estado do Brasil, posteriormente (como veremos a seguir) Reino do Brasil.

Havia, por fim, no Nordeste, sete Províncias: Piauí, Ceará, Rio Grande do Norte, Paraíba, Alagoas, Sergipe e Bahia. Pernambuco tinha uma dimensão maior, incorporando o que hoje é a parte Oeste da Bahia, fazendo assim fronteira com praticamente todas as Províncias da região. O Nordeste da época era, como vimos, a região mais populosa, com muita tradição política e social local e regional.

Ao contrário da divisão em regiões que temos hoje, as Províncias eram tratadas, em muitos dos relatos e documentos da época, por uma divisão mais simples: "norte", englobando as atuais regiões do Norte e Nordeste, e "sul", de Minas Gerais para baixo, que era a região em ascensão. O ciclo mineiro havia permitido uma investida para o interior, o que também influenciou na mudança da capital, em 1763, para o Rio de Janeiro.

Economicamente, "o setor primário certamente respondia por grande parte do produto interno e das exportações, com predominância da agropecuária",[7] apesar da importância de Minas Gerais pelo ouro e da crescente relevância do Rio de Janeiro, particularmente após a chegada da Corte, em 1808 (vide a seguir). No entanto, não era apenas de exportações que vivia a colônia. Na estimativa de Jorge Caldeira, a produção para o mercado interno correspondia a cerca de 85% da riqueza produzida na colônia, ao passo que as exportações correspondiam a 15%.[8]

Após a crise do ouro, registrou-se o desenvolvimento de outras economias, como o "ciclo do gado" ou de culturas como o cacau (no Pará), algodão e arroz (no Nordeste e Sul). O mercado interno da colônia era, em outras palavras, importante e possuía uma dinâmica própria. Esses dados sugerem, em resumo, que não havia cenário econômico simples na colônia, tratado antigamente por historiadores como uma mera junção de uma economia de subsistência, que envolvia ilhas de produção para a exportação. Mais ainda, indicam uma curva com tendência de crescimento da economia da colônia, enquanto a metrópole, isto é, Portugal, vivia um ciclo descendente.

---

7. ABREU e LAGO, 2010, p. 5.
8. CALDEIRA, 2017, p. 60.

Apesar do destaque dos últimos estudos sobre o mercado interno, as exportações tinham impacto econômico relevante tanto para as receitas governamentais quanto para a metrópole europeia. E isso não se alterou com a chegada da família real, em 1808. Só para efeito de percepção, entre 1796 e 1807, o comércio a partir dos produtos oriundos do Brasil correspondeu a nada menos do que 83,7% das exportações de todas as demais colônias portuguesas. Nesse mesmo período, as reexportações dessas mercadorias representaram 56,6% das receitas do império lusitano (colônia e metrópole).[9]

Essa conjuntura político-econômica no final do século XVIII foi trabalhada por Fernando Novais em um estudo realizado na década de 1970, o qual marcou seu tempo (ainda que hoje esteja um pouco datado).[10] O autor indica que houve, nessa época, tentativas importantes de reforma do sistema colonial, inspiradas nas ideias iluministas do período e fundamentadas em aberturas relativas. O objetivo era superar a crise que se vivia internamente, com a competição e pressões vindas de outros atores importantes, especialmente o Reino Unido.

Por essa ocasião, houve um fomento da produção na colônia e maior integração com a metrópole, harmonizando-se os dois lados do sistema. Portanto, a ideia de proibição de manufaturas nas áreas coloniais deve ser olhada com cuidado. Novais destaca, também, a relevância da economia da colônia para Portugal, o que justificava a tentativa reformista desse período.

Com esses elementos, o cenário do início da década de 1820 tendia a reforçar a relevância das Províncias, particularmente do Norte, não sendo possível compreender a dinâmica econômica do período apenas com o foco no Rio de Janeiro: com o ouro de Minas Gerais já sem força e o café do Rio de Janeiro e São Paulo ainda incipiente, o açúcar mantinha-se como o principal produto de exportação.

---

9. CALDEIRA, 2017, p. 159.
10. NOVAIS, Fernando. *Portugal e Brasil na crise do Antigo Sistema Colonial (1777-1808)*. São Paulo: Editora 34, 2019 (2ª edição).

Em outras palavras, o Nordeste permanecia como a principal força de produção e exportação. Sozinhos, Pernambuco e Bahia respondiam por mais da metade das vendas de açúcar para fora. Mais ainda, essas duas Províncias tinham relevância que ultrapassava a simples economia exportadora. Salvador era, em 1820, praça comercial das mais importantes do Brasil. Também era um ponto estratégico do território (no meio do caminho entre os litorais norte e sul), local de atração de migrantes, inclusive da África, capaz de influenciar toda a região e além. Ali foi instalada a primeira faculdade do Brasil, a Escola de Cirurgia da Bahia, em 1808, quando da passagem de D. João por Salvador. Mesmo com o status da nova capital, existia "um equilíbrio entre as duas cidades, o que foi alterado cada vez mais, após a independência e a centralização realizada no Rio de Janeiro".[11]

Também Recife tinha grande importância econômica e política. Pernambuco vivia um desenvolvimento histórico particular, calcado na experiência e na mitologia da guerra contra os holandeses (1630-1654). A cultura política pernambucana desenvolvera, com base nessa experiência, forte identidade local e defesa de sua relativa autonomia. Essa visão regional, como apontam os estudos de Evaldo Cabral de Mello, seria de grande importância para a postura da Província nos conflitos que se estenderam de 1821 a 1824.[12] Os interesses das elites pernambucanas, desse modo, tinham cores particulares, relacionadas à história e à cultura locais.

É difícil, só com esse exemplo, imaginar uma unidade de pensamento e de interesses de grupos e elites de um Reino tão vasto como aquele do Brasil, mesmo com pontos em comum, como na preservação do "cancro do Império" (expressão de Joaquim Nabuco, um dos

---

11. VASCONCELOS, Pedro de Almeida. Salvador, rainha destronada? (1763-1823). In *História*, São Paulo, v. 30, n. 1, p. 174-188, jan-jun 2011, p. 180. Disponível em: www.scielo.br/pdf/his/v30n1/v30n1a08.pdf. Acesso em: 2 set. 2013.
12. Vide, entre outros, MELLO, Evaldo Cabral de. *A outra independência: o federalismo pernambucano de 1817 a 1824*. São Paulo: Editora 34, 2014 (2ª Edição).

principais abolicionistas do século XIX), que era a escravidão. Essas elites, mesmo que formadas de forma mais homogênea via estudos na Universidade de Coimbra, tinham culturas e visões também influenciadas pelas respectivas realidades locais, derivando em interesses que não necessariamente eram convergentes. Isso sem contar na população em geral, mais afincada à localidade do que a uma ideia "nacional" (como veremos no próximo capítulo), e que teria participação relevante no processo da Independência.

O Nordeste, em resumo, era naquela época uma região muito mais importante política e economicamente para o Reino do Brasil do que veio a ser caracterizado posteriormente na historiografia da Independência. Por sua localização, população e economia, toda aquela extremidade configurava, à parte da Capital do Reino, um território estratégico do Brasil. E, ali, Salvador e Recife despontavam como pontos centrais. No turbilhão político que se desatou a partir de 1821, entre Lisboa e o Centro-Sul do Reino do Brasil, quem dominasse essas duas cidades teria a vantagem estratégica sobre todo o Nordeste brasileiro.

Ao Norte, as realidades de Maranhão, Pará e Piauí também reforçam a visão da heterogeneidade. Por mais de um século, até praticamente uma geração antes da emancipação, existiram, na verdade, duas colônias, dado que o Grão-Pará, como vimos, fora uma colônia separada. A dinâmica social, política e econômica da vida maranhense ou paraense era distinta das demais, sendo que as províncias experimentavam, nas primeiras décadas do século XIX, ciclos econômicos de expansão. O Piauí, de sua parte, era o entroncamento entre as diversas vias de comunicação interna do Norte e do Nordeste, centralizando-se na sua capital, Oeiras, um importante produtor de gado para consumo local.

Dado importante de toda essa dinâmica norte-sul do Reino do Brasil era a questão dos transportes. Ao longo dos séculos, houve desenvolvimento de rotas internas e meios de comunicação, de comércio e de movimentação no território. Um comércio de bens e víveres se desenvolveu entre as regiões brasileiras, ampliando seu volume, especialmente no início do século XIX. Caravanas com tropas de mulas circulavam por toda a colônia, algumas alcançando largas distâncias, "como as monções que seguiam de São Paulo ou Belém para, em viagens de seis meses, levar artigos adquiridos pelos enriquecidos com o ouro de Cuiabá".[13]

O próprio comércio das mulas era representativo de circulação pelo território. Os criadores passaram a comprar mulas jovens nas colônias espanholas, criá-las próximo a Curitiba e levá-las para a venda em Sorocaba. "Na segunda metade do século XVIII, eram ali negociadas mais de 10 mil mulas por ano, o suficiente para abastecer no mesmo período 1,25 mil tropas novas".[14] Nos caminhos, cruzavam com as redes de tráfico de escravizados. Em sua maioria, contudo, as rotas de comércio e movimentação de tropas de mulas perfaziam uma dinâmica regional, por exemplo, entre Rio de Janeiro e São Paulo com Minas Gerais, a rota mais movimentada do século XVIII. As realidades locais tinham também elementos de interação regional, como se via no Nordeste e no Norte brasileiros. Neste contexto, a criação da Capitania do Piauí acabou por se configurar como uma zona de trânsito entre essas duas regiões.

No entanto, eram os rios e o mar que permaneciam como vias privilegiadas para o deslocamento no Reino. Na verdade, mesmo o transporte marítimo era difícil e distinto do que hoje poderíamos pensar. Por mais inacreditável que possa parecer, as Províncias mais ao Norte, como Maranhão e Pará, tinham ligação física muito mais fácil com Lisboa do que com o Rio de Janeiro. Isso derruba a imagem de um Portugal distante do Brasil, separado pelo vasto Oceano Atlântico. Na prática, a natureza criava outra realidade, que tornava a cidade europeia muito mais acessível para os súditos do Norte-Nordeste do

---

13. CALDEIRA, 2017, p. 152.
14. Ibid., p. 155.

que a então capital do Brasil. Esse fato era reconhecido à época, como demonstra um registro do jornal *O Conciliador*, editado no Maranhão, em 15 de maio de 1822:

> Quem desconhece ser mais interessante para as províncias do Norte do Cabo de S. Roque obedecer antes a Portugal que ao Rio de Janeiro? Os imensos sertões que entre si medeiam, as faz crer em tão longínqua distância, como se ali fosse um outro mundo. Que dificuldade para daqui se obter uma graça ou um recurso. Pela direção dos ventos, e correntes, pode-se ir a Lisboa, e voltar, enquanto navegando para o Rio de Janeiro, apenas se teria chegado à meia travessa. (Grifo nosso)[15]

A navegação à vela do Norte para Portugal era, assim, fácil, suave, segura, permanente e abundante. O mesmo não se dava com a navegação de lá para o Rio de Janeiro. Em certas épocas do ano, as viagens por mar, entre o Norte e o Sul, tornavam-se difíceis e arriscadas. Por causa dos ventos contrários ou das calmarias, do Pará a Pernambuco, desde maio até dezembro, gastavam-se três meses na viagem, e às vezes cinco ou seis, e assim progressivamente, para a Bahia e para o Rio. Em todos os casos, o mar era o ponto-chave para o controle estratégico do transporte do Reino do Brasil, especialmente nos locais estratégicos do Reino no Pará (entrada do Amazonas) e na Cisplatina (entrada do Prata).

A base da ocupação colonial, em resumo, era compartimentada, apesar de haver ligações e conexões entre as Províncias, particularmente após o Rio de Janeiro tornar-se capital do Reino e da Corte. A localidade prevalecia sobre o conjunto do território.

Até aqui, os dados da distribuição da população, da economia e das regiões já nos pintam um quadro a partir do qual podemos compre-

---

15. O CONCILIADOR, n. 88, 15/05/1822. In: GALVES, Marcelo Cheche. *Ao Público Sincero e Imparcial: imprensa e Independência do Maranhão (1821-1826)*. Tese apresentada ao Programa de Pós-Graduação em História da Universidade Federal Fluminense. Niterói, 2010, p. VII. Disponível em: www.historia.uff.br/stricto/td/1199.pdf. Acesso em: 15 dez. 2012.

ender melhor o processo que culminou na Independência do Brasil. Entretanto, precisamos aprofundar os aspectos relacionados a como viviam e se relacionavam as populações que se encontravam espalhadas pelos diversos pontos do território brasileiro. Para isso, é necessário olhar para a evolução político-social da época, que foi definitivamente impactada por um fato novo: a mudança do Rei e da Corte portuguesa para o Rio de Janeiro em 1808.

2

A herança da colonização: heterogeneidade e ausência de identidade "brasileira"

1. Brasil ou "Brasis"?

Na transição do século XVIII para o XIX, a colônia que se tornaria o Reino do Brasil era "um vasto deserto pontilhado de pequenos núcleos de povoamento".[1] Até então, o que existia eram as Capitanias Hereditárias, que, na prática, eram empresas privadas autorizadas pela Coroa para ocuparem e explorarem uma ampla área territorial previamente definida. A partir delas, houve gradual desenvolvimento de núcleos econômicos, como o do ciclo do açúcar no Nordeste, a economia da floresta no Norte, as entradas bandeirantes, que ampliaram as terras portuguesas, e, ainda no século XVIII, o ciclo do ouro em Minas Gerais.

Dada essa realidade, muitos comentaristas falavam, já no século XIX, em "Brasis", no sentido de que não existia uma unidade. Faltava um elemento que unisse aquelas diferentes colonizações e gerasse uma noção de "Brasil" ou mesmo a identificação daqueles que ocupavam

---

1. RIOS, José Arthur. Estrutura agrária brasileira na época da Independência. *Revista do Instituto Histórico e Geográfico Brasileiro*, v. 298, p. 296, jan.-mar. 1973. Disponível em: https://www.ihgb.org.br/publicacoes/revista-ihgb/item/107991-revista-ihgb-volume-298.html. Acesso em: 4 jan. 2013.

estas terras como sendo "brasileiros" (retomaremos esse tema a seguir). Essa era, em parte, a herança dos séculos de colonização. O termo oficial da colônia – "Estado do Brasil" – era uma designação genérica, administrativa e com pouco significado de nacionalidade.

A evolução da presença portuguesa no continente americano não foi uniforme ao longo do tempo. Ainda assim e embora sempre dependente do Litoral, ela levou a mudanças importantes por meio da ocupação do território, com algum grau de interiorização, como se percebe no caso das entradas dos bandeirantes. Neste período, os núcleos sociais e econômicos gozavam de relativa autonomia, estando no mais das vezes ligados diretamente a Lisboa. Por conta da distância e da conexão de cada região com a então sede da Corte, na Europa, havia um predomínio do local, do provincial (mais uma vez, antes eram Capitanias, mas utilizaremos o termo Província como um todo) na economia, sociedade e mesmo política. Essa característica da localidade era parte da forma como se havia desenvolvido o império português, uma monarquia "pluricontinental", organizada em rede, com laços unindo não apenas o continente americano ao europeu, mas também à África.[2]

O fluxo constante de pessoas e mercadorias entre América, Europa e África influenciava a própria formação de uma identidade, a exemplo do comércio, no qual, apesar das gerações de pessoas já fixadas na colônia, grande parte delas era composta por homens vindos da Europa. A Minas Gerais da época da Inconfidência, só para citar caso análogo, era mesclada entre nascidos na terra e outros portugueses. O mesmo se passava no Rio de Janeiro, no Pará, no Maranhão e no Sul. Em alguns lugares, havia mesmo uma tensão entre a "nobreza da terra", os herdeiros da identidade da resistência da sociedade local, e

---

2. Sobre as características da monarquia portuguesa e as comunicações entre suas partes, vide FRAGOSO, João; MONTEIRO, Nuno Gonçalo (organizadores). *Um reino e suas repúblicas no Atlântico: comunicações políticas entre Portugal, Brasil e Angola nos séculos XVII e XVIII*. Rio de Janeiro: Civilização Brasileira, 2017.

holandeses, no caso de Pernambuco, ou com os integrantes das novas ondas migratórias e seus personagens.

Por outro lado, observava-se um fluxo de regresso a Portugal, inclusive dos naturais da colônia, fosse de efetiva mudança de volta à Europa ou por conta de outros interesses, como trabalho e educação. Os filhos da elite das "conquistas" (como eram referidas as colônias) tinham como destino a Universidade de Coimbra. Este ensino comum, no entanto, estava longe de garantir a homogeneidade da elite. As realidades, a formação cultural e os interesses regionais e locais distintos, além da falta de uma identidade comum que não a portuguesa, impediam o alcance de uma uniformidade. A isso se soma o fato de que nem todos os integrantes das elites se dirigiam a Portugal buscando educação superior, e sim as escolas religiosas da colônia e da metrópole, mesmo que não universitárias.

Muitos desses portugueses originários das conquistas que partiam para Coimbra nem mesmo retornavam às colônias após formados. Alguns conseguiam "furar a bolha" ao se colocarem a serviço da Coroa. Essas vagas eram bem limitadas, uma vez que, tal qual na América hispânica, havia uma diferenciação entre os nascidos no reino (popularmente chamados de reinóis) e os nascidos nas colônias, dificultando o acesso destes últimos a cargos públicos.

Este é o caso de Alexandre de Gusmão, secretário particular de D. João V e arquiteto de um dos mais importantes acordos entre Portugal e Espanha sobre as fronteiras coloniais (o Tratado de Madri, de 1750, muito usado nas negociações das fronteiras brasileiras). Gusmão nasceu em Santos, mesma origem de José Bonifácio de Andrada e Silva, quem, antes de se tornar o renomado político e conselheiro do príncipe D. Pedro, havia passado décadas a serviço da Coroa portuguesa. Nesta condição, o Patrono da Independência,[3] como passou para a

---

3. José Bonifácio de Andrada e Silva passou a ser considerado oficialmente o Patrono da Independência do Brasil em 12 de janeiro de 2018, quando a Lei 13.615 foi publicada no *Diário Oficial da União*.

história, lutou inclusive contra as tropas de Napoleão, por ocasião da invasão das tropas francesas ao reino português.

José Bonifácio, inclusive, foi discípulo de Rodrigo de Sousa Coutinho, conselheiro de D. João VI, representante do "despotismo esclarecido" do século XVIII e importante pensador de como o Estado português deveria se organizar, modernizando sua gestão e incrementando a capacidade de controle do poder central. As ideias de Sousa Coutinho a respeito da monarquia e do império teriam influência decisiva sobre o pensamento de José Bonifácio e devem ser bem conhecidas, a fim de se compreender a forma como o santista enxergava a reorganização do Estado com a emancipação brasileira.

A monarquia portuguesa, em outras palavras, tinha esferas de atuação mais limitadas do que costumamos imaginar. Normalmente, sua preocupação maior estava relacionada a temas como segurança, principalmente no que diz respeito à relação com os demais países, e à aplicação das leis, o chamado "bem-comum". Com isso, deixava grande espaço de liberdade para a sociedade e para os particulares no que era considerado poder local ou doméstico.

Neste último campo, fora da atuação corrente do Estado, entravam a economia, a produção e o comércio (salvo os impostos pagos para a manutenção da monarquia). Também estavam os temas família e escravidão e "cabia às populações locais decidir como produzir sua vida material".[4] Esse dado é interessante, pois imagina-se que a Coroa, ao longo dessa época, era a principal interessada e controladora do terrível tráfico de escravizads, tema que, em princípio, era considerado da esfera privada.

É importante, neste ponto, enfatizar a contribuição africana não apenas no fornecimento de mão de obra forçada, o trágico tema da escravidão, que ainda tem repercussões importantes em um país desi-

---

4. FRAGOSO, João. Poderes e mercês nas conquistas americanas de Portugal (séculos XVII e XVIII): apontamentos sobre as relações centro e periferia na monarquia pluricontinental lusa. In: Fragoso & Monteiro, 2017, p. 88.

gual como o Brasil. A cultura brasileira tem muito mais da africana do que se imagina, e os livros de Alberto da Costa e Silva, dentre outros, são interessantes para explorar essa herança.

O desenvolvimento da colônia não se restringia, porém, a empreendimentos econômicos. Muitos são os processos que revelavam os estreitos laços da população com a Coroa e que contribuíram para reforçar as características regionais e a identidade do ser baiano, pernambucano, paulista. Nesta lista, inclui-se a reação dos naturais de Pernambuco, no século XVI, contra a ocupação holandesa; a cultura desenvolvida em torno de Salvador, então capital do vice-reino; a dinâmica política de Minas Gerais no agitado período da Inconfidência; e as mudanças processadas no Rio de Janeiro, que, a partir de 1763, se tornou centro administrativo. Essas transformações se acentuaram ao longo deste mesmo século XVIII, quando a população na colônia se multiplicou por dez, chegando a quase 3 milhões. Este *boom* demográfico foi decorrente principalmente da imigração portuguesa e do tráfico de escravizads.[5] Neste período, houve desenvolvimento e consolidação de sociedades e mercados, ampliando aos poucos a relevância do "Estado do Brasil" para a metrópole lusitana.

Um dos pontos fundamentais, no período, foi a ação da Coroa para reforçar seu poder e sua presença no que eram chamados de "territórios da conquista". Dessa forma, buscou-se centralizar a administração e ter maior capacidade de controlar as regiões. Em 1714, por exemplo, foi restabelecido o cargo de vice-rei, inicialmente em Salvador e, depois, no Rio de Janeiro. Na prática, foi uma tentativa de unificar o comando dentro da própria colônia, que no mais das vezes pouco se relacionava politicamente entre si.

O vice-rei deveria ser a maior autoridade na colônia. Seu poder político, no entanto, era limitado, sendo plenamente exercido apenas na Capitania em que se encontrava. De resto, a administração ficava por

---

5. FRAGOSO, 2017, p. 21.

conta de capitães-gerais, nomeados por triênios, que "recebiao as suas instrucções da Côrte de Lisboa, a qual erao responsáveis".[6] O resultado dessa realidade político-administrativa era uma dificuldade constante em governar a colônia, que mantinha a tensão entre o local e o centro.

Mesmo com problemas e resistências por parte das localidades, a Coroa não interrompeu as medidas de centralização. Em 1759, foi extinto o regime de Capitanias Hereditárias, com a incorporação do Brasil aos domínios da Coroa. Pouco depois, em 1763, com a ampliação da importância econômica do Centro-Sul (ainda que o Nordeste permanecesse o polo econômico), a capital do Governo-Geral foi transferida de Salvador para o Rio de Janeiro, a fim de marcar o controle sobre todo o território. E, como já mencionado anteriormente, em 1774, o Grão-Pará foi incorporado definitivamente ao "Estado do Brasil", deixando de ser uma colônia à parte.

Esse conjunto de medidas estava igualmente relacionado ao espírito reformista que se observava em Portugal e na Europa naquela segunda metade do século XVIII, o qual era voltado ao fortalecimento do Estado e à aplicação de novas metodologias de gestão. De Lisboa, o Marquês de Pombal procurava modernizar o Estado português e ampliar o controle sobre o Brasil.

O processo reformista impulsionado por Pombal teve importante impacto sobre grupos políticos que se formavam naqueles fins do século XVIII. As gerações seguintes, também influenciadas por Rodrigo de Sousa Coutinho, ministro de D. João VI, tinham no "reformismo ilustrado" ou no "despotismo esclarecido" base de reflexão e de ação política que impactava diretamente na organização da colônia.[7]

---

6. ARMITAGE, John. *História do Brazil, desde a chegada da Real Família de Bragança, em 1808, até a abdicação do Imperador Dom Pedro Primeiro, em 1831.* Rio de Janeiro, J. Villeneuve, 1837. (Coleção Brasiliana USP).

7. CARDOSO, José Luís; CUNHA, Alexandre Mendes. Discurso econômico e política colonial no Império Luso-Brasileiro (1750-1808). *Revista Tempo*, v. 17, n. 31, 2011. Disponível em: www.scielo.br/pdf/tem/v17n31/04.pdf. Acesso em: 13 abr. 2015. Pág. 88.

As reformas políticas e econômicas levadas a cabo por homens como Sousa Coutinho tiveram resultados ainda maiores ao influenciarem ideias e percepções de grupos importantes tanto em Portugal quanto no Brasil, especialmente a chamada "Geração de 1790", da qual pertencia José Bonifácio.

Todo esse conjunto de medidas, embora reforçassem o papel da Coroa, terminaram por não impactar na força da localidade, da região. A realidade daquelas colônias era muito distinta de um lugar para outro e se diferenciava na forma como as regiões se relacionavam com Lisboa. Caldeira enfatiza, nesse sentido, que, ao longo da colônia, os habitantes das terras americanas de Portugal "governavam-se a si mesmos": "o que movia o século do ouro era a mescla de governo local e costumes, ou, visto da perspectiva oposta, o governo formal".[8]

Os costumes tinham, na verdade, alguns pontos em comum entre todas as regiões da colônia, principalmente o ser "português", ao que se somavam muitas cores locais. O resultado era a ausência de uma "identidade" política homogênea. Os governos locais, especialmente as câmaras municipais, de fato muitas vezes ultrapassavam as competências originais e tinham um impacto direto na vida das pessoas, quanto mais afastados estes órgãos estivessem do litoral ou menos presente fosse o poder central.

Essa era parte da herança colonial, que legou uma relação político-social ambígua entre os poderes central e local. Por aqui se observava que as diferentes regiões viviam mais afastadas entre si do que integradas. Esse fato é essencial para a compreensão das reações locais à proclamação da Independência e das razões pelas quais uma guerra foi necessária para construir o Estado brasileiro entre 1822-1823.

---

8. CALDEIRA, Jorge. *História da Riqueza no Brasil*. Rio de Janeiro: Estação Brasil, 2017, p. 157.

2. Existiam "brasileiros"?

A mesma heterogeneidade que resultava na prevalência do local e do regional era refletida na "identidade" nos diferentes povos e populações que viviam no Reino do Brasil. É preciso, por essa razão, ter muito cuidado quando se fala, na época, em "brasileiros", mesmo quando se encontra um documento ou um movimento dessa época que faz alusão ao termo.

Antigamente se aprendia na escola, por exemplo, que a Inconfidência Mineira foi a primeira tentativa de independência "do Brasil". Inclusive, há documentos desse período nos quais alguns dos revoltosos se referem como "brasileiros". Sem entrar nos meandros dessa história nem diminuir de maneira nenhuma a importância desse evento histórico, é no mínimo arriscado qualificar o movimento mineiro como a primeira tentativa de Independência, já que o que se tornou "Brasil", como conhecemos, é distinto e decorrente de outro processo.

A Inconfidência é, sim, reflexo das difíceis relações entre a Coroa e as regiões, se localizando no contexto da crise do sistema colonial. No entanto, esta revolta não está relacionada diretamente com o tema da independência do Brasil em si, nem é reflexo de uma identidade nacional brasileira, uma vez que esta ainda era inexistente na época.

Na verdade, o constante fluxo de pessoas entre os territórios portugueses reforçava a identidade "nacional" portuguesa, ou seja, sua identificação com a Coroa. Também realçava a relevância da vida e cultura local ou regional. Era difícil, assim, o desenvolvimento homogêneo de uma noção de "brasilidade", das Capitanias do Norte àquelas do Sul.

Homogeneidade é o ponto-chave. Havia, de fato, referências de diferenciação entre aqueles nascidos na "conquista" e os nascidos na Europa, como veremos adiante. Essa diferença levava alguns a se identificarem como "brasileiros". Mas não era uma ideia compartilhada por todos. O termo "brasileiro", por alguns usado (mas não pela maioria),

40   Redescobrindo a Independência

nem mesmo tinha igual significado em todas as regiões. Portanto, longe de se encontrar uma identidade nacional concebida antes da Independência. O que se observa é que a noção de ser "brasileiro", como naturalmente temos hoje, foi sendo construída aos poucos, sobre uma base de múltiplas identidades e fundamentada em imagens locais, regionais e gerais. Iniciou-se, certamente, no período colonial, mas ainda era frágil e incipiente. Em vez de homogeneidade, o que prevalecia era a heterogeneidade de identidades.

Por outro lado, já é possível encontrar claramente no período em que ocorreu a Independência o sentimento de brasilidade, como dão conta os documentos da época. Nas atas das Cortes de Lisboa, a constituinte do Reino Unido, como veremos, os deputados falam em "brasileiros", "portugueses da América", "pernambucanos ou paulistas", ou atribuições de que todos pertenciam à mesma comunidade "portuguesa".

Essa multiplicidade de referências também era visível nas dezenas de cartas publicadas ao longo do período, como aquela assinada por "um fluminense", em 1821.[9] Logo no início da missiva, o remetente, ao analisar o problema do comércio, indica que "parece que este mal é incurável, mas que portanto é bem fácil de remediar, o caso está em que os Portugueses, Europeus e Brasileiros, queremos".

Um estudo interessante sobre o tema é "Peças de um mosaico", no qual István Jancsó e João Paulo Garrido Pimenta exploram exatamente o processo de ocupação e transformação dos territórios portugueses na América e o uso de conceitos como pátria, nação e Estado.[10] Os autores revelam uma realidade marcada em grande medida pelas

---

9. RESPOSTA Analytica a hum artigo do Portuguez Constitucional em defesa dos direitos do Reino do Brasil, por um fluminense. In: CARVALHO, José Murilo de; BASTOS, Lúcia; BASILE, Marcello (Orgs.). *Guerra literária*: panfletos da Independência (1820-1823). 4 Volumes. Belo Horizonte: Editora UFMG, 2014, p. 281.

10. JANCSÓ, István; PIMENTA, João Paulo Garrido. Peças de um mosaico (ou apontamentos para o estudo da emergência da identidade nacional brasileira). In: Viagem Incompleta. A experiência brasileira (1500-2000). Carlos Guilherme Mota (org.) – 2ª edição. São Paulo: Editora SENAC, 2000.

dinâmicas locais e regionais, com a formação de "pequenas pátrias" (as Capitanias, depois Províncias), que serviam como núcleo básico de identidade e mesmo de desenvolvimento social. Os portugueses que viviam no Brasil eram ligados, então, a múltiplas referências de identidade: pátria local (Rio de Janeiro, Bahia etc.); país (Reino do Brazil); e nação (portuguesa).

O elemento de união era o rei, que definia toda a nação portuguesa, "um espaço de governo e jurisdição". A nacionalidade, em outras palavras, era a portuguesa, não uma já existente, como supostamente a "brasileira". Seguia-se uma segunda camada, do "paiz", que eram as regiões, a realidade de um pernambucano, paulista, cearense etc.

Com o desenvolvimento das relações entre as Capitanias, ainda que as distâncias subsistissem, e o processo de centralização da administração, iniciado pela Coroa na segunda metade do século XVIII, surgiu, gradualmente, uma terceira identidade: a americana. Esta era fundamentada na "ideia de América", que começava a fazer sentido tanto para os colonos quanto para a administração portuguesa. Conforme avalia João Paulo Garrido Pimenta, os efeitos dessa terceira identidade se intensificaram após o início do século XIX:

> [...] nos quatorze anos que antecedem a independência, há uma reconfiguração de uma identidade luso-americana anteriormente já existente, agora progressivamente reforçada, politizada e cristalizada pela transformação da América em sede da monarquia. Os fundamentos de tal identidade não só eram plenamente compatíveis com a pluralidade identitária que, tradicionalmente, alicerçava a nação portuguesa, como também pareciam reforçar a perspectiva de complementariedade de espaços segundo os ditames do Reformismo Ilustrado.[11]

___
11. PIMENTA, João Paulo Garrido. Portugueses, americanos, brasileiros: identidades políticas na crise do Antigo Regime luso-americano. In: *Almanack Braziliense*, n. 3, maio de 2006. Disponível em: www.ieb.usp.br/publicacoes/doc/almanack_03_1322177388.pdf. Acesso em: 10 abr. 2015, p. 74.

Existiam, em suma, três "camadas" de identidade que interagiam nas possessões deste lado do Atlântico no período da Independência: portuguesa, americana e local (mineiros, baianos etc.). Neste mosaico de distinções, interagiam os problemas já mencionados, que tinham como base o relacionamento entre as tropas americanas e europeias, evidenciado pela resistência da própria Corte do Rio de Janeiro em promover um número importante de homens locais aos postos militares mais altos.

Na sociedade em geral, as diferenças influíam no dia a dia da sociedade, como nos casamentos, nas relações comerciais e na diferença entre o campo (a aristocracia fundiária majoritariamente da terra) e as cidades (com grande influência europeia no comércio, ainda que nem todos fossem nascidos em Portugal). Segundo o relato de Maria Graham, inglesa que viajou pelo Reino do Brasil na época, "os portugueses europeus são extremamente ansiosos em evitar casamentos com os nascidos no Brasil, e preferem entregar suas filhas e fortunas ao mais insignificante escriturário de origem europeia do que ao mais rico e meritório brasileiro".[12]

No Rio de Janeiro, porém, essas diferenças começaram a se amainar em fins da década de 1810, com o processo de enraizamento e integração da Corte, que chegara em 1808, fugindo da invasão napoleônica (vide próximo capítulo). Também teve importância o fato de que os traços de divisão social entre europeus e americanos não se refletiam como barreira incontornável – e talvez essa seja uma particularidade interessante da história luso-brasileira – nos canais de acesso ao poder. Alguns nascidos na colônia alcançaram cargos de conselheiros de reis, na magistratura, na administração colonial, movimento que se intensificou com a presença da Corte no Rio de Janeiro.

---

12. GRAHAM, Maria. *Diary of a Voyage to Brazil*. Londres: Longman, Hurst, Rees, Orme, Brown & Green, 1824. Disponível em: http://fr.scribd.com/doc/65591366/Journal-of-a--Voyage-to-Brazil-1821-1823-Maria-Graham. Acesso em: 19 nov. 2013.

O mais importante é que essa distinção entre americanos e europeus, apesar de presente, não se tornou forte o bastante a ponto de forjar naquele momento uma identidade nacional dos "brasileiros". Muito menos serviu de fator político forte o suficiente para impulsionar a imagem de um Brasil unido contra os "portugueses", que conduziria direta e automaticamente para a Independência. Havia diferenças por conta do local de nascimento, sim, que prejudicavam inclusive o acesso aos empregos públicos dos filhos da colônia, mas elas variavam de Província para Província. Contudo, não foi essa marginalização o elemento impulsionador da Independência, ainda que, após a guerra de emancipação do Brasil, o antilusitanismo tenha se tornado fator político importante.

Com o desenvolvimento desse conflito, houve clara utilização dessa diferença de tratamento entre nascidos dos dois lados do Atlântico. A disputa política registrada nesses documentos mostra uma instrumentalização de características geográficas ou sociais no contexto da disputa entre o Rio de Janeiro e Lisboa pelo título de capital do Império. A maior população de Portugal, a dimensão territorial brasileira, a elevação do Brasil a Reino são subsídios que vão sendo utilizados nas disputas, em um cabo de guerra de debate público.

Esse desdobramento é constatado em uma série de cartas publicadas ao longo do biênio 1821-1822, e compiladas em ampla obra de pesquisa levada a cabo por José Murilo de Carvalho, Lúcia Bastos e Marcelo Basille. Um exemplo é a série de cartas dirigidas ao Astro da Lusitania, ao longo de 1821.[13] Em uma delas, o "Compadre de Lisboa", ao defender a volta da Corte à Europa, afirmava:

> Primeiramente o Brasil por vasto, por igual que seja em extensão a toda
> a Europa, e nada comparado a Portugal. Gigante em verdade; mas sem

---

13. CARTA DO Compadre de Lisboa em resposta a outra do Compadre de Belém ou juízo critico sobre a opinião publica, Dirigida pelo Astro da Lusitania", p. 160. E Carta, que em defesa, dos brasileiros insultados escreve ao Sachristão de Carahi o Estudante Constitucional, amigo do filho do Compadre do Rio de Janeiro, p. 247.

braços, nem pernas; não falando do seu clima ardente, e pouco sadio, o Brasil está hoje reduzido a umas poucas de hordas de negrinhos, pescados nas Costas d'África, únicos, e só capazes de suportarem, (e não por muito tempo) os dardejantes raios de uma zona abrasada...

A reação foi rápida e, em pouco tempo, surgiram cartas dirigidas ao mesmo diário, defendendo a perspectiva do Reino do Brasil. O "amigo do filho do compadre do Rio de Janeiro" procura, em sua carta, enfatizar o que via como uma unidade do Reino, acusando alguns partidários de Lisboa de quererem fragmentá-lo. Relativiza a suposta superioridade em número de habitantes, colocando em dúvida a estatística, "com o que o tal Senhor medidor de povos bem pode quebrar o côvado, ou vara, de que se serviu para a medição, e que se conhece agora ser de muito pouco préstimo".

Observa-se claramente que as referências raciais não apenas traziam em si o problema da escravidão e do racismo, mas também um tom político forte de rebaixamento do Reino do Brasil em comparação ao Portugal europeu, na disputa que, como se verá no capítulo 4, tinha no tema da igualdade entre os dois lados do Atlântico um ponto de discórdia grave.

Mesmo com essa exacerbação ao longo do conflito Lisboa-Rio de Janeiro, é possível constatar que a separação entre "portugueses" e "brasileiros" não foi o motor do processo de emancipação. Foi, mais do que tudo, uma consequência desse processo político, instrumentalizado no contexto da disputa entre as Capitais pela liderança do Reino. Essa disputa, na verdade, tinha menos que ver com a herança colonial, e mais com uma nova realidade que iria se formar a partir de 1808, com a instalação da Família Real portuguesa e de sua Corte no Rio de Janeiro. Uma transformação e tanto, que mudaria em definitivo o destino das colônias.

3

A novidade veio pelo mar

Em fins de 1807, a vida nas colônias que formavam o chamado "Estado do Brasil" refletia a realidade daquela herança colonial que observamos no capítulo anterior. Com a diferença de que, já entre o final do século XVIII e início do XIX, a Europa e as Américas passavam por transformações importantes, que naturalmente influenciavam Portugal e seus domínios. A revolução que resultou na emancipação e criação dos Estados Unidos, em 1776, inspirou movimentos nas Américas, inclusive a Inconfidência Mineira, e estimulou a circulação de ideias novas, baseadas no iluminismo europeu.

Ainda em 1789, estourou a Revolução Francesa, cujas repercussões não ficaram apenas na inspiração intelectual ou ideológica. As guerras na Europa e o advento de Napoleão Bonaparte provocariam um verdadeiro rebuliço, com impacto direto sobre Portugal. Assim, se na transição do século já se podia falar em uma crise do modelo colonial, alimentando insatisfações e desafiando os governantes a reformarem o sistema, a ação napoleônica sobre a Península Ibérica provocaria, a partir de 1807, os movimentos de emancipação das colônias espanholas.

O caso da Espanha foi um processo longo, complexo, que revelava como a heterogeneidade das regiões, as disputas pelo poder entre as elites locais e regionais e a própria ação da Coroa espanhola em recuperar aqueles territórios coloniais colocavam dificuldades evidentes para qualquer projeto de unificação. Estes domínios eram gigantescos, indo do que hoje é a Costa Oeste dos Estados Unidos até a Patagônia, e já se encontravam divididos em Vice-Reinados, cada um com realidade própria, o que servia como força de desagregação. A guerra de independência das colônias espanholas mostraria as dificuldades do processo, fazendo com que os diversos conflitos políticos em jogo e a ação da heterogeneidade regional levassem à criação de vários Estados.

Se observarmos bem, as colônias portuguesas na América, apesar de manterem um relacionamento um pouco distinto com Lisboa (os luso-americanos, por exemplo, podiam ocupar cargos governamentais), estavam mais conectadas com a Coroa do que entre elas próprias. Contribuía com isso o fato de estarem espalhadas por um imenso território, alimentando entre si realidades distintas. Ademais, a política dos grupos locais não caminhava para um interesse geral (apesar da formação homogênea de muitos, via Universidade de Coimbra). Assim como suas correlatas espanholas, as colônias portuguesas tendiam para a desagregação. E, até 1807, era grande a chance de que isso de fato ocorresse.

Uma contraforça, no entanto, surgiu na transição dos anos 1807-1808, criando uma nova dinâmica: embora as forças desagregadoras não tenham sido neutralizadas, havia um movimento contrário, unificador e que mudaria para sempre a vida da colônia.

1. A transferência da Corte: fuga ou retirada estratégica?

Em setembro de 1807, o imperador da França, Napoleão Bonaparte, enviou um ultimato a Portugal, então sob a soberania da rainha Maria I, mas na prática governado pelo regente D. João: ou os portugueses declaravam guerra ao Reino Unido, ou deveriam se preparar para enfrentar as consequências.

Não se tratava, na verdade, de uma novidade, já que desde os primeiros anos da Revolução Francesa (1789) a política lusitana havia estado envolta nos problemas europeus e via ameaçada sua soberania. Portugal enfrentara, ao longo dos anos anteriores a 1807, dois problemas que convergiam. Em primeiro lugar, estava a tradicional e sensível relação com a Espanha. Desde o período de união das Coroas (1580-1640), quando Portugal esteve sob o controle do rei da Espanha, dois pontos se tornaram centrais na diplomacia portuguesa ao longo dos séculos: a preservação de sua independência política e a preservação de suas colônias no ultramar, especialmente as possessões americanas, que gradualmente foram se tornando essenciais para a própria sobrevivência da Coroa. Fora exatamente em relação à ameaça espanhola que Portugal havia reforçado sua aliança com o Reino Unido.

Voltada à gestão de seus negócios ultramarinos, sem grandes capacidades militares na Europa, Portugal tinha pouco interesse em se envolver no jogo entre as grandes potências da época, mas vira e mexe tinha de tomar uma posição. Assim aconteceu no início do século XVIII, quando desatou a Guerra da Sucessão Espanhola (1701-1714), em razão da disputa entre dois pretendentes ao trono deixado pelo rei Carlos II. De um lado, estava Felipe de Anjou, da dinastia Bourbon, neto de Luís IX e apoiado pela França. Do outro, estava o arquiduque Carlos, da dinastia Habsburgo, que governara a Espanha e era apoiado pela Áustria.

Portugal inicialmente aceitou o reinado dos Bourbon, mas terminou mudando de lado, para não se opor às potências marítimas (Reino Unido e Países Baixos), que poderiam ameaçar suas colônias. A vitória de Felipe e da França, consagrada no tratado de Utrecht, de 1713, criou dificuldades subsequentes no relacionamento hispano-português, alimentando mais conflitos. Já nesse momento teriam surgido partidos no seio da Corte portuguesa, um defendendo o apoio à França, outro, ao Reino Unido. Essa divisão teria grande influência em 1807.

A esse já complicado xadrez, sobrepôs-se a Revolução Francesa e suas consequências. A tradicional política de neutralidade portuguesa se tornou cada vez mais difícil no conflito da França com potências como Reino Unido, Prússia, Áustria e Rússia, além do jogo que a Espanha fazia. Em 1794, Portugal chegou a envolver-se na batalha do Rossilhão, vencida pela França, razão pela qual sofreu pressões francesas por um tratado de paz que chegava a demandar a cessão do Norte do Brasil.[1]

A aliança entre a Espanha e a França, em 1795, complicou ainda mais a situação portuguesa. Pior ainda, em 1801 ocorreu a chamada Guerra das Laranjas, entre Portugal e Espanha, influenciada também pela França, que pretendia ocupar o território português. O rápido conflito, entre maio e junho de 1801, terminaria com a perda portuguesa do território de Olivença. Isso seria objeto de contínuas disputas dali para frente entre Portugal e Espanha, influenciando principalmente a situação na então Banda Oriental, que depois se tornaria a Província Cisplatina brasileira, hoje Uruguai.

Nesse contexto, Portugal assinou o Tratado de Badajoz, com a Espanha, e o Tratado de Madri, com a França, ambos de 1801. Os dois acordos eram severos com Lisboa e previam, inclusive, o fechamento dos portos ao Reino Unido. O Tratado de Madri estipulava também o pagamento de uma significativa indenização à França, aceita por Portugal para evitar uma nova ameaça de invasão. Como aponta Lilia Schwarcz, vivia-se então a seguinte dinâmica das relações franco-portuguesas, que desembocaria na decisão de 1807:

> A França, de maneira quase obsessiva, ameaçará o litoral português, e todas as confusas idas e vindas – as cansativas voltas e retornos diplomáticos – serão apenas variações do mesmo ponto: a França exigindo, a Espanha ameaçando, a Inglaterra pressionando e Portugal dissimulando.[2]

---

1. SCHWARCZ, Lilia Moritz. *A longa viagem da biblioteca dos reis: do terremoto de Lisboa à independência do Brasil*. São Paulo: Companhia das Letras, 2002, p. 190.
2. Ibid., p. 189.

A partir de 1804, essa pressão aumentaria em razão do acirramento da disputa de Napoleão com o Reino Unido. Em 1806, foi decretado o Bloqueio Continental, proibindo o comércio dos países europeus continentais com os ingleses. Em resposta, os súditos de Jorge III, rei da Grã-Bretanha e da Irlanda, tornaram ilegais o comércio e a navegação nos portos pertencentes ao inimigo, inclusive declarando legítima a captura de navios dos Estados que aderissem ao bloqueio e procedentes destes mesmos ancoradouros.[3] Contudo, após vencer Prússia e Rússia na Batalha de Tilsit, em julho de 1807, Napoleão tinha a via livre para enfrentar diretamente o Reino Unido e a questão dos países ibéricos.

Antes desse momento, apoiado por tradições diplomáticas de lidar de maneira pragmática com o jogo de poder europeu e ciente das limitações portuguesas, D. João, que desde 1799 exercia definitivamente a regência por conta da incapacidade da mãe, a rainha D. Maria I, trabalhou para manter sua neutralidade. Como aponta Lilia Schwarcz, Portugal procurava neutralizar, de um lado, a ameaça franco-espanhola (especialmente após o acordo entre os dois países, firmado em 1797), sem ameaçar a aliança inglesa, que era essencial para que conseguisse manter o domínio de suas colônias ultramarinas. Era um jogo difícil e complicado.

As pressões francesas, no entanto, eram significativas e aumentariam ainda mais. Ganharam força, nesse contexto, os mencionados "partidos", ou tendências que advogavam a escolha de um ou de outro lado. O "partido francês", liderado por Antônio Araújo de Azevedo, defendia a aproximação com Paris e teve preponderância política ao longo dos anos 1804-1807, época em que a Europa vivia relativa paz. Já o "partido inglês" teve sua maior expressão em Rodrigo de Sousa Coutinho, personagem que mencionamos nos capítulos anteriores,

---

3. SCHWARCZ, Lilia Moritz. *A longa viagem da biblioteca dos reis: do terremoto de Lisboa à independência do Brasil.* São Paulo: Companhia das Letras, 2002, p. 194.

herdeiro da racionalidade estatal de Pombal. Sousa Coutinho, que recebeu de D. João, em 17 de dezembro de 1808, o título de conde de Linhares, defendia, como veremos, a manutenção da parceria com o Reino Unido e o fortalecimento do Estado português no Brasil.

Em resumo, chegando o ano de 1807, havia duas opções de difícil composição para a Corte portuguesa: França ou Reino Unido. Em meio às pressões externas, o Governo lusitano calculava seus interesses. Ficar do lado da França poderia significar a perda das colônias, pelo antagonismo aos britânicos e a ruptura dos laços diretos. Ficar com o Reino Unido traria a quase certeza da invasão do seu território europeu. Parte central dessa decisão, portanto, teria de levar em consideração como administrar o território do "Estado do Brasil", essencial para Portugal e do qual tanto dependia.

Foi nesse contexto que saiu do papel a ideia da transferência da Corte para a colônia brasileira. Era, aliás, um projeto antigo. No século XVI já havia sido proposto a D. João III, no contexto de problemas com a Espanha. O próprio Marquês de Pombal chegou a estudar a transposição após o terremoto de Lisboa de 1755 e especialmente em decorrência da invasão de tropas espanholas, em 1762. Diante deste último fato, chegou a preparar navios para o envio da família Real, caso Lisboa fosse conquistada.[4]

Com as múltiplas ameaças apresentadas no contexto da Revolução Francesa, esses planos foram retomados com força. Havia, logicamente, projetos sobre as estratégias de defesa, fosse contra os franceses, fosse contra os ingleses. As estimativas dos riscos derivados de uma eventual derrota militar sobre a Coroa, no entanto, eram elevadas. Em tese, já havia, desse modo, vozes que estimavam conveniente o inusitado deslocamento da Corte para o Novo Mundo, de modo a assegurá-la, ao mesmo tempo que a luta na Europa poderia ser conti-

---

4. NORTON, Luís. *A Corte de Portugal no Brasil:* (notas, alguns documentos diplomáticos e cartas da imperatriz Leopoldina). São Paulo: Companhia Editora Nacional, 2008, p. 27.

nuada. Assim estimava o marquês de Alorna em 1801, quando mencionados problemas com a França e com a Espanha:

> A balança da Europa está tão mudada que os cálculos de há dez anos saem todos errados na era presente. Em todo caso o que é preciso é que V.A.R. continue a reinar, e que não suceda à sua coroa o que sucedeu à de Sardenha, à de Nápoles e o que talvez entra no projeto das grandes potências que suceda a todas as coroas de segunda ordem na Europa. V.A.R. tem um grande império no Brasil, e o mesmo inimigo que ataca agora com tanta vantagem, talvez trema, e mude de projeto, se V.A.R. o ameaçar de que se dispõe a ser imperador naquele vasto território aonde pode conquistar as colônias espanholas e aterrar em pouco tempo as de todas as potências da Europa.[5]

A mesma recomendação voltaria a ser apresentada por Rodrigo de Sousa Coutinho, em 1803. O conselheiro do rei, inclusive, não pensava apenas em uma eventual retirada tática, enquanto existisse a guerra na Europa. "Para ele, tratava-se de criar um poderoso império na América do Sul, estável e duradouro".[6] Essa visão é importante reter, pois, sendo Sousa Coutinho um dos mentores de José Bonifácio, sua compreensão do Brasil, em grande medida, será adotada pelo futuro Patriarca da Independência.

Em 1807, no entanto, o momento era de gravidade maior, dados o avançar da guerra na Europa e a intensidade do confronto entre França e Reino Unido. Em julho daquele ano, com a assinatura do Tratado de Tilsit, entre França, Rússia e Prússia, esta ameaça se intensifica. Logo no artigo 2º deste acordo, encontra-se a decisão dessas potências de destronar os reis de Espanha e Portugal.

---

5. Carta de D. Pedro, marquês de Alorna, a D. João, em 30 de maio de 1801. In: Norton, 2008, p. 23.
6. SCHWARCZ, 2002, p. 195.

Foi esse tratado que motivou o ultimato de Napoleão contra Lisboa. Esta iniciativa jogava entre dois interesses, pois, ao mesmo tempo que tentava negociar com o rei português, já havia um plano de destroná-lo. Enfim, margem de manobra era inexistente. "O recado era curto e grosso. Estava na hora de os portugueses declararem guerra à Inglaterra."[7] E tinham até 1º de setembro para responderem, do contrário seria considerado que Portugal estava em guerra contra França e Espanha. Isso mesmo, contra os dois países, pois a França manipulava as peças deste tabuleiro. Embora tivesse selado uma aliança com os espanhóis contra Lisboa (Tratado de Fontainebleau, de 27 de julho de 1807), Napoleão escondeu deles o que estava decidido no Tratado de Tilsit: o fim das dinastias dos Bourbon e dos Bragança, com o poder passando para as mãos de um príncipe da família do imperador francês.

Mas, antes do xeque-mate, o astuto Napoleão tentava obter os resultados contra o Reino Unido. Com a Espanha funcionou, estabelecendo-se uma aliança entre os dois, em detrimento de Portugal. Independentemente de um eventual acordo com D. João, o Estado português como existia seria extinto de todas as maneiras, segundo os planos preestabelecidos. Para os britânicos, a situação de algumas potências menores se tornava essencial também para sua sobrevivência. Depreende-se isso não apenas em função dos aspectos comerciais, mas também de seus interesses estratégicos ou mesmo da necessidade de aliados.

Com o quadro se agravando, entre agosto e setembro de 1807 houve uma série de reuniões entre os conselheiros de D. João sobre a situação europeia. Sousa Coutinho defendeu não só a transferência da Corte para o Brasil, mas também uma declaração de guerra contra a França e a mobilização de 70 mil homens para resistir à invasão. A proposta foi descartada, porém, curiosamente, foi o que terminou por acontecer

---

7. SCHWARCZ, 2002, p. 197.

cerca de três meses depois. De todos os modos, naquela época, apesar de rechaçar inicialmente a resistência militar, em 7 de setembro daquele mesmo ano, foi adotada uma medida preliminar de preparação da Marinha para uma eventual retirada da família real. Era uma precaução para o que poderia ocorrer. Lisboa ainda tentou alguma versão de compromisso. Chegou a propor a Paris a ruptura com Londres e a suspensão do comércio britânico, sem, no entanto, retaliações contra os cidadãos ingleses. Napoleão não aceitou a oferta, e seguiu avançando no entendimento com a Espanha.

Simultaneamente, franceses e britânicos passaram à ação. A França, de sua parte, preparou em agosto de 1807 a invasão de Portugal, mobilizando um exército de 25 mil soldados comandados pelo general Junot (aos quais se somariam cerca de 15 mil espanhóis). Por sua vez, o Reino Unido enviaria uma esquadra a Lisboa liderada pelo Almirante Sidney Smith, com ordens para bloquear a cidade e bombardeá-la. Era a mesma estratégia realizada contra a Dinamarca, por ocasião do bombardeio de Copenhague e a destruição da marinha dinamarquesa.

O clima só esquentava e ficava mais tenso. Nesse cenário e diante da ausência de um acordo com Paris, em razão da exigência de prisões dos britânicos em Portugal, D. João VI finalmente se decidiu. Após o início da marcha das tropas francesas do general Junot, em 18 de outubro de 1807, Lisboa optou pela manutenção da aliança com o Reino Unido, assinando com esta nação, apenas três dias depois, uma convenção secreta, que previa a eventual transferência da Corte.

Mesmo com esses entendimentos avançados, um arranjo de última hora foi tentado. No mesmo dia 22 de outubro, foi publicado edital que fechava os portos portugueses aos navios britânicos. Essa estratégia não agradou a ninguém, pois os franceses acharam pouco e os britânicos desconfiaram das reais intenções de D. João. Foi nesse contexto que apareceu a esquadra do almirante Smith, com ordens de, eventualmente, bombardear Lisboa. O representante do Reino Unido na capital portuguesa chegou a se retirar para um navio britânico, como se a guerra estivesse para se iniciar, porém manteve contatos com D. João VI e enviou-lhe informações da França que demonstrariam que Napoleão não tinha intenção de negociar, mas, sim, de invadir Portugal independentemente da adesão ao bloqueio contra o Reino Unido.[8]

Os eventos continuaram a acelerar-se. Em novembro, finalmente ocorreu a invasão de Portugal pelos franceses, que já era conhecida, mas cuja velocidade obrigou que fossem incrementados os preparativos da retirada da família Real. Em outras palavras, já havia um plano, que era antigo, mas sua execução prática se tornou caótica, diante do rápido avanço dos soldados franco-espanhóis comandados por Junot. Cinco dias antes da partida, em 24 de novembro, ainda houve uma reunião do Conselho de Estado, quando os invasores já estavam em solo português e seguiam para Lisboa. Foi somente nesse dia que foi ordenada a mobilização para a partida.

O que se viu nos dias seguintes foi um verdadeiro caos, com uma corrida desesperada ao porto e uma preparação um tanto desorganizada para o embarque. Os planos de evacuação em pouco foram ultrapassados pela concentração da população e do aparelho do Estado, que lotaram o porto em busca de um lugar nos navios. Esse momento final de fato teve ares de uma fuga, com famílias separadas, extravio de bens e muita confusão. Era, no entanto, apenas o episódio final de uma trama mais complexa e que tinha muito mais elementos de planejamento do que de descoordenação.

Em 27 de novembro, começou o embarque da Corte portuguesa, que ainda teve de esperar dois dias até que os ventos permitissem a saída. Foi um momento de tensão, pois no dia 29 de novembro de 1807, quando os navios começavam a se deslocar, o exército invasor francês já estava em Lisboa, mas o general Junot só entraria em Lisboa no dia seguinte.

---

8. SCHWARCZ, 2002, p. 207.

A frota que deixou Portugal não era desprezível. Somando os navios que zarparam no próprio dia 29 e aqueles que se seguiram depois, formou-se uma esquadra de 23 embarcações de guerra e 31 mercantes.[9] Da população que partiu (entre 10 mil e 15 mil pessoas), havia membros da aristocracia e da Corte, funcionários reais de vários braços do Estado, comerciantes, civis, entre outros. Uma das embarcações levava a escola naval portuguesa, responsável por formar os oficiais da marinha de guerra, com seus alunos e livros. Outra levava parte importante da Biblioteca dos Reis, como narrado em pormenores pela historiadora Lilia Schwarcz em sua obra *A longa viagem da Biblioteca dos Reis*.[10]

O caminho até a colônia não foi fácil. A grande esquadra se separou, com navios chegando em diferentes momentos. Foi um percurso longo, duro, com privações de comida e dificuldades de instalação. Uma infestação de piolhos atacou os passageiros e muitos tiveram de raspar a cabeça, o que resultou na pitoresca história das nobres chegando ao Brasil com turbantes, lançando uma moda que tinha nascido, na verdade, por necessidade. A primeira parada de D. João, príncipe regente, foi em Salvador, antiga capital do Vice-Reinado. Já a primeira medida foi a abertura dos portos, autorizando o comércio dos portos das colônias do Brasil com as nações estrangeiras amigas de Portugal.

Muito se fala que a medida favorecia essencialmente o Reino Unido e que foi resultado da pressão deste. Na verdade, se observarmos bem, a maior parte dos países europeus estava do lado da França naquele momento, de modo que seria estranho se fosse autorizado o comércio com o inimigo. De outra parte, não havia Estados no continente, com a

---

9. *História Naval Brasileira*. Segundo Volume, Tomo II, Rio de Janeiro: Ministério da Marinha, 1979, p. 326-330. Vide também MADALENO GERALDO, José Custódio. A Transferência da Família Real para o Brasil: Suas consequências". *Revista Militar*, n. 2472, Lisboa, janeiro de 2008. Disponível em: www.revistamilitar.pt/artigo.php?art_id=257. Acesso em: 12 maio 2014.
10. SCHWARCZ, 2002.

exceção dos Estados Unidos, que efetivamente estivessem presentes no comércio com o que depois seria o Brasil. O Reino Unido, em outras palavras, foi preponderante nesse comércio, não apenas por pressão, mas também por ser um ator eficiente na engrenagem política que resultaria na chegada da família real portuguesa a este lado do Atlântico.

Dom João permaneceu na capital baiana por cerca de três semanas, sendo inclusive "assediado" pela elite local para que optasse pela instalação da Corte em Salvador.[11] O príncipe regente optou, no entanto, por continuar a viagem e, em 7 de março de 1808, sob salvas de tiros de canhões, era anunciada a chegada da nobre gente à Baía de Guanabara, dirigindo-se ao cais do porto do Rio de Janeiro. Era mais do que uma visão pouco registrada na história: um novo capítulo da política portuguesa se iniciava, com consequências que, naquele momento, talvez ninguém imaginasse.

2. De colônia a metrópole: a Corte, o Reino do Brasil e as transformações no território

A instalação da família real e sua corte trouxe muitas transformações para o Rio de Janeiro e a colônia como um todo, especialmente por conta de toda a estrutura do Estado que aqui também se instalou. De relativamente acanhada capital do Vice-Reino, que, como vimos, tinha influência limitada sobre o resto das Capitanias, a antiga São Sebastião do Rio de Janeiro passou a concentrar todo o poder do Império português, tornando-se o centro metropolitano de Portugal.

Houve, em consequência, aumento da população, alteração dos costumes e do espaço urbano. Para transformar o Rio de Janeiro em uma capital de Império digna, foi necessário fazer adaptações e construir novos edifícios para a instalação da corte e suas esferas de poder, como escolas, academias militares, tribunais e ministérios. A moder-

---

11. NORTON, 2008, p. 48.

nização que se processou foi importante, mas, segundo muitos relatos da época, não era suficiente para transformar a nova capital em um espaço urbano realmente confortável. O francês De la Touane, oficial que participou da missão de volta ao mundo liderada pelo barão Hyacinthe de Bougainville, descreveu o Rio como bonito, mas somente à distância. Desembarcando, o cenário era outro, diria ele: "O principal embarcadouro, perto da residência real, de um dos mais belos quarteirões, por conseguinte, está acumulado de imundícies que espalham odor infecto, e não se pode formar uma ideia da falta de asseio que reina na cidade".[12]

Outros visitantes eram mais benevolentes, como foi o caso de Spix e Martius, pesquisadores alemães que viajaram por todo o território e deixaram importantes relatos, dentre os quais uma boa impressão do Rio de Janeiro, que teria adquirido uma atmosfera de capital europeia, bem mais desenvolvida.[13] Entre visões mais positivas e mais críticas, temos também alguns romances interessantes para a descrição do ambiente da época, como o tradicional *Memórias de um sargento de milícias*", de Manoel Antonio de Almeida, e *Era no tempo do rei*, de Ruy Castro.

Para além do plano urbano, era necessário adaptar-se a outra realidade: ainda que Lisboa não registrasse uma vida cultural comparável a Paris ou Londres, era um mundo significativamente mais avançado que a capital da colônia. A presença da Corte impulsionou um nascimento cultural, ainda que limitado, com o estabelecimento de escolas, do Jardim Botânico e mesmo de um circuito diplomático, ou seja, do fato de que, como capital, o Rio de Janeiro recebia agora os embaixadores e representantes de outros países, que movimentavam a acanhada sociedade.

O símbolo maior desse avanço foi a chegada de intelectuais e artistas estrangeiros. Em 1815, foi fundada a Academia de Belas Artes,

---

12. Apud NORTON, 2008, p. 113.
13. NORTON, 2008, p. 112.

a qual coincidiu com o estabelecimento de uma missão de artistas estrangeiros, que reunia de arquitetos a pintores, músicos, carpinteiros e gravadores, e dariam o impulso a um novo momento das artes no Rio de Janeiro. Joachim Lebreton liderou o grupo de cerca de 20 artistas, que incluía figuras como Jean-Baptiste Debret, Nicolas-Antoine Taunay, Auguste Marie Taunay e Auguste Grandjean de Montigny.

Lilia Schwarcz publicou interessante estudo sobre a vida de Nicolas-Antoine Taunay e o contexto da missão francesa.[14] Alguns desses artistas de fato ficariam conhecidos nos séculos seguintes e ainda hoje são referências artísticas da época, como é o caso de Debret, que captou como nenhum outro o cotidiano do Rio de Janeiro de outrora e legou as principais representações da família real portuguesa no Brasil.

Há debates, ainda hoje, se a missão artística francesa foi um projeto desenvolvido pelo governo português no Rio de Janeiro, destinado a contribuir para a estruturação da Academia de Belas Artes e avanço intelectual da nova capital, ou foi uma iniciativa privada de Lebreton e de alguns nobres portugueses. Independentemente de sua origem, a missão coincidiu com uma série de outras medidas, como a elevação a Reino Unido do Brasil, que veremos mais abaixo, o casamento de D. Pedro e a coroação de D. João VI.

Foi então nessa nova cidade que se registrou, em 1817, a chegada de Maria Leopoldina, filha do imperador austríaco Francisco I, para se casar com o príncipe D. Pedro. Era uma aliança política séria, pois simbolizava a aceitação de aliança com Portugal por uma das principais potências europeias da época. Se no plano íntimo a aliança seria marcada por um bom começo seguido de anos de crise e de suspeitas de abusos sérios contra a princesa, no plano político o casamento trouxe frutos importantes.

Além da aguçada visão política de Leopoldina, que seria um dos personagens centrais do processo de emancipação, a união estabe-

---

14. SCHWARCZ, Lilia Moritz. *O Sol do Brasil*. São Paulo: Companhia das Letras, 2008.

lecia um canal importante entre as duas Coroas. Como veremos, a ação de Leopoldina e do Barão de Mareschal, o representante diplomático da Áustria no Rio de Janeiro, foi muito útil na gestão da causa do Rio de Janeiro (ainda que mantivesse resistências), que, apesar do processo de Independência, contava com a simpatia de uma das mais conservadoras Coroas da década de 1820. Não foi, porém, apenas um casamento o que marcou a nova realidade da Corte. Simbolicamente mais importante ainda, a nova capital do império vivenciou, em 1818, a coração de D. João VI. Era a primeira vez que um monarca europeu assumia legitimamente e por sucessão a coroa de uma monarquia tradicional nas terras americanas.

Figura 3 - *Aclamação do Rei D. João VI*, Jean Baptiste Debret, 1839.
Litografia colorida à mão.

Essa coroação, retratada por Debret, marcava um momento político que ia além da mera transformação urbana do Rio de Janeiro, incluindo também a dimensão política e a própria relação com a então metrópole. Mais ainda, a dinâmica do relacionamento entre as diferentes regiões do Brasil foi diretamente impactada, fator essencial para a forma como se desenrolou o processo de emancipação.

Com a presença da Corte, o Rio de Janeiro teve de se estruturar como capital de um Estado, alimentando mudanças políticas, sociais e econômicas. Esse processo transformaria a região, o Centro-Sul, no que Maria Odila Leite da Silva Dias, em um interessante estudo, chamou de "interiorização da metrópole".[15] Isso significava a gradual incorporação das Províncias vizinhas em todas as dimensões que traz a proximidade do poder. Minas Gerais e São Paulo tornaram-se o círculo expandido da Capital, articulando sua economia e vida social à corte, fornecendo os insumos necessários e mesmo novas elites e funcionários que aos poucos seriam incorporados à estrutura da capital.

Acelerou-se igualmente a circulação de mercadorias. Os negócios se ativaram, a agricultura aumentou principalmente depois que se estabeleceu prêmio aos agricultores que aclimatassem no país novas espécies ou promovessem plantas nativas de outras regiões. As exportações aumentaram e a circulação de navios se multiplicou, passando, no porto do Rio de Janeiro, de 90 entradas, em 1808, para 442, em 1810.

A nova realidade estimulou novos estilos de vida, maior urbanização no Centro-Sul e a chegada de novas ideias. Além do comércio, estimulado pela ampliação da população e da própria estrutura da capital, os cargos públicos, antes distantes e de difícil alcance para os nascidos na América, passaram a ser acessíveis. O status social de vários grupos foi elevado, inclusive com elevações à condição de nobreza.

O processo de interiorização não foi, é bem verdade, uniforme nem mesmo no Centro-Sul do Brasil. Em trabalho sobre a política de São Paulo no período 1821-1823, Luiz Adriano Borges, aponta como a posição dos deputados paulistas nas Cortes e a visão das lideranças da Província sobre a reorganização do Estado português (em decorrência da Revolução do Porto, que veremos no próximo capítulo) harmonizavam-se com seus interesses econômicos, seja na venda de seus produtos

---

15. DIAS, Maria Odila Leite da Silva. A interiorização da metrópole. In: *A interiorização da metrópole e outros estudos*. 2ª edição. São Paulo: Alameda, 2005, p. 43.

(dentre os quais o açúcar e mulas), seja pela cadeia econômica desenvolvida com o Rio de Janeiro.[16] Em outras palavras, a interiorização da metrópole contribuía para a formação da visão política local.

Mesmo no caso paulista, porém, havia divergências e disputas internas que não apontavam para a homogeneidade de pensamento e posição política. José Bonifácio, em sua atuação no processo que levou à Independência, procurou continuamente coordenar esses interesses, inicialmente pela negociação (por exemplo, na redação das instruções aos deputados paulistas nas Cortes), mas também pela força (no combate aos grupos contrários).

Já no avançado de 1822, D. Pedro realizou sua viagem a São Paulo, que terminaria com o Grito do Ipiranga, em 7 de setembro, exatamente para lidar com uma revolta, decorrente de disputas entre as elites. A homogeneidade destes grupos era bem relativa. Também em Minas Gerais, os impactos da interiorização da Corte foram positivos, mas nem por essa razão deixaram de ser heterogêneos. À histórica conexão de Minas com um Rio de Janeiro que havia se tornado capital da colônia em razão do ciclo do ouro, adicionou-se a incorporação mineira à dinâmica político-econômico-social da Corte, mas de forma heterogênea.

De um lado, um grupo de comerciantes mineiros se sentiu "à margem do processo de reconhecimento das elites e pendeu para o liberalismo constitucional, postulando o livre-comércio e a autonomia local".[17] Esse era o grupo que se distanciava de D. Pedro e que se aproximaria das concepções e projetos de setores do Norte-Nordeste, por exemplo, em Pernambuco, como veremos.

---

16. BORGES, Luiz Adriano. Aspectos econômicos da participação paulista no processo de independência. In: *Almanack*. Guarulhos, n. 6, p. 61-80, 2º semestre de 2013. Disponível em: https://www.scielo.br/j/alm/a/bzwykr7RspPNWZRPVHgbKsm/?lang=pt. Acesso em: 15 jul. 2015.

17. SCHIAVINATTO, Lívia. Entre histórias e historiografias: algumas tramas do governo joanino. In: *O Brasil Imperial, volume I: 1808-1831*. Organização Keila Grinberg e Ricardo Salles. Rio de Janeiro: Civilização Brasileira, 2009, p. 79.

De outro lado, o sul mineiro transformou-se em um dos maiores abastecedores da Corte, estabelecendo-se interesse material comum na região.[18] A perda relativa de importância do Rio de Janeiro no início do processo político de 1821-1822, como veremos no próximo capítulo, ameaçaria sensivelmente essa região, muito ligada à interiorização da Corte. Isso alimentou entre a elite desta parte de Minas uma tendência a se ligar com D. Pedro, no contexto do "Fico". Mesmo com potenciais fricções ou diferenças nos impactos e interesses, o fato é que, para o Centro-Sul, a instalação da Corte representava uma vida nova, não mais de colônia, mas de zona de influência direta da capital, da Corte.

Nenhuma medida simbolizou mais essa nova realidade política do que a elevação do Brasil a Reino, conformando o "Reino Unido de Portugal, Brasil e Algarves". A medida alterou politicamente a realidade da América portuguesa e criou uma unidade política antes inexistente: o Reino do Brasil. Ainda que as características sociais permanecessem em certa medida inalteradas, a elevação do Estado do Brasil a reino é legal e simbolicamente um elemento formador da antiga colônia como unidade territorial. Doravante, desde 16 de dezembro de 1815, não havia mais colônia.

Muito se discute sobre as motivações da decisão de D. João VI. A interpretação mais corrente é a de que a transformação política da colônia se deu por sugestão do então chanceler da França, Charles-Maurice Talleyrand, a fim de reforçar a posição de Portugal nas negociações no Congresso de Viena (1815), reunião diplomática que reorganizou a política europeia após as guerras napoleônicas. Outros documentos atribuem a ideia aos representantes diplomáticos da delegação portuguesa em Viena, que teriam inicialmente agido sem instru-

---

18. PASCOAL, Isaías. Fundamentos econômicos da participação política do sul de Minas na construção do Estado brasileiro nos anos 1822-1840. In: *Economia e Sociedade*. Campinas, v. 17, n2 (33), p. 133-157, agosto de 2008, p. 137.

ção, com o objetivo de proteger a integridade da monarquia.[19] Esses diplomatas teriam sondado as grandes potências, que não se opuseram. A proposta teria sido, em seguida, apresentada ao Governo português, que a incorporou e executou.

Independentemente do motivo, a Carta Lei de 16 de dezembro de 1815 tornou uma abstração anterior (o conjunto das colônias brasileiras) em entidade jurídica concreta, ainda que heterogênea, marcada por fatores de aproximação e distanciamento político, econômico e social. A elevação não pretendia ser meramente formal, como o Reino dos Algarves, fórmula ultrapassada, criada ainda na Idade Média. Inspirava-se, pelo contrário, no modelo de Reino Unido europeu, se via entre Inglaterra e Irlanda, ou Suécia e Noruega.[20]

No documento de elevação do Brasil a Reino, D. João mencionava como "vantajosa aos meus fiéis vassalos em geral uma perfeita união e identidade entre os meus Reinos".[21] Na expressão da "perfeita união e identidade", subjaz a noção de igualdade política que se estava estabelecendo entre Brasil e Portugal no seio do Império.

Os dois Reinos passavam, assim, a se ligar em termos de igualdade à Coroa, esta entidade que encarnava a soberania, exclusiva do rei, e que também atuava como elemento centralizador e unificador de todo o Império português. Como apontava, em 1820, o editor do *Correio Braziliense*, Hipólito José da Costa: "todo o sistema de administração está hoje arranjado por tal maneira que Portugal e Brasil são dois estados diversos, mas sujeitos ao mesmo rei".[22]

---

19. Folheto anônimo *Sobre o Estado de Portugal e do Brasil desde a sahida d'El-Rei de Lisboa em 1807 até o presente*, escrito em Londres, em 1º de junho de 1822.
20. NIZZA DA SILVA, Maria Beatriz. Autonomia e separatismo. In: *Clio – Revista de Pesquisa Histórica*, n. 30.1, 2012. Disponível em: https://periodicos.ufpe.br/revistas/revistaclio/article/view/24376/19742. Acesso em: 15 maio 2013.
21. A íntegra da referida carta está disponível no sítio eletrônico da Câmara dos Deputados do Brasil: https://bit.ly/34yX5tr. Acesso em: 11 mar. 2022.
22. Apud VARNHAGEN, 1957, p. 28.

A medida reforçava, especialmente, a decisão de D. João VI de permanecer no Brasil. Agora, o rei (naquela época ainda regente) não governaria a partir de uma colônia, nem transmitiria ordens a Lisboa a partir de uma colônia. Mais ainda, a nova estrutura do Império modificou a relação de forças políticas e transformou uma identidade ainda fluida, a "americana", em conceito concreto e juridicamente estabelecido. A noção de unidade política do Reino se tornou clara não apenas nos debates oficiais e seria mesmo utilizada como justificativa para a convocação, em fevereiro de 1822, do Conselho de Procuradores, órgão essencial no processo de construção do poder de D. Pedro, como veremos abaixo.

Ao terminar a década de 1810, portanto, a realidade das terras que se tornariam o Brasil tinha, ademais da herança colonial, um outro elemento, quase exclusivo desse Reino: uma nova identidade política. Duas forças, uma de dispersão, que enfatizava a região ou mesmo a localidade, e outra de união, em torno de uma nova capital, não mais de um Vice-Reinado, mas de um Império. A cidade do Rio de Janeiro havia mudado, com o estabelecimento das estruturas de uma verdadeira metrópole. Províncias como São Paulo e Minas Gerais sentiam diretamente os efeitos dessa nova realidade, fosse no plano econômico, fosse no social e político. Essa era uma mudança à qual dificilmente se renunciaria em prol de um retorno ao mundo colonial de antes.

Pouco antes da coroação de D. João VI, no entanto, havia estourado, em 1817, uma revolta em Pernambuco, de caráter republicano e federalista. Era a mais viva expressão de que a "interiorização da metrópole" e a construção do Estado português no Reino do Brasil não haviam trazido apenas benefícios ou eram vistas positivamente fosse pelas elites, fosse pela população em geral. A nova realidade do Reino do Brasil, unido ao de Portugal e Algarves e com um status praticamente de metrópole, não chegava a todos.

3. Para além do Centro-Sul: a influência da Corte nas regiões

Em 6 de março de 1817, estourou no Recife a Revolução Liberal pernambucana. O motim foi causado pela prisão de militares liberais no Recife e terminou por se alastrar pela cidade e pela região, ganhando cores de republicanismo e de separatismo. Ao mesmo tempo que a revolta se inseria em uma série rebeliões causadas por atritos das elites locais em resistência ao poder central, o movimento ganhou uma dimensão maior. Foi proclamado um governo provisório, de cunho liberal, autonomista e republicano.

A reação portuguesa foi intensa e de caráter militar. Recife foi bloqueada, ao passo que tropas invadiram Pernambuco via Bahia. A derrota terminou com a rendição em maio e a prisão dos líderes. Uma parte importante deles foi levada a Salvador, onde ficariam presos.

Para além do episódio da rebelião em si, o movimento foi relevante ao chamar a atenção para problemas na relação entre o Rio de Janeiro e as Províncias, ao longo da década de 1810. Nesse sentido, Evaldo Cabral de Mello, um dos principais historiadores de Pernambuco e do período, aponta que o federalismo pernambucano visto em 1817 não se ligava à visão de unidade nacional, mas, sim, à ideia de que a soberania deveria ser dada às Províncias. Isso significava que a heterogeneidade e a força da política local, que buscava manter sua autonomia, ambas heranças do período colonial, seguiam vivas e eram capazes de mobilizar os grupos políticos locais.

Mais ainda, a "novidade" da presença da Corte, da interiorização da metrópole, do Reino Unido do Brasil, mais reforçava do que amainava o potencial conflito entre as regiões e o poder central. Isso porque o "Norte" brasileiro experimentou uma realidade distinta daquela observada no Rio de Janeiro. Continuou, ao contrário do Centro-Sul, a ser um território administrado a distância, como colônia ou como parte do Reino. A relação entre capital da metrópole e o Norte-Nordeste enfrentava, essencialmente, problemas políticos e econômicos, especialmente em função de dois pontos: centralização administrativa e impostos.

Se desde o século XVIII a Coroa vinha realizando esforços para o fortalecimento de seu poder e maior controle sobre o território, a transferência dela para o Rio de Janeiro intensificou de maneira importante esse processo. A elevação a Reino, transformando o Brasil em uma unidade jurídica, foi parte desse processo de busca por maior controle do território. Essas medidas, no entanto, afetaram diretamente a autonomia local anteriormente vivida pelas colônias mais afastadas da Capital do Vice-Rei. A nova dinâmica centralizada no Rio de Janeiro suscitou ressentimentos locais, gerando melindres e resistências nas chamadas pequenas pátrias, que passavam a ver a Corte como "nova metrópole".

As medidas adotadas pelo Rio de Janeiro tiveram, ademais, impactos econômicos, decorrentes da abertura dos portos e da maior presença de estrangeiros. Muitos agricultores do Norte-Nordeste terminaram aproximando-se dos vintistas portugueses por compartilharem a mesma objeção à abertura econômica e à presença dos comerciantes ingleses, considerados prejudiciais aos negócios. Nem todos, em outras palavras, se beneficiavam da medida que liberava o comércio, o que criava insatisfação em alguns setores.

Mais importante ainda, a manutenção da nova Corte no Rio de Janeiro obrigou a Coroa a intensificar a cobrança dos impostos, necessários ao financiamento do Governo. Dado que os rendimentos da Coroa vinham principalmente do comércio exterior, o Norte era o principal gerador de divisas e excedentes de receitas. Com isso, o controle sobre essas Províncias, particularmente Bahia, Pernambuco e Maranhão, era considerado essencial. Assim, "após a euforia inicial, as Capitanias logo descobriram que somente eram lembradas por ocasião do lançamento de novos impostos".[23]

---

23. Evaldo Cabral de Mello, 2011, p. 82.

A crítica aos impostos destinados a financiar a Corte é facilmente encontrada nos documentos de época e era um dos elementos da mobilização política regional. Em texto originário do Pará, em 1820, e dirigido ao jornal *Astro da Lusitania de Lisboa*, o "Impostor verdadeiro" criticava duramente um dos impostos, a "sisa":

> Paga-se mais do peixe a Sisa chamada vulgarmente das correntes, e isto de Sisas é a maior tolice em que podiam dar os nossos antigos – Costumam os povos aplica-las para inteirar o cabeção, que é d´El Rei por contrato; mas Vossa mercê bem sabe que El-Rei é muito rico e não precisa dessas ninharias. Os sobejos são para pagar partidos de médicos, Cirurgiões, Boticários, despesas de Enjeitados, e às vezes de pontes, fontes, calçadas, casas de Câmara, de Cadeia e outras de Cadeia, e outras; mas tudo isso é frioleira; são bagatelas de pouco momento; não vale a pena de se despender real nelas [...].[24]

Outra prova do ressentimento com a cobrança dos impostos foi observada, posteriormente, na boa acolhida da Revolução do Porto no Maranhão, que fez com que "comerciantes e agricultores maranhenses tivessem esperança na extinção dos impostos cobrados pela manutenção da Corte portuguesa no Brasil".[25]

Em outras palavras, a centralização do poder e o aumento de impostos somavam-se ao difícil relacionamento da região Norte com o poder central e mesmo com o comércio inglês, particularmente em Províncias fortes (Bahia, Pernambuco, Maranhão), as quais possuíam tradições de autonomia local (vide a ideia de "nobreza da terra" pernambucana ou os séculos de separação da

---

24. Carta do Compadre de Belém ao Redactor do Astro da Lusitania dada à luz pelo compadre de Lisboa". In: CARVALHO et al., 2014, v. 1, p. 91.

25. SENA, Ana Lívia Aguiar de. *As Cortes Gerais e Extraordinárias da Nação Portuguesa: espaço do cidadão maranhense na resolução de suas querelas.* II Simpósio de História do Maranhão Oitocentista. São Luís, 2011, p. 8.

colônia do Maranhão) e ligações estreitas com as redes comerciais de Portugal.[26]

Essa combinação negativa alimentou ideias e movimentos políticos ligados diretamente aos problemas de gestão do Reino do Brasil e da centralização no Rio de Janeiro. Setores da população do Norte brasileiro, inspirados também em ideias vindas do exterior, alimentavam desejo de autonomia do Rio de Janeiro, derivado de motivações econômicas (livrar-se da cobrança de impostos) e políticas (relacionadas às ideias liberais que já se difundiam pelo Reino Unido). Em outras palavras, começou a se formar, um clima propício para a mudança.

4. A difícil gestão do Reino e o espírito de mudança

No início dos anos 1820, o Brasil vive um quadro complexo, marcado mais pela heterogeneidade de visões e de interesses das elites do que uma convergência entre elas em torno de um projeto comum. O ponto relevante é que a visão da unidade luso-americana, ou seja, a ideia de um Reino do Brasil unificado, como um tipo de antecipação da identidade nacional, avançava no Centro-Sul, mas sem uma força equivalente no Norte-Nordeste.

A dinâmica da nova vida na capital, que influenciava todo o Centro-Sul, tinha impactos na visão política dos habitantes da região e nos interesses a serem defendidos. Essa região beneficiava-se do fato de a sede da Monarquia tratar de seus domínios americanos em conjunto, como unidade, ao passo que o segundo vivia uma outra realidade, com a herança da colonização e as forças de desagregação ainda muito presentes.

A imagem do Brasil "entre os Grandes Rios, que são seus limites naturaes e lhe formão sua integridade", como diria posteriormente o

---

26. NEVES, Lúcia Bastos P. Parte 2 – A Vida Política. In: *História do Brasil Nação*: 1808/2010. Volume 1: Crise Colonial e Independência (1808-1830). Coordenação: Alberto da Costa e Silva. Direção: Lilia Moritz Schwarcz. Rio de Janeiro: Objetiva, 2011, p. 82.

regente D. Pedro, sugere que este herdou, como membro da Coroa, essa imagem centralizada do Reino do Brasil, ainda que ela permanecesse, na realidade, precária. Muitos grupos que gravitavam em torno de D. Pedro compartilhavam essa visão unitária, fosse por ideias políticas sobre o Estado, fosse pelas vantagens do Rio de Janeiro como capital do Reino. Independentemente dos fatores desencadeadores, essas precisariam ser defendidas, tornando-se uma das forças motrizes da reação às Cortes Gerais, a partir do início de 1822.

Essa convergência não garantia, logicamente, homogeneidade. Em primeiro lugar, pelo fato de que alguns grupos não compartilhavam a mesma visão. Mesmo no Centro-Sul, são encontrados escritos com projetos de autonomia regional, semelhantes àqueles presentes nas Províncias do Norte (veremos mais nos próximos capítulos, em relação ao próprio Rio de Janeiro). Mais ainda, a concordância de interesses relacionados à presença da Corte às margens da Baía da Guanabara não se traduzia necessariamente na concordância de defendê-la.

No Norte-Nordeste, como vimos, a dinâmica era outra, complicada pela relação com Rio de Janeiro e com Lisboa. Também influíam os interesses locais, as disputas de poder pelo governo e organização das Províncias. O centro do poder no Rio de Janeiro enxergava unidade onde, em grande medida, grupos do Norte-Nordeste ainda viam diferença. Muito do que era o Brasil colonial, a herança dos séculos anteriores, mantinha-se com mais força nas regiões mais distantes do círculo imediato do Rio de Janeiro.

A presença da Corte ao Rio de Janeiro foi, portanto, um momento definidor da vida da colônia, depois Reino Unido, ainda que tenha tido impacto heterogêneo nas regiões brasileiras. Isso trouxe aos domínios portugueses na América novos tipos sociais (a aristocracia reinol), cuja influência alteraria muitas das características da realidade carioca e das Províncias vizinhas. Ainda assim, houve uma diferença de vivência histórica entre o Norte e o Sul do Reino. Essas duas perspectivas seriam ampliadas, intensificadas e desafiadas por um movimento político profundo, que viria de fora, mas impactaria em todo o Reino. Este sim serviria de motor para um processo complexo, caótico e conflitivo, que terminaria com a Independência do Brasil.

4

Chega a revolução: o Porto lá e cá

A Revolução do Porto eclodiu em 24 de agosto de 1820. O movimento contagiou Portugal rapidamente e estabeleceu, com sua chegada em Lisboa, em 1º de outubro de 1820, uma "Junta Provisional do Governo Supremo do Reino". Inspirados no modelo francês, os revolucionários vintistas se mostravam inicialmente moderados, proclamando a "liberdade regrada pelas leis", a introdução de reformas guiadas "pela razão e pela justiça" e a criação de um governo provisório que chamasse as Cortes para fazerem uma Constituição capaz de assegurar "os direitos dos portugueses". "Não renegam, antes perfilam, a religião católica e a monarquia."[1]

A Junta Provisional do Governo Supremo do Reino foi a impulsionadora das reformas, com claro viés liberal. Esse governo propunha o estabelecimento de um "órgão da Nação" (as Cortes), mas de forma distinta. Vale destacar que as antigas Cortes eram parte da estrutura

---

1. RAMOS, Luís A. de Oliveira. A Revolução de 1820 e a Revolução Francesa. Palestra proferida em 25 jan. 1985, na Universidade de Bordeaux. *Revista de História*, v. 05, 1983-1984, p. 131. Disponível em: https://ler.letras.up.pt/uploads/ficheiros/6510.pdf. Acesso em: 25 abr. 2012.

do Estado português desde sua formação, mas não se reuniam desde 1698. Eram, em essência, algo do passado. No entanto, a Revolução do Porto modernizou tanto a ideia das Cortes quanto o próprio conceito de "constituição", antes vinculado a uma regra de organização do Estado português. Agora, as novas Cortes seriam uma expressão da soberania popular, feitas por deputados eleitos, ainda que por sufrágio indireto. Era um movimento essencialmente europeu, preponderando os interesses dessa área geográfica do Reino Unido de Portugal, Brasil e Algarves, mas que tentaria, ao menos inicialmente, abrir-se às Províncias brasileiras.

Outro dado fundamental do período foi a inspiração direta que o Vintismo[2] sofreu do processo constitucional que ocorria na vizinha Espanha e da Constituição que se elaborou no processo constituinte ocorrido na cidade de Cádiz, de 1812. Não se tratou, contudo, de mera cópia do processo espanhol.[3]

As circunstâncias, especialmente a relação entre Europa e América, eram diferentes e foram refletidas no movimento português. As regras eleitorais, por exemplo, foram inicialmente estabelecidas apenas para o lado europeu, mas em pouco tempo seriam ampliadas para incluir eleições no Reino do Brasil. As instruções da Junta Provisória estabeleciam como base da representação nacional a igualdade em ambos os hemisférios, sendo que a proporcionalidade passava a ser o total de indivíduos da Nação. Era um importante reconhecimento de igualdade, que favorecia o alastramento do movimento nas Américas.

---

2. Vintismo é uma referência genérica à agitação política que tomou conta de Portugal no período entre agosto de 1820 e abril de 1823. Este movimento, de cunho liberal e de oposição ao absolutismo, culminou na Revolução do Porto e na implementação de um regime constitucional e parlamentar, a partir da Constituição aprovada em 1822.
3. BERBEL, Márcia Regina. A Constituição Espanhola no mundo Luso-americano (1820-1823). In: *Revista de Índias*, 2008, v. XVIII, n. 242, 225-254. https://revistadeindias.revistas. csic.es/index.php/revistadeindias/article/download/641/707/1126. Último Acesso em: 16 mar. 2022.

Após a convocação das Cortes, em 10 de novembro de 1820 foi publicada a lei eleitoral (emendada em 22 de novembro de 1820), que estabeleceu que cada Província elegia um deputado para cada 30 mil "almas". As eleições foram realizadas em 10 de dezembro de 1820 e as Cortes Gerais, instaladas poucas semanas depois, em 26 de janeiro de 1821.

Consolidada em Portugal, a revolução não demorou para se espalhar para as Províncias brasileiras, particularmente no Norte, onde o Vintismo tornou-se atrativo para lidar com a centralização do Rio de Janeiro. A primeira adesão se deu no Pará, em 1º de janeiro de 1821. Exatamente em razão dos transportes, a notícia paraense demorou a chegar ao Rio de Janeiro, sendo recebida posteriormente à adesão da Bahia, momento decisivo para o sucesso da Revolução no Brasil.

O Vintismo foi particularmente atrativo para as populações do Norte-Nordeste. Como visto no capítulo anterior, essa região mantinha laços relativamente mais próximos com Lisboa, retomados ao fim das Guerras Napoleônicas, e reclamava da centralização política e das cobranças de impostos exigidos do Rio de Janeiro. Muitos no Norte-Nordeste também compartilhavam a antipatia com relação à abertura dos Portos, principalmente ao comércio inglês. Enfim, tais grupos convergiam no impulso pela mudança, tendo a volta da Corte para Lisboa um símbolo do atendimento dessas demandas.

Essa proximidade com o ideário e os interesses das Cortes é algo importante a ser retido. Alimentou, especialmente, uma fidelidade de muitos grupos de portugueses (de origem europeia e americana) ao movimento, contrapondo-se ao projeto que se formou no Rio de Janeiro. Particularmente no Norte-Nordeste, o apoio ao Vintismo, como se passou a se chamar a ideologia do movimento, se manteve ao longo dos anos 1821-1823 e é parte das razões dos conflitos políticos e da guerra que caracterizaram o conturbado processo de independência brasileira.

1. A reação do Rio de Janeiro à Revolução do Porto: preocupações com Portugal e os debates sobre as medidas a serem tomadas

A notícia da Revolução do Porto chegou ao Rio de Janeiro em 17 de outubro de 1820. A Corte fora alertada da conjuntura sensível de Portugal antes da chegada das informações sobre o movimento. Havia de fato preocupações anteriores com o estado político do Reino, que, além de desafios econômico-sociais herdados da guerra contra Napoleão, experimentava uma realidade política heterodoxa, ao ser governado a distância.

O próprio chanceler do Reino Unido, visconde Castlereagh, enviou ofício, em 5 de maio de 1820, ao representante diplomático britânico no Rio de Janeiro, Edward Thornton, comentando a precária situação política no Portugal europeu, ligada ao fato de "uma nação acostumada em se ver a sede do Império", e que colocava os "interesses" de D. João VI "no mais sério perigo". Os britânicos defendiam, por essa razão, que membro da família real, preferencialmente D. Pedro, fosse enviado a Portugal para administrar a situação. Encontrariam resistência, no entanto, na própria figura de D. João VI, preocupado com a manutenção de sua autoridade e desconfiado das intenções do filho. Em comunicação a Londres, Thornton relatou a preocupação de D. João VI: "e se o povo o aclamar (Rei) quando ele chegar lá?".[4]

As preocupações de autoridades portuguesas e britânicas foram reforçadas pela viagem do Marechal Beresford, que era quem efetivamente administrava a parte europeia de Portugal, ao Rio de Janeiro. O militar fora à Corte exatamente para solicitar mais poderes, de modo a enfrentar as insatisfações dos metropolitanos com a conjuntura portuguesa, isto é, com o fato de ser governada por um oficial estrangeiro.

---

4. WEBSTER, C. K. (Ed). *Britain and the Independence of Latin America (1812-1830)*. Select documents from the Foreign Office Archives. V. I. London: Oxford University Press, 1938, p. 196.

Na visão de Varnhagen, a ausência de Beresford em Lisboa facilitou "o aliciamento dos principais chefes das tropas do Minho".[5] Ao final, a ausência de medidas para aplacar essa situação e a viagem de Beresford ao Brasil permitiram o lançamento da revolução.[6]

Com a notícia da revolução, D. João VI e seus ministros deram início à série de debates sobre o evento, consultas que se estenderiam até fevereiro de 1821.[7] Discutiram, antes de mais nada, o movimento em si, sua legitimidade e como a Coroa deveria reagir. Os partidos se dividiram entre a resistência à convocação das Cortes, ainda tidas como ilegalmente constituídas, e a estratégia de cooptá-las, com o Rei assumindo a liderança do movimento constitucional, administrando-o de acordo com os interesses da Coroa.

O Visconde de Palmella, importante personagem da época, que depois seria chanceler de D. João, foi um dos principais defensores da segunda estratégia. Ele chegara ao Rio de Janeiro em 23 de dezembro de 1820, após ser testemunha e agente do que se passara em Lisboa (fora, inclusive, um dos inspiradores da ideia de convocação das Cortes constitucionais). Propunha, com isso, que o Rei deveria tomar as rédeas do movimento, limitando os efeitos do Vintismo na política portuguesa:

> Porém, Senhor, os factos que presenciei desgraçadamente em Portugal, e a idéa que formei do estado da opinião publica na ilha da Madeira, na Bahia e n'esta própria capital, me obrigam a declarar positivamente a

---

5. VARNHAGEN, Francisco Adolpho de. *História da Independência do Brasil*. 3ª. Edição São Paulo: Edições Melhoramentos, 1957, p. 20.
6. Ofício do Visconde Castlereagh a Edward Thornton, em 5 de maio de 1820. Arquivo diplomático do Foreign and Commonwealth Office, F.O. 63/227. In: WEBSTER, C. K. (Ed). *Britain and the Independence of Latin America (1812-1830)*. Select documents from the Foreign Office Archives. V. I. London: Oxford University Press, 1938.
7. Varnhagen registra ofícios já em 02/09/1820 e em 10/09/1820. 1957, p. 20. Vide também BIBLIOTECA NACIONAL, *Documentos para a História da Independência*. Rio de Janeiro: Gráfica da Biblioteca Nacional, 1923.

V. M., que não há nem um só instante a perder para adoptar medidas firmes, decisivas, análogas ao espirito do tempo quanto fôr compatível com a honra e segurança do Throno.[8]

A ideia de Palmella era o estabelecimento de uma monarquia constitucional, outorgada pelo Rei, e estruturada ao longo de processo controlado. É interessante observar que esse ministro propunha a reunião de representantes do Reino do Brasil na Corte do Rio de Janeiro, a fim de deliberar sobre reformas. Em outras palavras, os temas do Brasil deveriam ser debatidos no próprio Reino e não em Lisboa, segundo o conselheiro. Havia, logicamente, aqueles que resistiam a essas propostas. Tomás Antônio Vila Nova Portugal manteve longa correspondência particular com D. João VI e, em uma de suas cartas (datada de 6 de janeiro de 1821), reagiu à ideia de Palmella. Para Vila Nova Portugal, a medida equivaleria a uma rendição aos revolucionários, acarretando riscos à união de Brasil e Portugal.[9]

Prevaleceu, ao final, a opção de um entendimento. Assim, D. João assina em 28 de outubro de 1820 uma Carta Régia autorizando a convocação das Cortes. A ida a Portugal do Rei ou do Príncipe era outra parte essencial dessa estratégia de controle. Essa presença real, cabe frisar, havia sido prevista por outra Carta Régia, de 1815, quando da elevação do Brasil a Reino Unido. Mas não era de agrado de todos. A Princesa Leopoldina resistia à ideia da partida. Insistia no fato de que, grávida, não poderia se aventurar para acompanhar o marido, se ficasse que é quem deveria retornar à Europa. Com isso, a futura imperatriz foi uma das primeiras a advogar a ideia de manter em terras brasileiras o herdeiro de D. Pedro.

---

8. PALMELLA, Duque de. *Despachos e Correspondência do Duque de Palmella.* Tomo Primeiro: desde 9 de abril de 1817 a 25 de janeiro de 1825. Lisboa: Imprensa Nacional, 1851, p.140. Disponível em: https://bit.ly/3KHgM1I. Acesso em: 16 mar. 2022.
9. BIBLIOTECA NACIONAL. *Documentos para a História da Independência.* Rio de Janeiro: Gráfica da Biblioteca Nacional, 1923.

Por outro lado, há indícios de que se desenvolveu, em função deste impasse, um conflito potencial entre pai e filho. Dom João VI teria se mostrado preocupado com a manutenção de sua autoridade e desconfiado das intenções do próprio filho. Segundo o representante diplomático britânico, Edward Thornton, o Príncipe havia se portado muito bem até então, "respeitoso e obediente".[10] Mas observava que D. Pedro era jovem, não instruído, sem experiência nos negócios, impetuoso e caloroso em seu caráter, buscando ardentemente por ação – mais por curiosidade do que sabedoria – e ocupando seu ócio, ao qual estava condenado, nas mais violentas e ruidosas diversões. Thornton alertava, pouco depois, para as influências que D. Pedro vinha sofrendo, principalmente de liberais.

Apesar de tendências contrárias, os conselheiros do Rei compartilhavam a preocupação do que se passaria caso aquela revolução chegasse às Províncias brasileiras antes de a Corte tomar as rédeas da agenda. A urgência por medidas, solicitada por Palmella e outros conselheiros, justificava-se não apenas para conter seus efeitos em Portugal, mas também para evitar seu espraiamento pelo Brasil.

Em carta a D. João VI, Silvestre Pinheiro, outro conselheiro do Rei, achava ser inevitável que o movimento chegasse ao Brasil.[11] Sua preocupação, conforme demonstrava nas correspondências, não era evitar a revolução em curso, mas definir meios de como lidar com ela. A relação entre os Reinos de Portugal e do Brasil esteve dentre as principais preocupações dos conselheiros de D. João VI. As reflexões voltavam-se, particularmente, sobre como preservar a unidade

---

10. F. O. 63/227, ofício de 31 de janeiro de 1821. In: WEBSTER, 1938, p. 205.
11. FERREIRA, Silvestre Pinheiro. Cartas sobre a Revolução do Brazil pelo Conselheiro Silvestre Pinheiro Ferreira. In: *Revista do Instituto Histórico e Geográfico Brasileiro*. Tomo LI, Primeiro Folheto de 1888, p. 239. Disponível em: https://ihgb.org.br/publicacoes/revista-ihgb/item/107769-revista-ihgb-tomo-li-1%C2%BA-folheto-de-1888.html. Acesso em: 11 dez. 2013.

do Império. Havia, já nesse momento, temores quanto a isso, dependendo de como se levasse a reestruturação do Estado português.

A preocupação recaía sobre a própria relação interna das Províncias: reconhecia-se a existência de elementos de desagregação e de hostilidade contra o Rio de Janeiro, o que poderia levar a uma fratura definitiva do Reino do Brasil. Essa resistência, cabe sempre ressaltar, não significava um sentimento antibrasileiro: o Rio de Janeiro, nesse momento, além de ser o centro de coleta de impostos, representava o Antigo Regime.

Possivelmente em razão dessas suposições, as decisões de D. João VI, publicadas no período, realçavam a necessidade de adaptar as medidas à realidade brasileira, tal como no decreto de 23 de fevereiro de 1821, que enviava o Príncipe Real a Lisboa. O texto também falava em convocação de "outras Côrtes no Rio de Janeiro", o que dava a entender o estabelecimento de "duas constituições e duas capitais, habitadas estas alternativamente pelo soberano e pelo herdeiro da Coroa". Era mais uma das recomendações de seus conselheiros. Interessante observar que foi este o efetivo resultado do conflito que se estabeleceu posteriormente, a partir de 1822, entre Rio de Janeiro e Lisboa.

As ideias desenvolvidas pela Corte em reação à Revolução do Porto são particularmente importantes para se compreender os objetivos posteriormente desenvolvidos por D. Pedro. Temas como a preservação da unidade brasileira, a relação com o Parlamento em Lisboa ou a convocação de Cortes constituintes também no Brasil foram muito debatidos entre D. João e seus conselheiros, incluindo o próprio príncipe herdeiro, que nesse momento passou a opinar sobre os temas do Reino. Pode-se estimar que esses debates influenciaram muito as percepções do futuro imperador, mesmo que ele mantivesse, ao contrário de seu pai, ideais liberais, que o aproximavam mais dos grupos que demandavam uma Constituição portuguesa.

2. A adesão do Rio de Janeiro à Revolução e a partida de D. João VI

Ainda no primeiro momento da Revolução do Porto, uma das maiores preocupações dos conselheiros de D. João foi a possível chegada da revolta à Bahia. Essa Província era ponto estratégico do Brasil por sua posição geográfica, econômica e política. Os assessores do Rei temiam que um triunfo do movimento ali redundaria em todo o Nordeste, que já sofria influências do Vintismo. Vê-se, nessa preocupação, o papel que exercia a Bahia na política nacional, tema que exploraremos em um próximo capítulo.

Em novembro de 1820, de fato começaram a circular notícias sobre riscos de manifestação de parte da tropa aquartelada em Salvador. Preparou-se, como reação, o envio do Conde de Vila Flor à Bahia, em substituição ao Conde da Palma, então governador. Era uma maneira de tentar conter o espraiamento da revolução. A decisão, no entanto, demorou a ser tomada e essa atitude dúbia do Rio de Janeiro com relação às Cortes chocou-se, ao final, com o próprio impulso do movimento.

O Rei e seus conselheiros continuavam, nesse período, a discutir medidas relacionadas à revolução, principalmente o retorno da Corte – ou ao menos de parte dela – a Portugal. Até então, a tendência era o envio de D. Pedro. Em reunião de emergência do conselho do Rei, Palmella insistiu na publicação urgente das bases da Constituição que se faria em Portugal, como medida antecipatória de possíveis revoltas na Capital e reação aos relatos preocupantes vindos da Bahia.

A notícia da adesão baiana provocou, então, o movimento no Rio de Janeiro. Nas casas, nas ruas e na emergente imprensa carioca, os liberais e as tropas começaram a se agitar. O movimento revolucionário estourou no Rio de Janeiro em 26 de fevereiro de 1821, liderado pelos padres Marcelino José Alves Macamboa e Francisco Romão Gois, que se colocaram diante da tropa reunida no Rossio. Na opinião de

Manuel de Oliveira Lima, Macamboa "desempenhou divinamente o seu papel", colocando-se à frente das tropas e do povo na reclamação de que D. João VI jurasse a Constituição que estava sendo preparada em Lisboa. O movimento teve também participação direta de D. Pedro.[12] Em consequência, D. João VI jurou a Constituição em 26 de fevereiro de 1821, por intermédio de D. Pedro. Na sequência, após muitas vacilações entre retornar a Portugal ou enviar D. Pedro, foi emitido decreto, em 7 de março de 1821, no qual o Rei decidia sua partida e determinava que o Príncipe Real seria encarregado dos Negócios do Brasil.[13]

No mesmo dia, D. João emitiu outros dois importantes decretos: (i) sobre a Convocação de eleições para as Cortes – as Capitanias, já transformadas em Províncias, recebiam instruções sobre o formato das eleições, num total de 72 deputados, dos quais, pode-se antecipar, apenas 46 efetivamente chegaram a Lisboa –;[14] (ii) sobre a tropa brasileira – igualando os soldos desta com aqueles da tropa portuguesa, medida destinada a reforçar a unidade das forças, mas que também redundava em uma elevação do status dos militares brasileiros.[15]

O anúncio das medidas não se traduziu, no entanto, em ação. D. João seguiu em conferências com seus conselheiros e com o Príncipe. As decisões eram tomadas com base em informações truncadas, parciais e recebidas com diferença grande de tempo, em razão das

---

12. LIMA, Manuel de Oliveira. *O movimento da Independência, 1821-1822*. 6ª edição. Rio de Janeiro: Topbooks, 1997, p. 79.
13. Decreto de 7 de Março de 1821: Trata do regresso d'El-Rei para Lisboa ficando o Príncipe Real encarregado do Governo Provisorio do Brazil". In: Coleção de Leis do Império do Brasil -1821, p. 27, v. 1 pt. II (Publicação Original). Disponível em: https://bit.ly/3u29lLT. Acesso em: 16 jan. 2014.
14. BARRETO, Dalmo. Da Independência à Constituinte. In: *Revista do Instituto Histórico e Geográfico Brasileiro*, n. 312, julho-setembro de 1976, p. 313. Disponível em: www.ihgb.org. br/rihgb.php?s=20. Acesso em: 5 dez. 2013.
15. Decreto de 7 de Março de 1821: Augmenta os soldos dos officiaes de Major a Alferes". In: *Coleção de Leis do Império do Brasil -1821*, p. 40, v. 1, pt. I (Publicação Original). Disponível em: https://bit.ly/3idyj5d. Acesso em: 17 mar. 2022.

distâncias. O Rei igualmente evitou tomar providências práticas para sua partida. O representante diplomático dos Estados Unidos no Rio de Janeiro, P. Sartoris, relatou a Washington que D. João VI havia, confidencialmente, instruído assessores a criarem impedimentos às preparações para a partida, gerando uma série de ordens e contraordens nas preparações dos navios, que muito atrasaram a partida.[16]

É interessante registrar que, já nessa época, o Senado da Câmara do Rio de Janeiro havia enviado ao soberano documento em que insistia no pedido de que El-Rei não se ausentasse do Rio de Janeiro. Pediam os Deputados que o Rei ficasse, como pediriam depois a D. Pedro. Alguns elementos pró-Rio de Janeiro se mobilizavam contra a partida do soberano, alertando que isso poderia trazer sérios riscos, inclusive à unidade do Reino.

Como aponta Lúcia Bastos Pereira das Neves, os portugueses americanos, ou "brasileiros", tinham em mente o exemplo da independência das colônias espanholas para defender a permanência do Rei, considerando ser preferível conservar um grande poder no Novo Mundo do que se sujeitar à condição de satélite de terceira ou quarta ordem de alguma potência na Europa.[17]

As resistências de D. João, ao final, foram apenas resolvidas com uma nova revolta, sobre a qual recairiam suspeitas de participação de D. Pedro. No dia 19 de abril de 1821, os ânimos se agitaram em razão da convocação, por iniciativa de Silvestre Pinheiro, de reunião de eleitores da Comarca, para escolherem seus deputados para as Cortes constitucionais. O ouvidor da comarca, entretanto, mudou o local do encontro, da Igreja de São Francisco de Paula para a Praça do Comércio, e antecipou a reunião dos eleitores do dia 22 para 21, Sábado de Aleluia.

---

16. Ofício de 12 de maio de 1821. In: MANNING, Willian R. (organizador). *Diplomatic Correspondence of the United States Concerning the Independence of the Latin-American Nations*, p. 712, v. II. New York: Oxford University Press, 1925. Disponível em: https://bit.ly/367f3Eb. Acesso em: 17 mar. 2022.

17. NEVES, 2011, p. 82.

Naquela manhã de 21 de abril de 1821, haviam sido publicadas novas resoluções de D. João, sobre a partida dele para o Velho Mundo, as eleições e a regência. Paralelamente, também estava prevista para o mesmo dia reunião de parte da tropa em cerimônia fúnebre em homenagem a um general recém-falecido. Os militares estavam em movimento.

O Governo procurou, inicialmente, controlar os ânimos da tropa e evitar agitações durante a festividade religiosa, mas o caso terminou em revolta. Segundo um relato de época, os grupos reunidos reagiram às decisões de D. João VI e à ausência de novas medidas, como a constituição de uma Junta Provisória no Rio de Janeiro.[18] Em meio à crescente aglomeração de pessoas, foi exigido que, antes de sua partida, D. João VI adotasse provisoriamente a Constituição espanhola. Foi organizada comitiva, que se dirigiu a São Cristóvão e, após longa entrevista, obteve do Rei a assinatura de decreto no qual o soberano jurava a Carta da Espanha.

Apesar de a audiência com o Rei ter passado sem maiores problemas, a demora no retorno da representação agitou os ânimos na Praça do Commercio. Após nova mobilização de tropas e de populares, foi enviada uma segunda comitiva a São Cristóvão, que procurou impedir a saída de D. João do Brasil antes de tomar as medidas demandadas. Por volta das quatro horas da madrugada de 22 de abril, com muitas pessoas já tendo deixado a praça, a tropa do brigadeiro Carretti, despachada por Jorge Avillez (recém-nomeado governador de Armas) e comandada pelo Major Peixoto, abriu fogo contra civis, provocando várias mortes. A confusão decorrente desse confronto foi determinante para que o Rei se visse obrigado efetivamente a partir para Lisboa.

---

18. MONCORVO, José Domingues de Ataíde. Memoria sobre os acontecimentos dos dias 21 e 22 de abril de 1821 na praça do Commercio do Rio de Janeiro, escripta em maio do mesmo anno por uma testemunha presencial. *Revista do Instituto Histórico e Geográfico Brasileiro*, Rio de Janeiro, t. 27, pt. 1, p. 271-289, 1864. Disponível em: http://www.ihgb.org.br/rihgb.php?s=20. Acesso em: 14 dez. 2013.

No dia seguinte, D. João até logrou retomar em parte sua autoridade e voltou atrás de seu juramento da Constituição da Espanha, restabelecendo o controle por seu governo. Ainda assim, sua partida se tornava inevitável. O Rei expediu, então, decreto nomeando D. Pedro como "Príncipe Regente do Reino do Brasil". O instrumento dava poderes para governar, nomear ministros, realizar a administração do Reino e mesmo "fazer guerra defensiva" contra algum inimigo que atacasse o Brasil se as circunstâncias não permitissem a chegada de novas instruções. Caso algo acontecesse com o Príncipe, sua sucessão ficava definida na pessoa de Dona Leopoldina.

Além de determinar a partida do Rei, os eventos de 20-21 de abril de 1821 tiveram repercussões políticas internas importantes. Para alguns autores, o embate naqueles dias teria influenciado as visões de D. Pedro. De patrocinador do movimento, talvez até mesmo em função de suas ambições, o Príncipe teria aos poucos desenvolvido uma imagem ruim das Cortes, as quais passariam, gradualmente, a figurar como adversárias. Se os eventos de abril de 1821 desencadearam esse processo, ainda levaria meses até que o Príncipe efetivamente decidisse, em 9 de janeiro de 1822, por permanecer no país, o que passou para a história como o "Dia do Fico".

Por outro lado, em 26 de abril de 1821, pouco tempo depois da crise e após 13 anos de estadia no Brasil, o Rei partiu de volta para Portugal. Chegou a Lisboa em julho de 1821, marcando o fim da primeira fase do processo revolucionário e dos trabalhos das Cortes Gerais. Nestes novos tempos que se descortinavam, seu papel agora em Lisboa seria muito diferente daquele que exercia no Rio de Janeiro, tendo seu poder seriamente limitado pela ação das Cortes constitucionais.

Esse quadro seria agravado ao longo de 1822, a ponto de D. Pedro declarar que o pai estaria "refém" das Cortes, interpretação conveniente em termos da delimitação do conflito que se desenvolvia: nessa visão, o Príncipe Regente do Reino do Brasil não teria se insurgido contra o Rei, mas apenas contra as cortes. No entanto, até chegar a este ápice e adotar tal postura, o quarto filho de D. João VI de Portugal e Carlota Joaquina de Espanha ainda teria de percorrer um longo caminho.

86   Redescobrindo a Independência

5

A Regência de D. Pedro: da indecisão e instabilidade política ao "Dia do Fico"

A partida de D. João do Rio de Janeiro foi precedida de significativa convulsão social, como vimos anteriormente. O que veio depois não foi muito diferente. Dom Pedro precisava fazer-se, agora, governante de um Reino em ebulição, sem uma parte significativa do aparato do Estado, recursos financeiros e estruturais, que haviam deixado a nação com o Rei. Pior ainda, muitas Províncias (principalmente no Norte), ainda sob a influência da Revolução do Porto, passaram a relacionar--se diretamente com Lisboa, deixando de pagar impostos e trabalhar com a capital do Reino do Brasil.

O primeiro momento de D. Pedro como regente era, desse modo, de grande fragilidade. Com gabinete ministerial nomeado por D. João VI e liderado pelo Conde dos Arcos, não tinha condições de ir além do esforço de manter a administração funcionando. Mas nem essa estratégia era garantida. As movimentações políticas seguiam intensas e colocavam o Príncipe em rota de colisão com os diversos partidos já existentes. Ele precisaria ser hábil e demonstrar força, mas, naquele primeiro momento, sua efetiva posição era ainda desconhecida, ou mesmo indefinida.

1. Os primeiros passos de D. Pedro regente: fragilidade e indecisão

O jovem D. Pedro, com apenas 22 anos, estava diante daquele que era até ali seu maior desafio: a posição de regente do Reino do Brasil. Se por aqui não faltavam burburinhos, o canal com Portugal estava com ruídos. Nos primeiros meses, as Cortes constitucionais de Lisboa praticamente não enviaram nenhuma orientação ou instrução sobre como o Príncipe deveria administrar o vasto território que estava sob sua responsabilidade ou mesmo como lidar com as Províncias.

As dificuldades batiam à porta, especialmente no que dizia respeito ao relacionamento com essas 18 regiões administrativas. As antigas restrições de setores do Norte-Nordeste à centralização do Rio de Janeiro tinham agora a força do movimento constitucional, de suas relações econômicas privilegiadas com a Europa e da resistência ao absolutismo. Mais ainda: defensores da descentralização do poder para as Províncias, republicanos e outros grupos de tendências diversas tinham reservas quanto a um Rio de Janeiro que, em grande medida, continuava a representar o Antigo Regime.

A isso se somava a própria revolução que se processava na política, decorrente do Vintismo, com novas ideias e muitos projetos distintos, que variavam do apoio de alguns grupos ao absolutismo à monarquia constitucional e parlamentar, chegando até mesmo ao republicanismo e a ideias de independência. Também influíam os interesses pessoais, diferenças de métodos sobre como chegar aos objetivos comuns e mesmo as assimetrias culturais de Província para Província.

Nesse caldeirão político-social, as disputas foram crescendo e produzindo uma instabilidade generalizada. Em cada localidade em que se proclamou a adesão à revolução, foram estabelecidas Juntas Governativas, cujos moldes não eram muito distintos daqueles órgãos que existiram na América Espanhola. Câmaras foram reunidas e estes espaços se tornaram locais privilegiados para o debate político. Nelas eram apresentadas ideias, discutidas propostas e, principalmente, era debatida a posição política a se adotar com relação às grandes disputas que foram emergindo no seio do império português.

Quando finalmente começaram a chegar algumas instruções de Lisboa, os problemas não diminuíram. As principais medidas eram sobre a organização dos governos locais e do processo de eleições. As Cortes procuraram ampliar seu controle ou pelo menos o contato direto com as Províncias sem passar pelo Rio de Janeiro. Um exemplo foi a nomeação do governador das Armas, responsável pela segurança e pelas forças armadas das províncias.

Essa conjuntura instável, em grande medida motivada pelo próprio estado confuso em que o mundo português entrou com a revolução, é bem descrita por André Roberto de Arruda Machado como a "quebra da mola Real das sociedades".[1] Desfeita a estrutura que vigorava no Antigo Regime, o custoso processo de reconstrução dos valores e regras políticas suscitou incertezas e instabilidades, alimentando o conflito político no interior das Províncias, no plano regional e na relação desses entes com as duas capitais: Rio de Janeiro e Lisboa.

Para o Rio de Janeiro, a adesão das regiões às Cortes constitucionais significava uma perda de poder em favor de Lisboa. Não só. Perda de fundos para os já combalidos cofres públicos. Ao longo de 1821, foi cortada quase a totalidade do envio de impostos ao Rio de Janeiro, com a exceção de alguma contribuição de Pernambuco. Mais do que recursos, as Províncias do Norte se recusavam a obedecer àquela que deveria ser sua sede administrativa.

Os relatos da época dão conta de um distanciamento significativo de D. Pedro das demais regiões do Reino. O diplomata austríaco Barão de Mareschal registrou que "partira d. João VI para Lisboa com a família real e a sua corte, deixando atrás de si a população da capital

---

1. MACHADO, André Roberto de Arruda. *A Quebra da Mola Real das Sociedades*: a crise política do Antigo Regime português na província do Grão-Pará (1821-1825). Tese de Doutorado apresentada na Universidade de São Paulo. São Paulo, 2006.

brasileira diminuída, e uma situação financeira das mais melindrosas".[2] O resultado era "anarquia a mais completa" e o "isolamento absoluto de todas as províncias".[3] Ao referir-se a essa realidade, panfleto de março de 1822, assinado por J.B da R., em Lisboa, afirmava que:

> [...] dinheiro não lhe vem das Províncias do norte, que nunca o Príncipe reconheceram: [...] O Norte do Brasil, que é a parte mais rica, parece que não tem espíritos tão elevados como o Sul, para se desejar nas grimpas de uma categoria Imperial...

Como resultado, segundo o almirante Thomas Cochrane, que comandaria a Marinha imperial nas lutas pela incorporação das Províncias ao novo Reino, em 1821, D. Pedro, na prática, não era mais do que o "Governador do Rio de Janeiro".[4]

O Regente contava, na verdade, com o apoio de São Paulo, Santa Catarina, Rio Grande e Minas Gerais. Mesmo nessas áreas, no entanto, havia problemas. Minas Gerais, por exemplo, enfrentava dura crise política e econômica, causada pela partida da família real, pela expansão do Vintismo no Brasil e pela interrupção do envio de tributos do Nordeste. Em outubro de 1821, Villa Rica chegou a instalar uma Junta Provisória e deu ordens que terminavam por estabelecer uma efetiva autonomia tanto do Rio de Janeiro quanto de Lisboa.

Em outras palavras, a mesma agitação política, múltiplos projetos e grupos com visões heterogêneas prosperavam no Centro-Sul. Não

---

2. MELLO, Jeronymo de A. Figueira. A Correspondencia do Barão Wenzel de Marschall (Agente diplomático da Austria no Brasil de 1821 a 1831). In: *Revista do Instituto Histórico e Geográfico Brasileiro*. Tomo LXXVII, Parte I, 1914, p.170. Disponível em: https://www.ihgb.org.br/publicacoes/revista-ihgb/item/107822-revista-ihgb-tomo-lxxvii-parte-i.html. Acesso em: 29 de nov. 2013.

3. Exame crítico do parecer que deu a comissão especial das Cortes sobre os negócios do Brazil. In: CARVALHO et al., 2014, v. 2, p. 488.

4. COCHRANE, Thomas John. *Narrativa de serviços no libertar-se o Brasil da dominação portuguesa.* Brasília: Senado Federal, Conselho Editorial, 2003, p. 34.

havia uma tendência de união, salvo por algum motivo superior ou desafio externo que pudesse aglutinar, ainda que temporariamente, facções tão distintas em um propósito comum. Esse projeto seria, enfim, consumado com o "Dia do Fico".

Antes, porém, D. Pedro teria que lidar, ao longo de 1821, com uma realidade difícil e poderes extremamente limitados. Sua posição era frágil até mesmo na capital. O príncipe regente tentava ganhar a confiança do povo e, principalmente, da tropa baseada no Rio de Janeiro. Seu objetivo era controlar, de alguma maneira, a aplicação das decisões do Rei, vindas diretamente de Lisboa. E ainda tinha que se esforçar para cortar despesas, dados os problemas no orçamento.

A precariedade da situação de D. Pedro ficou visível na "Bernarda" (termo da época para revolta ou motim) de 5 de junho de 1821. Notícias chegadas da Bahia davam conta da organização de forças (2.500 homens) para apoiar os vintistas ou "constitucionais", ao mesmo tempo que aportavam rumores de artigos nos jornais baianos acusando o Príncipe de, sob a influência do Conde dos Arcos, ser o responsável pela ação da tropa na convulsão de 21 de abril, quando civis foram mortos. O conde era, em 1821, o homem forte do Regente.

Começaram, então, os boatos de que D. Pedro mandaria prender os supostos agitadores, que reagiram acusando o Governo pelas mortes de abril. O governador de Armas, general Avillez, teria alertado o Conde dos Arcos sobre os riscos de revolta. A conversa teria resultado em troca de acusações entre os dois sobre o alvo efetivo da sedição, pois cada um via o outro como tal. A vantagem, ao fim do caso, ficou com Avillez, que se aproximou da tropa e adotou uma atitude mais rígida contra o Príncipe. O Conde dos Arcos sofreu as consequências de uma impopularidade que, do lado dos grupos pró-Lisboa, relacionava-se à percepção de que ele desenvolvia um plano para preservar o Brasil da influência das Cortes e da Constituição.

A tropa, então, mobilizou-se em 5 de junho. Houve reunião de eleitores, que demandaram a demissão do Conde dos Arcos, o juramento das bases da Constituição e a nomeação de nova Junta Governista. A tropa formada por naturais do Reino, ou seja, nascidos no Brasil, no entanto, teria permanecido imóvel.

Dom Pedro concordou com as exigências, reiterando que governava por obrigação, podendo deixar o cargo no momento em que lhe fosse solicitado. Nomeou novo Governo, liderado agora por Pedro Álvares Diniz, com membros que não haviam participado da sedição. No episódio, o Regente perdeu o ministro-chefe deixado por seu pai, mas ganhou, por outro lado, maior ascendência sobre o novo Governo, em razão da saída da figura forte do poder, o Conde dos Arcos. Isso significava pouco, haja vista a prontidão da tropa portuguesa em manter o Regente bem alinhado com o Vintismo.

Na avaliação do representante britânico no Rio de Janeiro, Edward Thornton, os eventos de 5 de junho, levados a cabo por uma "pequena parte da força militar portuguesa", provocaram "uma grande mudança material na forma desse Governo", "uma mudança que talvez não tenha tido tanta consequência em si, mas no modo pelo qual ocorreu".[5]

Já Mareschal, agente diplomático da Áustria, avaliava por sua vez que a única saída que restava às contínuas movimentações da tropa portuguesa era a utilização da força "brasileira" a favor do Príncipe, mas "nenhum português ousaria propô-lo". O diplomata austríaco, em fins de 1821, estimava que os habitantes do interior, com menor relação direta com Portugal, estavam mais decididos e dariam, eles, marcha aos acontecimentos, sendo mais difícil reprimi-los.[6]

Uma relativa tranquilidade voltou ao Rio de Janeiro após a quartelada, enquanto as movimentações políticas permaneciam por baixo dessa aparência de calma. Paralelamente, as disputas fora da Capital, na Bahia e em Pernambuco, tornavam-se cada vez mais violentas. O general Avillez, que comandava as tropas no Rio de Janeiro, afirmou

---

5. Ofício de 11 de junho de 1821. F.O. 63/227. In: WEBSTER, 1938, p. 210.
6. MELLO, 1914, p. 229.

em relato que tinha conhecimento das manifestações emancipadoras (fala em "independência política") em "clubs" e outros meios sociais.

O que se observa é que, com episódios como a Bernarda de junho de 1821 ou tumultos ocorridos em setembro do mesmo ano, começam a aparecer de forma mais clara os diferentes partidos, inclusive aqueles contrários às Cortes. Surgiram em número importante jornais, panfletos e proclamações, tais como o *Revérbero Constitucional Fluminense* (setembro de 1821), *O Espelho* (outubro de 1821) e *A Malagueta* (dezembro de 1821). Ficavam também cada vez mais patentes as divisões entre um "partido brasileiro" e um "partido português" (o que não significava, necessariamente, divisão entre "brasileiros" e "portugueses"), como registrou Mareschal, que também apontava a já existente ideia, defendida por alguns grupos minoritários, de declarar D. Pedro Imperador do Brasil.[7]

Esses grupos políticos ainda se mantinham, conforme mencionado, como forças heterogêneas, entre produtores agrícolas que se beneficiavam da "interiorização da metrópole", funcionários públicos – cujos empregos dependiam da manutenção da estrutura de poder no Rio de Janeiro – e apoiadores das ideias liberais, que pretendiam promover reformas. Projetos para o Reino Unido de Portugal e Brasil existiam, como era o caso daquele elaborado por José Bonifácio, que mencionaremos adiante.

Na verdade, havia muitas diferenças, ideias, propostas e, por que não, interesses, inclusive de acesso ao poder. Maria Odila Leite da Silva Dias destaca pelo menos dois grupos. O primeiro era relacionado à "elite burocrática" formada por Portugal. Este contava com a presença de muitos nascidos no Brasil, atraídos pelo serviço ao Rei. Dele faz parte a Geração de 1790 (já apresentada no Capítulo 2 e da qual faz parte José Bonifácio), que trabalhava intensamente em projetos voltados à organização social do Império, tendo sempre a centralização como fundamento de suas reflexões:

---

7. Officio de 24 de outubro de 1821. In: MELLO, 1914, p. 225.

Estadistas como D. Rodrigo de Sousa Coutinho ou o Conde da Barca tinham como missão precípua a tarefa da fundação de um novo Império que teria como sede o Rio de Janeiro e que deveria impor-se sobre as demais capitanias. E para esse trabalho contaram com a colaboração e o empenho dos ilustrados brasileiros.[8]

O ponto também é reforçado por Lúcia Bastos Pereira das Neves, que aponta nos círculos próximos a D. Pedro uma "elite coimbrã" influenciada por um "ideal reformador cosmopolita moldado pelas pragmáticas, ainda que mitigadas, Luzes portuguesas". Esta elite é capaz de se aproximar do liberalismo sem se distanciar do Rei. Esse era o caso de José Bonifácio, Hipólito José da Costa e José da Silva Lisboa (o visconde de Cairu), figuras com longa tradição de serviços ao Rei e que tinham como elemento importante de pensamento a unidade do Império português, e do Reino do Brasil como um todo.

Aposentado em Santos, José Bonifácio havia retomado as atividades no período, no contexto político da Província de São Paulo. Antes, tinha sido funcionário em Portugal por décadas e vinculado a Rodrigo de Sousa Coutinho, o conselheiro do Rei. Nessa volta à ação, utilizou-se de sua experiência não apenas para trabalhar os interesses da Província no novo contexto político, mas também para pensar no próprio Reino do Brasil. Tornou-se figura influente no Governo provisório paulista, que reconhecia a autoridade de D. Pedro. Bonifácio elaborou, inclusive, instruções para as Cortes constitucionais, em 9 de outubro de 1821, sob o título de *Lembranças e Apontamentos à deputação de São Paulo nas Cortes de Lisboa*,[9] tema que retomaremos mais à frente.

Bonifácio construiu, nas instruções, um efetivo programa político para o Império português e para o Reino do Brasil, fundado ao mesmo

---

8. DIAS, 2005, p. 33.
9. Houve, no caso de São Paulo, revolta de soldados em Santos, em 1821, contra o Governo. Tratava-se, principalmente, de questão envolvendo o pagamento de soldos, que foi rapidamente resolvida. In: MELLO, 1914, p. 204.

tempo na unidade política e no fortalecimento das Províncias. O projeto do santista, que se tornou o nome principal no processo de emancipação brasileira, não era, assim, distante das figuras que o haviam influenciado.

O outro grupo importante, na interpretação de Lúcia Bastos Pereira das Neves, era a "elite brasiliense", majoritariamente nascida no Brasil e com homens "menos doutrinados por vias formais e mais abertos às ideias do pensamento francês". Esse conjunto, composto por figuras como Gonçalves Ledo, Diogo Feijó e Cipriano Barata, era pouco vinculado à noção de império luso-brasileiro de Rodrigo de Sousa Coutinho. Tendiam a ser, como se vê nas posturas que adotaram em relação ao Rio de Janeiro e, posteriormente, às Cortes, mais localistas (como o caso de Barata, que, primeiro, foi anticoroa, depois pró Dom Pedro e, finalmente, revolucionário), mais liberais e mais descentralizadores. Muitos deles seriam acusados, feita a Independência, de republicanos, facciosos ou revolucionários.

Elemento essencial para entendermos a época é ter muito presente que as tendências que existiam em grupos como o de José Bonifácio ou Gonçalves Ledo eram representativas da realidade política do Centro-Sul do Reino, ou seja, Rio de Janeiro ou São Paulo. Em outras regiões, no entanto, havia outros grupos, outras ideias e outras tendências. No Norte, inclusive, permaneciam tendências abertamente contra o Rio de Janeiro, opondo-se à Independência, o que provocou a guerra.

Dado importante: não se tratava de simples grupelhos portugueses, ainda que não fossem majoritários. Todos os residentes do Reino do Brasil eram cidadãos de Portugal, apesar das diferenças já sentidas entre os nascidos na Europa e na América. A distinção entre "portugueses" e "brasileiros" era algo ainda em construção, em grande medida decorrente da desigualdade de tratamento observada nas próprias Cortes. Mas muitos no Brasil, com a distância física e temporal, tanto de Lisboa quanto do Rio de Janeiro, sustentaram a ideia da Constituição liberal portuguesa.

De sua parte, círculos republicanos e, principalmente, os defensores da autonomia regional se colocaram em um primeiro momento ao lado do Vintismo, contra a centralização do Rio de Janeiro. Alguns desses mesmos grupos, no entanto, aos poucos se afastaram das medidas adotadas pelas Cortes sobre o Reino do Brasil, abrindo a possibilidade de uma aproximação, negociada e condicionada ao cumprimento de promessas pelo Príncipe. Em outras palavras, a própria dinâmica das Cortes constitucionais de Lisboa e as dificuldades de acomodação de diferentes interesses, ideias e projetos abriram espaços a alianças opositoras que eram mais por conveniência do que por convicção.

Não era, assim, um apoio natural e fiel a D. Pedro, derivado do que poderia ser uma comunhão de visões e interesses de uma elite homogênea. Essa fragilidade apresentou sua fatura logo no processo subsequente à Independência, e continuou a influenciar a política brasileira até meados da década de 1840.

Exemplo desse movimento pendular foi a situação do baiano Cipriano Barata. Luiz Henrique Dias Tavares analisa o manifesto publicado por Barata após seu retorno ao Brasil, em 1823, cujo objetivo era apresentar um "dezengano para Brasileiros, e Europeos Residentes no Brasil".[10] Dias aponta que este cirurgião e político brasileiro foi um dos principais articuladores, na Bahia, do levante militar que concedeu o apoio às Cortes, em 1821, afastando a Província do Rio de Janeiro. Ao analisar a vinculação de Cipriano Barata ao movimento liberal-constitucional em voga em Portugal, Dias Tavares sublinha não ser possível saber se o representante baiano

> [...] defendia a posição dos que já preferiam separar a Bahia de Portugal
> e do Rio de Janeiro – ou se estava na posição daqueles que consideravam

---

10. TAVARES, Luiz Henrique Dias. Uma Leitura do Manifesto de Cipriano Barata à Bahia em 1823. In: *Revista do Instituto Histórico e Geográfico Brasileiro*, v. 149, n. 360, julho-setembro de 1988, p. 269. Disponível em: https://ihgb.org.br/publicacoes/revista-ihgb/item/108048--revista-ihgb-volumes-358,-359,-360-e-361.html. Acesso em: 10 dez. 2013.

suficiente apoiar a queda do odiado sistema despótico, deixando para depois as Cortes de Lisboa realizarem a sagrada missão de construir a ordem liberal-constitucional igualmente válida para Portugal e Brasil.[11]

Dessa posição anti-Rio de Janeiro e autonomista, Barata transitou, ao longo dos debates nas Cortes, para a resistência às medidas que passaram a ser vistas como a "recolonização" do Reino do Brasil. Aproximou-se do grupo dos paulistas e outros partidários da igualdade entre os Reinos, fugindo com aqueles de Portugal, em fins de 1822. Já de volta ao Brasil, publicou seu manifesto, crítico às Cortes e no qual sustentava que a Constituição de Portugal (que havia sido assinada, em 23 de julho de 1822, por outros representantes brasileiros) "só he própria para os portugueses". Passados mais alguns meses, Barata moveu-se em críticas à centralização do poder em D. Pedro e, mais uma vez, colocou-se contra o Rio de Janeiro.

Os tempos eram, como se observa, fluidos e circulavam entre ideias e interesses que variavam e alimentavam o conflito político. Foi nesse contexto que apareceram grupos de defensores do Rio de Janeiro como capital, mantendo a realidade do tempo da presença da Corte. Entre suas iniciativas, estava tentar ganhar o Príncipe diretamente, apresentando-lhe reflexões sobre a conveniência de sua permanência.

Dom Pedro era, de fato, uma figura de atração, simbólica por ser o herdeiro da Coroa, com legitimidade monárquica, algo que cairia bem nos tempos em que, na Europa, as potências trabalhavam em conjunto contra as revoluções liberais, como se vê com o advento da Santa Aliança. Esta era uma coalizão de cunho político e militar – criada durante o Congresso de Viena (1815) e liderada pelas monarquias conservadoras da Áustria, Rússia e Prússia – destinada a entrar em ação diante de ameaças liberais a reinos constituídos. Ao mesmo tempo, por ser príncipe, D. Pedro sofria com desconfianças exatamente pelo

───────

11. Ibid., p. 273.

fato de, apesar de sua adesão ao constitucionalismo, ser representante da Coroa. Levantava, com isso, suspeitas de liberais e grupos de maior influência lusitana.

A busca pelo Regente, com isso, dependeria de um jogo sensível. Em primeiro lugar, era preciso convencê-lo a liderar os grupos que começavam a se formar contra as Cortes de Lisboa. Em segundo, era igualmente necessário negociar com o Príncipe um projeto, um programa político que compusesse os diferentes interesses dos grupos do Centro-Sul, inclusive garantindo um projeto liberal.

A posição de D. Pedro, ao contrário do que o próprio declarava, ainda não estava definida. O Príncipe, de fato, mostrava-se um administrador titubeante, que exprimia claramente seus desejos de partir e não permanecer no Brasil. Vivia entre os múltiplos partidos, embora à primeira vista não visasse contar com apoio efetivo de nenhuma facção, ainda que mantivesse a atração de ser o herdeiro da Coroa e ter presente que o Vintismo se apoiava na monarquia constitucional.[12]

A autoridade do Regente estava desbalanceada e isso se refletia em suas atitudes. Dom Pedro foi novamente pressionado pelo general Avillez a repudiar publicamente os grupos que, aos poucos, formavam-se contra o Vintismo e tentavam cooptar o Regente. Por essa razão, em 4 de outubro de 1821, publicou proclamação aos Fluminenses, na qual sustentava que "nunca serei perjuro, nem á religião, nem ao Rei, nem á Constituição". Ameaçava, também, declarar "guerra despiedada, e cruelíssima, a todos os perturbadores do socego publico, a todos os Anticonstitucionaes".[13]

Dom Pedro igualmente registrou em carta a D. João, do mesmo 4 de outubro, que "a Independencia tem se querido abrir comigo e com a tropa", sem efeito, por sua "honra, e ella he maior que todo o

---

12. Conforme aponta LIMA (1997, p. 111), havia partidários da monarquia absoluta, da monarquia constitucional, da república unitária, da república federativa, do dualismo e da independência.

13. AVILLEZ, 1822, p. 39.

Brasil". Um mês depois, em outra carta, o Regente registrava que tudo estava "em perfeito socego", salvo nas Províncias, particularmente em Pernambuco, "quazi em huma perfeita anarchia".[14]

É preciso, no entanto, ter certa cautela com relação à posição de D. Pedro nesse período, à sua aproximação da tropa portuguesa, ao seu constitucionalismo português e, principalmente, ao seu declarado desejo de partir, pouco se importando com o destino do Reino. O próprio diplomata austríaco Mareschal sugeria, em dado momento, desconfiar que o Príncipe dissimulava sua verdadeira posição.[15]

Pode-se questionar, então, o quanto o futuro imperador efetivamente desejava partir e o quanto era jogo de cena. Ainda que a situação de D. Pedro não fosse boa na Capital do Reino e no Norte-Nordeste, sua presença no Brasil era uma garantia de continuidade do poder da Coroa. Mesmo frágil, ele mantinha a possibilidade de liderar um movimento de construção da unidade e da estabilidade. O Regente provavelmente conhecia essa avaliação, pois havia participado das discussões logo no início do Vintismo no Brasil e oferecera pareceres a respeito da partida da Corte e sobre a atitude do Rei em relação às Cortes.

A efetiva posição do Príncipe, no entanto, ainda é objeto de debates. Para alguns, como Octávio Tarquínio de Souza, biógrafo de D. Pedro, o Príncipe Regente teria se "abrasileirado", e naturalmente tomado a posição a favor dos "brasileiros".[16] Também Maria Graham, britânica que vivia no Brasil da época, relatou que, tendo "passado sua vida, desde os 11 anos no Brasil, estava ele [D. Pedro] fortemente ligado e

---

14. CARTAS (cópias) do príncipe regente D. Pedro, ao rei [D. João VI] sobre várias matérias relativas a situação política -administrativa nas relações entre o Brasil e Portugal. In: Arquivo Histórico Ultramarino, AHU_ACL_CU_017, Cx 288, D. 20405. Disponível em: https://digitarq.ahu.arquivos.pt/details?id=1346202. Acesso em: 26 mar. 2015.

15. MELLO, 1914, p. 229.

16. OBERACKER JÚNIOR, Carlos H. Por que D. Pedro declarou a Independência do Brasil. In: *Revista do Instituto Histórico e Geográfico Brasileiro*, n. 349, out.-dez. de 1985. Disponível em: https://www.ihgb.org.br/publicacoes/revista-ihgb/item/108042-revista-ihgb--volume-349.html. Acesso em: 10 dez. 2013.

desposara calorosamente seus interesses".[17] Essa tese de um nacionalismo de adoção, aliás, também contribuiu para o mito da Independência pacífica, ao criar uma espécie de nacionalismo brasileiro.

Outros autores, no entanto, contestam essas ideias. Oberacker Júnior enfatiza, o que parece de fato mais correto, uma lenta evolução do Regente em direção ao conflito com as Cortes e à Emancipação, processo "penoso", "apesar de ser impelido pelo desejo de glória e fama". Por essa razão teria existido um conflito entre o desejo pessoal de D. Pedro, de regressar à Europa, e a consciência da importância política de sua presença no Reino do Brasil. Já em junho de 1821, ele teria se convencido de que deveria "sacrificar" o seu mais fervoroso desejo pessoal de voltar para a Europa. O diplomata austríaco Barão de Mareschal relatou inclusive ter se referido, em conversa com José Bonifácio, ao título imperial adotado por D. Pedro, ao que o ministro brasileiro o interrompeu para dizer que o Príncipe Regente não havia adotado, mas "forçado a adotar" o título de Imperador.[18] Resta, no entanto, saber se mesmo esse aparente "desejo pessoal" de partir não era parte do jogo político, um tipo de jogo que aprendera de seu pai.

O que parece bem claro quando se pesquisa a evolução da postura de D. Pedro é o embate político que travou com as Cortes constitucionais de Lisboa. A tese de Oberacker Júnior é a de que o que mais contribuiu para o "Fico" foi a "invasão do poder real pelas Cortes, apesar de ele fingir concordar com as usurpações do Parlamento lisboeta". O Príncipe tomou cuidado em não declarar seu pai como adversário. Considerava-o *in cárcere constitutus*, "visto não ter aquella liberdade de acção que hé dada ao Poder Executivo".

Foi possivelmente esse ponto que permitiu a aproximação de D. Pedro com os grupos, principalmente do Centro-Sul, que participavam do ideário liberal do Vintismo, mas de uma perspectiva geo-

---

17. GRAHAM, 1824, p. 81.
18. MELLO, 1914, p. 212.

gráfica e temporal distinta. Desse casamento, nasceu um projeto de império português (com a manutenção da união e preservação do papel do Rio de Janeiro), e depois de Estado brasileiro, consumado principalmente na pena de José Bonifácio, que configurou o que seria o polo carioca, com o núcleo e projeto de poder instalado no Rio de Janeiro, na disputa contra as Cortes.

Em fins de 1821, no entanto, essa aliança ainda parecia difícil, com um Regente indeciso em meio a muitas incertezas políticas. Ocorreu, então, um evento político maior, vindo de fora, que forçou uma definição de D. Pedro e dos grupos heterogêneos que aos poucos convergiam em torno dele. As Cortes ofereceram essa oportunidade ao confirmarem seus interesses em concentrar o poder em Lisboa, em detrimento ao Rio de Janeiro. Para uma ação, uma reação à altura. Aproximava-se o "Dia do Fico".

2. Da indefinição à causa "brasileira": D. Pedro e as elites do Centro-Sul

Em setembro de 1821, as Cortes de Lisboa emitiram dois decretos, de números 124 e 125, sobre a gestão do Reino do Brasil.[19] O primeiro estabelecia Juntas Provisórias de Governo nas Províncias, compostas por 5-7 membros, e transferia o poder militar a governadores de Armas, chefes das forças armadas das Províncias. Essas autoridades passariam a ser escolhidas e instruídas diretamente por Lisboa, o que reforçaria seu poder em detrimento daquele estabelecido no Rio de Janeiro.

O segundo decreto ordenava a volta do Príncipe Real a Portugal. Quando este chegasse ao país, "passaria a viajar incógnito ás côrtes e

---

19. O Decreto sobre as Juntas Provisórias, de acordo com o Barão do Rio Branco, em nota à obra de Varnhagen, foi emitido em 29 de setembro de 1821 e convertido, em 1º de outubro daquele mesmo ano, em "carta de lei". Por essa razão, podem existir diferenças nas citações aos decretos das Cortes, entre setembro e outubro daquele ano. In: VARNHAGEN, 1957, p. 66.

A Regência de D. Pedro: da indecisão e instabilidade política ao "Dia do Fico"   101

reinos de Espanha, França e Inglaterra, sendo acompanhado por pessoas dotadas de luzes, virtudes e adesão ao sistema constitucional, que para esse fim S.M. houver por bem nomear". O tom do documento, e dos comentários realizados nas Cortes sobre ele, foi considerado uma afronta à dignidade do Príncipe.

As duas medidas essencialmente quebravam o poder do Rio de Janeiro como capital do Reino do Brasil. Significavam, na prática, o desmantelamento da estrutura de Governo estabelecida no Rio de Janeiro a partir de 1808. Essa era uma das próprias motivações do Vintismo, como veremos no próximo capítulo, que via a presença da família Real no Brasil como razão da decadência portuguesa. As Cortes, assim, transformavam o Reino do Brasil em mera notação jurídica, uma vez que o poder passaria a ser concentrado em Lisboa, de acordo com visão unitária.

A notícia dos decretos demorou a chegar, em razão dos transportes da época, sendo recebida apenas em 9 de dezembro de 1821, trazida pelo brigue de guerra *Infante D. Sebastião*. A capital do Reino, já politicamente agitada havia meses, entrou então em "ebulição", conforme relatou o representante francês, coronel Malet.[20] Para os setores que se beneficiavam da presença do Príncipe e da manutenção do Rio de Janeiro como um dos centros de poder do Império português, a notícia dos decretos era trágica: concretizava a diminuição da importância da Capital.

As medidas atingiam, assim, diretamente os múltiplos interesses presentes no Centro-sul e em alguns grupos do Nordeste. Também tiveram o condão de atingir pessoalmente D. Pedro e provocá-lo à decisão. Teve-se, então, o momento propício para a união entre o Regente e o projeto encabeçado por José Bonifácio, que contou também com o apoio de outras tendências políticas, unificadas pelo conflito contra inimigo comum. Segundo relato do "Sachristão da Freguezia de São João de Itaboray", no mesmo dia da chegada do *Infante Dom Sebastião* "começaram os amigos da ordem, e da união de ambos os hemisférios

---

20. Já citado no capítulo 1 do presente trabalho. In: Arquivos Diplomáticos do Quai d'Orsay.

a trabalharem por fazer uma representação legal", relacionada à permanência do Príncipe.[21]

A primeira reação de D. Pedro, porém, não foi de revolta. Ele consultou seus ministros sobre o que deveria fazer e recebeu como resposta "unânime" que deveria cumprir as ordens.[22] O Regente ordenou, então, que se publicassem os documentos e que se aprontasse a fragata *União*, o quanto antes, para que pudesse partir. Nos dias seguintes, no entanto, o príncipe se recusou a voltar a tratar do tema com seus ministros, limitando-se nos despachos aos expedientes do dia a dia. É de se perguntar se a resolução de partir e o silêncio que se seguiu eram uma estratégia para ganhar tempo e negociar. Isso porque, em 15 de dezembro, poucos dias depois da chegada dos decretos das Cortes, D. Pedro relatava ao pai gestões de representantes de Minas Gerais e de São Paulo para que permanecesse, pois, caso contrário, seria declarado algum tipo de independência.[23]

D. Pedro parecia de fato querer ficar, mas não dava mostras de incorporar um projeto completo sobre o futuro do Reino. As semanas entre 9 de dezembro de 1821 e 9 do mês seguinte foram importantes nessa conversão. Segundo o coronel Malet, diplomata francês, o Príncipe não consultou seus ministros sobre o que deveria fazer e registra ter conversado com o próprio Regente, em 27 de dezembro, quando

---

21. Carta escripta pelo Sachristão da Freguezia de S. João de Itaboray ao Reverendo Vigario da mesma Freguezia, narrando os acontecimentos dos dias 9 e 12 de janeiro deste anno". In: CARVALHO *et al.*, v. 1, 2014, p. 627.

22. Segundo registro do ministro da Guerra, Carlos Frederico de Caula (em carta a D. João VI, de 10 de dezembro de 1821). In: CARTAS (cópias) do príncipe regente D. Pedro, ao rei [D. João VI] sobre várias matérias relativas a situação política -administrativa nas relações entre o Brasil e Portugal". In: Arquivo Histórico Ultramarino -Projeto Resgate, AHU_ACL_CU_017, Cx 288, D. 20405. Maria Graham (1824, p. 173), porém, registrou em seu diário, em 9 de janeiro de 1822, que o decreto das Cortes ordenando o retorno de D. Pedro "provocou a mais viva indignação não só em Sua Alteza Real, mas nos brasileiros de um extremo ao outro do reino" (tradução do autor).

23. CARTAS (cópias) do príncipe regente D. Pedro, ao rei [D. João VI] sobre várias matérias relativas a situação política -administrativa nas relações entre o Brasil e Portugal. In: Arquivo Histórico Ultramarino -Projeto Resgate, AHU_ACL_CU_017, Cx 288, D. 20405.

este lhe comentou estar disposto a aceitar a demanda dos habitantes do Rio de Janeiro e suspender seu regresso até que as Cortes e o Rei determinassem efetivamente a forma de governo do Reino.[24] Para Malet, o Príncipe Regente era apenas em aparência reticente, inclusive em razão da forte oposição da Princesa Leopoldina, que se tornaria uma das principais defensoras do "Fico".

Leopoldina era, de fato, personagem-chave. Ao contrário do que se passava na América hispânica, cujos ventos republicanos assustavam as monarquias europeias, Mareschal, o diplomata que representava seu pai (o imperador austríaco Francisco I), advogava junto à Corte austríaca que a presença do Príncipe era a única chance de se restabelecer a ordem, restabelecer a unidade e manter a união com Portugal. Essa avaliação era compartilhada com a Princesa Leopoldina, outra que também estava envolvida, com grande participação, nas movimentações políticas que ocorriam.[25]

Enquanto o Regente dava indicações dúbias sobre como se posicionaria, houve intensa mobilização política para convencê-lo a ficar. De fato, em carta a D. João VI, datada de 2 de janeiro de 1822, D. Pedro já começava a mudar o tom de sua postura, como se estivesse reagindo às pressões locais. Declarou que "farei todas as diligencias por bem para haver socego, e para vêr se posso cumprir os decretos 124 e 125, o que me parece impossível, porque a opinião é toda contra por toda a parte".[26]

No Rio de Janeiro, a resistência aos decretos de setembro de fato havia se organizado rapidamente, com a formação de "clubs" e com a mobilização da maçonaria. Segundo o coronel Malet, nas semanas

---

24. Arquivos Diplomáticos do Quai d'Orsay, op. cit.
25. Cartas Inéditas da 1ª Imperatriz D. Maria Leopoldina (1821-1826). In: *Revista do Instituto Histórico e Geográfico Brasileiro*, tomo LXXV, parte 2, 1912, p. 114. Disponível em: http://www.ihgb.org.br/rihgb.php?s=20. Acesso em: 10 nov. 2013.
26. EGAS, Eugênio. *Cartas de D. Pedro príncipe regente do Brasil a seu pae D. João VI rei de Portugal (1821-1822)*, 1916, p. 34.

depois de 9 de dezembro de 1821, alguns indivíduos, diante da ameaça de partida do Príncipe, começaram a percorrer a cidade com representações sobre a necessidade de se conservar a presença de D. Pedro. Essas movimentações se expressavam de igual maneira nos jornais e nos diversos panfletos.

Paralelamente às mobilizações cariocas, foram enviadas representações aos Governos de São Paulo e Minas, para que estes gerenciassem a situação com o Regente. O Coronel Francisco Maria Gordilho ficou encarregado de conversar com o Príncipe, para saber se, "vindo representações dos governos de S. Paulo e Minas, e havendo representações do povo e tropa do Rio de Janeiro, resolveria a sua ficada no Brasil".[27] Dom Pedro não apenas não teria obstado o envio dos emissários, como indicou que, se contasse com apoio, poderia ficar.

Todas essas condições, ao final, foram cumpridas, ainda que tenha havido dificuldades prévias no caso de Minas Gerais. Essa Província, como já sugerido, se mostrou contraditória em seus sinais com relação ao Rio de Janeiro desde meados de 1821, ora aproximando-se dele, ora se distanciando. Minas Gerais terminou por enviar seu apoio à permanência do Príncipe.

O apoio paulista foi mais claro. Uma primeira representação paulista de apoio a D. Pedro, de 24 de dezembro de 1821, foi recebida no início de janeiro e publicada em 8 de janeiro de 1822, por ordem do futuro imperador. Outro documento chegou dias depois.[28] Nele

---

27. AZEVEDO, Moreira de. O 9 de Janeiro de 1822. Memoria lida no Instituto Historico e Geografico Brasileiro pelo Dr. Moreira de Azevedo. In: *Revista do Instituto Histórico e Geográfico Brasileiro*, Tomo XXXI, 1868, p.35. Disponível em: http://www.ihgb.org.br/rihgb. php?s=20. Acesso em: 8 dez. 2013.

28. SÃO PAULO. Representações que, à Augusta Presença de Sua Alteza Real o Principe regente do Brasil, Levarão o Governo, Senado da Câmara, e Clero de S. Paulo; por meio de seus respectivos Deputados; com o Discurso, que, em Audiência Pública do dia 26 de Janeiro de 1822, dirigio em nome de todos ao Mesmo Augusto Senhor, o Concelheiro José Bonifácio d'Andrade e Silva, Ministro, e Secretário d'Estado dos Negocios do Reino, e Estrangeiros. Rio de Janeiro: Imprensa Nacional, 1822. Disponível em: www.brasiliana. usp.br/bbd/handle/1918/03890400#page/1/mode/1up. Acesso em: 18 fev. 2014.

estavam resumidas as principais ideias paulistas sobre o problema da representação nas Cortes de Lisboa, apontando para a suposta "ilegalidade" das medidas já tomadas em Portugal, dada a ausência dos deputados brasileiros. Como aponta Luiz Adriano Borges:

> Os três pontos fundamentais que a bancada paulista defendeu – autonomia, a manutenção do Rio de Janeiro como centro do poder e o livre-comércio – estavam ligados aos interesses comerciais de sua província, da mesma forma que os deputados portugueses defendiam os interesses da elite mercantil e industrial de Lisboa. A opção pelo Rio de Janeiro se explicita quando se olha para as conexões mercantis entre as duas regiões, além da ligação administrativa que surge quando da vinda da família real.[29]

O apoio vindo das Províncias vizinhas significava, desse modo, a possibilidade de contar com forças políticas e militares, o que efetivamente se passou após o "Fico". Posteriormente, com o apoio do Rio Grande do Sul e, ainda que um tanto mais frágil, de Pernambuco, D. Pedro teria ao seu lado toda a região Sul do Reino brasileiro. Esta não era a mais rica, nem a mais populosa, mas ainda assim seria a ponta de lança para defender seus desígnios.

O projeto político do polo carioca teve, então, seu momento de gênese, secundado por Minas Gerais e São Paulo. Em meio às movimentações e tensões do processo, o Príncipe Regente respondeu, em 9 de janeiro de 1822, a representação do Senado da Câmara do Rio de Janeiro, que lhe solicitava suspender a partida. Esta data – 9 de janeiro – teria sido deliberadamente escolhida para servir de paralelo com o dia da chegada dos decretos das Cortes.

Era o "Dia do Fico". Após uma primeira proclamação um tanto vaga, D. Pedro modificou seu discurso e incorporou a célebre pas-

---

29. BORGES, 2013, p. 78.

sagem "diga ao povo que Fico".[30] Ali também destacou os termos "união" e "tranquilidade", referências que continuaria a utilizar nos tempos posteriores. Tais conceitos se tornaram basilares no projeto do polo carioca, especialmente a intenção de manter a centralidade do Rio de Janeiro como capital efetiva do Reino. Daqui nasceria a ideia de incorporar todas as Províncias do Reino ao Império que seria declarado em 7 de setembro de 1822. Mas este não era um plano que seria levado a cabo facilmente. Precisaria de muito jogo político, promessas, pressões e, como veremos, também uma guerra.

3. O Vintismo resiste no Rio de Janeiro: a mobilização militar e as primeiras medidas políticas

O "Fico" não foi apenas uma proclamação, apenas uma opção de D. Pedro por permanecer no Rio de Janeiro. Suas consequências eram maiores. A primeira, mais imediata, foi um confronto militar que durou quase um mês. Dois dias após o anúncio, em 11 de janeiro, ocorreu uma sublevação dos soldados dos batalhões de nº 11 e 15 (tropas de origem europeia), liderados pelo governador das Armas do Rio de Janeiro, general Jorge Avillez. O propósito, supostamente, era forçar o cumprimento das ordens de Lisboa e obrigar D. Pedro a partir.

Era uma mobilização não muito distinta daquela da Bernarda de 5 de junho de 1821, que mencionamos anteriormente. Dessa vez, no entanto, D. Pedro, as forças políticas locais e muitas unidades militares resolveram resistir. As notícias da mobilização chegaram ao Príncipe quando este estava no teatro.

Visível ao público, ele procurou transmitir uma aparente calma, tendo permanecido no local até o fim da apresentação. Só então deu

---

30. O tema das declarações do Regente é mencionado em nota de Hélio Viana à obra de Varnhagen. In: VARNHAGEN, 1957, p. 94. Dom Pedro informou a decisão de ficar no Brasil ao pai por carta datada daquele mesmo 9 de janeiro de 1822. In: EGAS, 1916, p. 47.

A Regência de D. Pedro: da indecisão e instabilidade política ao "Dia do Fico"   107 ordens para que as forças de 1ª e 2ª linha se mobilizassem, como medida de precaução, e partiu, em seguida, para São Cristóvão. Dali continuou a expedir ordens e mobilizar apoios. Dom Pedro chegou a decidir por enviar sua esposa e filhos para fora do Rio de Janeiro, episódio que resultou na morte de seu filho menor (em um deslocamento da família, que afetou a frágil saúde da criança), ampliando a ira do Príncipe contra as Cortes constitucionais de Lisboa e contra Avillez.

As tropas leais a D. Pedro mobilizaram-se com a velocidade das crises populares. Eram formadas não apenas por elementos "brasileiros", mas também por portugueses de origem europeia, mais uma indicação de que não era o local de nascimento que necessariamente definia posição por um lado ou por outro. Assim ocorreu, por exemplo, com o general Joaquim de Oliveira Álvares, cuja tropa se concentrava no Campo de Sant'Anna.[31] Nascido na Ilha da Madeira, tinha sido transferido para o Brasil em 1804 e, naquele momento, comandava as forças favoráveis a D. Pedro no confronto com os homens de Avillez. Pouco depois, com o avançar da contenda, Álvares foi substituído pelo general José Joaquim Curado (nascido na América), que, a partir de então, ficaria responsável pela defesa do Rio de Janeiro.

Do outro lado, Avillez, tentando ganhar a vantagem tática, posicionou sua tropa no Morro do Castelo, ponto estratégico a partir do qual poderia controlar toda a cidade. Mais vulnerável do ponto de vista militar, o Campo de Sant'Ana, escolhido pelos brasileiros, tinha a vantagem de facilitar a chegada de apoios de todas as direções, o que de fato ocorreu. O Morro do Castelo, por outro lado, não contava com provisões suficientes ou fontes de água.

Os números dos envolvidos na agitação variam muito de autor a autor, sendo que as estimativas vão de 4 mil a 10 mil pessoas partidárias de D. Pedro. Um relato da época registrou 4 mil do lado brasileiro,

---

31. VARNHAGEN, 1957, p. 99.

porém a maior parte destituída de disciplina. A eles foram se juntando elementos adicionais ao longo do período de mobilização.[32] Do lado pró-Cortes, teriam ficado aproximadamente 700 a 2 mil soldados.

Em documento sobre o processo de retirada das tropas, Avillez reclamava que as embarcações disponibilizadas "só podiam conter 988 pessoas; constando esta Divisão de 1.673 homens, além do trem de artilheria".[33] Assim, a aproximação de 1,7 mil soldados do lado português parece a mais correta. Com esses números, o dia 12 de janeiro de 1822 amanheceu tenso.

A possibilidade de estourar um confronto não era pequena. O coronel Malet, do corpo diplomático francês, informou Paris ter percorrido o Rio de Janeiro a cavalo, pela manhã.[34] Encontrou os dois lados entrincheirados e prontos para o combate.

O general Avillez, ao final, preocupou-se em enfrentar militarmente o Príncipe Regente e, surpreendido com a mobilização, cedeu. O historiador do século XIX John Armitage sugere, de sua parte, que Avillez teria se "embaraçado" com a oposição brasileira e "receoso de offender o Príncipe, e vacilante por não ter recebido ordens positivas das Côrtes".[35] Após duras negociações, toda sua tropa foi embarcada e transferida para Niterói, onde permaneceu até 15 de fevereiro, período no qual a situação na Capital permanecia tensa pela presença de forças adversárias do outro lado da Baía.

As disputas entre os dois lados continuaram sobre a questão da partida do Príncipe, as tentativas do Rio de Janeiro de cooptar tropas para

---

32. "Breve exposição dos factos acontecidos nesta capital depois do dia 9 do corrente mez de janeiro". In: CARVALHO et al., 2014, v. 4, p. 401.
33. AVILLEZ. Jorge d'Avillez Juzarte de Souza Tavares. *Participação, e documentos dirigidos ao Governo pelo General Commandante da tropa expedicionária, que existia na Provincia do Rio de Janeiro, chegando a Lisboa: e remetidos pelo Governo ás Cortes Geraes, Extraordinarias e Constituintes da Nação Portuguesa.* Lisboa: Imprensa Nacional, 1822, p. 67. In: Senado Federal. Biblioteca Digital. Disponível em: www2.senado.leg.br/bdsf/item/id/179481. Acesso em: 15 jul. 2015.
34. Despacho de 16 de janeiro de 1822.
35. ARMITAGE, 1837, p. 44.

seu campo e as diferentes narrativas dos eventos de 11 e 12 de janeiro de 1822, percebidas inclusive nos escritos de D. Pedro[36] e de Avillez.[37] Acusado de ter criado a situação, Avillez contra-atacou afirmando que, na verdade, o conflito que se desatou era plano combinado do partido "brasileiro".

Paralelamente aos eventos que se passavam no Rio de Janeiro, no próprio dia 12, foram despachados emissários para Minas Gerais e São Paulo, com pedidos de tropas escritos de próprio punho por D. Pedro, que foram atendidos na velocidade possível dos transportes da época. São Paulo, por exemplo, enviou aproximadamente 1,1 mil soldados. Posteriormente, D. Pedro, reconhecendo o "socorro" das tropas da região, criou uma Guarda de Honra do Imperador, composta por três esquadrões: um do Rio de Janeiro, um de São Paulo e outro de Minas Gerais.

Nas semanas seguintes, a pressão sobre os militares de Avillez aumentou significativamente. Em 1º de fevereiro de 1822, editais do Intendente da Polícia da Capital mandavam cortar toda a comunicação com a Praia Grande, Armação, São Domingos e imediações, locais do outro lado da Baía de Guanabara onde estavam aquarteladas as tropas. Com restrições nos soldos e mesmo no acesso a víveres, os oficiais da Divisão Auxiliadora pediram um pagamento adiantado, mais transportes e a possibilidade de os soldados visitarem o Rio de Janeiro brevemente, para os arranjos da viagem.

Foi nesse contexto que o Príncipe Regente dirigiu-se pessoalmente à baía e, a bordo da fragata *União*, deu um ultimado a Avillez, que, finalmente, partiu em 15 de fevereiro de 1822, com seus cerca de 1,2 mil soldados (muitos resolveram mudar de lado e ficar com D. Pedro), parte dos quais se desviaria no caminho e terminaria reforçando as tropas pró-Cortes constitucionais portuguesas na Bahia. O momento

---

36. D. PEDRO. *Cartas e mais peças officiaes dirigidas a sua Magestade*, p. 7.
37. AVILLEZ, 1822, p. 7.

do ultimato do Príncipe foi imaginado, com cores nacionalistas e em grande medida inverídicas, no quadro de Oscar Pereira da Silva, *D. Pedro a bordo da Fragata União*:

Figura 4 – *Príncipe Regente Dom Pedro e Jorge de Avilez à bordo da Fragata União*, Oscar Pereira da Silva, 1822. Óleo sobre tela.

4. O significado político do "Dia do Fico"

Na decisão política de D. Pedro em ficar e no quase confronto militar que se seguiu, têm-se as primeiras ações de um longo e complicado processo que resultaria no Império do Brasil. Essa lógica político-militar seguiria por todo o processo, inclusive em um segundo momento de tensão relacionado ao Rio de Janeiro, que já tomava as primeiras medidas de consolidação do poder político.

Em 9 de março de 1822, apareceu na Capital uma esquadra com 1,2 mil novas tropas de origem europeia, comandadas pelo brigadeiro Francisco Maximilano de Souza, e que deveriam render a Divisão Auxiliadora. Essa rotação era rotineira, planejada em 1821 e ainda não tinha relação com os conflitos do Fico.

Mesmo assim, a esquadra de Francisco Maximiliano de Sousa chegou com cautela, pois havia cruzado, na altura de Abrolhos, com os transportes que levavam o General Avillez e a Divisão Auxiliadora de volta a Portugal. Após ter sua estada recusada em Pernambuco, seguiu para o Rio de Janeiro, que também impediu o desembarque, mantendo a frota estacionada perto de fortalezas de terra.

Segundo o secretário da Guerra instalado no Rio de Janeiro, o desembarque fora impedido "à vista do abalo e sensibilidade em que ainda se achávão os ânimos deste Pôvo".[38] Fortalecido em função do resultado do Fico e do enfrentamento militar, sem mais poder recuar perante as Cortes, D. Pedro não autorizou o desembarque e ordenou a partida da esquadra, que obedeceu às suas ordens. O Príncipe, inclusive, sustentou que, se fosse feito o desembarque, imediatamente "o Brazil se desunia de Portugal, e a independência me faria aparecer bem contra minha vontade por ver a separação".[39]

---

38. OFÍCIO do [secretário de Estado dos Negócios da Guerra no Rio de Janeiro], Joaquim de Oliveira Álvares, ao [secretário de Estado da Guerra], Cândido José Xavier, sobre a presença da nau e esquadra comandada pelo chefe de Divisão Comandante de Esquadra, Francisco Maximiliano de Sousa; explicando razões do impedimento do desembarque das tropas; remetendo mapa dos oficiais inferiores e soldados que passaram voluntariamente para os corpos da guarnição do Rio de Janeiro; informando que os restantes regressam a Lisboa com os ordenados pagos e as comedorias de costume; remetendo correspondência sobre o bom comportamento dos comandantes da esquadra e da Tropa, que contrasta com a conduta do intruso general e mais comandantes da Divisão Auxiliadora. Em 21 de março de 1822. In: Arquivo Histórico Ultramarino – Projeto Resgate, AHU_ACL_CU_017, Cx 289, D. 20451.
39. D. PEDRO. *Cartas e mais peças officiaes dirigidas a sua Magestade*, p. 67.

Talvez o resultado mais significativo do episódio, além da mensagem política enviada às Cortes, tenha sido que quase metade da tropa que chegava, toda de origem europeia, passou para o lado de D. Pedro, em conjunto com a fragata real *Carolina* (depois *Paraguaçu*).[40] Parte dessa tropa voluntária era de pouca confiança, especialmente os marinheiros, que nas primeiras ações na Bahia se recusaram a combater contra seus companheiros de armas, como veremos no capítulo sobre a guerra naquela Província.

A partida das tropas de Maximiliano teve como resultado a consolidação da segurança da Capital e a posição política de D. Pedro. Mesmo vencedor em duas ocasiões na resistência contra a tropa armada portuguesa, o Rio de Janeiro ainda se mostrou temeroso de eventual ataque diretamente contra a cidade. Foram, assim, elaborados planos militares de defesa. O clima de tensão pairava no ar. Percebia-se o risco de desencadeamento da violência e, principalmente, o caráter político da guerra e que pressões mais poderosas oriundas da Europa fossem capazes de inverter a decisão do Regente em ficar.

Qualquer que tenha sido a estratégia efetiva de D. Pedro, o fato é que o "Fico" consolidou um centro político no Rio de Janeiro, que passaria a se contrapor às Cortes e a Lisboa. Também marcou a aliança entre diferentes grupos de interesse, unidos em torno de sua figura. Separados, todos eram frágeis. Juntos, em torno de um herdeiro da Coroa, liberal, catalisador do imaginário político das camadas mais baixas da sociedade, poderiam sair vencedores daquela contenda. Esses grupos heterogêneos que se juntaram visando a algo maior do que suas próprias diferenças se autodenominaram como as "Províncias Colligadas". Esse foi o segundo e mais importante elemento do "Fico".

Quatro dias após o confronto com Avillez, em 16 de janeiro de 1822, D. Pedro nomeou novo gabinete ministerial, tendo José Bonifácio

---

40. VARNHAGEN, 1957, p. 111.

como ministro do Reino e dos Negócios Estrangeiros.[41] Bonifácio ainda não se encontrava no Rio de Janeiro e foi alcançado por D. Pedro, no dia 18, em Sepetiba, onde o Príncipe lhe comunicou a nomeação. Bonifácio a teria recusado no primeiro momento, como de praxe, concordando em seguida.

Para desempenhar-se como contraponto do que se passava nas Cortes constitucionais de Lisboa, o novo centro de poder estabelecido no Rio de Janeiro precisava, em primeiro lugar, de um projeto político, inclusive para diferenciar-se do que a capital havia sido no período de D. João VI, isto é, uma Corte do antigo regime. Uma Corte, aliás, que as Províncias haviam rejeitado ao aderirem exatamente à Revolução do Porto (e as quais, posteriormente, deveriam se convencer de que o Rio de Janeiro de D. Pedro era diferente).

Dentre as diferentes propostas, ganhou destaque, em um primeiro momento, o projeto de José Bonifácio, cujas ideias não eram únicas, mas tiveram apelo junto a D. Pedro. A chegada do santista ao ministério marcou o processo de aproximação entre os dois personagens. Também foi simbólica para o lançamento do ambicioso projeto do polo do Rio de Janeiro, fruto da união do representante "liberal" da Coroa com o brasileiro herdeiro de Rodrigo de Sousa Coutinho e que visava, em última instância, a um governo nacional monárquico e com as Províncias unidas.

O projeto do "Patriarca da Independência" buscava a reorganização política, mantinha a autonomia do Reino e o Rio de Janeiro como seu centro, em pé de igualdade com Lisboa. Não estava ali o gérmen da Independência. O máximo que se chegou foi à "independência moderada", que, para todos os efeitos, já existia na figura do "Reino Unido", pois os Reinos de Brasil e Portugal já eram, na prática, separados, com a unidade mantida pela Coroa.

---

41. Os outros ministros eram: Luís Pereira da Nóbrega de Sousa Coutinho (da Guerra); Martim Francisco, irmão de Bonifácio (da Fazenda); Caetano Pinto de Miranda Montenegro (da Justiça); e Manuel Antônio Farinha (da Marinha).

As disposições de Bonifácio, como todas as demais em debate, esbarravam na carência de unidade entre os diferentes grupos e interesses. Aqueles de Minas Gerais, São Paulo e Rio de Janeiro, aos quais se juntavam indivíduos de outras regiões, formavam um bloco de difícil gestão, que se encontrava unido mais pelo enfrentamento de um inimigo comum do que por identidade de causa.

A composição política de D. Pedro foi, desse modo, complexa. Precisou usar o poder de convencimento de diferentes formas: prometeu certas medidas a uns (como a autonomia regional para Províncias como Pernambuco), ameaçou outros e, em muitos casos – na unificação territorial, na manutenção do centralismo e no enfrentamento da oposição –, teve de recorrer à força militar. De todo modo, as "Províncias Colligadas" ofereceram a base para o avanço da construção do polo político do Rio de Janeiro.

A primeira medida política dessa nova configuração foi tomada em 16 de fevereiro de 1822, um dia depois da partida de Avillez. Dom Pedro convocou um "Conselho de Procuradores". A criação dessa instância e a posterior convocação da Constituinte era vista por partidários do Rio de Janeiro como decorrência natural da entidade jurídica do Reino do Brasil.

Escrito por José Bonifácio, o decreto de convocação remetia-se ao decreto de D. João VI, de 7 de março 1821, que havia conferido a D. Pedro o papel de regente e poderes para administrar o Reino.[42] O texto falava da necessidade de manter um centro de união, sem o qual o Brasil ficaria "exposto aos males da anarchia, e da guerra civil". Em comunicação à Junta Provisória de Pernambuco, Bonifácio explicou que o Conselho fora criado não para fazer leis, porque estas eram de competência exclusiva da Assembleia dos Representantes da nação, "mas para julgar as que se fizessem nas Cortes de Lisboa", se eram adaptadas ao caso

42. D. PEDRO. *Cartas e mais peças officiaes dirigidas a sua Magestade*, p. 87.

brasileiro.[43] Era o mesmo espírito das instruções dos deputados paulistas às Cortes de Lisboa, ficando clara a mão de José Bonifácio na decisão.

A convocação do Conselho de Procuradores pode ser vista, então, como medida pela qual o Rio de Janeiro colocava-se como intermediário entre Lisboa e o resto do Reino do Brasil, na busca por garantir sua posição de poder. As Cortes de Lisboa ainda permaneciam como ponto de origem das leis, mas daqui se trabalhava para tentar posicionar o Rio de Janeiro como o centro político único do Reino do Brasil, ainda que ligado a Lisboa e apesar do crescente clima de confrontação entre D. Pedro e a Europa.

Enquanto tudo isso se passava no Reino do Brasil, em Lisboa as Cortes Constitucionais seguiam seu trabalho. A notícia do Fico chegaria apenas em março, provocando grande agitação e novas medidas, inclusive no campo militar. A reação também tardaria a chegar, e da mesma forma provocaria uma radicalização do grupo de D. Pedro.

Em hiatos de tempos e desconexões entre os acontecimentos, moveu-se o conflito político entre Rio de Janeiro e Lisboa. Assim ocorreu em todo o primeiro semestre de 1822, durante o qual as principais medidas de D. Pedro se voltaram ao reforço de sua posição de regente e de contraponto às Cortes, sem, contudo, avançar-se além da ideia de uma "Independência moderada". No entanto, administrar o impasse com as Cortes Constitucionais de Lisboa não seria nada fácil, o que apenas serviria para alimentar o conflito e levar, consequentemente, à plena emancipação e separação do Brasil de Portugal.

---

43. VINHOSA, Francisco Luiz Teixeira. Administração Provincial em Minas Gerais. *Revista do Instituto Histórico e Geográfico Brasileiro*, ano 160, n. 403, abr.-jun. de 1999, p. 280. Disponível em: https://ihgb.org.br/publicacoes/revista-ihgb/item/107853-revista-ihgb--tomo-106-vol-160.html. Acesso em: 16 nov. 2013.

6

A difícil gestão: o constitucionalismo em Lisboa e a "quebra da mola real da sociedade"

Os trabalhos das Cortes Gerais e Constitucionais de Lisboa, entre 1821-1822, foram uma experiência política e social muito interessante. Nesse período, foram apresentados projetos, debatidas ideias e possibilidades de reorganização do Estado português e surgiram novos atores e interesses.

As Cortes, na verdade, não se restringiram apenas ao exercício constituinte. No fim, desempenharam papel de centro político do império português, recebendo inclusive solicitações diretas de cidadãos ou grupos organizados. Tornaram-se um foro de debates gerais, ampliando suas funções, recebendo demandas e pedidos de toda sorte. Esse ativismo era ao mesmo tempo um problema, pois foi no extrapolar de suas funções que se ampliou a influência política dos diferentes grupos, especialmente aqueles voltados a reforçar o papel de Lisboa como capital.

Desse turbilhão político, surgiam várias fricções. Vasta, a monarquia pluricontinental portuguesa tinha de harmonizar realidades distintas e aspirações heterogêneas. Também era obrigada a administrar uma realidade pouco comum para a época, a existência de duas capitais, derivadas do Reino Unido, Lisboa e Rio de Janeiro, que buscavam se valorizar, muitas vezes em detrimento da outra. Mais ainda, aquele constitucionalismo de inspiração liberal, uma novidade para a época, quebrava padrões anteriores e, na tentativa de construir os novos pilares, a instabilidade e a incerteza se tornavam a regra.

As Cortes portuguesas terminaram seu trabalho constituinte apenas em 4 de novembro de 1822, com a promulgação de Constituição que ainda incluía o Reino do Brasil como sua parte. Ao mesmo tempo que não reconhecia o império já declarado por D. Pedro, aquela assembleia tinha a seu lado grupos importantes em várias Províncias do Norte e do Nordeste, inclusive das Juntas Provisórias do Pará, Maranhão e Bahia, dentre outras.

Se é conhecida a fuga de deputados paulistas, pernambucanos e baianos, após romperem com as Cortes, em 1822, fala-se menos sobre o fato de que a maior parte dos deputados brasileiros permaneceu em Lisboa e aprovou a constituição portuguesa, que incluía o Reino do Brasil. Dos 141 deputados que assinaram a Carta Magna portuguesa, em novembro de 1822, 36 eram representantes de Províncias brasileiras. Alguns ainda permaneceram no exercício de seu mandato após a Constituinte, já nas Cortes Ordinárias do Reino, isto é, no dia a dia regular do parlamento lusitano.[1] Em termos jurídicos, portanto, houve no Brasil, de 1822 a 1823, uma efetiva divisão legal do país, entre uma área que estava ligada à declara-

---

1. SORIANO, Simão José da Luz. *História de El-Rei Dom João VI, Primeiro Rei Constitucional de Portugal e do Brasil.* Lisboa: Typographia Universal, 1866, p. 95. Cópia pertencente à Universidade da Califórnia. Disponível em: https://bit.ly/3uiDdnq. Acesso em: 5 dez. 2013. Vide também PINHEIRO, José Feliciano Fernandes (Visconde de São Leopoldo). Memórias do Visconde de S. Leopoldo, José Feliciano Fernandes Pinheiro, compiladas e postas em ordem pelo Conselheiro Francisco Ignácio Marcondes Homem de Mello. In: *Revista do Instituto Histórico e Geográfico Brasileiro*, Tomo XXXVII, Parte Segunda, 1874, p. 41. Disponível em: https://ihgb.org.br/publicacoes/revista-ihgb/item/107742-revista--ihgb-tomo-xxxvii-parte-segunda.html. Acesso em: 15 jan. 2014.

ção de soberania de D. Pedro e outra onde vigorava a Constituição portuguesa.

Não restam dúvidas de que a Revolução do Porto e o trabalho das Cortes foram o estopim para os problemas no Reino do Brasil, para os conflitos políticos tanto entre as capitais quanto no interior de cada Província. Mas isso não significa culpar ninguém, nem mesmo o movimento do Porto. A gestão de interesses diversos, ainda mais em períodos de crise, é sempre complexa e pode causar problemas importantes, mesmo que as intenções dos atores sejam as melhores possíveis.

Antes de avaliarmos o conflito em si que resultou na Independência do Brasil, vejamos então os problemas e os debates que alimentaram essa discórdia, sem os quais seria difícil entender as motivações dos atores e opositores de nossa emancipação, seja entre Rio de Janeiro e Lisboa, seja entre a capital do Brasil e as demais Províncias que formavam o reino.

1. Uma engenharia política e jurídica complicada: a constituinte de Lisboa e o conflito entre "regeneração" e recolonização

A Revolução do Porto permitiu que diversos interesses, vontades e projetos viessem à luz e entrassem em disputa, tanto na esfera local das Províncias quanto no âmbito geral de reorganização da monarquia portuguesa. Tratava-se de um processo caótico que colocou em xeque as estruturas do Estado e da própria sociedade, sem que uma nova ordem surgisse com a celeridade e definição necessárias.

O Vintismo, como ficou conhecido o movimento político-ideológico que derivou da Revolução do Porto, não chegou a constituir algo uniforme, desdobrando-se em muitas tendências e grupos. Alguns temas, no entanto, faziam convergir essas diferentes tendências. Um deles era o constitucionalismo moderado, inspirado no modelo francês. Trazia em seu ideário tentativas de rupturas com antigas concepções, tais como "Cortes" e "Constituição". Estas eram relacionadas ao antigo regime, mas adquiriam novos sentidos com a interpretação liberal.

O desejo de inovação e liberalismo, no entanto, tinha contradições. O movimento surgira na Europa e, ainda que tivesse algum tipo de conexão com figuras do Reino do Brasil, não estava estruturado para lidar com uma nova realidade na vastidão do Reino Unido. Em um primeiro momento, as declarações vindas de Lisboa aos habitantes do Brasil indicavam uma aproximação de interesses, como foi o caso da decisão do Parlamento de aceitar os deputados brasileiros como iguais na Assembleia Constituinte. Esta era medida única, que já havia sido rejeitada pelos ingleses, por ocasião da Independência dos Estados Unidos, e não cumprida pelos espanhóis. Também era uma boa resposta à promessa de unidade e de igualdade entre todas as partes do Reino.

Neste primeiro momento promissor, a ausência de problemas derivados de disputas políticas também vinha do fato de que a maior parte dos deputados brasileiros não estava presente nos primeiros meses da Constituinte. Mais ainda, quando chegaram os primeiros deputados, eram representantes de Províncias do Norte-Nordeste, que não tiveram grandes dificuldades de se adaptar a muitas das ideias em debate. Os mais adiantados foram os pernambucanos, de tendência liberal, mas cuja prioridade, no início de sua participação, fora conferida aos interesses locais, inclusive à suspensão dos impostos pagos ao Rio de Janeiro. A representação pernambucana não objetou, inclusive, a ordem de regresso de D. Pedro a Portugal, ao mesmo tempo que rejeitava o envio de novas tropas europeias a Pernambuco.

As primeiras delegações, desse modo, compartilhavam com seus colegas europeus as restrições ao Rio de Janeiro, que ainda representava o Antigo Regime e mantinha política comercial que desagradava esses setores. Foi com a chegada principalmente dos deputados paulistas e o decorrer dos trabalhos, nos quais ficaram claras as divergências em termos estruturais (particularmente o não cumprimento das promessas de autonomia regional), que uma parte dos deputados do Reino do Brasil começou a se organizar em oposição.

Aos poucos, então, ficou claro que o movimento europeu tinha dificuldades em lidar com a realidade brasileira. Uma Proclamação das Cortes de 13 de junho de 1821 usava uma dicotomia entre "portugueses" e "brasileiros". O documento utilizava expressões como "mutuos interesses", referia-se a "vossos deputados". Em grande medida, as Cortes tinham o Brasil como ente unificado, mas distinto. Concretizavam o discurso do "outro", do distinto. Um discurso que ainda não existia no Brasil, onde a identidade "brasileira" estava nos primeiros passos, sem garantias de que fosse se concretizar. De fora, em Lisboa, via-se "brasileiros"; no Reino do Brasil, essa particularidade ainda se formava, sem existirem efetivamente os "brasileiros".

Não resta dúvida, no entanto, de que a diferenciação política feita pelas Cortes alimentava uma alteridade, que reforçava uma identidade nascente de brasilidade. Também influía nessa tendência a crise econômica vivida em Portugal, particularmente entre os empresários do Porto, que muito apoiaram o Vintismo. A concorrência inglesa fez com que os comerciantes portugueses europeus tivessem participação direta nos trabalhos das Cortes, como aponta Antônio Penalves Rocha, recorrendo aos deputados constituintes para buscar um reequilíbrio da relação comercial.[2]

O elemento central, que resumia todas essas características, era o ponto mais sensível, a base ideológica do Vintismo: tratava-se da ideia de "regeneração" portuguesa, uma noção dúbia politicamente. No manifesto dirigido à nação, em janeiro de 1821, atribuía-se o estado precário de Portugal à presença da Família Real no Rio de Janeiro e à abertura dos portos do Reino do Brasil ao comércio.

---

2. ROCHA, Antônio Penalves. *A recolonização do Brasil pelas Cortes: História de uma invenção historiográfica*. São Paulo: Editora UNESP. 2009.

A regeneração portuguesa, de origem europeia, tinha assim um claro sentido de recuperação de seu status prévio à mudança da Corte para o Brasil. Buscava a precedência anterior, sem esconder estado de "irritação" contra a situação política do Reino, de ser governado a distância, com as ordens vindas do Brasil e, até 1820, com a presença de um representante inglês à frente dos negócios.[3] Conforme aponta Oliveira Ramos:

> Quer dizer, os patriotas lusíadas, com o monarca no Rio e os ingleses presentes na Metrópole, consideravam ferida a dignidade e a autonomia do País. Admitia-se a necessidade de experimentar diferente modelo de governação e diferente regime.[4]

Mais do que um elemento simbólico, a "regeneração" trazia acoplado projeto de recentralização política em Lisboa, o que implicava uma profunda reorganização estatal e da relação entre os Reinos do Brasil e Portugal. Regenerar significava trazer de volta o status de Lisboa como centro do império, unificando todo o aparato de controle. Criava, potencialmente, problemas práticos de reorganização que, em sua essência, geravam uma questão política maior.

Inspirados nessa ideia, grupos fortes nas Cortes, ao debaterem um novo modelo constitucional, enfatizavam a ideia de unidade: "a nação portuguesa é a união de todos os portugueses de ambos os hemisférios" (sessão II, art. 16). Defendiam, com isso, o exercício da soberania de forma homogênea em todo o território, o que significava centralização dos órgãos superiores em apenas um ponto, ou seja, Lisboa. Era a tese que poderia ser chamada de "unitária".

---

3. REIS, Arthur Cezar Ferreira. Portugal no seu esforço de independência e autonomia do Brasil. In: *Revista do Instituto Histórico e Geográfico Brasileiro*, v. 249, out.-dez. 1960, p. 41. Disponível em: https://ihgb.org.br/publicacoes/revista-ihgb/item/107942-revista-ihgb--volume-249.html. Acesso em: 3 dez. 2013.

4. RAMOS, 1985, p. 134.

A noção de unidade era contraditória, no entanto, com o princípio da "igualdade", muito caro em projetos como o de Bonifácio. Era preciso, para estes segundos, preservar as instituições dos dois lados do Atlântico, ou seja, a estrutura do Rio de Janeiro, que lhes parecia com maior capacidade de formar instituições mais bem adaptadas à realidade brasileira. Essa necessidade de um balanço no poder entre os dois lados do Atlântico alimentava as teses "dualistas", defendidas em sua grande maioria por deputados provenientes de Províncias brasileiras, particularmente do Centro-Sul.

O embate entre os dois grupos foi evidente em dois temas. O primeiro foi o das "revisões" processuais, isto é, o estabelecimento de um ou mais tribunais superiores. Estes, que antes estavam apenas em Lisboa, haviam sido duplicados quando da presença do Rei e da estrutura do Estado no Rio de Janeiro. Os unitários defendiam que o Tribunal Superior deveria ser apenas um, estabelecido em Portugal, de modo a permitir a harmonia jurídica das decisões superiores. Com isso, Tribunais no Rio de Janeiro seriam fechados, para uma reconcentração em Lisboa.

Em contraposição, os dualistas argumentavam a distância entre Brasil e Portugal, ou mesmo dentro do Brasil, para que houvesse provisões ajustadas à realidade brasileira. As instruções dos deputados de São Paulo para as Cortes, redigidas por José Bonifácio, eram claras quanto a essa necessidade de respeito à integridade e indivisibilidade do Reino e à igualdade entre os cidadãos. Dessa forma, as leis "deveriam levar em consideração as circunstâncias especiais brasileiras de clima e de povoação". Segundo essa argumentação, a distância entre Brasil e Portugal poderia provocar atrasos e prejuízos significativos (inclusive de acesso ao tribunal) para os habitantes do Reino do Brasil, impedindo o bom funcionamento da Justiça.

O debate sobre os tribunais não era questão ligada apenas ao prestígio da Capital brasileira ou à distribuição de poder entre Europa e América. A medida das Cortes de favorecer os "unitários" poderia causar o desemprego de centenas de servidores, o que certamente influenciou setores das elites cariocas diretamente beneficiados pela burocracia a resistirem e a buscarem apoio em D. Pedro. Esse debate esteve diretamente relacionado, inclusive, com a conjuntura política que levou ao "Fico" do Príncipe.

Outra situação parecida ocorreu nas discussões sobre a organização da administração do Executivo no Brasil. Até aquele momento, a presença da Corte no Rio de Janeiro havia reforçado a centralização do poder na capital carioca, especialmente após a elevação a Reino do Brasil. Quando partiu, D. João VI delegou poderes a D. Pedro sobre todo o Reino, reforçando a ideia de que o Rio de Janeiro era efetivamente a capital de todo o Reino, e com poder para tanto.

Como vimos, essa atribuição oficial de poder não era simples. Muitas Províncias resistiam a esses movimentos centralizadores, como haviam feito na época da colônia. Naquela ocasião, lutaram diretamente contra esses esforços de controle, como se observa nas rebeliões, inclusive a de 1817, em Pernambuco. Também apoiaram a Revolução do Porto, tendo como um dos motivos exatamente a centralização do poder no Rio de Janeiro. Após a partida de D. João VI, a maior parte das Províncias do Norte acabou por se distanciar da capital do Brasil, preferindo um contato direto com Lisboa.

Na prática, desse modo, o que se observava era um interesse convergente entre algumas Províncias do Norte brasileiro e os vintistas de Lisboa, que buscavam diluir na medida do possível a força do Rio de Janeiro como capital do governo do Reino do Brasil. A medida para tanto era criar mais de uma "representação" do Executivo no Reino, ou seja, descentralizar o poder de D. Pedro e de sua sede em mais de um centro administrativo. Caso isso se concretizasse – mais de uma representação do Executivo no Reino do Brasil –, o Rio de Janeiro praticamente perderia seu status de capital.

Do outro lado desse debate estavam, logicamente, aqueles que defendiam a posição de D. Pedro e do Rio de Janeiro. O tema é claramente observado na posição de um dos poucos atores que, desde os primeiros momentos, possuía um projeto político, ou ao menos uma visão de como deveria ser reorganizado o Reino Unido: José Bonifácio. O norte da posição paulista nas Cortes, como já mencionado, fundamentava-se exatamente na defesa da "igualdade de direitos políticos, e dos civis, quanto a permitir a diversidade dos costumes e território".[5] Bonifácio sustentava, especialmente, a importância de se manter a igualdade da representação nas Cortes, entre o Reino de Portugal e o ultramar. Para tanto, era preciso manter a centralidade do poder do Rio de Janeiro e de D. Pedro.

A hipótese de quebra do poder no Brasil tornou-se ameaça direta a D. Pedro e aos grupos dualistas, ou seja, àqueles que pretendiam sustentar o Rio de Janeiro com o status político que havia mantido desde 1808. Entre julho e agosto de 1822, as discussões sobre a divisão do Brasil em mais de um centro de poder ganharam intensidade muito mais política do que técnica, fosse no âmbito das próprias Cortes constitucionais, fosse nos círculos políticos dos dois lados do Atlântico.

O trabalho técnico das Cortes, portanto, trazia em si dificuldades práticas, como a estrutura das eleições, a administração do Reino, ou mesmo a unidade ou não do Governo. Muitos deputados, brasileiros e portugueses, sustentaram, ao longo dos meses de 1822, a necessidade de se evitar a discórdia, com momentos ou iniciativas de moderação, em meio aos conflitos que aos poucos foram surgindo. Houve, de fato, tentativas de acomodamento, inclusive por parte dos vintistas.

Em outras palavras, o conflito nas Cortes de Lisboa não teve linhas absolutamente marcadas, posições rígidas (salvo de setores, dos dois lados mais radicais) ou impossibilidade de diálogo. Não se deve ter uma imagem de "brasileiros", unidos, contrapondo-se aos deputados "portugueses" que pouco se importavam com o Reino do Brasil. O

---

5. Lembranças e Apontamentos do Governo provisório da Província de São Paulo para seus Deputados. In: ANDRADA E SILVA, José Bonifácio de. *Obras de José Bonifácio de Andrada e Silva*. Organização e introdução de Jorge Caldeira. São Paulo: Editora 34, 2002, p. 125.

momento em si, mesmo que houvesse boa vontade dos dois lados, era de uma difícil acomodação de interesses e de estruturas políticas na reconstrução do Estado português. Politicamente, no entanto, a ideia da regeneração e os elementos práticos de centralização em Lisboa atingiam diretamente a noção de igualdade entre os Reinos, que era cara aos partidários do Rio de Janeiro.

E foi exatamente durante esse choque de perspectivas – a recuperação da unidade do poder em torno de Lisboa e a defesa dos ganhos advindos ao Reino do Brasil após 1808 – que foram construídas e consolidadas duas imagens antagônicas: a primeira era a "regeneração", que fundamentava a legitimidade pretendida pelo Vintismo de Lisboa; e, em oposição a ela, surgiu no Rio de Janeiro uma reação à "recolonização".

Nas duas imagens, havia ideias claras e interesses ocultos. Como vimos acima, ao mesmo tempo que a noção de "regeneração" combatia o despotismo, trazia em si o "rancor" (conforme expressão de Lúcia Bastos Pereira das Neves)[6] do papel subalterno de Lisboa após a mudança da família Real para o Rio de Janeiro. Embora não fossem homogêneos, os grupos europeus presentes nas Cortes tendiam a favorecer uma posição unitária, no que eram apoiados, como já mencionado, por representantes de Províncias do Norte-Nordeste.

Em contraposição, na concepção de atores como Bonifácio e os deputados paulistas, as decisões das Cortes, em fins de 1821 e início de 1822, violavam o princípio da igualdade entre os Reinos e favoreciam a parte europeia. Foi por essa razão que os documentos paulistas passaram a acusar as Cortes de legislarem sobre o Brasil sem esperar os representantes deste, incluindo no projeto de Constituição disposições que buscariam "escravizar este riquíssimo país, e reduzi-lo a mera colônia".[7]

---

6. 2011.
7. ANDRADA E SILVA, 2002, p. 136.

O temor ao que batizaram de "recolonização" serviu de combustível à "causa brasileira". Essa ideia teve origem na percepção de que havia uma ameaça à autonomia da parte brasileira. A luta contra esse fantasma indicava de fato contrariedade à ação das Cortes Gerais, que, embora buscassem reduzir as capacidades do Brasil como "Reino Unido", não tinham, na prática, um projeto de redução do Reino do Brasil ao estado anterior de colônia.[8]

O problema era que os vintistas procuravam reconcentrar o poder em Lisboa e, com isso, quebrar a influência do Rio de Janeiro. Também buscavam recuperar espaços no plano econômico, com medidas que, se não chegavam a reconstruir o "exclusivo colonial" (forma como era realizado o comércio na época da colônia), com os portos fechados a outras nações, certamente favoreciam mais a Lisboa do que o Centro-Sul do Reino do Brasil.

Em resumo, os debates políticos nas Cortes constitucionais na Europa enfraqueciam o Rio de Janeiro e eram favoráveis a Lisboa nos planos político e econômico. Isso era inaceitável para os defensores do novo status da capital carioca e, nas suas palavras, equivalia a uma recolonização.

De fato, o que mais se encontra nos pronunciamentos dos partidários do Rio de Janeiro é a menção de que as ações das Cortes "equivaliam" a uma "nova colonização", o que não era exatamente "recolonização".[9] O discurso evoluiu para a ideia de que se enfrentava uma ameaça "recolonizadora", imagem de mais fácil utilização no plano político, com boa capacidade mobilizadora. Desse modo, a noção de recolonização foi criada e veiculada, a partir de 1822, pelo grupo próximo a D. Pedro[10] e se tornou o mote da causa do Rio de Janeiro.

---

8. Vide ROCHA, Antonio Penalves, 2009.
9. Vide fala do Deputado Andrade, em 10 de agosto de 1822.
10. A primeira menção do termo se deu na "Representação do povo do Rio de Janeiro, de 20/05/1822". Na representação que José Bonifácio apresentou ao Príncipe, em janeiro de 1822, fala-se que as Cortes queriam "condenar astuciosamente o Brasil a ser outra vez colônia". In: ANDRADA E SILVA, 2002, p. 138.

A difícil gestão: o constitucionalismo em Lisboa e a "quebra da mola real da sociedade" 127

A dicotomia *regeneração* × *recolonização*, seja no plano real da reorganização do governo português, seja nos discursos políticos dos dois lados do Atlântico, tornou-se então o elemento central de um conflito que foi se agravando e passando de uma diferença interna entre partidos políticos para a ruptura, para a Independência e para a Guerra.

Esse foi o motor da disputa entre Lisboa e o Rio de Janeiro, a base da Independência e, ao final, da guerra entre as duas capitais. Havia, no entanto, um outro elemento-chave na construção do programa político de D. Pedro e que, assim como a ameaça de "recolonização", estaria no centro do debate e das medidas adotadas pelo Regente. Para o Rio de Janeiro, por outro lado, o processo político criado pela Revolução do Porto trazia, ademais, o desafio do que anteriormente se mencionou como a "quebra da mola real da sociedade", ou seja, a "anarquia".

Em outras palavras, a desestabilização política criou vácuos de poder, que alimentaram disputas locais e regionais intensas, chegando à guerra civil. Neste cenário sombrio, havia vislumbre de anarquia, fragmentação territorial e mesmo o retrocesso à condição de colônia. Era o desgoverno, a falta de direção, atingindo toda a sociedade, resultado da "quebra da mola real da sociedade".

No caso de desorganização e confusão política, ainda era fresca a memória da Revolução Francesa e do processo de independência das colônias espanholas da América. É importante, neste caso, ressaltar como era corriqueiro o recebimento de informações do que se passava nos territórios vizinhos, que se encontravam também em movimento nos processos que resultariam nos países atuais da América Latina. Essa interação ocorria e foi explorada por João Paulo Pimenta em seu livro *A Independência do Brasil e a experiência hispano-americana.*[11]

O problema não se limitava, assim, ao temor das revoltas escravas, o "haitianismo", expressão que evocava a revolução que havia se

---

11. PIMENTA, João Paulo. *A independência do Brasil e a experiência hispano-americana (1808-1822).* São Paulo: Hucitec, 2015.

passado no Haiti, em 1794, única entre os movimentos pela independência no continente americano protagonizada pelos negros. Não se pode, logicamente, diminuir os temores de setores das elites brasileiras ao potencial de agitação de escravizados, ex-escravizados e as classes mais pobres da sociedade. O "haitianismo" estava presente no debate político da época e pode ser identificado em documentos, discursos e folhetos de então, inclusive do lado das Cortes constitucionais de Lisboa. Alguns vintistas achavam, inclusive, que D. Pedro não provocaria uma ruptura total, uma vez que as tropas leais a Portugal seriam necessárias para evitar uma revolta dos cativos. Havia, em outras palavras, o temor de uma revolta escrava, o que certamente influía nos processos políticos da época.

Ainda assim, o risco da anarquia era uma visão ampla do temor ao desgoverno, à fragmentação e à violência, ultrapassando o tema do "haitianismo". Por exemplo, a "Representação do Senado da Câmara do Rio de Janeiro, pedindo a convocação de uma Assembleia Geral das Províncias do Brasil", de 23 de maio de 1822, acusava Portugal de dividir o Brasil para melhor o dominar, alimentando o "mal da divisão" entre os brasileiros.[12] Para os signatários da representação, a Constituinte seria o melhor remédio contra a desunião.

Do lado do Rio de Janeiro, desse modo, o discurso sobre a "anarquia" foi aos poucos se metamorfoseando na conjunção de ameaça de desgoverno com o risco de divisão do Brasil, o qual deveria ser contraposto pela manutenção da unidade do Reino, sob o comando do Rio de Janeiro. Ganhou, com isso, centralidade nas ações do Regente, em conjunto com o tema da "recolonização", motor principal, fonte de discórdia e *casus belli* da Independência do Brasil e da guerra que se seguiu, tendo como inimigo as Cortes Constitucionais de Lisboa.

Para entender melhor esse tema da anarquia, precisamos olhar em pormenor o que se passava nas Províncias após a Revolução do Porto.

---

12. DOCUMENTOS para a História da Independência do Brasil. 1923, p. 380.

O melhor exemplo para essa visão foi o que se passou em Pernambuco. No próximo capítulo, veremos também o caso da Bahia, que se tornou parte essencial da disputa política que resultou na Independência.

2. A "quebra da mola real da sociedade: o exemplo de Pernambuco

Um dos maiores exemplos da complexidade do período histórico pós--Revolução do Porto e das consequências dos dois processos políticos que formam o eixo da tese do presente livro sobre o processo de emancipação brasileira (a disputa entre Rio de Janeiro e Lisboa e o problema da "quebra da mola real da sociedade"), incluindo o problema da "anarquia", é o caso de Pernambuco.

Era uma Província rica, situada em posição estratégica e tradicional palco de movimentações políticas, sempre com um componente militar, como ocorrera em 1817. Entre as lideranças rurais e urbanas, o espectro ideológico pernambucano variava da fidelidade à monarquia às aspirações republicanas e independentistas. Talvez a característica que mais se destacasse fosse o nativismo, herdeiro da luta contra os holandeses, que impulsionava ideais de autonomia local. Esse elemento seria a marca de toda a evolução político-social da época.

A Província era governada, em 1820, pelo general Luís do Rego Barreto, que se encontrava no poder desde que fora enviado a ela para reprimir a Revolução de 1817. Na época, boa parte das lideranças pernambucanas, com exceção das áreas rurais do sul (que tinham tendência "corcunda", ou seja, pró-Rio de Janeiro absolutista), viu positivamente a chegada do constitucionalismo português. Havia, essencialmente, uma questão de princípio, relacionada à ideologia liberal e, como mencionado, também às aspirações de autonomia regional. O Vintismo era oportunidade, particularmente, para enfrentar o centralismo da Corte, com suas cobranças de impostos e visão unitária, que se chocava com as pretensões de governo local.

O movimento teve, inclusive, adesão do próprio governador, que procurou controlá-lo. Em sua memória sobre o período, Luís do Rego afirmou que sua administração se iniciou, em 1817, em momento de tal instabilidade política, marcado por um "theatro de vinganças", que "de certo se não admirará dos muitos inimigos que ali grangeei". Essa teria sido, segundo o militar, a base dos desentendimentos que se seguiram, o que faz com que seu relato diminua a importância das visões autonomistas mais tradicionais da Província em prol de uma visão segundo a qual os problemas políticos eram mais imediatos e menos profundos.[13]

Para seus adversários, logicamente, o governador de Armas era representação do despotismo, a ser desbancado com o advento da revolução. Desse modo, cresceu gradualmente a oposição a Luís do Rego, mesmo que esses próprios opositores fossem vintistas. Quando da chegada da notícia do juramento constitucional de D. João VI, em 26 de março de 1821, foram registrados movimentos oposicionistas tentando derrubar o Governo e aliciar a tropa.

Também pesou nessa tendência o fato de a Revolução do Porto ter permitido a libertação dos presos políticos de 1817, que estavam na Bahia. Esse foi o caso de Gervásio Pires Ferreira, comerciante nascido em Pernambuco, e que se tornaria, na sequência, presidente da Junta Governativa, após a queda do general Luís do Rego. Como aponta Evaldo Cabral de Mello, Gervásio compreendeu que o maior obstáculo ao autogoverno provincial não era Lisboa, mas o Rio de Janeiro, o que significava dificuldades à frente para as negociações com D. Pedro.[14]

A fricção entre o governador Luís do Rego, adesista do Vintismo, e os grupos opositores foi crescendo ao longo de 1821, em meio às

---

13. REGO BARRETO, Luiz. *Memoria Justificativa sobre a conducta do Marechal de Campo Luiz do Rego Barreto, durante o tempo em que foi Governador de Pernambuco, Presidente da Junta.* Lisboa: Typographia de Desiderio Marques Leão, 1822. Coleção da Harvard College Library. Disponível em: https://bit.ly/3uAhreM. Acesso em: 10 fev. 2013.
14. MELLO, 2014, p. 78.

medidas que se adotavam nas Províncias de organização do governo local e das eleições. Após ter jurado a Constituição, em 28 de maio de 1821, o governador chamou eleições para as Cortes, que se realizaram no mês seguinte. Na sequência, em 30 de agosto de 1821, convocou o Conselho Constitucional Governativo da Província, que o elegeu presidente da Junta. Luís do Rego jogava uma partida complexa entre a adesão e a manutenção de laços com D. João VI, inclusive para a obtenção de apoios para suas pretensões políticas.

A partir de julho de 1821, no entanto, a estratégia começou a falhar. Em primeiro lugar, o governador sofreu uma tentativa de assassinato e prendeu opositores, ampliando o conflito. Os preparativos das eleições para as Cortes e para a Junta foram igualmente imersos na confrontação, sendo que poucos dias antes das eleições estourou a revolta contra Luís do Rego, que, em reação, tentou se eleger chefe da Junta Provisória.

A política, então, passou a se complementar pela guerra, a partir da rebelião de Goyana, situada a cerca de 60 quilômetros ao norte do Recife. A cidade era, na época, importante centro comercial e agrícola, mas tivera problemas com o Governo provincial, inicialmente em consequência da revolta de 1817, depois por causa dos projetos de Luís do Rego de modernização da produção de artesanato produzido na cidade.[15]

Os goyanenses instalaram, em 29 de agosto de 1821, um Governo Constitucional Temporário apoiado por aproximadamente 600 soldados de milícia e corpos locais. Intimaram, nesse processo, o general Luís do Rego a deixar a Província. Seguiram-se, nos próximos dias, trocas de proclamações e ofícios entre Recife e Goyana, com alguns intentos de conciliação, prejudicados pela pretensão de Luís do Rego de manter-se no poder.

Os dois lados também enviaram correios às outras comarcas e às Províncias vizinhas, pedindo apoio. Luís do Rego recebeu suporte da Paraíba e da Bahia. O general sustentava que as embarcações inglesas

---

15. BARBOSA, Maria do Socorro Ferraz, 2008, p. 113.

e francesas que se encontravam em Recife estavam também prontas a intervir, caso seus nacionais estivessem ameaçados.[16] A Bahia, já sob o comando da Junta provisória pró-Cortes de Lisboa, enviou, em 30 de setembro de 1821, 350 soldados a bordo da fragata *Príncipe D. Pedro*. Essa medida era mais um sinal da disposição da Junta de Governo baiana em apoiar, inclusive militarmente, o novo regime político derivado da Revolução do Porto.

A reação de Goyana contou, de sua parte, com a adesão de tropas estacionadas na comarca e em outras freguesias, inclusive no Recife, conseguindo atingir aproximadamente 2 mil homens em suas colunas. Nesse processo, houve uma tendência de adesão das tropas locais a Goyana. As de origem europeia ficaram divididas. O próprio general Luís do Rego reconheceu que parte da tropa, mesmo de origem europeia, aderiu aos revoltosos.

Não havendo acordo, entrou em cena a operação militar. Recife foi fortificada em preparação para o ataque de Goyana, o que era, na avaliação do próprio Luís do Rego, uma "guerra", mas não de "Nação a Nação, em que a destruição de huma convem sempre á outra; he huma guerra entre Portuguezes, cujo resultado será funesto a todos".[17]

Maria Graham chegou ao porto do Recife no dia seguinte ao confronto. Relatou em seu diário um estado de tensão na cidade.[18] Todas as lojas estavam fechadas e grande parte das famílias mais ricas havia empacotado seus bens, depositando-os em residências de ingleses (que dificilmente seriam importunados). Os dias seguintes, segundo a autora, foram mais calmos, mas, em vários momentos, Graham indica ter cruzado, ao longo de seus passeios, com soldados e barricadas. Também menciona grande falta de víveres em razão do cerco.

A ofensiva iniciou-se em setembro de 1821, com os primeiros combates próximos a Olinda. Tratou-se de uma ação de "reconhecimento"

16. Ofício da Junta Provisional de 1º/10/1821. Anexo ao relato de Luís do Rego, p. 139.
17. Ibid., p. 138.
18. 1824, p. 98.

A difícil gestão: o constitucionalismo em Lisboa e a "quebra da mola real da sociedade"   133

ou de "demonstração de força", rechaçada pelas tropas de Luís do Rego, com o resultado total de 16 mortos, sete feridos e 35 prisioneiros, todos estes dos revoltosos.[19] Novos corpos milicianos percorreriam a cidade fechando lojas e preparando para a retomada dos combates. De 30 de setembro para 1º de outubro, estourou novo confronto, na povoação dos Afogados, seguindo até o Aterro, onde bateria de canhões defendia a entrada do Recife. Houve número significativo de mortos, a maior parte deles do lado dos goyanenses.

Ao final de alguns dias de mobilização militar, chegou-se à conclusão de que a entrada na cidade do Recife era inviável. Tampouco era possível ao governador romper o cerco. Com o impasse militar, foram retomadas as conversações. Em encontro ocorrido na povoação de Beberibe, chegou-se a termo em 5 de outubro de 1821, com o acordo ratificado quatro dias depois. Nesse mesmo período, apesar da tendência ao acordo, nova revolta estourou no sul de Pernambuco, contra Goyana, mas o movimento foi sufocado e relativa estabilidade voltou à Província. Em 26 de outubro, foi finalmente eleita nova junta provisória, após terem sido recebidas ordens de Lisboa para a eleição de novo Governo e convocando Luís do Rego de volta a Portugal.

A nova junta era composta fundamentalmente por comerciantes e representantes do Recife, deixando de lado os proprietários rurais tanto do Norte quanto do Sul. Esses se tornavam, potencialmente, grupos que poderiam ser atraídos pelo Rio de Janeiro, pois haviam sido alijados do poder local e precisavam de novos aliados e uma nova "causa".[20] As elites rurais comporiam o poder apenas após a queda de Gervásio Pires. Gervásio, comerciante, ex-revoltoso de 1817, presidiu a Junta até 16 de setembro de 1822. Não se via naturalmente atraído ao Rio de Janeiro. Desconfiava deste, mesmo após as repercussões negativas dos Decretos de Lisboa de setembro de 1821.[21] Na verdade, envia-

---

19. Hélio Viana, em anotação à obra de Varnhagen, 1957, p. 294.
20. MELLO, 2014, p. 71.
21. BARBOSA, Maria do Socorro Ferraz, 2008, p. 118.

134   Redescobrindo a Independência

ria constantemente sinais contraditórios à capital do Reino. Defendia o entendimento entre os dois lados do Atlântico, apesar do crescimento do conflito entre portugueses de origem europeia e americana.

O fato é que, apesar do movimento favorável à Revolução do Porto, as contradições do Vintismo (que vimos acima), especialmente a ação de centralização do poder em Lisboa, que atingia a pretensão de autonomia provincial pernambucana, foram aos poucos alijando esta Província de Lisboa. Nos debates nas Cortes constitucionais em Portugal, a atuação de representantes pernambucanos criava melindres contra os vintistas mais ferrenhos, como o deputado Borges Carneiro.

Em igual medida, muitos grupos políticos do parlamento lisboeta desconfiavam dos rumos políticos de Pernambuco, mesmo que a tendência do Presidente da Junta pernambucana fosse mais para Lisboa do que para o Rio de Janeiro. Para as Cortes, as atitudes de Pernambuco foram gradualmente se aproximando do "facciosismo", termo usado para a revolta política, retomando-se a memória da Revolução de 1817.

Essa conjuntura, em outras palavras, não favorecia naturalmente uma aproximação entre Pernambuco e Rio de Janeiro, pois ainda havia questões importantes a resolver entre ambos, principalmente o que significava o novo regime com D. Pedro de Regente, depois Imperador. As contradições foram aparecendo nos atos. A Junta de Pernambuco, de um lado, apoiou o "Fico" e declarou sua oposição ao envio de novas tropas portuguesas ao Reino. De fato, pouco antes da decisão de D. Pedro de permanecer no Brasil, as autoridades pernambucanas haviam obtido, em fins de 1821, a retirada do Batalhão de Algarve, tropa de origem europeia, que havia sido enviada a Pernambuco ainda na época de D. João VI.

A busca dos habitantes da Província pela autonomia não era compatível com a presença dessas tropas, que já tinham previsão para embarcar e ser posteriormente substituídas, como já haviam determinado as Cortes lisboetas. Porém, esse processo de saída das tropas contou com resistências e precisou de uma mobilização local, que incluiu o pagamento, pela Província, de três meses de soldo. O austríaco Mareschal registrou, em 16 de novembro de 1821, que mais de 500 europeus haviam deixado o Recife, juntamente com o Batalhão do Algarve.

Ao mesmo tempo, houve medidas claras da Província contra as posições do Rio de Janeiro. Gervásio Pires se recusou a enviar os representantes ao Conselho de Procuradores, aguardando decisão das Cortes sobre essa medida de D. Pedro. Posteriormente, também reagiu negativamente à convocação da Assembleia-Geral Constituinte do Rio de Janeiro, dando mostras de distanciamento com D. Pedro. Essa ambiguidade se manteve, desse modo, presente em todo o primeiro semestre de 1822, período crucial no processo que resultaria na Independência do Brasil.

O principal ponto para Gervásio, segundo Evaldo Cabral de Mello, não era a forma do Governo que se discutia na época. Buscava-se para a Província a autonomia para se governar, "com a competência de poder nomear, sem que ninguém possa impedir, a todos os empregos civis e militares".[22]

Um dos problemas de Gervásio e da Junta, no entanto, residia no fato de que aos poucos o conflito entre Rio de Janeiro e Lisboa, inclusive na disputa militar que se formava na Bahia, demandava de cada Província a opção por um dos lados. Foi nesse contexto que grupos da base urbana de Pernambuco começaram a se mobilizar em uma "facção unitária", que favorecia a aproximação com o Regente, ainda que essa não dissesse respeito à Independência como se deu no 7 de setembro.

Esses grupos eram parte da oficialidade, antigos revolucionários de 1817 e líderes da revolta de Goyana. Eram apoiados por simpatizantes da monarquia, tais como membros da magistratura. Os proprie-

---

22. MELLO, 2014, p. 77.

tários rurais, alijados do poder e potencialmente aliados do Rio de Janeiro, ainda levariam algum tempo para se posicionar. A vanguarda da aproximação com D. Pedro era, assim, urbana e cooptou a aliança castrense-popular contra a tropa portuguesa e gradualmente a favor do Rio de Janeiro.[23]

Na capital do Reino, a situação pernambucana também preocupava o Governo, que suspeitava ter Gervásio pretensões de "república" ou de "federação" das Províncias em torno de Pernambuco. O polo que se formava em torno de D. Pedro tinha consciência da posição estratégica desta Província, por sua influência sobre as demais, por sua riqueza, capacidade de fornecer recursos e proximidade com a Bahia, onde já se estabelecera o principal ponto da resistência portuguesa. José Bonifácio decidiu, então, enviar Antonio de Meneses de Vasconcelos de Drummond à Província, quem lá permaneceu entre fevereiro e junho de 1822, a fim de trabalhar pela adesão pernambucana. Também foram enviados Manuel Pedro de Morais Mayer e Manuel Inácio Cavalcanti de Lacerda, ambos pernambucanos, com a mesma missão.[24]

Mais tarde, o desembargador Bernardo José da Gama foi designado pela Câmara do Rio para a Relação do Recife, recebendo também a tarefa de obter a adesão das Câmaras pernambucanas. Gama favorecia D. Pedro, mas era adversário de Bonifácio, o que significava que a disputa interna entre os grupos fluminenses que apoiavam o Regente se espraiava para as Províncias. Foram feitas promessas a diferentes grupos, desde o respeito à propriedade rural contra ameaças dos escravizados, até o restabelecimento de ordens abolidas pelas Cortes, passando por promessas de expulsão dos portugueses (apreciadas pelos nativistas). O ponto central era a promessa de autonomia para o Governo local.

---

23. Ibid., p. 87.
24. Ibid., p. 89.

Enquanto Gervásio estimava que o parecer da Comissão sobre negócios do Brasil, em 18 de abril de 1822 (discussão que tratava do relacionamento entre os dois Reinos no plano comercial) parecia indicar que a autonomia viria de maneira mais fácil das Cortes do que do Rio de Janeiro,[25] as pressões dos unitários e dos partidários de D. Pedro aumentava. Uma terceira via, inclusive, poderia estar em gestação: não optar por nenhum dos lados. As ideias de independência que circulavam em Pernambuco naquela época não eram necessariamente ligadas ao Rio de Janeiro. Havia, efetivamente, a chance de que a Província buscasse seguir um caminho próprio, distante tanto do Rio de Janeiro quanto de Lisboa.

Os rumos começaram, então, a mudar. Em 1º de junho de 1822, durante reunião da Câmara do Recife, no Palácio do Governo, muitos populares e tropas se aglomeraram no entorno, enquanto ocorriam debates que resultaram em indicação clara de apoio a D. Pedro. No dia seguinte, foi aprovado apoio ao Rio de Janeiro, em uma linguagem que falava em união, mas também em autonomia e em direitos locais. A proclamação de apoio era condicionada. Seus requisitos voltariam a ser cobrados do Rio de Janeiro em fins de 1823, com a agitação política em Pernambuco e com a dissolução da Assembleia Constituinte.

Gervásio, no entanto, resistiu. A decisão de 2 de junho da Câmara foi anulada e, em 19 de julho de 1822, a Junta lançou proclamação ao povo às armas, para defender a Província de qualquer investida militar, sem diferenciar as tropas de Lisboa ou do Rio de Janeiro.[26] No mesmo contexto, rechaçou o Decreto do Rio de Janeiro convocando a Assembleia Constituinte, mas a tropa "pegou em armas" para mandar fixar os editais. O governador de Pernambuco foi também acusado de perseguir os partidários do Rio de Janeiro nas semanas que se seguiram, ainda se mostrando vacilante sobre a adesão.

---

25. MELLO, 2014, p. 84.
26. RODRIGUES, José Honório, 2002, p. 206.

Nesse contexto surgiu, inclusive, a ideia da convocação de uma Constituinte provincial, defendida com base nas contestações sobre a legitimidade da constituinte convocada por D. Pedro.[27] Esse projeto foi fortemente combatido por Bernardo da Gama, que mobilizou a Câmara de Goyana (agora favorável ao Rio de Janeiro) e parte da tropa. Ao final, apenas em agosto de 1822, após notícias sobre a rejeição das Cortes ao parecer de 18 de março, sobre o Reino do Brasil, o grupo de Gervásio perdeu força e abriu espaço à mudança de rumo.[28]

Em 26 de agosto foi finalmente aprovada a adesão ao Rio de Janeiro, ainda que a Independência, como ocorreria, não estivesse declarada. Poucos dias depois, em 1º de setembro de 1822, em debate convocado pelo Governo, decidiu-se pelo apoio, ainda que limitado, às tropas de D. Pedro lideradas pelo mercenário francês Pierre Labatut, tema que explicaremos pormenorizadamente no capítulo 12, sobre a guerra na Bahia.

Indeciso entre os dois polos que disputavam a primazia do poder no Império português, Gervásio Pires acabou por perder o comando poucos meses depois, em novas agitações políticas lideradas pela facção unitária. O novo Governo era francamente favorável a D. Pedro. Em 8 de dezembro de 1822, no mesmo dia da Batalha do Pirajá, na Bahia, foi finalmente anunciada a adesão pernambucana à Independência e ao Império.

Mesmo com esse posicionamento, autonomistas radicais e republicanos mantiveram vivas tendências pró-Lisboa ou anti-Rio de Janeiro. Além destes, disputas eram fomentadas pelos diferentes grupos cariocas que disputavam, no Rio de Janeiro, a organização do Reino. O movimento pernambucano em direção ao Príncipe não foi, portanto, semelhante àquele ocorrido em Minas Gerais ou em São Paulo. Demandou mais tempo para se concretizar na plena adesão, a qual muito se relacionou com as promessas feitas em favor da autonomia provincial.

---

27. MELLO, 2014, p. 102.
28. Ibid., p. 105.

Entre Lisboa e o Rio de Janeiro, Pernambuco continuou a tentar ganhar tempo, mantendo-se em posição ambígua, "jogando com pau de dois bicos", conforme a expressão utilizada por José Bonifácio.[29] Isso sem contar a hipótese de que uma terceira via, distante tanto do Rio de Janeiro quanto de Lisboa, estivesse em cogitação. O apoio a D. Pedro contra as Cortes nem tampouco significou o fim dos atritos entre Pernambuco e Rio de Janeiro. Os conflitos entre centralistas e autonomistas continuaram, mesmo que a aproximação marcasse certa conformação com o projeto do Rio de Janeiro.[30] A capital do Reino teve dificuldades em exercer seu poder na Província, até porque, durante meses, os esforços de D. Pedro e da própria Província estavam concentrados na guerra nacional em curso na Bahia. Tanto Mareschal[31] quanto Condy Raguel, cônsul dos Estados Unidos no Brasil,[32] reportaram a fragilidade política da posição pernambucana, a situação de "anarquia" que tanto mobilizava a causa do Rio de Janeiro e de D. Pedro.

Em 1823-1824, essa relação se tornaria ainda mais frágil e bélica, como veremos no capítulo 15. De todo modo, o que o caso pernambucano revela é como as disputas de poder envolvidas na organização das novas estruturas políticas derivadas do momento pós-Revolução do Porto seriam, assim, elementos importantes na relação com o Rio de Janeiro e na forma como ocorreu a gestão do processo de emancipação brasileira.

Alimentavam, especialmente, o mencionado temor à "anarquia", argumento usado para justificar as tentativas de unificação do território da parte do polo do Rio de Janeiro. O risco da "anarquia" não apenas serviu de catalisador de grupos antes dispersos e pouco homogêneos, como se tornou, após a expulsão das tropas portuguesas,

---

29. SOUSA, Octávio Tarquínio de, 1988, p. 149.
30. SILVA, 2006, p. 349.
31. In: MARESCHAL, *RIHGB*, 1976, p. 205.
32. Ofício de 8 de março de 1823. In: MANNING, p. 754.

uma "ameaça interna" e um desafio que continuaria vivo pelas duas décadas seguintes à Independência.

Próximo ao exemplo de Pernambuco, nenhum caso uniria essas duas questões – o enfrentamento dos riscos de recolonização de Lisboa e da anarquia – e influenciaria de maneira significativa a posição de D. Pedro quanto ao que se passava na Bahia. Entender o cenário baiano é essencial para a compreensão do que se passava na própria capital do Reino entre janeiro e setembro de 1822.

7

Bahia, fevereiro de 1822: o início da guerra civil

Nos relatos mais tradicionais sobre a Independência do Brasil, a situação nas Províncias normalmente é tratada de maneira marginal, ou apenas como um processo distinto do que se passava no Rio de Janeiro. Há histórias locais sobre o período da emancipação, sendo a mais tradicional delas a comemoração do 2 de julho como data da Independência da (ou na) Bahia.

Essa visão, porém, traz problemas. Não apenas desvaloriza o que se passava nas demais Províncias, como também diminui a influência que estas tiveram no processo de emancipação, seja na decisão em si da separação, seja nas dificuldades significativas que D. Pedro teve em seu projeto de incorporar ao novo Império todas as regiões administrativas do antigo Reino do Brasil. Para lograr esse projeto, não bastava uma suposta homogeneidade das elites, que, na verdade, tinham ideias e percepções ora bem distintas, ora comuns, como no caso da manutenção da escravidão. O novo Imperador precisou, na verdade, negociar, prometer, pressionar e, em vários pontos do território, usar a força militar.

A situação na Bahia, com isso, merece uma referência especial. Os desdobramentos do Vintismo na Província, que degringolou em guerra civil, não apenas influenciaram diretamente as decisões de D. Pedro no caminho à emancipação como também se tornaram centrais na guerra entre Lisboa e Rio de Janeiro. A Bahia foi o principal teatro no qual as múltiplas forças que se formaram em torno destes dois centros de poder jogaram sua partida estratégica.

Capital colonial até 1763, o porto e a cidade da Bahia (Salvador) eram ponto estratégico territorial (servindo de intermediário na navegação entre Norte e Sul e também com a África). Cumpriam um papel igualmente central para o comércio para basicamente todos os pontos do Brasil. Em 1820, Salvador ainda refletia seu antigo status de capital, também servindo de caminho para o interior. Muitos comerciantes de relevo habitavam a cidade, de onde partiam suprimentos, produzidos localmente ou importados, para Portugal, África e outras Províncias brasileiras.[1] O Recôncavo Baiano também se beneficiava desse comércio intraprovincial.

A importância estratégica do domínio da Bahia é observada pelo fato de que os partidários de Lisboa lá concentraram a maior parte de suas tropas, na tentativa de controlar o centro estratégico que unia Norte e Sul. As Cortes de Lisboa, enquanto puderam dispor de tropas, enviaram sucessivas levas de reforços ao brigadeiro português Ignacio Luiz Madeira de Mello, ampliando a dimensão das operações militares ali realizadas. Do lado do Rio de Janeiro, lutaram baianos, pernambucanos, fluminenses, paraibanos e muitos outros, inclusive estrangeiros, personificados pelos dois chefes militares de terra e mar, respectivamente Pierre Labatut e Thomas Cochrane.

A guerra na Bahia começou, no entanto, mais como uma guerra civil, relacionada à gestão política interna da Província nos novos tempos pós-Revolução do Porto, dentro da ideia da "quebra da mola

---

1. TAVARES, Luiz Henrique Dias. *História da Bahia*. 11ª edição. São Paulo: Editora da UNESP; Salvador: EDUFBA, 2008, p. 200.

real da sociedade". A cidade e a Província experimentavam os tempos políticos da época, os problemas relacionados à centralização do Rio de Janeiro, ao pagamento de altos impostos e à nova realidade do Reino. Essa conjuntura era vivida com cores próprias, em razão das particularidades locais, mostrando ter existido ali "uma constelação saturada de tensões com intensos desdobramentos na conturbada conjuntura que antecedeu e sucedeu a independência".[2]

Neste capítulo, veremos esse momento inicial, da chegada da Revolução do Porto, passando pelos confrontos de fevereiro de 1822 e a fase da guerra civil, que vai da adesão de Cachoeira a D. Pedro até a chegada de Labatut, este designado como comandante de uma força militar que não era mais regional, mas, sim, nacional.

1. A Adesão à Revolução do Porto e as forças políticas heterogêneas

A partir de 1808, a Bahia viveu uma complexa relação com a Corte portuguesa instalada no Rio de Janeiro. Os problemas de distância, pagamento de impostos e influência do comércio inglês estimulavam a circulação de ideias liberais e constitucionais, como no resto do Norte. Havia, é bem verdade, partidos com tendência realista ou mais próximos da capital do Reino.

Nesse cenário, havia grandes chances de um movimento como o do Porto angariar simpatia na Província. De fato, a adesão baiana à Revolução do Porto foi realizada em 10 de fevereiro de 1821, após a chegada das notícias da revolução em Portugal, em outubro de 1820 e a subsequente articulação entre forças políticas e militares de diferentes matizes, inclusive com a influência de ex-participantes da Revolução de 1817, que ali ainda se encontravam presos.

---

2. SOUZA FILHO, Agemiro Ribeiro de. Projetos políticos na revolução constitucionalista na Bahia (1821-1822). In: *Almanack Braziliense*, n. 7, maio de 2008, p. 104.

O risco dessa adesão baiana fora, como vimos, objeto de debates e preocupações na Corte do Rio de Janeiro, que chegou a planejar a substituição do governador da Província para ampliar a segurança local. Na demora de uma decisão, abriu-se a oportunidade que os revolucionários precisavam, planejando-se o levante para antes da chegada do Conde de Vila Flor, que substituiria o Conde da Palma.

Liderado por Manoel Pedro de Freitas Guimarães, Francisco José Pereira e Francisco de Paula de Oliveira, o movimento se apoiou em cerca de 2,7 mil soldados, tropa que se envolveria diretamente na questão política e se tornaria um dos principais grupos de apoio ao Vintismo. A revolta iniciou-se no Forte de São Pedro, mas teria quase perdido força por dúvidas e indecisão de seus membros. Mas tudo isso foi suplantado com a proclamação de Freitas Guimarães, com a qual deixava clara sua adesão ao Vintismo.[3] Iniciou-se, então, a ação, reportada pelo jornal baiano *Idade d'Ouro*, de 13 de fevereiro de 1821:

> Às 5 horas da madrugada sahio o Regimento d'Artilheria do Quartel do Forte de S. Pedro, Commandado pelo Tenente Coronel Manoel Pedro, e apoderando-se da Casa dos Fogos, tirou a pólvora necessaria, e marchou com o parque para a Praça do Governo, deixando guarnecido o Trem, e a rua das Mercês. A cavallaria commandada pelo Tenente Coronel Francisco de Paula de Oliveira, postou-se na Praça, e guarneceo as ruas para evitar motins populares.[4]

Após um breve ensaio de resistência do governador Manoel Pedro de Freitas Guimarães, que resultou em um confronto em um dos quar-

---

3. TAVARES, 2008, p. 225.
4. O *Idade d'Ouro* foi o primeiro jornal impresso na Bahia. Circulou a partir de 1811 e foi forte defensor do Vintismo, o que levou a seu fechamento, em 24 de junho de 1823. Edição n. 18, de 13 de fevereiro de 1821. In: Hemeroteca Digital da Biblioteca Nacional, edição 13. Disponível em: http://memoria.bn.br/DocReader/docreader.aspx?bib=749940&pasta=ano%20182&pesq=&pagfis=0. Acesso em: 11 jan. 2016.

teis da artilharia e algumas mortes (inclusive do comandante da tropa legalista, major Hermógenes), o levante foi vitorioso. O governador compareceu à Câmara Municipal, onde, presentes as principais autoridades da cidade, foi realizado auto de aceitação do sistema constitucional. Na sessão, Freitas Guimarães declarou que "a Bahia he nossa Patria", razão pela qual os revolucionários lutavam contra "o Despotismo, e a traição do Rio de Janeiro machinam contra nós: não devemos consentir que o Brazil fique nos ferros da Escravidão!".

Freitas Guimarães era, de fato, uma figura-chave. Articulador da revolta, o então tenente-coronel teria sido decisivo na adesão de forças militares. Nascido no Reino do Brasil, foi nomeado governador das armas e manteve forte popularidade junto à tropa local. Foi formada, então, Junta Governativa, com representantes de vários setores, que jurou obediência a D. João e à Constituição. Estrategicamente, foi anunciado pagamento extra aos soldados, por meio de contribuições dos cidadãos de Salvador.

Outras vilas baianas, inclusive Cachoeira, aderiram posteriormente ao movimento. O resultado prático da adesão, ao final, foi a ruptura política e financeira com o Rio de Janeiro, a qual seria mantida por vários meses, retomando-se o contato apenas após o estouro da guerra civil. Também é importante ressaltar que, apesar de rivalidades entre civis e militares, a adesão ao porto era ampla, tendo o próprio sentido do serviço militar mudado, tornando-se um "serviço patriótico", com boa atração de voluntários.[5]

Ao mesmo tempo, como nas outras Províncias, o que se viu a partir da adesão à Revolução do Porto foi um movimento descoordenado, que deveria, em um primeiro momento, organizar o poder local a partir de orientações pouco claras (como eleger deputados às Cortes). De um lado, o fato de cada localidade organizar seu governo, suas eleições

---

5. KRAAY, Hendrik. Muralhas da Independência e liberdade do Brasil: a participação popular nas lutas políticas (Bahia, 1820-1825). In: MALERBA, Jurandir (Org.). *A Independência Brasileira. Novas Dimensões*. Rio de Janeiro: Editora FGV, 2006, p. 313.

(com suas regras) e sua administração abria um flanco na revolta para os riscos de desentendimentos e conflitos locais, entre diferentes ambições, aspirações, interesses e ideias. De outro, à medida que as Cortes buscavam reforçar os alicerces do movimento, surgiam questionamentos sobre as novas decisões, que chegavam aos poucos e enfraqueciam tanto a posição do Rio de Janeiro quanto a autonomia regional, que paulatinamente passaram a mobilizar os grupos opositores.

Apareceram, nesse contexto, vozes em desacordo com a forma como a nova realidade política passou a ser conduzida, tanto entre antigos apoiadores do Rio de Janeiro quanto entre vintistas desiludidos. Embora o liberalismo inspirasse a união em torno do "Vintismo" e contra a centralização daquele que era visto como o principal adversário, o Rio de Janeiro, as divergências e rivalidades entre os grupos locais, seguiu alimentando o conflito político na Bahia, mesmo quando já ultrapassado o desafio comum da vitória da revolução.

Com isso, alguns grupos manteriam sua fidelidade às Cortes, por sua maior vinculação com Portugal e proeminência política, adquirida na gestão do Vintismo na Província. Era o caso dos comerciantes de Salvador. Outros, no entanto, distanciaram-se por diferentes razões, mas principalmente por perda de espaço político. Também influía a relação difícil entre os proprietários do Recôncavo e o comércio de Salvador, assim como as disputas por poder no interior do próprio movimento alimentavam dissensões.

Nesse sentido, ainda em maio de 1821, apareceram boatos, vindos de Lisboa, de que seriam adotadas medidas que poderiam afetar a liberdade comercial da Província.[6] Esse ponto mobilizava grande parte

---

6. ARAÚJO, Ubiratan Castro de. A guerra da Bahia. In: BAHIA (Estado). Secretaria de Cultura. *2 de julho: A Bahia na Independência Nacional.* Salvador: Fundação Pedro Calmon, 2010. Disponível em: https://www.academia.edu/8234088/A_Bahia_na_Independ%C3%AAncia_Nacional_Colet%C3%A2nea_2_de_julho. Acesso em: 29 set. 2014.

das elites agrárias locais, gerando uma contraposição com o "partido da Praia", grupo igualmente importante, composto principalmente por comerciantes portugueses instalados em Salvador e que se sentiam prejudicados pela liberalização do comércio, a partir de 1808.

Economicamente, moldava-se uma incompatibilidade entre o interior baiano, com a cidade de Cachoeira como o principal ponto de convergência da produção agrícola, e o comércio de Salvador. Foi esta elite do interior que se uniu, como se verá, contra a substituição de Freitas Guimarães pelo brigadeiro Madeira de Mello e, após derrotada, formou o núcleo de Cachoeira, aderente a D. Pedro e base da guerra na Bahia.

Nos primeiros momentos, porém, o principal temor dos vintistas da Bahia era uma reação da Corte à adesão ao Porto, tida como principal adversário do constitucionalismo (apesar do juramento de D. João VI à constituição). Por essa razão, a Junta solicitou a Lisboa o envio de tropas portuguesas que pudessem sustentar o novo regime. Após alguma hesitação, o pedido foi enviado e atendido por Lisboa, que, em 26 de maio de 1821, anunciou a partida da Legião Constitucional Lusitana, composta por dois batalhões de Infantaria e uma companhia de Artilharia, compreendendo 1.184 homens.[7] O transporte dessa tropa foi pago pelos comerciantes da Bahia.

A Legião Constitucional aportou em Salvador em agosto de 1821. Os impactos da chegada da nova tropa portuguesa a Salvador, em conjunto com a proximidade da Junta com Lisboa (apesar de esta ser composta por brasileiros), foram decisivos para o conflito que se seguiu. Em primeiro lugar, adicionavam mais lenha na fogueira dos diferentes interesses e grupos, agravando o conflito em potencial. Os soldados que chegavam tinham relação mais estreita com a Revolução do Porto e pouca ou nenhuma familiaridade com os habitantes da

---

7. RODRIGUES, 2002, p. 223.

Bahia.[8] Mais ainda: a medida tendia a reforçar dissonâncias na própria tropa, entre os de origem europeia e os locais.

Essa disputa, é importante ressaltar, não implicava uma clara formação de tendências políticas entre os europeus e americanos ou entre o apoio ou não ao movimento do Porto. Portugueses de origem americana ou europeia, cabe frisar, participaram igualmente no movimento liberal que aderiu à Revolução do Porto. Ao mesmo tempo, no entanto, o que se observava no reforço da tropa europeia era a clara decisão das Cortes de garantirem sua predominância, inclusive pela força, e a proximidade da Junta formada na Bahia com Lisboa. Na própria ação das Cortes de fortalecimento da sua posição se encontrava, dessa maneira, o gérmen do conflito.

E foi exatamente o que se passou: aos poucos, os diferentes componentes que marcavam a heterogeneidade da revolução na Bahia foram emergindo. Entre as tropas, havia disputas internas por poder, promoções etc. Entre os grupos políticos e a própria população, restavam partidários do Rio de Janeiro ou mesmo apoiadores da Revolução, mas cujas aspirações eram distintas dos principais atores do Vintismo ou de grupos com interesses divergentes.

Ao longo de 1821 e início de 1822, essas diferentes visões foram se afunilando, não em partidos propriamente ditos, mas em tendências.[9] Francisco Sierra y Mariscal, que presenciou o movimento constitucional na Bahia, afirmava que havia três grupos principais. O primeiro deles era um "partido europeu", que defendia a estreita união com Portugal e seria o principal apoiador, no período subsequente, de Madeira de Mello. Outro seria um "partido aristocrata", "de alguns senhores de engenho, alguns empregados públicos e de mui poucos eclesiásticos", que queriam um "governo independente de Portugal, com uma Constituição e duas Câmaras". O último era

---

8. TAVARES, 1977, p. 18.
9. Ibid., 1977, p. 19.

um "partido democrata", composto por grande parte do clero e empregados públicos, além da maioria dos senhores de engenho ("porque é o partido das revoluções e com elas se veem livres dos seus credores"), que almejava "governos provinciais independentes".[10] A mesma avaliação dos "três partidos" foi apresentada pelo próprio brigadeiro Madeira de Mello, que, posteriormente, se tornaria governador das armas da Bahia e líder da resistência pró-Lisboa, contrária a D. Pedro.[11]

O segundo partido aproximava-se daquelas visões de setores, por exemplo, do Rio de Janeiro, que haviam proposto o "Fico" de D. Pedro e propugnavam pela "Independência parcial", ou seja, a autonomia (e a manutenção dos ganhos da presença da Corte no Rio de Janeiro, por 13 anos) do Reino do Brasil. Essa proximidade, naquele primeiro momento, ainda não foi suficiente para ligar esse partido a D. Pedro, o que ocorreu apenas após o estouro dos conflitos internos. Grupos de apoio a algum tipo de "independência", por outro lado, eram minoritários e não incluíam o bojo das elites agrárias. Relacionavam-se mais à autonomia provincial do que à emancipação do Reino.

Apesar das desavenças e das divisões desde a origem do Vintismo, os baianos lograram manter a Junta Governativa em funcionamento ao longo de 1821.[12] Foram realizadas, em 3 de setembro de 1821, as eleições para os representantes da Bahia às Cortes. Foram eleitos oito deputados, dentre os quais Lino Coutinho e Cipriano Barata. Estes

---

10. CARVALHO, José Murilo de; BASTOS, Lúcia; BASILE, Marcello (Orgs.). Às armas cidadãos! – Panfletos manuscritos da independência do Brasil (1820-1823), 2012, p. 13.

11. Ofício de 26 de fevereiro de 1822 dos Officios e Documentos dirigidos às cortes pelo Governador das Armas da Província da Bahia, em data de 7, e 17 de Março deste anno. In: Cartas e mais Peças Officiaes dirigidas a Sua Magestade o Senhor D. João VI pelo Principe Real, o Senhor D. Pedro de Alcântara, p. 199.

12. REBOUÇAS, Antonio Pereira. *Recordações Patrióticas (1821-1838)*. Rio de Janeiro, Typ. G. Leuzinger & Filhos, 1879, p. 16. Brasília: Biblioteca do Senado – Obras raras. Disponível em: www2.senado.leg.br/bdsf/item/id/242446. Acesso em: 1º out. 2014.

seriam, em Lisboa, críticos à forma como as negociações constitucionais caminhavam e terminariam próximos dos deputados paulistas e pernambucanos, que apoiavam a causa do Rio de Janeiro.

2. Levantes militares e a ruptura de fevereiro de 1822: o início da guerra civil

A relativa estabilidade do novo momento político na Bahia, liderado pela Junta Governativa, não demorou para ser abalada. Segundo algumas vozes críticas da época, o apoio ao governo teria permanecido não fosse o que passou ser visto como uma vinculação excessiva do órgão com as Cortes constitucionais de Lisboa. Essa realidade em grande medida era esperada, pois a junta era produto do movimento cuja fonte eram exatamente as Cortes e a Revolução do Porto.

Ao mesmo tempo, no entanto, tratar o problema político baiano como derivado apenas da postura dos membros da Corte acaba por eclipsar a trama que se passava no momento, relacionada muito mais com as disputas pelos espaços de poder entre os grupos locais do que entre partidários de Lisboa ou do Rio de Janeiro. Uma indicação dessa realidade foi a forma como se deu efetivamente a ruptura entre os diferentes grupos políticos que atuavam na Província, marcados tanto pela reação aos movimentos de reorganização do poder em Lisboa quanto pelas contendas locais. Três levantes militares ocorreram ao longo de 1821 e início de 1822, terminando com a conformação de um grupo opositor à Junta de Salvador. Ao longo do período, "Salvador continuava a vivenciar toda sorte de insultos, desatinos e hostilidades".[13]

---

13. SILVA, Marcelo Renato Siquara. *Independência ou morte em Salvador: O cotidiano da capital da Bahia no contexto do processo de independência brasileiro (1821-1823)*. Dissertação apresentada ao Programa de Pós-Graduação em História Social do Departamento de História da Universidade Federal da Bahia. Salvador, 2012, p. 42. Disponível em: https://repositorio.ufba. br/bitstream/ri/11617/1/Disserta%c3%a7%c3%a3o%20Final%20de%20Marcelo%20 Renato%20Siquara%20Silva.pdf. Acesso em: 25 set. 2014.

O primeiro movimento se relacionou exatamente com o envio de novas tropas portuguesas para reforçar as guarnições da Bahia. Em junho de 1821, as forças de origem local se movimentaram com a notícia da partida de Portugal da Legião Constitucional. Aconteceram, então, os primeiros enfrentamentos entre elas e os europeus, avaliando o cônsul francês que, se não fosse a firmeza do comandante do 12º Batalhão (que era Ignacio Luiz Madeira de Mello), "o governo teria sido parcialmente renovado e a República proclamada pelos brasileiros".[14] Esse era o sinal do descontentamento crescente de alguns setores, mas longe de alguma identidade com o que se passava no Rio de Janeiro.

Uma nova tentativa de ação de alguns militares ocorreu em 3 de novembro de 1821, envolvendo membro de família importante da terra, Felisberto Caldeira, e outros oficiais de origem local. Houve uma ocupação do prédio da Câmara e tentativa de invasão do Palácio do Governo, para exigir a dissolução da Junta Governativa. Não houve, porém, adesões militares significativas e a reação em breve derrotou o movimento e prendeu os envolvidos, que foram enviados a Lisboa.[15]

O episódio de 3 de novembro de 1821 mostrou que havia insatisfação com as Cortes e com a junta governativa, mas ainda limitada. O Barão de Mareschal, diplomata austríaco que vivia no Rio de Janeiro, registrou que, na Bahia, as determinações das Cortes eram cada vez mais mal recebidas.[16] Já Antônio Rebouças, um dos atores políticos baianos, criticou o movimento, sustentando que os mais "prudentes" preferiam esperar que o descrédito da junta aumentasse, predispondo a opinião pública a ficar a favor dos "brasileiros". Rebouças acusou os revoltosos de terem sido movidos por causas pessoais, avaliação próxima àquela apresentada, na época, pelo jornal baiano *Idade d'Ouro*, que era fortemente pré-Lisboa.[17]

---

14. Apud ARAÚJO, Ubiratan Castro, 2010, p. 15.
15. REBOUÇAS, 1879, p. 22.
16. Ofício de 22/11/1821. In: MELLO, 1914, p. 240.
17. Edição n. 115, de 6 de novembro de 1821. In: Biblioteca Nacional – Hemeroteca Digital.

Foi o terceiro episódio que, finalmente, congregou as disputas internas ao Vintismo baiano com novas decisões das Cortes e levou à ruptura. Em primeiro lugar, em fins de 1821 chegaram à Bahia os decretos das Cortes de setembro de 1821, que visavam ao enfraquecimento do poder do Rio de Janeiro e exigiam a partida do Príncipe D. Pedro, resultando daí o Dia do Fico, em 9 de janeiro de 1822. A Junta Governativa da Bahia cumpriu as ordens e realizou eleição, que resultou na posse de uma nova Junta, em 1º de fevereiro de 1822. As medidas suscitaram movimentações políticas dos opositores, mas ainda sem o impulso para uma efetiva revolta.

Dois meses depois, no entanto, chegaram medidas das Cortes diretamente relacionadas à Província, com a substituição do popular general Manoel Pedro de Freitas Guimarães, líder da adesão baiana à Revolução do Porto, pelo agora brigadeiro (promovido naquele ato) Ignacio Luiz Madeira de Mello no cargo de governador das armas. Essa medida mobilizou todos os grupos envolvidos: os militares se aquartelaram, enquanto os civis conspiravam. Madeira de Mello buscou o apoio do oficialato, de comerciantes (em sua maioria de origem europeia) e dos navios mercantes. Seu principal apoio estava nas unidades do 12º Batalhão, na Legião Lusitana e em tropas de milícia, que se mantinham mais fiéis a Lisboa. Os partidários de Manoel Pedro, de sua parte, eram o regimento de Artilharia e o 1º e 2º de Infantaria, concentrados principalmente nos quartéis da Palma e da Mouraria, na cidade de Salvador.

Buscou-se, inicialmente, bloquear a nomeação de Madeira de Mello por questões burocráticas, mas a situação nas ruas levou a tentativas de negociação. Mesmo com o acordo, no entanto, o confronto estourou em 18 de fevereiro de 1822. Segundo os relatos dos partidários de Freitas Guimarães, naquela noite, soldados pró-Madeira do 12º Batalhão, aparentando agressividade, foram vistos próximos ao quartel onde estava o "Trem" (ou seja, a logística, suprimentos), tendo as sentinelas da defesa disparado para o alto para rechaçá-los.[18] O grupo pró-Madeira, na sequência, teria marchado, em tom de ameaça, em direção à casa onde residia Freitas Guimarães.

A confusão que se seguiu teria precipitado ordens para que ambos os lados se mobilizassem para o combate. Pouco depois, na manhã de 19 de fevereiro, o tenente-coronel Francisco Jozé Pereira, que comandava as forças do 12º, avançou sobre o Quartel dos Aflitos, onde estava o Trem da Artilharia, tropa contrária a Madeira de Mello. Este militar luso-europeu, por outro lado, registra que a ação teria sido deflagrada em razão de ataques dos pró-Freitas Guimarães.[19] O certo é que as tropas do Trem resistiram, mas terminaram se rendendo.

Os combates espalharam-se então pela cidade, principalmente nos quarteis da Palma (onde se aquartelava o 1º Regimento, pró-Freitas Guimarães) e da Mouraria. Ocorreram combates em todas as proximidades dessas unidades. Forças portuguesas lograram avançar, cercando os revoltosos, uma parte dos quais fugiu para o Forte de São Pedro, outra unidade que ficava em Salvador.

Foi exatamente nos combates contra a unidade da Mouraria que ocorreu a conhecida invasão do Convento da Lapa. Alguns soldados foram impedidos na entrada da clausura pela sóror Joana Angélica, abadessa do convento, cujo regulamento impedia o contato das freiras concepcionistas com homens. Ao forçarem a entrada, os soldados atingiram Joana Angélica e o capelão, padre Daniel da Silva Lisboa.[20] É interessante observar que, segundo José Honório Rodrigues, a tropa pró-Madeira que invadiu o conjunto religioso seria composta, em sua maior parte, por soldados de origem "brasileira".

---

18. TAVARES, 1977, p. 35.
19. MELLO, 1822, p. 211. Ordem do dia de 25 de fevereiro de 1822.
20. Há diferentes versões sobre a hora em que ocorreu essa invasão, se no início ou no final da manhã de 19 de fevereiro. Independentemente do momento exato do combate, Joana Angélica morreu no dia seguinte, 20 de fevereiro, em razão dos ferimentos. Seria transformada em "mártir" no imaginário baiano sobre a Guerra da Independência. Há diferentes testemunhos, como aponta TAVARES, 1977, p. 43.

Bahia, fevereiro de 1822: o início da guerra civil   155

As forças pró-Madeira, aos poucos, superaram os partidários de Freitas Guimarães na maior parte da cidade. Os derrotados inicialmente se refugiaram no Forte São Pedro, contudo foram cercados e começaram gradualmente a fugir dessa fortaleza, em direção ao interior e a Cachoeira. O êxodo ampliou-se no dia 20, apesar dos esforços de cerco. Os poucos oficiais que restaram no São Pedro se renderam em 21 de fevereiro, sendo todos presos. Freitas Guimarães foi enviado, um mês depois, para Lisboa.

Terminados os embates de 19-21 de fevereiro de 1822, Madeira controlava, enfim, Salvador, mas o clima na cidade continuou tenso. Houve acusações mútuas sobre quem seria responsável pelos confrontos que resultaram na morte de mais de 100 pessoas. As articulações de Madeira de Mello para adquirir apoios e garantir sua posse foram tidas por muitos, inclusive pela própria Câmara de Salvador, como a origem do conflito.[21] Suas forças eram visivelmente mais fortes, o que de fato levanta suspeitas de que tenham se preparado antecipadamente para o combate.

De sua parte, em ofício às Cortes de 7 de março de 1822, o brigadeiro Madeira de Mello afirmou que a notícia de sua nomeação já circulava desde o dia 11 de fevereiro, e a partir dela os "revolucionários" teriam começado a se agitar. Na versão do militar, foram seus opositores que iniciaram o conflito, sob a liderança de Freitas Guimarães. Madeira de Mello sustenta, então, que apenas cumpriu as instruções de Lisboa, com ordens para que fossem reforçados pontos do Norte-Nordeste brasileiro.[22]

A agitação em que se encontrava Salvador, naquele início de 1822, torna as duas versões, a de Madeira e a de seus opositores, possíveis ou

---

21. Representação da Câmara da Bahia, de 16 de março de 1822, transcrita em TAVARES, 1977, p. 164.
22. MELLO, Ignácio Luiz Madeira de. *Officios e Cartas dirigidos ao Governo pelo Governador das Armas da Provincia da Bahia com as datas de 7 e 9 de julho deste anno e que forão presentes às Cortes Geraes Extraordinarias e Constituintes da Nação Portugueza*. Lisboa: Imprensa Nacional, 1822, p. 5. Disponível eletronicamente em http://books.google.com. Acesso em: 15 mar. 2013.

mesmo não contraditórias. De todo modo, derrotados, os partidários de Manoel Pedro partiram para o Recôncavo Baiano. Madeira ainda tentou perseguir os militares em fuga, enviando expedições de cavalaria para os arredores da cidade de Salvador.

A partir de então, o confronto foi se espraiando pelo interior, inclusive pelo fato de que unidades militares e parte das sociedades também do Recôncavo ainda se mostravam favoráveis às Cortes. Ocorreram, então, vários pequenos combates, "com perdas significativas, sem qualquer sucesso real em razão da extrema mobilidade desses grupos armados".[23] Em 21 de abril, no entanto, o brigadeiro Madeira foi informado da carência de tropas em Cachoeira para manter a lealdade às Cortes, tópico que teria relevância nos meses seguintes.[24]

Essa informação do número insuficiente de soldados igualmente teria relevância estratégica nos cálculos do governador das armas da Bahia. Diversas famílias também seguiriam esse caminho, abandonando suas casas em Salvador. Iam, em sua grande maioria, para as vilas do Recôncavo, apesar dos apelos do governador das armas, da Junta Governativa e da Câmara Municipal para que os habitantes voltassem às suas casas, acusando algumas famílias de fingirem a fuga, para incentivar outros a seguirem o exemplo, quando, na verdade, iam se juntar aos revoltosos (associados aos "corcundas", ou seja, absolutistas).[25]

Muitos grupos e famílias, por outro lado, permaneceriam em Salvador, onde apoiariam as forças de defesa pró-Madeira, na guerra que se seguiu. Também permaneceriam na capital baiana elementos de oposição ou indecisos a que lado tomar.

Na imprensa, *O Constitucional*, dirigido por Francisco Gê Acaiaba de Montezuma, traduziria a posição política de oposição à junta, às

---

23. ARAÚJO, 2010, p. 19.
24. Ibid., p. 38.
25. Conforme proclamação de 23 de março de 1822, publicada no *Idade d'Ouro*, n. 27, de 2 de abril de 1822. In: Biblioteca Nacional – Hemeroteca Digital.

Cortes de Lisboa e ao brigadeiro Madeira de Mello pela opção pelo Rio de Janeiro de D. Pedro, mas era atacado por diários de tendência contrária. Este periódico funcionaria até agosto de 1822, quando foi fechado, já no contexto da guerra aberta.

A própria Câmara de Salvador enviaria, na verdade, sinais contraditórios. Houve rumores na cidade, no início de junho, de que o Senado da Câmara poderia pronunciar-se a favor de D. Pedro. No primeiro dia daquele mês, a Câmara havia determinado "cumprir e registrar" portaria de José Bonifácio para empregar os meios necessários para a aclamação de D. Pedro. Pouco depois, passou-se a notar a presença ostensiva de tropas de Madeira de Mello no entorno do Parlamento. Uma reunião, convocada para 12 de junho, trataria da questão, mas não pôde ser realizada.

O brigadeiro Madeira, de sua parte, reconheceu que havia uma tendência à adesão em favor do Príncipe, ainda que ela não fosse unânime e não se colocasse, ainda, como contrária às Cortes.[26] Mesmo assim, é preciso ressaltar que os confrontos em Salvador de fevereiro de 1822 não constituem o momento da opção de parte das elites baianas pelo Rio de Janeiro. O movimento de aproximação de parte dessas elites com D. Pedro seria mais lento e gradual.

3. O interior da Bahia e a decisão em Cachoeira: a aliança com D. Pedro e a fase da guerra regional

Após os confrontos em Salvador, as principais forças de oposição convergiram para a cidade de Cachoeira, onde se iniciaram debates sobre o que fazer na sequência. Prevaleceu, ao final, a decisão de aliar-se a D. Pedro. É interessante observar, neste caso, que não houve prévio movimento de adesão ao Rio de Janeiro e posterior conflito com os

---

26. MELLO, 1822, p. 4.

partidários de Lisboa. O conflito foi motivado em grande medida por uma disputa local, entre grupos da Província que reagiram de formas distintas às medidas das Cortes.

Os desentendimentos no seio do liberalismo baiano opunham, em alguns casos, tendências "brasileiras" (isto é, de cores locais, autonomistas) e "portuguesas" (mais ligadas a Lisboa), sem que isso significasse um movimento natural de apoio ao Rio de Janeiro. As desconfianças de muitos grupos políticos e econômicos do Norte e do Nordeste ainda eram grandes com relação ao Rio de Janeiro, mas também cresciam, paralelamente, com relação a Lisboa. Para alguns, a opção seria algo alternativo, a República, ou algum arranjo de descentralização de poder. Esse partido era forte, como se viu, em Pernambuco.

Após estourarem os problemas na Bahia, em confrontos duros e violentos, abriu-se espaço para uma aliança, que, assim como no caso de Pernambuco, não era rígida nem de completa submissão ao Regente. Contribuiu para isso a contemplação de parte das aspirações autonomistas (ou a simples promessa) por parte do Rio de Janeiro, principalmente no que dizia respeito à convocação da Constituinte. Este tipo de aceno facilitou uma aproximação. Por outro lado, a exacerbação das diferenças entre os diversos expoentes do constitucionalismo baiano fez com que "membros das classes senhoriais renovassem as suas expectativas objetivando não apenas a consecução dos princípios constitucionais, como também a conquista do poder dirigente".[27]

Nesse contexto, os contatos que já vinham sendo realizados com o Rio de Janeiro, dado o interesse de D. Pedro e de José Bonifácio em contar com a adesão das Províncias, tiveram uma janela de oportunidade para derivarem em um acordo. A decisão foi impulsionada, no

---

27. SOUZA FILHO, Agemiro Ribeiro. Entre a Bahia e o Rio de Janeiro: articulações políticas e o reordenamento do poder no tempo da Independência (1821-1823). In: *Revista Binacional Brasil Argentina*, v. 1, n. 2, p. 33 a 53. Vitória da Conquista, dezembro de 2012, p. 35. Disponível em: https://periodicos2.uesb.br/index.php/rbba/article/view/1339/1161. Acesso em: 30 set. 2014.

início de maio, por consulta enviada pelas Cortes de Lisboa sobre a manutenção de uma ou mais representações do Executivo no Reino do Brasil. Indiretamente, a consulta chamava a atenção para a causa que a capital do Brasil esposava e permitia aos baianos refletirem sobre suas opções. A própria Junta Governativa em Salvador decidiu transmitir, em 8 de maio, a consulta às diferentes Câmaras Municipais.

Pouco tempo depois, chegou a notícia da aclamação de D. Pedro como "Defensor Perpétuo" e, na sequência, a novidade da convocação da Constituinte brasileira. Eram medidas que poderiam mobilizar os simpáticos ao Rio de Janeiro ou orientar os opositores das Cortes em direção à Capital, como de fato ocorreu por toda a Província. Ou seja, lançava-se questionamento político a todos os pontos da Província, abrindo o debate sobre como efetivamente se posicionar com relação ao Rio de Janeiro.

Foram, então, convocadas reuniões em várias vilas do interior. No dia 25 de junho, após missa na Igreja de Nossa Senhora do Rosário, a reunião da Câmara de Cachoeira aclamou D. Pedro "Defensor Perpétuo e Protetor do Reino do Brazil". Foram imediatamente expedidas mensagens a Salvador e às vilas da Província comunicando a decisão.[28]

Nesse momento, não houve, em Cachoeira, referência à Independência do Brasil. Este ainda não era o projeto, como confirma Antônio Rebouças, para quem o plano era que a aclamação "se procedesse sem nenhum aparente symptoma de rompimento revolucionário".[29] À proclamação de Cachoeira, seguiram-se medidas semelhantes em Maragogipe, Santo Amaro e São Francisco. Iniciava-se o processo de adesão do Recôncavo ao Rio de Janeiro.

Praticamente no primeiro dia da adesão de Cachoeira, estouraram combates, que marcariam a fase regional da guerra. Foi uma fuzilaria rápida, mas que se tornou mais grave com o ataque da canhoneira

---

28. REBOUÇAS, 1879, p. 53; SOUZA FILHO, 2008, p. 39.
29. REBOUÇAS, 1879, p. 46.

portuguesa postada frente a Cachoeira. A embarcação foi capturada e sua artilharia, aproveitada para as defesas da cidade. Ficava evidente, no entanto, que o conflito não poderia ser evitado.

A guerra tornou-se aberta e, gradualmente, o curso das operações passou a concentrar-se em duas áreas principais: o caminho a Salvador e a Baía de Todos os Santos, envolvendo o Recôncavo. Foram enviadas, entre julho e agosto de 1822, tropas para as colinas das localidades chamadas Cabrito e Pirajá, próximas a Salvador, além de outros pontos, como Nazareth, Funil, Barra do Paraguaçu e outras áreas do Recôncavo Baiano.

No primeiro caso, o objetivo era duplo, ofensivo e defensivo, de impor um bloqueio de comidas e de lutar contra grupos que se opusessem.[30] Essa estratégia era a mesma que fora adotada, no século XVII, contra os holandeses, fundamentada na guerrilha.[31] A Junta de Salvador, ainda no início do confronto, chegou a questionar os moradores do Recôncavo sobre sua tentativa de "esfomear" a capital. Rotas de tráfico de alimentos e de mercado negro foram mantidas entre as duas regiões, ainda que não de maneira suficiente para abastecer a cidade, que terminou recebendo a maior parte dos suprimentos pelo mar.

No caminho a Salvador, então, houve combates ao longo dos meses de julho e agosto, tendo as tropas pró-Rio de Janeiro tido sucesso na ocupação de pontos estratégicos que permitiam formar um cerco sobre Salvador, principalmente nas áreas do Cabrito e Pirajá, com a linha se estendendo, ao final, até Itapuã.[32] Nesta área, há registros de combates em setembro e outubro de 1822. Não houve, no entanto, ofensiva de monta capaz de ameaçar as posições pró-Rio de Janeiro.

---

30. ARAÚJO, 2010, p. 22.
31. PELEGRINO, 1980, p. 293.
32. MORGADO, Sergio Roberto Dentino. Os combates de Pirajá e Itaparica. In: BAHIA (Estado). Secretaria de Cultura. *2 de julho: A Bahia na Independência Nacional*. Salvador: Fundação Pedro Calmon, 2010, p. 67. Disponível em: https://www.academia.edu/8234088/A_Bahia_na_Independ%C3%AAncia_Nacional_Colet%C3%A2nea_2_de_julho. Acesso em: 29 set. 2014.

Ainda assim, esses atritos na linha Pirajá-Itapoã, ao fim, provocaram o brigadeiro Madeira de Mello a pensar em um plano para romper a situação. Era o prelúdio para a Batalha do Pirajá.

Paralelamente, na área da Baía de Todos os Santos, ocorreram diversos combates. Em 10 de julho de 1822, um grupo de 80 soldados da Legião Lusitana, comandados pelo capitão Joaquim José Ferreira, conhecido como "Trinta Diabos", invadiu a ilha de Itaparica, a partir de canhoneira que estava estacionada perto da povoação do local.[33] O objetivo da missão era reagir às movimentações a favor do Rio de Janeiro, a partir de denúncia de português baseado na Ilha, e inutilizar os canhões da Fortaleza de São Lourenço. Após cumpridas as tarefas, os portugueses se retiraram.

A decisão de apenas incursionar na ilha, em vez de destruir a Fortaleza ou guarnecê-la com tropa reforçada, teria sido um dos erros táticos mais importantes de Madeira de Mello. O governador das armas da Bahia não teria inicialmente compreendido a importância da ilha e, quando compreendeu, "os portugueses pagaram caro a falta de visão do seu chefe militar", pelas derrotas que se sucederam.[34]

Ainda em julho, no dia 29, outra flotilha portuguesa tentou avançar sobre a localidade de Nazaré, a partir de um canal chamado Funil, estreita passagem de mar entre Itaparica e o continente, mas foi rechaçada. A vitória no Funil foi essencial para a manutenção da zona Sul do Recôncavo Baiano e da Ilha de Itaparica. Em 23 de outubro, dois dias após a celebração da notícia da proclamação da Independência,

---

33. CALMON, Jorge. As lutas pela Independência nos mares da Bahia. In: BAHIA (Estado). Secretaria de Cultura. *2 de julho: A Bahia na Independência Nacional*. Salvador: Fundação Pedro Calmon, 2010, p. 43. Disponível em: https://www.academia.edu/8234088/A_Bahia_na_Independ%C3%AAncia_Nacional_Colet%C3%A2nea_2_de_julho. Acesso em: 29 set. 2014.

34. ALMEIDA, Miguel Calmon Du Pin e. *Relatório dos Trabalhos do Conselho Interino de Governo da Província da Bahia em Prol da Regência e do Imperio de Sua Magestade Imperial o Senhor D. Pedro I e da Independência Política do Brazil*. Bahia: Typographia Nacional, 1823, p. 43. In: Biblioteca Nacional, Hermeroteca Digital Brasileira. Disponível em: http://memoria.bn.br/DocReader/docreader.aspx?bib=130605&pasta=ano%20182&pesq=. Acesso em: 19 out. 2014.

uma esquadra portuguesa com 17 navios atacou a ilha, mas também foi repelida.

Dois pontos são importantes sobre esse momento inicial da guerra, em sua fase regional. Em primeiro lugar, os partidários de Cachoeira lograram uma unidade de comando, entregue ao tenente-coronel Joaquim Pires de Carvalho e Albuquerque. Com isso, as tropas, que não eram de mais de 1.500 homens (entre milícias locais e outros que haviam fugido de Salvador), puderam ser mais bem distribuídas, principalmente no acesso a Salvador.

Apesar dos intensos esforços, as tropas eram, na estimativa de José Honório Rodrigues, "bisonhas, mal-armadas e mal abastecidas, sem treinamento".[35] Gradualmente, no entanto, houve uma ampliação dessas forças e dos insumos necessários, em primeiro lugar por meio de doações e financiamentos locais e de voluntários, o que revela a importante participação popular. Posteriormente, os recursos seriam ampliados com auxílios do Rio de Janeiro e de outras Províncias. Foi organizado nesse mesmo contexto o Batalhão dos Periquitos, conhecido pela presença de Maria Quitéria – voluntária que se vestiu com roupas masculinas para lutar na Guerra de Independência – em suas linhas.

No lado da Marinha, é interessante a história do português João das Botas, mestre de reparos em embarcações de Salvador, que, inicialmente, tentou sabotar os navios portugueses. Descoberto, fugiu para o Recôncavo e equipou oito barcos com peças improvisadas de artilharia, transformando-os em uma pequena esquadra que lutou na Baía de Todos os Santos. Outras embarcações teriam se juntado a essa esquadra improvisada, atingindo cerca de 700 marinheiros envolvidos.

A flotilha de João das Botas desempenharia importante função na segurança do Recôncavo e auxiliaria os esforços de negar a Madeira de Mello uma de suas principais táticas: a atuação das canhoneiras diretamente sobre as vilas do Recôncavo. João das Botas seria poste-

---

35. RODRIGUES, 2002, p. 239.

riormente incorporado à Marinha do Brasil e comandaria unidades na Guerra da Cisplatina (1825-1828).

A qualidade da tropa seria ampliada ao longo do conflito, mas não cessariam os problemas de abastecimento. Ao relatar ação realizada em outubro de 1822, no caminho a Salvador, o sargento-mor Ribeiro Araújo reclamava da falta de pólvora e de munições, além de cirurgiões e de botica, de modo que "quantos enfermos se entregarem ao Cirurgião, podemos contar com elles na sepultura".[36]

Ainda sobre a fase local da guerra, ou seja, quando os combates eram apenas entre forças que se encontravam na Bahia desde a adesão à Revolução do Porto, essencialmente baianas ou de origem europeia, há questões sobre o porquê de Madeira de Mello não ter avançado sobre Cachoeira, quando se encontrava mais forte, ou pelo menos agido para impedir a formação da linha Cabrito-Itapoã, que cercava Salvador por terra. Houve, como visto, combates e ações das tropas do brigadeiro, inclusive sobre a linha terrestre, mas nada de grande monta.

O governador das armas tinha tropas em Salvador e em pontos dos arredores, como o Batalhão Lusitano e o 12º, compostas por homens experientes, aguerridos e fortemente partidários das Cortes. Contava também com o apoio de parte importante da população de Salvador. Em um primeiro momento, dispunha de aproximadamente 3 mil soldados (dos quais 300 voluntários locais), além dos elementos de Marinha, como informou em carta de 11 de novembro de 1822 a D. João VI.[37] Os habitantes eram importantes financiadores da defesa.

---

36. Ofício de Pedro Ribeiro Araújo ao Coronel Joaquim Pires de Carvalho e Albuquerque. Pirajá, 24 de outubro de 1822. Reproduzido em: BITTENCOURT, Anna Ribeiro de Góes. Um Héroe na Campanha da Libertação da Bahia: a vida do Sargento-Mór Pedro Ribeiro de Araujo. *Illustração Brasileira*, ano 4, n. 34, 1923, p. 114. Disponível em: http://memoria.bn.br/DocReader/docreader.aspx?bib=107468&pasta=ano%20192&pesq=jequitaia. Acesso em: 19 out. 2014.

37. CARTA do governador das Armas da Província da Baía, Ignácio Luiz Madeira de Mello, ao rei (D. João VI), relatando os acontecimentos na Baía e expondo os motivos por que não se conseguiu parar a insurreição. Projeto Resgate: AHU_ACL_ CU_005, Cx 274 D. 19142 – 11 de novembro de 1822. Arquivo da Biblioteca Nacional do Rio de Janeiro.

Na avaliação do militar, no entanto, esse número de tropas era insuficiente para uma dupla missão de defender Salvador e atacar os revoltosos. Madeira buscou, com isso, reforçar suas linhas, com voluntários da cidade, que passaram a treinar todos os dias em uma Salvador, que, aos poucos, foi se transformando em praça de guerra. A localização geográfica favorecia a defesa, como ficou evidente ao longo da guerra, sendo o porto e o mar os elementos estratégicos para a manutenção da cidade.

Paralelamente, o governador das Armas enviou uma série de ofícios a Lisboa solicitando o envio de novos soldados, com os quais poderia efetivamente combater os revoltosos. Essa movimentação seria contraposta pela aliança de Cachoeira com o Rio de Janeiro e a decisão de D. Pedro de recorrer à força militar e atuar diretamente na Bahia, para expulsar os partidários militares e civis de Lisboa.

A guerra na Bahia transformava-se, assim, de um conflito local em um embate nacional, já no contexto de um Brasil independente, como veremos no capítulo 12. Também seria o exemplo mais claro das dificuldades de gestão das Províncias no contexto político da época e do quanto poderia ser interessante a elas a adesão ao novo Império. Nos dois próximos capítulos, trilharemos exatamente pelo mesmo caminho que levou à Independência e veremos as dificuldades de D. Pedro em dominar todo o território que estava sob o domínio português. Mas, antes, é preciso continuar falando de guerra.

8

Para toda ação uma reação: Rio de Janeiro e Lisboa a caminho da ruptura

A decisão pela independência não surgiu de repente, da insatisfação de D. Pedro ou das elites ligadas a ele com as Cortes constitucionais de Lisboa. Suas raízes foram múltiplas. Está relacionada, por um lado, ao sentimento nativista de alguns; por outro, das particularidades culturais que em uma das dimensões passaram a diferenciar brasileiros e portugueses; do processo de efetiva descolonização vivido em 1815, com a criação do Reino Unido; e ainda do temor da "recolonização", a partir de 1821, com o retorno de D. João VI para a Europa.

Sugestões ou ideias de que o Reino do Brasil deveria se separar do Reino de Portugal circulavam de fato em alguns setores brasileiros, muitos deles distantes do Rio de Janeiro, inspirados, inclusive, no que se passava no resto da América, especialmente nos Estados Unidos e nas colônias espanholas. Esse era o caso, por exemplo, de Pernambuco, onde a ideia de independência se formou sem influência vinda necessariamente do Rio de Janeiro de D. Pedro. Ali a ideia estava calcada no conceito de autonomia provincial. A forma, contudo, como se desenrolou o efetivo processo de emancipação do Brasil teve D. Pedro como protagonista. Foi a partir do polo de poder do Rio de Janeiro – político, militar e ideológico – que se deu a Independência, formatando o Estado que conhecemos hoje. Não se tratou de uma façanha simples, muito menos de processo único, linear, previsível.

Nos capítulos anteriores, analisamos três elementos: o processo de formação do núcleo do Rio de Janeiro, consolidado com o Dia do Fico; os problemas dos debates constituintes das Cortes, que se tornaram a fonte da discórdia entre D. Pedro e Lisboa; e os problemas nas Províncias, das disputas locais e o tema da "anarquia", que alimentaram o conflito político que se desenvolveu na época.

Esses elementos influíram diretamente na evolução da posição do Rio de Janeiro, que, ao longo do primeiro semestre de 1822, buscava resultados relativamente limitados: um reforço de sua posição, influência sobre os debates nas Cortes e um maior controle sobre as Províncias. Essa gradual construção ou reconstrução do Rio de Janeiro como capital do Reino ampliou o conflito no seio das Cortes constitucionais, e, a partir de junho de 1822, a situação se tornou de difícil conciliação. Faltaria, apenas, um estopim, aquela gota d'água que provocasse uma decisão mais radical.

1. A construção do polo do Rio de Janeiro: do Conselho de Procuradores à Constituinte brasileira

Como já apresentado, o confronto político que, voluntariamente ou não, resultou na Independência do Brasil começou com os decretos das Cortes de 29 de setembro de 1821, que empurraram D. Pedro e setores da elite centro-sulina a se unir. Essa união foi simbolizada pelo "Fico", o momento em que o Príncipe decidiu desrespeitar uma decisão das Cortes e permanecer no Rio de Janeiro. Seguiram-se atos militares de resistência e expulsão da Divisão Auxiliadora e rechaço da esquadra do Almirante Francisco Maximiliano de Sousa.

Na medida em que essas duas dimensões, política e militar, foram se desenvolvendo ao longo de 1822, os atos e a linguagem de D. Pedro se tornaram mais assertivos, mais diretos, tanto na defesa dos interesses do Rio de Janeiro contra a centralização tentada pelas Cortes (o tema da regeneração *versus* recolonização) quanto na ideia, muito utilizada, de que D. João VI, que tinha regressado à Europa, estaria "refém" das Cortes, o que justificaria os atos de resistência do Regente. José Bonifácio assim expressou, por exemplo, nas instruções ao enviado brasileiro em Londres, ao considerar "Sua Majestade El-Rei o sr. d. João VI em estado de coação e cativeiro, sendo por isso indispensável que S.A.R. tente salvá-lo deste afrontoso estado de péssimo exemplo às dinastias estrangeiras".[1]

Gradualmente, então, D. Pedro construiu sua posição como polo de poder e figura central de projeto de união do Reino do Brasil em torno do Rio de Janeiro. Em teoria, seu discurso atingia todo o Reino. Era a pretensão que o herdeiro da Coroa tinha de governar todo o território americano, do qual era Regente. Na prática, o alcance de D. Pedro ficaria por meses circunscrito aos limites das "Províncias Colligadas", ou seja, Rio de Janeiro, São Paulo e Minas Gerais.

No início, essa postura do Regente não era de ruptura. Na verdade, a convocação do Conselho de Procuradores e o próprio "Fico" eram medidas pelas quais o Rio de Janeiro colocava-se como intermediário entre Lisboa e o resto do Reino do Brasil.

Tentava se posicionar, naquele momento, como o centro político único do Reino do Brasil, ainda que ligado a Lisboa e apesar do crescente clima de confrontação com as Cortes. Os procuradores não seriam responsáveis por criar regras, mas apenas analisá-las na realidade do Reino. Eram, na prática, um conselho consultivo.

---

1. Instrução a Felisberto Caldeira Brant, de 12/08/1822. In: BRASIL. MINISTÉRIO DAS RELAÇÕES EXTERIORES. *Instruções 1822-1840*. Cadernos do Centro de História e Documentação Diplomática. ano 7, n. 12, primeiro semestre, 2008, p. 20. Disponível em: https://bit.ly/36EiVwz. Acesso em: 29 mar. 2022.

A mesma interpretação serve para o decreto do "Cumpra-se", de 4 de maio de 1822, pelo qual D. Pedro determinava que as ordens e medidas das Cortes somente seriam aplicadas após o aval do Príncipe. A medida reforçava a posição do Regente de intermediário do Reino com a nação portuguesa, ao determinar que apenas as medidas das Cortes chanceladas por ele teriam validade neste lado do Atlântico. Mesmo assim, as Cortes de Lisboa ainda permaneciam como ponto de origem das leis, não havendo indicação de uma efetiva ruptura.

Nova medida veio em maio de 1822, já relacionada ao contexto do que se passava nas Províncias, especialmente na Bahia, como vimos no capítulo anterior. Da maçonaria – ponto de encontro e de negociação de boa parte do processo político que se desenrolou no Rio de Janeiro – partiu a ideia de proclamar D. Pedro "Protetor e Defensor Perpétuo do Brasil". O título significava, na prática, que o Regente se tornava "Generalíssimo" das tropas que lhe eram fiéis, isto é, o chefe militar do projeto encampado pelo Rio de Janeiro. Assim interpretava o representante diplomático britânico, para quem o título e os posteriores decretos de agosto sobre as tropas portuguesas mostravam o desejo de D. Pedro de assumir esse papel militar.[2]

Ao que tudo indica, o estabelecimento desse título relacionou-se com a chegada de notícias de além-mar sobre instruções do Governo português a seus consulados, para impedir a exportação de armamentos e munições para o Brasil. Era mais um passo das Cortes no contexto da centralização. Se as ações práticas iam contra os interesses do Rio de Janeiro, os debates constitucionais eram permeados de discussões sobre como harmonizar os dois lados do Atlântico, inclusive com a formação de uma Comissão Parlamentar para tratar diretamente do tema Reino do Brasil.

---

2. Ofício de Chamberlain para George Canning. Em 10 de fevereiro de 1823. F.O. 63/258. In: WEBSTER, 1938, p. 216.

Ainda que simbólica, a declaração de "Defensor Perpétuo" era mais um indício de que o Rio de Janeiro poderia estar disposto a enfrentar as Cortes constitucionais de Lisboa, caso continuassem a emitir sinais contrários à posição da capital carioca. A data escolhida para a nomeação de D. Pedro, 13 de maio de 1822, coincidia com o aniversário de D. João VI, simbolizando, além de apoio ao Regente, favorecimento à Coroa e contra as Cortes.

A medida, porém, não foi unânime dentre os apoiadores do Regente. Jornalista e personagem importante da época, José Maria Lisboa opôs-se à ideia, temeroso de que pudesse ser interpretada como uma "agressão" pelas Cortes.[3] Foi o que de fato ocorreu, dado que, ao final, o título de "Defensor Perpétuo" procurava reforçar a unidade do Reino em torno de D. Pedro e enviar mensagem de força contra as Cortes.

A partir de maio de 1822, desse modo, a disputa política acelerou e caminhou para um ponto no qual ou um dos lados cedia (no caso, ou as Cortes de Lisboa aceitavam o papel do Rio de Janeiro ou D. Pedro assentia retornar para a Europa) ou as chances de ruptura se tornavam grandes. Havia, é bem verdade, esforços entre alguns dos Deputados constituintes em busca de uma conciliação, mas, como já visto anteriormente, a própria estrutura do Reino Unido tornava difícil uma harmonização de interesses.

Essas contradições, somadas às notícias do que se passava na Bahia, onde havia estourado uma guerra civil, ampliaram a percepção no Rio de Janeiro de que as Cortes eram adversárias. Em 4 de maio, chegaram ao Rio de Janeiro despachos de Lisboa, dentre os quais constava uma cópia de parecer da mencionada Comissão Especial sobre o Brasil que fora apresentado em 18 de março anterior e propunha as regras de organização política, econômica e social do Reino, assim como a relação com Portugal e as demais colônias.

---

3. Em 8 de maio de 1822. In: LISBOA, João Soares. *Correio do Rio de Janeiro* (1822), p. 99. Disponível em: https://bit.ly/3uFYOWS. Acesso em: 17 mar. 2014.

A interpretação inicial era de que as Cortes tinham cedido e aceitado o papel do Rio de Janeiro. Parecia, assim, que o caminho da conciliação poderia ser reforçado e permitir uma acomodação que, em última instância, manteria o Reino Unido. O *Correio do Rio de Janeiro*, jornal da época, registrou que a chegada daquele parecer da Comissão sobre o Brasil motivou uma grande festa no Rio de Janeiro, pois os rumores eram de que o documento aceitava as demandas dos representantes do Reino do Brasil:

> Em noite do mesmo dia os habitantes desta Corte illuminarão espontaneamente suas cazas; houverão bandas de musica instrumental pelas ruas quase toda a noite; grande profuzão de foguetes ao ár em muitos e differentes lugares da Cidade; abrio-se o Theatro, e se representou a Comedia intitulada As Minas de Polonia. Perguntamos a alguns varões ilustres se sabião, porque nós ignorávamos, a que se dedicavão as publicas demostrações de regozijo, e me responderão huns que não sabião, e outros que era por ter o Soberano Congresso annuido ás pretenções do Brasil, como constava do Parecer da Commissão especial.[4]

O próprio jornal, no entanto, argumentava que o parecer era fundamentalmente negativo à causa do Rio de Janeiro, passando a responder parágrafo a parágrafo as afirmações da Comissão. Destacava, especialmente, a incompatibilidade das leis que se faziam em Portugal à realidade brasileira. Eram necessárias, defendia o jornal, medidas mais harmônicas com o Reino do Brasil, e que as regras fossem também tratadas no Rio de Janeiro. A percepção do jornal aos poucos se tornou majoritária e alimentou a ideia de que não havia mais espaço para uma negociação. A única solução seria não uma ruptura com o Reino, mas apenas com as Cortes consti-

---

4. LISBOA, João Soares. *Correio do Rio de Janeiro* (1822), p. 99. Disponível em: https://bit.ly/3uFYOWS. Acesso em: 17 mar. 2014.

tucionais de Lisboa: era preciso uma constituinte própria para o Reino do Brasil.

A Constituinte brasileira não era, ressalte-se, uma ideia nova. Em seu manifesto de 5 de agosto de 1822, D. Pedro recordou que o próprio D. João VI, em 18 de fevereiro de 1821, havia convocado uma Constituinte brasileira. O Regente tentava mostrar que apenas retomava projeto de seu pai e evitava falar em ruptura completa, justificando sua posição na imagem de igualdade entre os Reinos. Tanto o Patriarca quanto o Regente, no entanto, insistiam ainda na independência moderada, buscando o apoio do Rei ou de algum compromisso das Cortes.

O texto do manifesto do Príncipe justificava a convocação da Assembleia como a única possibilidade de manutenção da união das Províncias, e mesmo do Brasil com Portugal. Fazia duras críticas às medidas das Cortes, citando os decretos de setembro de 1821 como evidência das más intenções portuguesas. Deixava claro, também, que o Rio de Janeiro mantinha pretensões de continuar como centro de poder, ou um dos centros, do Império português. Um alvo de especial crítica no documento era o brigadeiro Madeira de Mello, acusado de usurpar o poder na Bahia e de massacrar os brasileiros. O manifesto pedia, inclusive, o reforço da Marinha e do Exército para enfrentar aquele problema. Mais um sinal de que a evolução política do Rio de Janeiro envolvia, em grande medida, o que se passava na Bahia.

Com a pressão aumentando, foi convocada, em 1º de junho de 1822, a primeira reunião do Conselho de Procuradores, realizada no dia seguinte, apenas com representantes de Rio de Janeiro e Cisplatina.[5] Estavam ausentes, portanto, os Conselheiros de São Paulo e Minas Gerais. A urgência dos eventos, principalmente a necessidade de convocar Assembleia Constituinte, como explicou o Regente, levou-o a reunir o Conselho antes da chegada desses Procuradores.

---

5. As atas do Conselho de Procuradores-Gerais das Províncias do Brasil (1822-1823) foram reunidas em publicação do Senado Federal, em 1973 e estão disponíveis em: https://tinyurl.com/2s49nwb9. Acesso em: 29 mar. 2022.

O Príncipe realizou discurso durante o qual explicou sua permanência no Brasil, conforme as atas do Conselho de Procuradores-Gerais das Províncias do Brasil (1822-1823). Nas palavras dele, "porque então conheci que a vontade dos Povos era não só útil mas necessária para sustentar a integridade da Monarquia em geral, e mui principalmente do grande Brasil de quem sou filho". Foram, na oportunidade, empossados os Conselheiros presentes.

Também em 1º de junho de 1822, D. Pedro publicou Proclamação "recomendando vigilância sobre os que estão atraiçoando a causa da liberdade do Brasil".[6] O documento tratava da ameaça das facções contra o Brasil e reiterava o desejo de independência moderada. A publicação ofereceu especial espaço para que D. Pedro anunciasse e justificasse sua decisão de partir para a ofensiva contra os partidários das Cortes no Brasil. Sem menção explícita a estas figuras, o Regente "aconselhava" aos que não seguiam seu sistema a se retirarem do Brasil, frisando, porém, que não havia distinção entre brasileiros e portugueses.[7] Era praticamente uma declaração de Guerra.

Dois dias depois, em 3 de junho de 1822, o Conselho emitiu parecer de que o sistema europeu não era adaptável ao americano. Gonçalves Ledo, um dos principais líderes políticos da época, foi quem apresentou a proposta de constituinte, retomando a fórmula da independência do Governo brasileiro com relação a Lisboa e de sua união diretamente à soberania do Rei, motivada pela elevação do Brasil a Reino.

Na representação enviada ao Regente, o Conselho dos Procuradores afirmava que "o Brasil, Senhor, quer ser feliz [...] para preenche-lo [esse desejo] é-lhe indispensável um Governo". As Cortes foram acusadas de quererem a "recolonização" (o Congresso de Lisboa "perdeu o Norte"), além de ameaçar com a força "as ricas províncias deste Continente".[8]

---

6. DOCUMENTOS para a História da Independência, 1923, p. 389.
7. Conforme palavras de D. Pedro, "Quem diz – Brasileiro – diz Portuguez – e prouvera a Deos q. quem dissesse -Portuguez – dissesse Brasileiro". Ibid., p. 389.
8. Atas do Conselho de Procuradores-Gerais das Províncias do Brasil (1822-1823), p. 46.

Apareceu, assim, o registro do desejo "brasileiro" de "estabelecer o seu governo e sua independência". Não se tratava de uma ruptura total: "o Brasil quer ter o mesmo Rei, mas não quer Senhores nos Deputados do Congresso de Lisboa". A independência que se discutia era a "independência moderada", que se fundava no próprio modelo de reino unido: a soberania permaneceria com a Coroa. Esse projeto, aliás, era defendido por José Bonifácio.

Dom Pedro convocou a Assembleia-Geral brasileira no mesmo dia 3 de junho. O Decreto da "Assembleia luso-brasiliense", se bem que voltado à relação com Portugal e à necessidade de "manter uma justa igualdade de direitos" entre os Reinos, fazia referência à Constituinte como ato "necessário e urgente para a mantença da integridade da monarquia portuguesa, e justo decoro do Brasil" (conforme as Atas do Conselho de Procuradores-Gerais). A unidade do Reino era mais uma vez declarada como objetivo claro do grupo em torno de D. Pedro. De todo modo, funcionou em atrair grupos inicialmente resistentes ao Rio de Janeiro, mas que se distanciavam das Cortes em razão das medidas vistas como "recolonizadoras".

O Regente procurou também alertar D. João da situação em carta de 19 de junho de 1822, afirmando que "uma vez que o Brazil todo está persuadido desta verdade eterna (a união é de Portugal com o Brasil e não o contrário), a separação do Brazil he inevitável, a Portugal não buscar todos os meios de se conciliar com ele por todas as fórmas". Era praticamente um ultimato às "facciosas, horrorosas e pestiferas" Cortes constitucionais de Lisboa, como depois diria D. Pedro, em um dos últimos ensaios visando à manutenção da união.

A recomendação, no entanto, demorou para chegar a Lisboa e, nessa dissonância exercida pela distância, foi recebida em um ambiente também tenso, que buscava reagir ao que via como a rebelião no Brasil. No mesmo dia da carta a D. João, foram emitidas instruções para as eleições dos representantes das Províncias para a nova constituinte. Dom Pedro mais uma vez evitava falar em ruptura completa, justificando sua posição na imagem de igualdade entre os Reinos.

A convocação da Assembleia Constituinte, em 3 de junho de 1822, foi o ato principal para congregar, nesse primeiro momento, as diferentes visões, que variavam entre a centralização e a descentralização do poder no Reino do Brasil. Também foi um exercício de conciliação política de D. Pedro, como haviam sido as Cortes de Lisboa no início. É difícil dizer se se tratou de efetiva tentativa de congregação dos grupos brasileiros, ou apenas uma mobilização tática do Regente para arregimentar apoio à causa monarquista. O resultado principal da medida era a ruptura com o Governo em curso em Lisboa, mas não com o Estado, representado pela Coroa. Daí a "Independência moderada", voltada à autonomia organizacional e em reação à forma como Lisboa tentava reorganizar o Império português, cujo resultado era, na visão do Rio de Janeiro, a "recolonização" do Brasil.

Havia sentido jurídico e político nessa postura sobre a "independência política" ou "independência moderada". A elevação a Reino Unido significava, juridicamente, que o Brasil deixava de vincular-se diretamente a Portugal, passando a existir como entidade autônoma, em igualdade com a porção europeia do Reino lusitano. A soberania não era portuguesa, mas do Rei, da Coroa.

A imagem da soberania originária da nação, do povo, já estava presente naquele momento, e foi utilizada pelos partidários do Rio de Janeiro para justificar a convocação das Cortes brasileiras. Mas, em termos jurídicos do Reino Unido, a soberania portuguesa, independentemente de sua origem, estava consumada no Chefe de Estado. Exatamente este foi o teor, por exemplo, das instruções de José Bonifácio aos que designou como "representantes diplomáticos" brasileiros em Londres, Paris e Viena, em agosto de 1822. Bonifácio os instruía a expressar que o Rio de Janeiro não mais reconhecia a autoridade das Cortes e procurava, assim, o reconhecimento da "independência política", insistindo em que não se buscava uma "independência absoluta" do Reino.[9]

A concepção constitucional do Rio de Janeiro, por outro lado, desconsiderava o fato de que, nas Cortes de Lisboa, estavam deputados eleitos legitimamente nas Províncias do Reino do Brasil, que exerciam sua representação popular (dentro da ideia da época do que seria isso). É de se perguntar se, de uma certa forma, o Rio de Janeiro não ia contra a própria ideia de soberania popular em alguns casos, pois advogava uma nova assembleia que não havia sido apoiada por algumas Províncias, nem por seus representantes, a maioria dos quais aprovou, como vimos anteriormente, a constituição elaborada em Lisboa. Não era, desse modo, um movimento de "brasileiros", de todos os lugares, por D. Pedro. Havia uma fluidez nos interesses e nas próprias legitimidades.

Independentemente dos motivos, a nova constituinte alterava a dinâmica política no Rio de Janeiro e deu a largada a um movimento mais intenso de afirmação da autoridade do Regente. Ultrapassou-se, essencialmente, o momento de algum tipo de barganha com as Cortes. A medida consumou a ruptura das "Províncias Colligadas" com o Parlamento lisboeta, o que, de certa forma, representava uma declaração de Independência. Mas de "independência moderada", como os próprios dirigentes do Rio de Janeiro continuavam a insistir. O problema seria que, a partir desse momento, tornava-se difícil voltar atrás no movimento de afirmação de D. Pedro como soberano do Brasil e do Rio de Janeiro como sua Capital.

---

9. Cadernos do Centro de História e Documentação Diplomática, 2008, p. 16 a 28.

9

A hora da verdade: Ipiranga, 7 de setembro de 1822 ou 12 de outubro?

O momento da efetiva ruptura com Lisboa não foi necessariamente planejado. A questão que se coloca, a partir da convocação da Constituinte brasileira, é como aquela ideia de independência moderada defendida por Bonifácio, em que se mantinha fidelidade ao Rei ao mesmo tempo que se rompia com as Cortes, derivou para a ideia de emancipação total. A resposta mais corrente, que é em parte correta, diz respeito à continuada chegada de informações das Cortes, que exacerbavam o conflito e resultaram na ideia de ruptura por completo. Esta, cabe dizer, já era apoiada por figuras como Gonçalves Ledo, político importante da época e adversário de Bonifácio.

O passo da independência moderada para a soberania definitiva do Brasil ocorreu, na verdade, entre julho e agosto de 1822, com a agudização do conflito com as Cortes a tal ponto que, mesmo não desejando a separação, este destino se tornou inevitável. Um conflito cristalizado, particularmente, nas ações relacionadas à Bahia e à resistência do brigadeiro Madeira de Mello ao Rio de Janeiro, particularmente nos meses de abril a junho de 1822.

1. Os movimentos após a convocação da Constituinte e o caso da Bahia

Ao mesmo tempo em que convocava a constituinte brasileira e rompia com as Cortes, D. Pedro mantinha grande atenção ao que se passava na Bahia, local de concentração de vintistas e de tropas portuguesas e já acesa pela guerra civil. No mesmo mês de junho, o Príncipe Regente expediu ordens para que Madeira embarcasse com a tropa para Lisboa, louvando a atitude daqueles que haviam resistido ao governador de armas português.[1] A recusa do brigadeiro foi tomada pelo Regente como afronta direta e desafio à consolidação de seu poder.

Por essa razão, o representante francês no Rio de Janeiro, coronel Malet, sugeriu que D. Pedro foi muito influenciado pelos brasileiros no Rio de Janeiro e por José Bonifácio, no caso da Bahia.[2] Em despacho de 1º de junho de 1822, este militar afirmava que "fizeram o Príncipe a adotar o projeto de enviar forças à Bahia para atacar as tropas europeias que estão lá aquarteladas; se faz em segredo alguns preparativos".

É interessante notar a avaliação do diplomata francês, que, além de se mostrar temeroso da violência que essa ação poderia provocar, era crítico do que estimava ser uma falta de moderação do lado do Rio de Janeiro. Afirmava que seria mais recomendável esperar o efeito das medidas conciliadoras que vinham de Lisboa (correios recebidos no Rio de Janeiro, datados de 1º de abril), mas esta não seria a maneira de ver do Príncipe nem de Bonifácio, o que, segundo seus relatos, não ajudaria nem a "conter nem a acalmar" D. Pedro.

A relação do diplomata francês com D. Pedro não era boa. De todo modo, a referência feita pelo representante da França poderia ser interpretada como mais um indício de que, nos meados de 1822, a

---

1. ARMITAGE, 1837, p. 56.
2. In: Arquivo Diplomático do Quai d'Orsay.

disputa entre as Cortes e o Rio de Janeiro já estava tão adiantada que era difícil reverter o processo, mesmo com alguns sinais de conciliação.

As medidas políticas e militares revelavam, principalmente, que D. Pedro ampliava sua confiança em enfrentar os refratários ao Rio de Janeiro e emitia sinais mais claros de emancipação, ainda que, mais uma vez, seu problema fosse com as Cortes, e não com o Rei. Em carta a D. João VI, em 17 de junho de 1822, afirmava que "o Madeira na Bahia tem feito tirannias, mas eu vou já polo fóra ou por bem, ou á força de miseria, fome, e mortes feitas de todo o modo possivel, para salvar a innocente Bahia".[3] O Regente, por outro lado, insistia na independência moderada, buscando o apoio do pai.

Essa postura tinha apoio entre os grupos políticos, jornais e população. Para o *Correio do Rio de Janeiro* a conclusão, em julho de 1822, era a de que nada mais se poderia esperar das Cortes de Lisboa e que os ajustes deveriam ser feitos no próprio Brasil. Apoiava, assim, a Constituinte brasileira.[4] No dia seguinte, novo artigo atacava o brigadeiro Madeira de Mello por ter desobedecido às ordens de D. Pedro. O articulista também criticava as Cortes por apoiarem a junta da Bahia "em sua rebelião contra o Príncipe".[5]

Enquanto discursos e artigos circulavam, as movimentações sobre socorros militares para os partidários de D. Pedro na Bahia já estavam em curso desde junho, mas foi na segunda quinzena de julho que a série de medidas se concretizou. Em 14 de julho, partiu a esquadra que levava tropas e suprimentos para a Bahia, liderada por Pierre Labatut, que assumiria o comando das operações, tornando-as nacionais.

Em seguida, em 20 de julho, foi publicado decreto mandando a Divisão de Voluntários Reais, estacionada na Cisplatina, a regressar a Portugal. Duas semanas depois, em 9 de agosto, D. Pedro confirmou o Barão da Laguna, general Carlos Frederico Lecor, no comando

---

3. Registrada na Ata da sessão de 26/08/1822 das Cortes de Lisboa.
4. *Correio do Rio de Janeiro*, n. 66, 03/07/1822. 1822, p. 278.
5. *Correio do Rio de Janeiro*, n. 67, 04/07/1822. 1822, p. 281.

das tropas brasileiras na "Província de Montevidéu" (o tema será retomado no capítulo 14). Em breve, reforços navais seriam enviados também ao Sul, reforçando a atitude mais dura e ofensiva do Regente.

Nesse clima de guerra, chegou ao Rio de Janeiro, em 27 de julho de 1822, navio com correspondências, pelas quais se soube de decisão das Cortes de enviar reforço às tropas do brigadeiro Madeira, estacionadas na Bahia. A medida fora tomada apesar de requerimento dos deputados brasileiros que estavam nas Cortes de Lisboa pela suspensão de envio de militares ao Brasil, que foi rejeitado.[6]

Em reação, D. Pedro emitiu, em 1º de agosto de 1822, decreto em que "declara inimigas as tropas mandadas de Portugal".[7] Em linguagem ainda cautelosa, para não atacar a monarquia portuguesa, o Regente voltou-se contra as Cortes e sustentou que elas continuavam "no mesmo errado systema, e a todas as luzes injusto, de recolonizar o Brazil, ainda á força d'armas". Sublinhava já ter declarado a Independência Política do Brasil, com a convocação da Assembleia Geral, e reiterava sua contrariedade com o estado de "prisioneiro" de D. João VI.

O Regente estabeleceu que seriam reputadas "inimigas todas e quaisquer Tropas, que de Portugal, ou de outra qualquer parte forem mandadas ao Brazil, sem prévio consentimento Meu, debaixo de qualquer pretexto que seja". Mais forte ainda, determinava que, não sendo respeitada sua ordem, fossem as tropas rechaçadas com as armas em mão, "por todas as Forças Militares da 1ª e 2ª Linha, e até pelo Povo em massa". Se, ainda assim, não se obtivesse o resultado desejado, es-

---

6. VARNHAGEN, 1957, p. 127.
7. Em decreto de 15/06/1822, D. Pedro determinou a saída de Madeira de Mello da Bahia, com toda a tropa de Portugal. Dois dias depois, em 17/06/1822, o Príncipe emitiu Proclamação em que "convida os Povos da Bahia a reconhecerem a sua autoridade". Nesse documento, D. Pedro afirma que "os honrados Brazileiros preferem a morte á escravidão, vós não sois menos; também o deveis fazer para comnosco entoardes Vivas á Independencia moderada do Brazil". Disponível em: https://www2.camara.leg.br/legin/fed/procla_sn/anterioresa1824/proclamacao-41263-17-junho-1822-575590-publicacaooriginal-98826-pe.html.

182   Redescobrindo a Independência

tabelecia D. Pedro que todos os habitantes se retirassem para o centro (do Reino), "levando para as mattas e montanhas todos os mantimentos e boiadas, de que ellas possam utilizar-se; e as Tropaz do Paiz lhes façam crua guerra de postos e guerrilhas". Assim se deu, por exemplo, na própria Bahia e no teatro de operações Piauí-Maranhão-Ceará.

O decreto era acompanhado de parecer de Gonçalves Ledo, que, como se sabe, atuava não apenas publicamente na construção do polo do Rio de Janeiro (apesar das diferenças com Bonifácio, que ficariam patentes mais tarde). Ele também operava por meio da maçonaria, em cujas reuniões os temas políticos eram muito discutidos, uma vez que a maior parte dos atores políticos daquele momento frequentavam estes locais. Ledo sustentava depender a segurança do Brasil de "sua defesa interna e externa". Sublinhava a importância da Marinha nacional e defendia a convocação de pardos e "pretos".[8]

Antecipando o 7 de setembro, o mesmo Gonçalves Ledo também advogava que a união das Províncias viria da "franqueza e sinceridade do Ministério" e nasceria "sobretudo da Acclamação de V.A.R. Imperador do Brasil". Nesse contexto, a ideia de fazer D. Pedro Imperador ganhava grande impulso em setores como aquele representado por Gonçalves Ledo. Segundo Hélio Viana, já em 3 de junho 1822 esse grupo pediu a Independência total do Reino, proposta recusada pelo grupo de Bonifácio e pelo próprio Regente.[9] Não havia, assim, homogeneidade entre os grupos políticos.

D. Pedro publicou, também, justificativas de sua atitude de declarar guerra às Cortes. A primeira, no próprio 1º de agosto, era interna. Trata-se do manifesto em que "Esclarece os Povos do Brazil das causas da guerra travada contra o Governo de Portugal". Nele, D. Pedro

---

8. Documentos para a História da Independência, 1923, p. 391.
9. VIANA, Helio. "A Independência e o Império". In: Revista do Instituto Histórico e Geográfico Brasileiro. Volume 263, abril-junho de 1964. In: https://ihgb.org.br/publicacoes/revista-ihgb/item/107956-revista-ihgb-volume-263.html. Acesso em: 10/10/2013. p. 175.

recordava o percurso da Revolução do Porto até aquele momento e acusava as Cortes de já terem dado sinais de guerra, "e um começo real de hostilidades", após terem ameaçado completamente a estabilidade do Reino. Nesse quadro, alertava o Regente para o perigo da anarquia, das facções e das lutas nas Províncias.

No mesmo dia, em manifesto "aos povos deste Reyno", D. Pedro repetiu os argumentos sobre as atitudes das Cortes e o risco de anarquia. O Regente apontava que sua decisão de ficar, além de contemplar as expectativas das Províncias sulinas, permitia salvar "deste modo a Realeza, neste grande Continente Americano, e os reconhecidos direitos da Augusta Casa de Bragança". Ligava essa preservação a promessas de avanços na organização do Reino, inclusive com a emissão de regras para a agricultura, educação, dentre outros. Prometia, ainda, a proteção das Províncias. Quase ao final de sua Proclamação de 1º de agosto de 1822, o futuro imperador explicitou o projeto do Rio de Janeiro:

> Não se ouça pois entre vós outro grito que não seja – UNIÃO DO AMAZONAS AO PRATA – não retumbe outro écho que não seja – INDEPENDENCIA. – Formem todas as nossas Províncias o feixe mysterioso, que nenhuma força póde quebrar.

Um terceiro manifesto, este redigido por Bonifácio, apareceu em 6 de agosto de 1822, dirigido "às Nações estrangeiras". Era nova justificativa das atitudes do Rio de Janeiro, agora dirigida ao público externo. Procurava legitimar o Brasil dentro do concerto de nações, fazendo com que os outros Estados enviassem representantes diplomáticos, cuja presença era mais um símbolo do reconhecimento da "independência política" brasileira. À sua publicação seguiu, em 12 de agosto de 1822, a emissão de uma série de instruções aos representantes diplomáticos brasileiros em Buenos Aires, Paris, Londres e Viena, destinadas a defender a causa do Rio de Janeiro.

Segundo Malet, da Chancelaria francesa, em ofício de 6 de agosto, os dois decretos de 1º daquele mês "causaram grande sensação" no Rio de Janeiro. O diplomata diz ter se encontrado com D. Pedro naquele período, que lhe teria dito estar "muito satisfeito da forma como vão os negócios do Brasil". O Regente antecipou-lhe o manifesto às Potências Estrangeiras. Bonifácio, de sua parte, lhe teria dito que a questão na Bahia evoluía bem.

A publicação dessa série de decretos foi discutida em sessão do Conselho dos Procuradores das Províncias, que leu os documentos e aprovou sua emissão. Também por este colegiado foi aprovada a viagem de D. Pedro para São Paulo, pois deveria "pessoalmente acudir" a Província, "que apresentava sintomas de insurreição.[10] Era mais um sinal de que, mesmo no âmbito das Províncias Colligadas, havia dissensos e problemas.

O que se passava em São Paulo, no entanto, era pouco perto da situação do resto do Reino do Brasil. Pouco antes de deixar a capital, o Regente havia recebido notícia de novos decretos das Cortes, elaborados em fins de maio e início de junho, que reagiam à notícia do rechaço, em março, da expedição de Francisco Maximiliano. Nas Cortes, o Regente foi tratado por Borges Carneiro como "rapazinho", expressão que atingiu particularmente D. Pedro. A reação do Príncipe teria sido a de quase declarar a Independência antes mesmo de partir.

Foi, portanto, em meio a essa efervescência dos debates e do conflito contra as Cortes, contra as quais era alimentado um clima de ruptura, que D. Pedro partiu para São Paulo, em 14 de agosto de 1822. Se o Regente já havia deixado o Rio de Janeiro em um cenário de quase rompimento total com Lisboa, a evolução do caso enquanto o Príncipe tentava aplacar a revolta paulista só elevou a temperatura, contribuindo para o desfecho daquele capítulo de nossa história.

---

10. As atas do Conselho de Procuradores-Gerais das Províncias do Brasil (1822-1823), p. 48 e 51.

2. O momento da Independência: do 2 ao 7 de setembro de 1822 (ou 12 de outubro?)

Em 28 de agosto de 1822, chegaram novas ordens das Cortes constitucionais de Lisboa. Embora aceitassem a permanência de D. Pedro no Rio de Janeiro até a publicação da Constituição, as novas medidas determinavam uma série de ações de investigação contra São Paulo e Rio de Janeiro, e declaravam nulo o decreto do Príncipe que convocara o Conselho de Procuradores. Também traziam registros das Cortes com acusações diretas contra o Regente. As reações de cada lado se davam não entre o que se passava em Lisboa e no Rio de Janeiro no mesmo momento ou sequer no mesmo mês. Na verdade, eram atos adotados a partir de notícias defasadas e muitas vezes imprecisas, em que ação e reação estavam separadas por um longo período de tempo.

Além das medidas diretas contra o Rio de Janeiro, havia novas notícias sobre o reforço da Bahia como ponta de lança da causa portuguesa no Reino. Em despacho coincidentemente de 7 de setembro de 1822 (quando o Rio de Janeiro ainda não conhecia o Grito do Ipiranga), o coronel Malet relatou à Chancelaria francesa notícias de Lisboa, recebidas na semana anterior e vindas por navio, de novos reforços para a Bahia.[11]

A informação que circulava era a de que o projeto era "transportar sucessivamente vários batalhões à Bahia e de expedir todas as forças disponíveis para a Costa do Brasil". De acordo com as notícias de então, o Governo português havia conseguido mobilizar soma considerável para a preparação da campanha. No cálculo do diplomata francês, esse montante chegava a 250 mil francos. Ainda de acordo com Malet, essas notícias circulavam nos dias anteriores, provocando nova "efervescência" na capital do Brasil. Determinaram, segundo o

---

11. Despacho de 07/09/1822. In: Arquivos Diplomáticos do Quai d'Orsay, p. 205.

conhecimento do agente diplomático, a decisão de enviar correspondências ao Príncipe, para que ele voltasse rapidamente.

Foi nesse contexto que, em razão da gravidade da situação, o Conselho de Procuradores realizou uma sessão, em 2 de setembro de 1822, presidida pela Princesa Leopoldina. Essa reunião é, nos dias atuais, mencionada constantemente em comentários sobre a Independência, como se ali a Princesa e o Conselho tivessem declarado a ruptura com Portugal, que posteriormente teria sido apenas "ratificada" por D. Pedro. Um mito recente, nesse sentido, é o de que foi a Princesa quem teria efetivamente declarado a Independência brasileira.

Não há nenhuma evidência para sustentar essa hipótese. Houve, de fato, debates entre os conselheiros sobre a gravidade do momento e a necessidade de medidas, dentre as quais foi mencionada a emancipação total. A ata da reunião, porém, não menciona a emancipação (o que seria esperado, dada a relevância da suposta medida), registrando apenas as graves notícias recebidas de Lisboa e da Bahia, e particularmente os temores de envio de novas tropas de Portugal e os "insultos dirigidos ao Nosso Augusto Defensor". Foram tomadas as primeiras medidas para mobilização de tropas do Exército e da Marinha, e de embargo de fundos da Companhia de Vinhos do Douro, "a título de represália".[12] Um dos Conselheiros ficou encarregado de apresentar, em conjunto com os conselheiros militares, "projeto de campanha". Tampouco há, na coleção de Leis do Império, decreto ou medida legal sobre a Independência, nem outro documento sobre o assunto.

Leopoldina, desse modo, não antecipou a Independência, nem poderia. Ao partir para São Paulo, D. Pedro havia nomeado a Princesa, por decreto de 13 de agosto, como responsável pelo despacho ordinário das Secretarias e por presidir o Conselho de Estado. Ela poderia, em tese, adotar medidas necessárias para "a salvação do Estado". Qual-

_____
12. Atas do Conselho de Procuradores-Gerais das Províncias do Brasil (1822-1823), p. 52.

quer iniciativa, porém, deveria ser imediatamente avisada ao Príncipe, "para receber a Minha approvação e ratificação". Em outras palavras, medidas urgentes, como uma mobilização militar ou preparativos para algum evento político, poderiam ser adotadas por Leopoldina, mas é duvidoso que ela pudesse, pelos poderes provisórios que tinha, decidir--se, por exemplo, por uma declaração de emancipação.

A Princesa é sem dúvidas uma das personagens centrais do processo de Independência. Conselheira íntima do Príncipe, mantendo redes de contato inclusive com a Áustria (ponto essencial para a campanha internacional do Rio de Janeiro), Dona Leopoldina se coloca no mesmo patamar de Bonifácio, Ledo e outros personagens que se encontravam no centro decisório e na capacidade de influência sobre aquele que deveria tomar a decisão, o Príncipe Regente. Nesse contexto, o que de fato ocorreu foi o despacho ao Regente de cartas de Bonifácio, de Antônio Carlos (esta de Lisboa) e de Leopoldina. Todas advogavam medidas urgentes.

D. Pedro foi alcançado por dois oficiais, um dos quais era o major Antônio Ramos Cordeiro, em 7 de setembro de 1822, às margens do Rio Ipiranga e, em reação às notícias e às avaliações contidas nas cartas, o Príncipe declarou a completa independência brasileira. As palavras exatas da reação do Regente continuam a ser motivo de controvérsia, assim como no caso do Fico. Francisco de Castro Canto e Mello, auxiliar de D. Pedro presente na viagem, sustentou que, após ler os despachos do Rio de Janeiro, o Regente gritou: "É tempo!... Independencia ou morte! Estamos separados de Portugal!".[13]

---

13. *Memoria sobre a declaração de independência, escripta pelo major Francisco de Castro Canto e Mello, gentil-homem da imperial câmara, comendador da ordem de Christo, oficial da do Cruzeiro e cavaleiro da de Aviz, etc. Anexo à biografia do "Conselheiro Manoel Joaquim do Amaral Gurgel", Manoel Joaquim do Amaral Gurgel*. In: *Revista do Instituto Histórico e Geográfico Brasileiro*. Tomo XLI, Parte Segunda, 1878. Disponível em: http://www.ihgb.org.br/rihgb.php?s=20. Acesso em: 23 out. 2013.

Segundo Hélio Viana, há diferentes versões das palavras de D. Pedro.[14] É certo, porém, que o então Regente declarou: "Estamos separados de Portugal!". Viana frisa que a expressão também aparecia na Proclamação dirigida por D. Pedro aos "honrados paulistanos", de 8 de setembro de 1822. Também ao longo daquele 7 de setembro foi estabelecido o motivo: "Independência ou Morte".

A efetiva emancipação brasileira havia, desse modo, se consumado. Apesar da simbologia do 7 de setembro, a declaração era ainda limitada. Dom Pedro continuou a se referir como Regente do Reino do Brasil até 12 de outubro, quando foi oficialmente aclamado como Imperador do Brasil. Sua coroação ocorreria em dezembro. Em 12 de outubro de 1822, desse modo, foi efetivamente constituída uma nova unidade soberana. Ali nascia de fato o Brasil que existe hoje. Ainda faltaria definir o que seriam, dentre as múltiplas identidades existentes (inclusive uma nascente noção de "brasileiro"), os "brasileiros".

É interessante registrar que, ao receber as notícias que chegavam do Brasil, o chanceler britânico George Canning evitou dar instruções claras a seu representante no Rio de Janeiro, pois se tratava de questão "muito extensa e complicada em sua natureza para ser resolvida e decidida em pouco espaço de tempo".[15] Canning dizia esperar, no entanto, que a independência não "levasse a uma guerra entre os dois ramos da monarquia portuguesa." A Inglaterra tinha simpatia por D. Pedro, mas ainda estudava como se posicionar. Esta era, naquele momento, mais espectadora do que impulsionadora do movimento.

---

14. VIANA, Helio. "A Independência e o Império". In: Revista do Instituto Histórico e Geográfico Brasileiro. Volume 263, abril-junho de 1964. In: https://drive.google.com/file/d/0B_G9pg7CxKSscFc0ODh2SDM3LVU/view?resourcekey=0-fR-pkxHXjQ4ymfewSfVJrpQ. Acesso em: 10/10/2013. p. 171.

15. "[...] too extensive and complicated a nature to be solved and decided upon, in the short space of time which has elapsed since the receipt of those Despatches." Ofício de 18 de novembro de 1822. F.O. 63/214. In: WEBSTER, 1938, p. 213.

Finalmente, em 1º de dezembro de 1822, já em meio a operações militares de grande intensidade no Norte, foi realizada a coroação do primeiro Imperador do Brasil.

Era o último ato da consumação da Independência. Na prática, porém, o Brasil daquele momento permanecia dividido. O Império alcançava efetivamente uma porção ainda muito pequena do território do antigo Reino. Na maior parte das Províncias, permanecia a indecisão, em diferentes graus. Em outras localidades, desenvolviam-se os combates. Dessa forma, a unificação ainda exigiria muita ação, que passaria do campo da política para o militar.

O Império ainda era, essencialmente, uma entidade em construção. No mesmo contexto da coroação, uma reunião do Conselho de Procuradores foi convocada para avaliar se "à vista da conduta posterior do Congresso, e Ministério de Lisboa convinha, ou não, antecipar hostilidades contra o Reino de Portugal apesar do prazo dos quatro meses assinados na Proclamação ordenada na Sessão de quinze de outubro".[16]

A decisão do Conselho de procuradores foi afirmativa, "que a Guerra se fizesse de fato; procedendo-se desde já no sequestro de todas as propriedades, Direitos e Ações que os súditos daquele Reino têm nesse Império". Pouco depois, em 14 de janeiro de 1823, decreto de D. Pedro estabeleceu limitações à entrada de portugueses para residir no Reino, exigindo juramento prévio ao Império. Na justificativa do ato, o Imperador sustentava que:

> Por quanto, depois dos opressivos e injustos procedimentos de Portugal contra o Brasil, que motivarão a sua Independencia Politica, e absoluta separação, seria contradictoria com os princípios proclamados, indecorosa, e até arriscada a admissão franca dos Subditos de Portugal em hum Paiz, com o qual aquelle Reino se acha em guerra. (Grifo nosso)

---

16. Atas do Conselho de Procuradores-Gerais das Províncias do Brasil (1822-1823), p. 56.

A Guerra da Independência do Brasil estava em curso e se relacionava com o que passava nas Províncias. Contudo, antes de passarmos para essa parte da história, é interessante nos voltarmos a um último elemento da decisão pela Independência: por que D. Pedro foi declarado Imperador e não Rei?

3. Rei ou Imperador?

A decisão de D. Pedro de tornar-se Imperador e não Rei era também um ato político e um elemento relevante sobre a forma como ocorria o processo de emancipação brasileira. A ideia do título teria sido de José Bonifácio. Vasconcelos de Drummond, conselheiro do Patriarca, atribuiu exclusivamente ao Patriarca a ideia de criar o Império, que "foi adotada pelo príncipe com exclusão de outra qualquer". Outros conselheiros de D. Pedro, segundo Drummond, teriam resistido ao título, por acharem que poderia embaraçar o processo de reconhecimento do Brasil, o que de fato existiu, como se verá no Capítulo 16. Bonifácio teria se decidido sobre o título antes de setembro e teria dito a Drummond que "um título pomposo se acomodava mais com um nobre orgulho dos brasileiros do que outro qualquer".[17]

Uma outra explicação foi apresentada, na época, em uma instrução enviada ao diplomata brasileiro na França, Domingos Borges de Barros, pelo chanceler Luís José de Carvalho e Melo, em 24 de novembro de 1823. Na condição de ministro dos Negócios Estrangeiros, Carvalho e Melo, naquele momento, havia recém-substituído a José Bonifácio na função, devido a problemas entre o Patriarca e o Imperador, sobre os quais voltaremos nos últimos capítulos. Havia, segundo esse documento, três razões para a escolha: por "certa delicadeza com Portugal"; "por ser conforme às idéias dos brasileiros"; e "para anexar

---

17. DRUMMOND, Antonio de Menezes Vasconcelos de. *Anotações de A.M. Vasconcelos de Drummond à sua biografia*. Brasília: Senado Federal, Conselho Editorial, 2012, p. 107.

ao Brasil a categoria que lhe deverá competir, no futuro, na lista das outras potências do continente americano".[18]

Em outras palavras, preferia-se o Império, em primeiro lugar, pela situação com Portugal, criando assim uma diferenciação ou novidade que evitava a ideia de quebra do Reino português. As dimensões do território do Reino do Brasil, que o Rio de Janeiro pretendia que fossem totalmente incorporadas ao novo Estado, também inspiravam algo mais grandioso, elevando-o aos grandes Impérios da história.

Mais interessante ainda era a afirmação de que o Império era "conforme às ideias dos brasileiros". Historicamente, um Imperador era escolhido, ou seja, eleito, para o cargo. Sua inspiração vinha também de Napoleão, que sempre ressaltara o caráter "eletivo" de sua ascensão ao Império. O Rei, ao contrário, seguia uma legitimidade dinástica, ou seja, recebia o título por outro caminho à margem da escolha da população.

Enfim, o novo Estado que tinha D. Pedro como principal artífice procurava manter uma base liberal, o que tornava o título de Imperador, pela sua história, mais harmônico com o momento. O título, em última instância, tinha uma dupla vantagem: representava a força do vasto território que D. Pedro governaria e aglutinava a legitimidade monárquica com o reconhecimento popular. O novo monarca, com isso, procurava significar que seu poder, mantendo a proeminência da Casa de Bragança, também vinha da escolha da população. Ele estava convencido disso. Só restava agora convencer todas as demais províncias e suas mais diferentes lideranças de que aquela era a melhor das ideias e que ele seria capaz de conduzir a todos para o melhor dos mundos.

---

18. Cadernos do Centro de História e Documentação Diplomática, 2008, p. 32.

10

Um longo caminho à vista: as Províncias e a difícil aceitação do Império

A partir de sua nomeação como ministro, José Bonifácio entendeu que era necessário trabalhar pela união das Províncias, dado o quadro político que se observava na época. O grupo em torno de D. Pedro tentou, inclusive, estabelecer, em suas declarações, uma imagem de "unidade" já existente, como se houvesse consenso nacional em torno da liderança de D. Pedro. A realidade, no entanto, era bem mais complexa e difícil, e nessas dificuldades de buscar adesões e a unidade desembocou-se no que foi a Guerra de Independência do Brasil.

Se observarmos atentamente, no início de 1823, com D. Pedro já coroado Imperador, a situação do antigo Reino do Brasil era sensível. A Revolução do Porto, como vimos anteriormente, trouxe turbulências, deixou o mundo português confuso e levou ao que André Roberto de Arruda Machado chamou de "a quebra da mola real das sociedades". Diferentes interesses convergiam no movimento de adesão ao Porto. Em cada localidade em que se proclamou a adesão à revolução, foram estabelecidas Juntas Governativas, cujos moldes não eram muito distintos daqueles órgãos que existiram na América Espanhola. Também reuniram-se as Câmaras, que acabaram se tornando locais privilegiados dos desenvolvimentos políticos. Nelas eram discutidas propostas, apresentadas ideias e, principalmente, debatida a posição política a se adotar com relação às grandes disputas que foram emergindo no seio do Império português.

As disputas de poder envolvidas na organização das novas estruturas políticas foram elementos importantes para a definição da posterior opção entre o Rio de Janeiro e Lisboa. Entre 1821-1823, o que se viu foi um processo complexo, com idas e vindas, disputas locais, pressões externas e conflitos políticos. Tudo isso resultou em um xadrez complicado em que os partidos se dividiam entre D. Pedro e as Cortes.

Houve adesões mais fiéis, tanto para Lisboa quanto para o Rio de Janeiro, ao passo que a maioria das Províncias pendulou entre os dois lados. O quadro que se formava, então, era, de um lado, as "Províncias Colligadas", centro de apoio a D. Pedro. No ângulo oposto, estavam os grupos mais leais ao Vintismo, particularmente no Pará e Maranhão. Nas demais regiões, houve essencialmente instabilidade, dúvida e, particularmente, conflito.

1. O Centro-Sul e o Sul: base de apoio, mas não tão segura

Embora o Centro-Sul tenha apoiado D. Pedro desde antes do "Fico", articulando com ele a assunção da liderança do grupo do Rio de Janeiro, havia interesses políticos e grupos cujas aspirações não eram homogêneas. Desde o início, desse modo, o Regente foi obrigado a se envolver diretamente nos negócios provinciais. Essa configuração pode ser observada, antes de mais nada, na própria situação das Províncias mais fiéis a D. Pedro: Minas Gerais e São Paulo.

Para buscar conciliação local, o futuro soberano do Brasil teve de realizar visitas às duas importantes Províncias. Entre março e abril de 1822, D. Pedro fez sua famosa visita a Minas Gerais, para tratar de problema que se iniciara em fevereiro de 1822. Enquanto a delegação mineira visitara o Regente para lhe prestar apoio, em 15 daquele mês, aconteceu em Villa Rica o pronunciamento liderado pelo tenente-coronel Pinto Peixoto, inspirado pelo juiz-de-forano Cassiano Esperidião de Melo Matos, com vistas a redirecionar a Província ao apoio das Cortes.[1] Os revoltosos assumiram o poder invocando atribuições autonomistas para a Província. Desde o início, o risco maior que se estabeleceu foi o de uma luta armada entre as diferentes facções, perigo comum em todos os momentos desse período político brasileiro.

Ao receber as informações da revolta, D. Pedro, avaliando a gravidade da situação, decidiu gerir a crise pessoalmente, partindo para Minas Gerais em 25 de abril. Nas diversas comunicações que expediu ao longo da viagem, o Regente exprimiu claramente que seu objetivo era lidar com "contradições que todos os dias observava no Governo Provisório de Minas Gerais", as quais o convenciam de sua pouca adesão.[2]

Foi, ainda, determinada a realização de reunião dos Ouvidores e outras autoridades, em 20 de maio de 1822, para a eleição dos sete membros da Junta Provisória do Governo da Província, "removendo o mesmo Governo logo a duvida, que póde suscitar-se de ser, ou não precisa a nomeação de novos Eleitores".[3]

A visita rendeu os efeitos políticos desejados, principalmente em razão da presença do Príncipe. Ao longo do período em que o Regente esteve em Minas, Câmaras de várias Comarcas (Sabará, São João D'El Rey, Vila Nova da Rainha, Barbacena, Villa Rica) expressaram clara-

---

1. LIMA, 1997, p. 267.
2. Excursão do Principe Regente D. Pedro de Alcântara à Provincia de Minas Geraes em março e abril de 1822. *Revista do Instituto Histórico e Geográfico Brasileiro*, tomo LXVII, parte I, 1904. Disponível em: http://www.ihgb.org.br/rihgb.php?s=20. Acesso em: 5 dez. 2013.
3. Excursão do Principe Regente D. Pedro de Alcântara à Provincia de Minas Geraes em março e abril de 1822. *Revista do Instituto Histórico e Geográfico Brasileiro*, tomo LXVII, parte I, 1904, p. 53. Disponível em: http://www.ihgb.org.br/rihgb.php?s=20. Acesso em: 5 dez. 2013.

mente seu apoio a D. Pedro quando de sua estada em Villa Rica, mas reconheciam os problemas.

Ao deixar Minas Gerais, em fins de abril de 1822, D. Pedro havia vencido uma nova batalha, que lhe garantia importante apoio político e financeiro, evitando o risco de guerra civil. Logo após a visita, em 4 de maio, D. Pedro emitiu o Decreto do "cumpra-se", ordenando que toda ordem vinda de Lisboa fosse chancelada pelo Regente, como vimos nos capítulos anteriores.

Em São Paulo, onde a adesão ao Príncipe era mais clara, uma viagem teve de ser realizada para lidar com problema local, mas que poderia gerar instabilidade relevante no seio das Províncias Colligadas, decorrente de sublevação na cidade contra Martim Francisco de Andrada, irmão de José Bonifácio, iniciada em 23 de maio de 1822. Esse era exatamente o momento em que se ampliava a confrontação do Rio de Janeiro com as Cortes constitucionais de Lisboa.

Conhecido como a "Bernarda de Francisco Inácio", o episódio era caso claro de problemas de relacionamento entre as elites locais. Após o levante em si, o caso se manteve por alguns meses como foco de preocupação, após José Bonifácio ter ordenado devassa sobre o motim do dia 23 e a ocorrência de novos episódios de disputa política entre os envolvidos. Dom Pedro, concentrado em providências para o envio de forças à Bahia, não logrou debelar as reações de parte da elite paulista contra os Andradas. No confronto que se instalou, Martim Francisco foi expulso da Província.

Recebendo protestos de apoio de várias Comarcas, D. Pedro partiu para São Paulo em 14 de agosto de 1822, para apaziguar os ânimos da Província e punir os responsáveis. Assim como no caso de Minas Gerais, o Regente obteve sucesso. Foi nesse contexto que chegaram ao Rio de Janeiro notícias de Lisboa e das atitudes das Cortes contra o Regente, que levaram D. Pedro a ser alcançado no Rio Ipiranga, em 7 de setembro de 1822. Na viagem a São Paulo, observa-se que, ao mesmo tempo que tomava medidas que redundariam na declaração da Independência total do Brasil, o Regente se via obrigado a trabalhar continuamente para garantir a unidade mesmo dentro das Províncias Colligadas. Esses problemas continuariam presentes, mesmo no caso paulista, por exemplo, com a ruptura do novo Imperador com Bonifácio, em 1823, e o conflito que levou ao fechamento da Assembleia Constituinte Brasileira.

O Rio Grande do Sul foi a última Província partidária de D. Pedro desde o início, mas esta também sofreu com a instabilidade política. No momento da adesão à Revolução do Porto, em 1821, um cidadão anônimo resumia a situação política da Província: "nenhum direito de propriedade, nenhuma segurança pessoal, imensos privilégios; intrigas, e demandas de terras; enfim, geral devastação".[4]

A situação teve relativa melhora com a nomeação do general João Carlos de Saldanha de Oliveira e Daun como chefe da Junta Provisória do Rio Grande, a partir de 1º de outubro de 1821. Sob seu mandato, o Rio Grande manteria tendência pró-Rio de Janeiro, apesar da instabilidade política e da resistência do próprio general. Uma indicação de apoio desta Província do Sul a D. Pedro ocorreu já em janeiro de 1822, após o "Fico", pelo coronel Manuel Carneiro da Silva e Fontoura, ao que se seguiu, em março, a entrada gaúcha nas "Províncias Colligadas".[5]

Após, entretanto, a convocação da Assembleia Geral Constituinte do Rio de Janeiro, em 3 de junho de 1822 (a ser tratada na próxima seção), Carlos Saldanha expressou discordância com a medida, acusando

---

4. EXPOSIÇÃO CIRCUNSTANCIADA, dos acontecimentos da Província de Porto Alegre, e Rio Grande, desde 7 de abril do corrente ano, até o meado de Maio, composto e remetido por hum Cidadão da mesma Cidade". In: CARVALHO *et al.*, 2014, v. 4, p. 327.
5. RODRIGUES, 2002, p. 210. O decreto de adesão, de 12/03/1822, encontra-se na série de documentos publicados pela *Revista do IHGB* sobre a história do Rio Grande do Sul. Vide Documentos relativos à História da Capitania, depois Provincia, de S. Pedro do Rio Grande do Sul. Compilação do Barão Homem de Mello. In: *Revista do Instituto Histórico e Geográfico Brasileiro*, tomo XLII, parte I, 1879, p. 122. Disponível em: http://www.ihgb.org.br/rihgb.php?s=19. Acesso em: 10/10/2013.

D. Pedro de alterar o sistema político com a convocação. Declarou-se "cheio de mágoa" e pediu demissão. Nesse mesmo contexto, enfrentou uma oposição militar que tentou expulsá-lo da Província, sem sucesso.

Em 15 de julho de 1822, a Junta de Governo da Província aceitou a demissão de Saldanha e, em 8 do mês seguinte, D. Pedro enviou carta régia mandando retirá-lo de Porto Alegre. O general optou por partir da Província em direção a Portugal, sendo que sua saída consolidou a posição do Rio Grande em apoio ao Regente. Ao final, o apoio gaúcho a D. Pedro, juntamente com São Paulo, foi fundamental para a sustentação do confronto na Cisplatina. Sem esse membro das "Províncias Colligadas", o extremo Sul brasileiro – que conformava também a entrada principal para o centro do Reino, para Goiás e Mato Grosso – estaria ameaçado.

Ainda no Centro-Sul, finalmente, no Espírito Santo observaram-se igualmente movimentações políticas, com tendência a D. Pedro. O *Diário do Governo de Lisboa* registrou, em 19 de janeiro de 1823, informação da nomeação do coronel Joaquim de Sousa Pizarro como governador de armas daquela Província. Pizarro viajaria ao Espírito Santo para tomar posse, mas, ainda na Bahia, recebeu a informação de que a Província aderira ao Rio de Janeiro. O militar resolveu, então, permanecer na Bahia e aguardar instruções de Lisboa. No *Diário do Governo de Lisboa*, de 6 de fevereiro de 1823, por fim, foi informado de que a Província havia nomeado Joaquim Xavier Curado como seu procurador no Rio de Janeiro, passando, assim, a ser incluída no rol das Províncias "dissidentes" do Governo de Lisboa.[6]

2. O Vintismo ainda com força: Maranhão e Pará

Voltando-se o foco provincial para o Norte, fica patente que o apoio no Norte-Nordeste ao Vintismo tinha como componente central a rejeição ao Rio de Janeiro absolutista, fosse pela centralização que ameaçava

---

6. Diário do Governo, n. 34, 06/02/1823, p. 234.

tradições locais de autonomia ou pela presença de ideias relacionadas ao constitucionalismo-liberal, fosse por interesses mais concretos, como comércio e impostos. Havia, logicamente, grupos próximos do Rio de Janeiro, elementos absolutistas e relações de comércio com o Sul, os quais veriam com simpatia a causa do Rio de Janeiro. Existiam também outros nos quais o desejo de autonomia ia além da mera descentralização, chegando a levantar a bandeira da emancipação.

No Pará e no Maranhão e, em menor grau, em parte do Piauí, o partido das Cortes era muito mais forte, sendo o posicionamento dos habitantes "diretamente ligado à noção de fidelidade ao Império português",[7] tendo mantido essa posição até os ultimatos e as mobilizações militares, no segundo semestre de 1823. O parecer da "Comissão de Infracções de Constituição" do parlamento lisboeta registrou, em janeiro de 1823, seu "louvor" às Províncias do Maranhão e Piauí, por resistirem ao Rio de Janeiro. Nestas Províncias, apenas a guerra solucionaria a questão.

Desse modo, em linhas gerais, o Norte-Nordeste de 1821-1823 talvez tivesse sua realidade política mais próxima daquela das ex-colônias espanholas do que do Centro-Sul. A fidelidade à Lisboa, em grande medida, servia de estabilizador e, na época, mover-se da causa vintista é que era a traição, o "facciosismo". Daí a fidelidade que, para além de seus interesses econômicos, alguns grupos mantiveram a Lisboa. Neste contexto, não foram os partidários de Lisboa que mudaram de posição em 1822, pois estes se fiavam no acordo atingido no ano anterior, de adesão ao constitucionalismo. Era o Rio de Janeiro quem inovava.

---

7. Um exemplo de expressão de apoio às Cortes pode ser encontrado, também, em: XAVIER, Manoel António. Memória sobre o Decadente Estado da Lavoura e Comércio da Província do Maranhão e outros ramos públicos, que obstão à prosperidade e aumento de que é susceptível. In: *Revista do Instituto Histórico e Geográfico Brasileiro*, n. 231, abril-junho de 1956, p. 305. Disponível em: https://ihgb.org.br/publicacoes/revista-ihgb/item/107924--revista-ihgb-volume-231.html. Acesso em: 5 dez. 2013.

A rejeição ao Rio de Janeiro tendia, assim, a durar, não fosse a atitude das Cortes Gerais e das disputas locais pelo poder, que pouco tinham a ver, no início, com o projeto político que se formava no Rio de Janeiro. Muitos desses grupos já estavam em conflito com outros membros das elites provinciais por interesses regionais e pela organização do poder local no novo regime. O avanço dessas disputas foi aos poucos se inserindo no movimento nacional, adquirindo cores nacionais quando, de fora, vieram as pressões pela opção entre o Rio de Janeiro ou a Lisboa.

Em alguns casos, os perdedores das eleições locais, inicialmente apoiadores de Lisboa, penderam para o Rio de Janeiro, como forma de contornar a derrota pelo poder local. Onde havia uma maioria, a mobilização política prevaleceu sobre o aspecto militar, na opção pelo Rio de Janeiro ou por Lisboa. Onde não havia consenso, a guerra estourou rapidamente, como foi o caso da Bahia, cujo conflito se iniciou por razões locais, adquirindo posteriormente contornos nacionais.

Todos esses elementos são claramente observados na evolução política do Pará e do Maranhão, cujo processo tinha também suas particularidades. As duas Províncias, ademais, cobriam grandes espaços territoriais, pouco povoados, com presença importante de indígenas e escravizados,[8] e cujas economias haviam vivido desenvolvimentos positivos nas décadas iniciais do século XIX, apesar de dificuldades econômicas no início da década de 1820.[9]

São Luís tinha em 1822 aproximadamente 30 mil habitantes, dos quais cerca de 4 mil eram brancos, ao passo que a maior parte da população era de diferentes origens, muitos libertos. Havia grande quantidade de escravizados e eram constantes as preocupações sobre

---

8. MACHADO, 2006, p. 66 e 77.
9. COSTA, Francisco de Assis. A Economia colonial do Grão-Pará: uma avaliação crítica (1720-1822). In: *Economia e Sociedade*, Campinas, v. 21, n. 1 (44), p. 197-219, abril de 2012, p. 201. Disponível em: http://www.scielo.br/pdf/ecos/v21n1/08.pdf. Acesso em: 19 dez. 2014.

os movimentos da população, que não ficava à parte das convulsões políticas que passavam pela Província.

A Capital do Maranhão não era, no entanto, a única circunscrição de importância. Caxias era uma vila importante, ponto de comércio e de circulação no interior, ligando-se às rotas com o Piauí e demais Províncias do Norte.

De sua parte, maior Província do Reino, o Pará representava uma faixa territorial importante, mas muito distante da Corte. Pouco populosa, a Província do Grão-Pará atingia, em meados do início do século XIX, aproximadamente 120 mil indivíduos.[10] Esse tamanho da população paraense possivelmente excluía os escravizados e boa parte dos indígenas, que eram em número importante, sendo empregados em serviços de diferentes naturezas. A maioria utilizava a "língua geral amazônica", sendo o português uma língua secundária

Havia também uma dinâmica regional própria, que aproximava o Grão-Pará do Maranhão, do Norte do Mato Grosso e de Goiás. Isso era incentivado pela própria Coroa, para efeitos de melhor controle, administração e dinamização econômica. Esse conjunto de Capitanias, depois Províncias, desenvolveu uma realidade – política, econômica e social – própria, reforçando laços de solidariedade regional com Lisboa. A crise econômica do início dos anos 1820 atingiu essa interação, porém "os laços que restavam eram suficientes não só para enxergar um bloco regional, mas também para perceber uma hierarquia entre as províncias".[11]

Pará e Maranhão haviam, em essência, vivido e desenvolvido uma conjuntura particular. O próprio Governador da Província do Maranhão, Bernardo da Silveira Pinto da Fonseca, chamou um "sentimento de incorporação" ao novo quadro político que se apresentou em 1821.[12] Havia "uma ansiedade por mudanças políticas",

10. MACHADO, op. cit., p. 61.
11. MACHADO, 2006, p. 88.
12. GALVES, 2010, p. 66.

razão pela qual o movimento revolucionário vintista foi recebido ali muito positivamente. A própria permanência da família Real no Brasil era ponto dessa questão, pois "o regresso do rei a Portugal estava no cerne da "adesão" das províncias do Norte às Cortes. Ao contrário do que se passou no Centro-Sul, portanto, havia tanto no Maranhão quanto no Pará o desejo de que D. João voltasse a Portugal, o que significaria um alívio na carga de impostos e o fortalecimento do centro de poder (Lisboa), que era com quem os maranhenses e paraenses tinham mais proximidade.

O Pará foi, por exemplo, a primeira Província a aderir ao Porto, em 1º de janeiro de 1821. Nesse tempo, governava a Província o Conde de Vila Flor, que se encontrava, naquele fim de 1820, no Rio de Janeiro, para se casar. Esse pormenor contribuiu para a forma como se desenrolaram os eventos. Em 10 de dezembro de 1820, chegou a Belém o navio *Nova Amazonas*, que trazia passageiros de Portugal, dentre os quais Filipe Patroni. Este e alguns outros realizaram contatos junto à elite local e aliciaram membros das forças militares. Esses personagens conformaram o núcleo principal das conspirações.

A figura de Patroni, então estudante de Direito da Universidade de Coimbra, destaca-se nesse momento, mas não se deve atribuir exclusivamente a ele o início e a condução do movimento em direção ao Vintismo. Ideias liberais e projetos de reforma, inclusive parecidos com os da Revolução do Porto, circulavam antes do aparecimento do *Nova Amazonas*, mesmo que de maneira limitada.

A articulação para a aclamação das Cortes foi rápida. No dia 1º de cada mês, era feita a revista da tropa. Os batalhões da cidade desfilavam e se reuniam no largo do Palácio de Governo, em Belém.[13] Como nas outras Províncias, foi proclamada a Constituição e eleita

---

13. RAIOL, Domingos Antonio. *Motins Políticos ou Historia dos Principaes Acontecimentos Politicos da Provincia do Pará, desde o anno de 1821 até 1835*. Rio de Janeiro: Typographia do Imperial Instituto Artistico, 1865, p. 11.

uma Junta Governativa, composta majoritariamente por nascidos na Europa. Ao mesmo tempo que iniciou as providências de organização do Governo, a nova Junta enviou emissários a Lisboa e ao Rio de Janeiro.

Todo o início da operação do Vintismo na Província do Pará foi realizado sem instruções específicas, resultando em confusão ainda maior sobre como organizar o novo poder e selecionar seus representantes. Posteriormente, passaram a chegar mais elementos das Cortes, sendo implementados sem controvérsia os diversos decretos oriundos de Portugal sobre a organização política, a eleição dos deputados para as Cortes e a aplicação do decreto de 29 de setembro de 1821. Como em outros pontos do Norte, a Junta de Belém não contestou a nova organização do poder projetada em Lisboa.

O elemento central que se deve ter em mente sobre o caso do Pará, assim como o do Maranhão, é a disposição das Juntas governativas em defender o Vintismo e lutar diretamente contra grupos pró-Rio de Janeiro. Não se tratava apenas de uma posição política: havia um compartilhamento da ideologia do Vintismo e a permanência de uma distância política com a Capital do Brasil:

> [...] as instituições portuguesas estavam em pleno funcionamento na província (em 1822), ligando esta última aos acontecimentos políticos do Reino Europeu. Os sucessos ao sul do continente eram acompanhados com atenção, mas o centro da vida política ainda orbitava, em grande medida, nas tentativas de incorporar na província as novas ideias promovidas pelo Vintismo. [...] Naquele momento, a nação portuguesa, em nome do qual se justificaram as Cortes de Lisboa, era uma referência plena de significado político no Grão-Pará.[14]

---

14. MACHADO, 2006, p. 45.

Isso se observou, por exemplo, na sessão das Cortes de Lisboa de 7 de agosto de 1822, quando Romualdo de Sousa Coelho, bispo do Pará e deputado da Província, defendeu que "hajam duas delegaçoens do Poder Executivo, dizendo, que tal éra a vontade manifesta dos povos de sua província".[15] Nessa mesma sessão das Cortes, em que se discutia a existência de uma ou mais delegações do Executivo no Reino do Brasil, chegou a ser proposto que, no caso de unidade do Executivo, fosse feita exceção ao Pará e Maranhão. Esse tipo de visão mostrava uma vontade que, claramente, se chocava com os planos do Rio de Janeiro, não por oposição necessária a D. Pedro, mas por uma concepção distinta de realidade e de projeto em relação ao Rio de Janeiro.

Mesmo apoiando majoritariamente as Cortes, existiam fraturas potenciais na política paraense. Havia o problema da "quebra da mola real das sociedades", a gestão do Vintismo no plano da organização local do poder.[16] Nesse contexto político sensível, agravado por disputas entre poderes locais e autoridades militares que se reportavam diretamente a Lisboa, ressurgiram ou se intensificaram os conflitos ligados à disputa pelo controle do poder político provincial. Ao longo de 1822, o ambiente paraense começou a dar sinais de agitação, inclusive por conta de supostos "excessos" da Junta de Belém.[17]

Essa disputa de poder local estaria, por exemplo, na origem da briga que colocaria Patroni tanto contra Lisboa quanto contra Belém. O jovem foi inicialmente eleito "juiz do povo" em Lisboa, mas terminou acusado de causar problemas políticos e financeiros em Portugal, regressando ao Brasil. Posteriormente, em meio à sua atuação política, foi preso em 25 de maio de 1822, medida

---

15. Correio Braziliense, v. XXIX, n. 172, setembro de 1822, p. 337.
16. Em ofício de 6 de fevereiro de 1821, a Junta aponta a falta de instruções e a impossibilidade de eleger deputado. In: RAIOL, 1865, p. 15.
17. RAIOL, 1865, p. 24.

normalmente caracterizada como exemplo da repressão contra os partidários da Independência do Brasil.

A acusação contra Patroni, no entanto, era de "soar vozes de independência americana e união á causa de Pernambuco".[18] Havia, desse modo, ideias de emancipação, porém não a favor da causa de D. Pedro, e, sim, "á causa de Pernambuco", ou seja, às ideias autonomistas que se desenvolveram nas terras pernambucanas contra a Corte de D. João VI no Rio de Janeiro. Apenas posteriormente haveria um movimento pró-Regente, já em outro contexto político.

Não havia, ressalte-se, tendência de movimento natural em direção ao Rio de Janeiro. Mesmo assim, as disputas internas abriam espaço para que parte dos grupos políticos, que originalmente eram em sua maioria vintistas,[19] fosse obrigada a buscar apoios externos a seus interesses, abrindo as portas para uma eventual cooptação pelo Rio de Janeiro. Em sua maioria, as adesões à causa carioca vieram de "indivíduos egressos de outros grupos que tiveram o seu projeto político primeiro inviabilizado e traziam aspirações diversas".[20] Não seria um processo simples, nem mesmo rápido, sendo que essa lealdade criada posteriormente, ao longo da guerra que envolveu Ceará, Piauí, Maranhão e Pará, seria frágil e facilmente rompida.

Essa mesma dinâmica se passou no Maranhão, a partir da chegada do navio *Jequiá*, em 4 de abril de 1821, o qual trazia novas notícias, principalmente da adesão baiana, em 10 de fevereiro de 1821 (lembrando-se, também, que o Rio de Janeiro aderiu em 26 de feve-

---

18. O documento foi reproduzido em RAIOL, 1865, p. 19.
19. Oficio do governador das Armas da província do Pará, (brigadeiro) José Maria de Moura, para o ministro e secretário de estado dos Negócios da Guerra, Cândido José Xavier, sobre sua chegada à província do Pará e o início do exercício das suas funções. In: Arquivo Histórico Ultramarino, AHU_ACL_CU_013, Cx 152, D. 11752. Biblioteca Virtual do Projeto Resgate. Disponível em: https://digitarq.ahu.arquivos.pt/details?id=1221765. Acesso em: 30 dez. 2014.
20. MACHADO, 2006, p. 93.

reiro daquele ano). Como em Pernambuco, o governador maranhense Bernardo da Silveira Pinto da Fonseca (que fora eleito em 13 de abril de 1821, permanecendo no cargo até fevereiro do ano seguinte) logrou tomar a dianteira do movimento e controlá-lo até 1822.[21] Nesse momento, não havia nem mesmo informações sobre a permanência de D. João VI no Reino, nem instruções claras sobre como organizar o Governo na nova realidade revolucionária.

Nesse ínterim, Bernardo da Fonseca atuou para reforçar sua legitimidade e a fidelidade da Província a Lisboa. Um dos caminhos para tanto foi o controle de meios de expressão pública, principalmente pelo estabelecimento do jornal *O Conciliador do Maranhão*, que funcionou entre 1821 e 1823.[22] Este periódico seria porta-voz da defesa das Cortes de Lisboa, atuando próximo ao governador e, posteriormente, à Junta de São Luís. Tornou-se uma espécie de contraponto ao *Correio Braziliense* e aos diários do Centro-Sul pró-Dom Pedro.

A eleição dos dois deputados maranhenses para as Cortes de Lisboa foi realizada em julho e agosto de 1821. A atuação desses, a partir de 8 de novembro de 1821, ficou marcada pela imagem de pura vinculação às posições dos parlamentares europeus, ainda que houvesse uma multiplicidade de interesses sobre temas concernentes à própria gestão da Província e de suas atividades econômicas.[23] As Cortes se tornaram o local privilegiado para a apresentação de demandas e reclamações de grupos maranhenses, que, com isso, se inseriram ainda mais no seio do constitucionalismo português.

---

21. GALVES, 2010, p. 63.
22. Acervo digital da Biblioteca Nacional. Disponível em: http://memoria.bn.br/DOCREADER/ DocReader.aspx?bib=749524. Acesso em: 26 nov. 2014.
23. GALVES, Marcelo Cheche. Demandas provinciais nas Cortes constitucionais portuguesas: Izidoro Rodrigues Pereira, Maranhão, 1822. In: *Anais do XXVI Simpósio Nacional de História – ANPUH*. São Paulo, julho 2011 (B), p. 4. In: http://www.snh2011.anpuh.org/resources/anais/14/1312478607_ARQUIVO_ANPUH-SP.pdf (Acesso em: 24/11/2014).

A situação política permaneceu inalterada por boa parte de 1822, relativamente alheia ao movimento das "Províncias Colligadas", aos combates na Bahia e ao movimento em Províncias mais distantes. Os relatos que chegavam às Cortes pelos navios que passavam por São Luís davam conta, no início de 1823, de relativa estabilidade na Província, onde "reinava o maior socego".[24] Eram recebidas, logicamente, notícias do que se passava no resto do Reino, mas todas as tentativas de aproximação do Rio de Janeiro foram rejeitadas.

A principal preocupação relatada em fins de 1822 e início do ano seguinte foi a situação no Piauí. Após a chegada das notícias dos acontecimentos em Parnaíba, em 19 de outubro de 1822 (como veremos mais abaixo), a Junta maranhense lançou manifesto em 11 de novembro de 1822. Posteriormente, São Luís despachou homens e o brigue *Infante D. Miguel* para bloquear o porto de Parnaíba.

A junta maranhense insistia, assim, no combate aos "facciosos". Aqui se observa um dos pontos interessantes do caso maranhense: não apenas manteve a fidelidade a Lisboa, como também partiu para a ofensiva, a fim de evitar que o movimento pró-Rio de Janeiro tivesse sucesso. As principais ações da Província no combate aos "facciosos" se deram no apoio à luta do major João José da Cunha Fidié, governador das Armas do Piauí e militar fiel a Lisboa, e na mobilização de tropas na própria Província. Mais do que pela ação política, desse modo, foi pela via da guerra que a independência declarada por D. Pedro chegou efetivamente ao Norte, principalmente ao Pará e Maranhão. E o estopim desse processo, já em 1823, foi o Piauí.

Separado do Maranhão em 1811, o Piauí era uma zona de cruzamento entre o Norte e o Nordeste, e importante produtor de gado, que fornecia carne para todos os seus vizinhos. O altiplano piauiense tinha a função de estabelecer a unidade da região em torno da nação

---

24. DIÁRIO do Governo de Lisboa, n. 19, 22 de janeiro de 1823, p. 127.

portuguesa. Oeiras, estabelecida no interior piauiense, havia sido transformada em capital para servir de ponto central das comunicações entre as colônias portuguesas, entre o Estado do Brasil e o Estado do Maranhão.[25]

A Província tinha como principais vilas, além de Oeiras, São João da Parnaíba, Santo Antônio de Jurumenha, Campo Maior, Marvão, Valença e Paranaguá. A vila de Parnaíba se distinguia, nesse contexto, por ser importante entreposto comercial, exportando gêneros produzidos na região e importando produtos de luxo. Era a cidade onde se encontravam as principais fortunas da Província, como a de Simplício Dias, senhor de mais de 1,2 mil escravizads, uma escuna e uma sumaca (pequena embarcação de dois mastros). A cidade mantinha ligações com o Ceará, com um trânsito corrente entre a cidade e as vilas cearenses. Com o avançar da causa brasileira no Ceará, era natural que as tendências desta Província se fizessem presentes em Parnaíba.[26]

A Revolução do Porto chegou à Província também sem movimento de derrubada do governador, o coronel Elias José Ribeiro de Carvalho, que se manteve no poder, ainda que tenha hesitado no início. Em setembro de 1821, estourou em Oeiras um movimento da tropa em favor de um Governo Provisório, que foi desbaratado. No dia seguinte, no entanto, outro movimento ocorreu em São José da Parnaíba, o qual teve sucesso e, à revelia do governador, instalou um Governo Provisório que pretendia abranger toda a Província. O coronel Elias seria

---

25. CARVALHO, Maria do Amparo Alves de. *Batalha do Jenipapo: reminiscências da cultura material em uma abordagem arqueológica*. Tese de Doutorado. Programa de Pós-Graduação em História da Faculdade de Filosofia e Ciências Humanas da PUC-RS, 2014. Disponível em: http:// repositorio.pucrs.br/dspace/handle/10923/6740. Acesso em: 11 ago. 2014.

26. MENDES, Francisco Iweltman Vasconcelos. *Parnaíba: Educação e Sociedade na Primeira República*. Dissertação de Mestrado. Teresina, Universidade Federal do Piauí, 2007, p. 36. Disponível em: https://pt.scribd.com/document/179711416/PARNAIBA-EDUCA-CAO-E-SOCIEDADE-NA-PRIMEIRA-REPUBLICA-DISSERTACAO. Acesso em: 15 fev. 2014.

substituído apenas em outubro de 1821, após movimento militar que elegeu uma junta provisória, em "imitação" ao que se passara na Capitania de Alagoas.[27]

O processo eleitoral terminou por envolver a apresentação de diferentes candidaturas das principais famílias da Província, deixando claras as diferenças entre as lideranças locais, que disputavam o acesso ao poder, via Junta Provisória ou deputação nas Cortes. Em 24 de outubro, foi eleita e tomou posse a Junta Provisória do Governo do Piauí, encabeçada por Francisco Zuzarte Mendes Barreto e tendo o brigadeiro Manuel de Sousa Martins ficado com a vice-presidência.

A continuidade do processo eleitoral para o Governo Provisório ampliou o conflito. Como em todas as outras Províncias do Reino do Brasil, a situação política no Piauí se tornou tumultuada, mesmo que a tendência majoritária permanecesse com o apoio às Cortes e a fidelidade a Lisboa. Houve assassinatos políticos, os quais adicionaram lenha ao conflito político. Pasquins e proclamações foram surgindo ao longo de todo o período. Novas eleições, determinadas pelas Cortes, foram realizadas em 7 de abril de 1822, com destaque para o caso do brigadeiro Sousa Martins, que foi derrotado. Este fato o levou para a oposição e motivou sua gradual adesão ao Rio de Janeiro.[28]

Observa-se, portanto, que a origem da divisão política no Piauí se relacionava, inicialmente, à disputa intraelites, agravada pelas incertezas e confusões do período revolucionário, que alimentou desavenças anteriores e resultou na ruptura de alguns setores com o Governo português. Não se deve desprezar os sentimentos que poderia haver com

---

27. CARTA da Junta Provisória do Governo do Piauí, ao rei [D. João VI], enviando o auto de instalação do referido governo em 24 de outubro daquele ano. In: Arquivo Histórico Ultramarino, AHU_ACL_CU_016, Cx 31, D. 1603. Biblioteca Virtual do Projeto Resgate. Disponível em: https://digitarq.ahu.arquivos.pt/details?id=1325684. Acesso em: 18 jan. 2015.

28. NEVES, Abdias. *A guerra do Fidié. Uma epopéia brasileira na luta pela independência.* 4ª edição. Teresina: Fundapi, 2006, 58.

relação ao Reino do Brasil, nem a eventual atração que a causa do Rio de Janeiro exercia sobre os grupos daqueles que nutriam rejeição contra portugueses de origem europeia.

Lisboa desde o início se preocupava com esse quadro político instável. Sua principal medida, afinal, foi o envio de tropas e a designação do sargento-mor João José da Cunha Fidié para assumir o Governo das Armas do Piauí e tentar controlar a situação. Nomeado em 9 de dezembro de 1821, Fidié foi despachado às pressas, tendo recebido instruções diretas de D. João VI para "manter-se" na Província.[29] Com a ideia de preservação do Norte-Nordeste, o militar chegou a propor ofensivas contra o Ceará ou mesmo contra Cachoeira, na Bahia, as quais não foram autorizadas. É de se imaginar o que poderia ter ocorrido se Fidié tivesse atacado a retaguarda das forças pró-Dom Pedro na Bahia...

Fidié chegou a Oeiras em 8 de agosto de 1822 e encontrou uma situação política degradada. Após a eleição da Junta de Governo, no início daquele ano, havia sido retomada uma aparente calma, sem grandes acontecimentos. Mas, abaixo da superfície, continuavam as tensões envolvendo as disputas entre as elites locais, as incertezas do período e a transformação constitucional que se debatia em Lisboa.

O sargento-mor não ignorava as tensões políticas do Piauí, mas, como se viu, interpretava os movimentos facciosos como influenciados de fora da Província e contava com as forças militares para cortar essas influências. As decisões de D. Pedro, ademais, ainda eram rejeitadas em Oeiras, mas em outras localidades gradualmente a causa do Rio de Janeiro tinha potencial de encontrar ambiente mais favorável, via persuasão de Pernambuco e Ceará. Exatamente esse último ponto era o que poderia provocar um giro na situação.

De fato, foi o avanço da causa do Rio de Janeiro e da própria emancipação que trouxe novos ventos políticos, atingindo diretamente o Piauí, e também Maranhão e Pará. Os piauienses receberam, em

---

29. FIDIÉ, 2006, p. 159.

fins setembro de 1822, comunicações do Rio de Janeiro informando da convocação da Assembleia Constituinte do Rio de Janeiro e ordenando que fossem realizadas eleições.

Na capital, Oeiras, a Junta Governativa rejeitou a instrução, mas, em Parnaíba, a reação foi distinta. Após o recebimento de notícias de consultas do Ceará sobre a constituinte, a Câmara de Parnaíba emitiu, em 19 de outubro de 1822, apoio à Regência de D. Pedro. Essa iniciativa, segundo o Monsenhor Joaquim Chaves, era "popular", mas o próprio pesquisador admite que "tais movimentos são geralmente insuflados por uma minoria atuante", que teve poucas dificuldades em levantar o povo.[30] Parnaíba, na verdade, declarou-se pela "regência de D. Pedro", não rompendo necessariamente com Portugal. Foi apenas com a marcha de Fidié adiantada que chegou, em 11 de janeiro de 1823, ofício de Pierre Labatut, demandando a adesão do Piauí à Independência do Brasil, nesse caso, sim, aquela do Grito do Ipiranga.

O fato, porém, é que a Declaração de Parnaíba trouxe o conflito entre Lisboa e o Rio de Janeiro diretamente para dentro da política piauiense, acelerando o confronto. Pouco tempo depois da proclamação, os ventos se voltaram contra os independentistas. Era o início da guerra ao Norte, envolvendo Ceará, Piauí, Maranhão e Pará, como veremos no capítulo 13.

3. Nordeste e centro: os territórios em disputa

Entre as Províncias Colligadas e aquelas fiéis às Cortes (Maranhão, Pará e, em parte, Piauí) estavam todas as outras, que, também em meio a agitações, conflitos políticos e envolvimento nas operações militares, foram aos poucos movendo-se entre Lisboa e Rio de Janeiro. Se tomarmos o Nordeste, no Ceará, Paraíba, Alagoas e

---

30. CHAVES, Monsenhor Joaquim. *O Piauí nas lutas de independência do Brasil*. Teresina: Alínea Publicações Editora, 2006, p. 35.

Rio Grande do Norte, a adesão a D. Pedro ocorreu paralelamente ao caso pernambucano. Essas Províncias também se mostraram indecisas e convulsionadas, como se passava em todos os cantos do Reino.

O caso do Ceará é peculiar, pois o princípio de guerra civil ali registrado terminou por contaminar o Piauí e influenciar os acontecimentos nas duas Províncias, alastrando a guerra também para o Maranhão, com grande mobilização de soldados. Em todo o período em tela, o Ceará enfrentou dissensões internas, resultantes do processo revolucionário vintista e o caminho, gradual e não previsível, de adesão ao Rio de Janeiro. Este se fez, como em várias localidades, de forma confusa e com conflitos internos. A principal influência política vinha de Pernambuco.

A adesão cearense à Revolução do Porto veio após levantamento militar, em 14 de abril de 1821, que pressionou o governador Francisco Alberto Rubim a jurar a Constituição, o que ocorreu quatro dias depois. Seguiu-se o mesmo padrão de instabilidades políticas, com distanciamento da Província com o Rio de Janeiro, especialmente após a chegada dos decretos das Cortes de Lisboa de setembro de 1821, aqueles mesmos que haviam provocado o "Fico" de D. Pedro.[31] Foram realizadas as eleições de Juntas e representantes para as Cortes e a política local continuou a se agitar.

O Governo se dividiu, então, em duas Juntas, uma no Icó e outra em Fortaleza. Em ambos os casos havia, nas cidades, elementos que continuavam a apoiar as Cortes lisboetas, alimentando um clima de guerra civil. Esse processo foi sendo revertido ao longo de 1822, resolvendo-se em 15 de janeiro de 1823, quando o Governo do Icó to-

---

31. RUBIM, Braz da Costa. Memoria sobre a Revolução do Ceará em 1821. In: *Revista do Instituto Histórico e Geográfico Brasileiro*, tomo XXIX, parte segunda, 1866. Disponível em: https://ihgb.org.br/publicacoes/revista-ihgb/item/107726-revista-ihgb-tomo-xxix-parte--segunda.html. Acesso em: 5 dez. 2013.

mou posse em Fortaleza e declarou-se pró-Dom Pedro.[32] Mesmo após a unificação, entretanto, continuaram os problemas, desordem que, posteriormente, impactou diretamente na marcha da tropa que se mobilizou contra Fidié, no Piauí.

Isso porque o Ceará se tornaria a base de lançamento das forças pró-Rio de Janeiro na guerra que se deu no Norte. Apenas em janeiro de 1823, as condições se tornaram mais propícias à preparação de uma operação militar. Em 24 de janeiro de 1823, mesma data em que, como se verá, Oeiras se declarou pela Independência liderada pelo Rio de Janeiro, foi aprovado o auxílio cearense às forças no Piauí.[33]

Passando a Alagoas, a Província existia desde 1817, quando fora separada de Pernambuco como punição pela rebelião. Ao longo do primeiro semestre de 1822, Alagoas manteve-se ao lado de Lisboa, reiterando o juramento em fevereiro, e cumpriu as determinações dos decretos das Cortes. Em maio-junho de 1822, a Junta alagoana ainda se recusava a cumprir as ordens de D. Pedro, sustentando que a Província se encontrava no mais absoluto sossego, sem sinais de movimentações políticas.[34] A situação seria revertida em meados de junho de 1822, com a mudança da posição alagoana em prol de D. Pedro, ainda que mantendo a fidelidade a D. João VI.

Também na Paraíba houve tumultos e desordens. Ao contrário do Rio de Janeiro, a Província cumpriu o decreto de 29 de setembro das

---

32. CHAVEZ, 2006, p. 46.
33. EXPEDIÇÃO do Ceará em Auxílio do Piauhi e Maranhão. Documentos relativos á expedição cearense ao Piauhi e Maranhão para proclamação da independência nacional. In: *Revista do Instituto Histórico e Geográfico Brasileiro*, tomo XLVIII, parte I, 1885. Disponível em: https://ihgb.org.br/publicacoes/revista-ihgb/item/107763-revista-ihgb-tomo-xlviii--parte-i.html. Acesso em: 10 nov. 2013.
34. OFÍCIO da Junta Provisional do Governo da província de Alagoas ao presidente do Congresso Nacional a enviar cópia de decretos do príncipe regente do Brasil, D. Pedro, relativos ao alistamento de voluntários nas tropas de linha e ao Conselho de Estado no Rio de Janeiro composto pelos procuradores gerais das províncias, que a mesma Junta não deu cumprimento por estarem em contravenção com o poder legislativo das Cores Constituintes. Obs.: oficio nº 1. Anexo: decretos e oficio (cópias) 6 de maio de 1822. In: Arquivo Histórico Ultramarino – Projeto Resgate, AHU_ACL_CU_004, Cx. 7, D. 509.

Cortes e procedeu à eleição de nova Junta de Governo, em fevereiro de 1822. Na informação sobre o pleito, a Junta paraibana reafirmava sua fidelidade a D. João VI e às Cortes. Relatava, porém, tumulto na tropa de linha da Província, motivada por disputa entre comandantes militares, que tinha descambado em princípio de revolta. Em março, no entanto, a Junta registrava um "amplo movimento a favor da Independência", dizendo, ao mesmo tempo, que a maior parte do povo permanecia fiel a Lisboa.[35]

A tendência anti-Lisboa que crescia na Paraíba, neste momento, não se relacionava com o Rio de Janeiro (recordando-se que, em março, no próprio Rio de Janeiro, ainda não estava formada por completo a causa da Independência), que praticamente não é mencionado no documento da Junta paraibana. A causa independentista em território paraibano era influenciada e seguia o caso pernambucano, como reconhecia própria Junta, que registrava também a mobilização de indígenas. Houve ações do comandante das Armas para tentar impedir os tumultos, sem sucesso.

Em abril de 1822, a situação paraibana se agravou, influenciada pela crescente agitação política em Pernambuco. Só nesse momento entrava em cena a causa do Rio de Janeiro, com decretos do Príncipe Regente sendo recebidos na Província. Aos poucos, seguindo as influências de Pernambuco e em meio ao conflito que já se espalhava por toda a região, a Paraíba moveu-se em direção ao Rio de Janeiro. A Província terminaria por contribuir nas operações militares no Norte-Nordeste, inclusive com tropas. Contudo, esse processo demoraria todo o ano de 1822 para se completar.

De sua parte, a situação de Sergipe encontrava-se, essencialmente, ligada à da Bahia, de quem havia se separado para se tornar Pro-

---

35. CARTA da Junta Provisória do Governo da Paraíba, ao rei [D. João VI] sobre o amplo movimento político existente na Paraíba e Pernambuco, contrário ao governo Constitucional e a favor da independência. In: Arquivo Histórico Ultramarino – Projeto Resgate, AHU_ACL_CU_014, Cx. 50, D. 3470.

víncia, apenas em 8 de julho de 1820. Poucos meses depois, necessitou-se, inclusive, da utilização de tropas provenientes de Salvador para alcançar a adesão da jovem Província à Revolução. Em Sergipe houve prisões, inclusive do governador da Província, Carlos Cezar Burlamaque, levado a Salvador e solto 30 dias depois.[36] A adesão sergipana ao Porto fora garantida, assim, sem se alcançar a estabilidade política e social.

Passados os meses e agravado o conflito entre Lisboa e o Rio de Janeiro, houve mobilização de tropas pró-Lisboa em direção a Vila Nova, ao Sul do São Francisco. A manobra foi impedida por forças comandadas por Labatut, que se encontrava em trânsito em Pernambuco, para atacar a Bahia. Em uma operação militar, portanto, garantiu-se a adesão de Sergipe ao Rio de Janeiro. Mesmo com o reconhecimento, entretanto, sua situação manteve-se precária ao longo de todo o período da Guerra, estando a Província, assim como suas vizinhas, entre os dois grandes teatros de operação do Piauí e da Bahia.

Se passamos para o centro do Reino/Império, a divisão entre Norte e Sul, entre Lisboa e Rio de Janeiro, também pode ser registrada, dada a influência das outras regiões sobre Goiás e Mato Grosso. Em Goiás, existia divergência entre a Comarca do Sul e a Comarca do Norte. O Sul goiano era parte da zona de influência do Rio de Janeiro, ao passo que o Norte aproximava-se, por suas relações sociais e econômicas, do Pará e da Bahia. Ao longo de 1821-1822, as notícias dos acontecimentos em outras regiões repercutiam na Província e motivaram tentativas de golpe contra o governador das Armas. Em setembro de 1821, a Comarca do Norte tentou estabelecer um Governo autônomo.

---

36. Vide "Memoria histórica, e documentada dos sucessos acontecidos em Sergipe de El-Rei, sendo Governador daquela Provincia Carlos Cezar Burlamaque, que a foi criar, em independente, e separada totalmente da Bahia por decreto de sua Magestade Fidelissima de 8 de julho de 1820, e carta patente de 25 do mesmo mez e anno". In: CARVALHO et al., 2014, v. 4, p. 349.

O decreto das Cortes de setembro de 1821, que estabeleceu as Juntas Provisórias e o cargo de governador das Armas, ampliou a instabilidade política. Criou, em Goiás, uma fricção entre os setores civil e militar, em momento de crise de autoridade. A Província pendeu, por fim, para D. Pedro, mas a situação permaneceu instável ao longo de 1822. Em 1823, foi necessário o envio de um novo governador das Armas, o general Cunha Mattos, "para proteger as fronteiras e inibir o avanço de ideias e de tropas militares que pudessem ameaçar a autoridade do Príncipe Regente e o projeto de unidade do território brasileiro".[37]

O Mato Grosso passou por conflito semelhante ao de Goiás, entre as duas tendências derivadas das influências do Norte e do Sul, respectivamente entre Vila Bela e Cuiabá. A primeira continuava a favor de Lisboa, ao passo que Cuiabá favoreceu D. Pedro, apesar de oposições dentro da mesmo da cidade. As Cortes de Lisboa registram, ainda em 6 de agosto de 1822, a renovação do juramento, em favor de Lisboa, do governador das Armas de Mato Grosso, Antonio José Claudino de Oliveira Pimentel.[38] A adesão da Província ao Império foi recebida no Rio de Janeiro apenas em janeiro de 1823, mas a divisão da Província se manteve até agosto do mesmo ano, quando a anuência de Vila Bela ao Império permitiu um Governo de união.

Em resumo, das 18 Províncias do Reino do Brasil à época da Independência, apenas São Paulo, Minas Gerais, Rio de Janeiro e Rio Grande do Sul apoiaram D. Pedro de maneira imediata, ainda no início de 1822, enquanto duas – Maranhão e Pará – se mantiveram oficialmente do lado das Cortes durante todo o período, apesar dos

---

37. VIEIRA, Martha Victor. Cunha Mattos em Goiás: os conflitos de jurisdição entre o Governo das Armas e o Governo civil (1823-1826). In: *Revista Territórios & Fronteiras*. Cuiabá, v. 5, n. 2, julho-dezembro 2012, p. 225. Disponível em: https://periodicoscientificos.ufmt. br/territoriosefronteiras/index.php/v03n02/article/view/142/133. Acesso em: 10 mar. 2014.
38. ATA DAS Cortes Gerais de 06/08/1822.

conflitos internos. As demais enfrentaram disputas políticas internas, mas foram aos poucos se aproximando do Rio de Janeiro, por interesse ou por pressão.

Cada Província do Reino do Brasil, desse modo, sofreu com a radicalização do processo político, desde fins de 1820 (em lugares como Pernambuco, o encadeamento era anterior), o qual aos poucos foi se afunilando, no ano de 1822, com a exigência de se optar pelo Rio de Janeiro ou por Lisboa. A solução final para todos esses desafios das mais diversas ordens se deu no campo militar. Piauí (em conjunto com Maranhão e Pará) e Bahia foram os principais palcos da disputa política e militar no Norte-Nordeste, ao passo que as operações no "Sul" se concentraram na Bahia.

Contextualizado e compreendido isso, chegou o momento de tratar de um tema do qual muito pouco se fala na história tradicional da emancipação brasileira, mas cuja relevância para a consolidação desse processo é fundamental. Enfim, é hora de nos debruçarmos mais atentamente sobre a Guerra de Independência do Brasil.

11

A Guerra de Independência do Brasil

Nos capítulos anteriores, vimos que o retorno de D. João VI a Portugal, em 1821, como consequência da Revolução do Porto de 1820 e da convocação das Cortes, não foi suficiente para trazer harmonia ao Império lusitano. Ao contrário, a evolução dos acontecimentos acabou colocando o Rio de Janeiro e Lisboa em rota de colisão.

A emancipação deste lado do Atlântico era um caminho possível, mas a reunião das Capitanias/Províncias em uma só Nação e sob o comando de um só líder era algo mais complexo, a julgar inclusive pelo exemplo das colônias espanholas. Na América portuguesa, a heterogeneidade dos interesses e das forças em disputa suscitou conflitos internos e que tendiam à guerra civil e à desagregação. Caberia a D. Pedro atraí-los e conquistá-los, fosse pela sua condição de herdeiro da Dinastia Bragança, fosse pela força. Inicialmente titubeante, o Príncipe acabou optando por permanecer no Brasil e assumir a liderança das "Províncias Colligadas", que reuniam as regiões do Sul (incluindo Goiás e Mato Grosso) e que representavam seu centro de apoio.

A partir do dia do "Fico", estabeleceu-se um "polo" no Rio de Janeiro, ou seja, um eixo de ação política, liderado pelo Príncipe e com o projeto nacional de José Bonifácio prevalecendo, ainda que de forma precária, sobre os demais. A defesa enfática desse núcleo carioca, que pretendia ver-se em igualdade com Lisboa, levaria a um processo caótico, incerto e não planejado que, enfim, resultaria na Independência do Brasil. Esse processo, como vimos no último capítulo, não era unânime e encontrava fortes resistências nas Províncias do Norte.

Mais ainda, em muitos pontos do Reino, particularmente na Bahia, o confronto entre vintistas – favoráveis a Lisboa e reforçados por sucessivas levas de tropas que chegavam da Europa – e grupos que, aos poucos, convergiam para o Rio de Janeiro – com base em promessas políticas, especialmente de autonomia regional, como no caso de Pernambuco – resultou em conflitos políticos de difícil desenlace, tendendo, no mais das vezes, à guerra civil.

Ficava patente que a negociação sozinha era incapaz de garantir uma solução, mesmo que parte das elites tivesse uma formação homogênea e que pudesse manter um interesse comum na preservação da escravidão. A agenda político-social da época era mais ampla e complexa do que se poderia imaginar, com questões de interesse ora estritamente locais e regionais, ora muito mais abrangentes.

Ao final, a solução acabou vindo pelo uso da força. Por isso, a ideia de que houve, em 1822-1823, uma Guerra de Independência do Brasil. Esta guerra diz respeito ao fato de que, na disputa entre Rio de Janeiro e Lisboa, as operações militares foram ferramenta essencial para a manutenção pelo novo Império de todas as Províncias do antigo Reino do Brasil. A guerra não foi a única razão da unidade nacional, mas sem ela havia o risco de fragmentação do território em mais de um Estado. A incorporação de algumas Províncias ao Império foi, assim, uma conquista decorrente da guerra, e desta derivou a garantia da unidade do Império brasileiro.

Uma guerra de fato e de direito. Houve declarações inequívocas dos dois lados sobre o estado de beligerância. Dom Pedro tomou medidas oficiais de declarar inimigas as tropas portuguesas, proferir ultimatos contra todos os que apoiavam Lisboa e, medida típica da guerra da época, permitir o corso (pilhagem). Já avançada no terreno, a guerra foi entendida como existente "de direito", no encontro do Conselho de Procuradores, no Rio de Janeiro, em 4 de dezembro de 1822. Em 1825, um dos pontos principais das negociações pelo reconhecimento da Independência era exatamente o fim das hostilidades entre Portugal e Brasil (vide capítulo 15).

O conflito mobilizou milhares de brasileiros e portugueses, de todas as regiões, e grande monta de recursos. Resultou em milhares de mortes e de feridos. Na Bahia jogou-se a partida principal e para lá Portugal mandou o grosso das forças disponíveis. Estas chegaram com regularidade durante o segundo semestre de 1822, mas, durante 1823, Lisboa sofreu com ameaças no próprio continente europeu, que limitaram sua capacidade de enviar tropas; Dom Pedro, de sua parte, conseguiu mobilizar número maior de homens e de equipamentos. Praticamente todas as Províncias participaram das operações militares, que foram intensas e custaram muitas vidas e bens. As guarnições dos dois lados sofreram dificuldades de abastecimento, de organização e de mobilização. Os dois lados cometeram atrocidades e lutaram duramente, em grandes batalhas ou nas escaramuças diárias.

Não foi uma partida simples, nem era fácil ganhar. Os combates terminaram se concentrando em três áreas: na Bahia, no Norte (Ceará-Piauí-Maranhão-Pará) e na Cisplatina. A Marinha foi, nos três cenários, providencial para romper o impasse terrestre, ainda que não tenha sido o fator único. Em todos os casos, no entanto, foi a guerra terrestre que efetivamente determinou o resultado.

1. A mobilização brasileira: preparando as forças armadas para a guerra

Tanto o Rio de Janeiro quanto Lisboa realizaram esforços importantes para manter a guerra, em termos de recursos financeiros, materiais e mobilização de tropas. A base de ambos os lados era a mesma, a própria estrutura das Forças Armadas portuguesas. Foi ampliada, particularmente do lado brasileiro, pelas contratações de estrangeiros, em uma época na qual havia grande oferta de mercenários, após as guerras napoleônicas. Esse conjunto de soldados foi instrumento muito utilizado na época.

A estrutura militar do Império Português, especialmente no Brasil, era naquela época complexa, descoordenada e sofria com as distâncias. Em fins do século XVIII e início do XIX, o Exército português foi reformado sob a orientação do conde de Shaumburg-Lippe,[1] mais uma medida impulsionada pelo Marquês de Pombal de reforma do poder português. Na parte organizacional, em Portugal e na colônia do Brasil, foram adotados com as reformas princípios prussianos de organização militar, substituindo a antiga configuração de "terços" pelos "regimentos", estes compostos por batalhões e organizados de acordo com as armas de cavalaria, infantaria e artilharia.

A tropa foi organizada em três linhas. A primeira linha era profissional e mais bem treinada. A segunda linha era composta pelas tropas de milícia, pouco treinadas, numerosas e recrutadas amplamente nas freguesias de onde se baseava a unidade, composta por brancos, negros, libertos e outros. Na terceira linha, estavam as ordenanças, todos os homens livres entre 18 e 60 anos de idade, mobilizados temporariamente, normalmente para ações de segurança pública.[2]

Tecnicamente, a primeira linha defendia o território contra ataques externos; a segunda cuidava da segurança interna e servia de reserva

---

1. WEHLING, Arno; WEHLING, Maria José. Exército, Milícias e Ordenanças na Corte Joanina: permanências e modificações". In: *Revista da Cultura*, ano VIII, n. 14, 2008, p. 28. Disponível em: www.funab.org.br. Acesso em: 21 maio 2013.
2. DARÓZ, Carlos Roberto Carvalho. A Milícia em Armas: o soldado brasileiro da guerra de Independência. Trabalho apresentado no XXXVII Congresso Internacional de História Militar. Rio de Janeiro, setembro de 2011. In: *Revista Brasileira de História Militar*, Rio de Janeiro, Ano IV, n. 11, agosto de 2013, pp 35-36. Disponível em: https://tinyurl.com/3x7849nn. Acesso em: 2 abr. 2022.

da primeira. As ordenanças ficavam responsáveis pela segurança local. O Governo realizou nova reforma em 1806, na tentativa de reforçar a qualidade das tropas portuguesas ante a situação de segurança na Europa. Não houve tempo, porém, de terminar o trabalho, interrompido pela invasão napoleônica.

Na Europa, por outro lado, os militares portugueses adquiriram grande experiência e capacidade ao longo de seis anos de guerra peninsular, na qual contaram com o auxílio de forças britânicas. Era um contingente numeroso, curtido em batalhas e pronto para novas missões. Vencido o conflito, o Exército português foi reduzido aos números do tempo de paz, inicialmente com cerca de 40 mil homens. No entanto, logo depois, em 1816, foi ampliado para 57 mil.[3]

Esse número incluía os soldados diretamente recrutados no Reino do Brasil, aos quais se adicionaram tropas experientes mandadas da Europa para as Américas, a partir de 1815, uma parte espalhada pelas principais Províncias, outra usada no Sul, na ocupação da Cisplatina. Era um esforço da Coroa para reforçar sua autoridade e a estrutura do novo Reino. Portugal, de fato, adotou medidas importantes para também dotar sua estrutura de poder no Rio d e Janeiro no aspecto militar. Em 1810 foi criada a Academia Real Militar, destinada a formar oficiais.

Nos anos subsequentes, entre 1811 e 1815, foram construídos hospitais militares, fábricas de suprimentos militares e arsenais. O Rio de Janeiro, em fins da década de 1810, contava com o Estado-Maior do Exército, um Conselho Supremo Militar, Secretaria de Governo, Inspetorias de Tropas, milícias e arsenal, Real Corpo de Engenheiros e fortalezas. A capital carioca transformou-se, assim, no centro do Comando terrestre e naval português.

A criação, em 1815, do Ministério da Guerra no Brasil foi importante etapa de consolidação de estrutura governamental autônoma

---

3. COLEÇÃO de Leis do Império do Brasil (de 1816), 1890, v. 1, p. 9. Disponível em: https://bd.camara.leg.br/bd/handle/bdcamara/18330. Acesso em: 2 abr. 2022.

para aquele território que logo depois seria transformado em Reino. A existência de órgão dessa natureza no Rio de Janeiro "representava a subordinação de todas as Forças Terrestres, antes dispersas, com os vice-reis e capitães-generais das Capitanias, a um centro comum".[4]

Os arsenais e, principalmente, a inspetoria militar – responsável pelo estabelecimento dos procedimentos – também fortaleceram a unidade do comando. Este continuou a sofrer, entretanto, com dificuldades de eficácia operacional. A evolução, ainda assim, foi perceptível. Ademais da Corte, havia estrutura de arsenais e estabelecimentos militares em algumas Capitanias, mas limitados e de pouca eficiência. Foram criadas, igualmente, diversas unidades, na Capital e no Piauí, Rio Grande do Norte, Rio Negro, Maranhão, Sergipe e no Espírito Santo, além da Divisão do Rio Doce, em Minas Gerais, e um novo esquadrão de cavalaria, em São Paulo.[5]

Como já mencionado, a partir de 1815 começaram a chegar ao Brasil unidades de 1ª linha de Portugal. O Rio de Janeiro recebeu, em 1817, a Divisão Auxiliadora, comandada pelo general Jorge Avillez, cuja ação, em 1821 e nos dias seguintes ao "Fico", foi relatada no capítulo 5. Batalhões importantes também foram enviados para Pernambuco, Bahia (incluindo o 12º, comandado por Madeira de Mello) e Piauí. A Divisão de Voluntários d'El Rei, comandada pelo general Carlos Frederico Lecor foi enviada, em 1815, à Cisplatina, para reforçar as 5 mil tropas brasileiras, então comandadas pelo general Xavier Curado (que em seguida voltou para o Rio de Janeiro e teria papel importante nas movimentações militares após o Dia do Fico).[6]

A organização militar do Reino do Brasil no início da década de 1820 contava, portanto, com um número importante de homens engajados na 1ª (tropa profissional), 2ª (milícias) e 3ª (ordenanças), misturando nascidos na América e na Europa. Havia 150 fortalezas para a

---

4. WEHLING, A.; WEHLING, M.J., 2008, p. 30.
5. BARROSO, Gustavo. *História Militar do Brasil*. Rio de Janeiro: Bibliex, 2000, p. 36.
6. RODRIGUES, 2002, p. 51.

defesa do Reino, especialmente ao longo da costa. Tomando-se como base um batalhão de média de 800 oficiais e soldados, chega-se à conta preliminar de pelo menos 30 mil soldados de 1ª linha presentes no Reino do Brasil no ano de 1822, sem contar a 2ª linha. Com esta, os números chegam a mais de 50 mil soldados e milicianos, sendo que aproximadamente 8 mil eram luso-europeus.

Para além dos números, os relatos de época dão conta de um Exército de baixa qualidade e pouco treinamento, com importância secundária na política de então. Permaneciam diferenças de tratamento entre brasileiros e portugueses. A reorganização das unidades teve como um dos seus objetivos buscar maior integração entre portugueses e "brasileiros", com a admissão dos segundos na 1ª linha. Ainda assim, o comandante militar português, Vicente Antônio de Oliveira, chegou a solicitar ao Rei que aos luso-brasileiros não se concedesse posto mais alto do que o de Capitão.[7] A solicitação foi feita em 1817 e se relacionava com a Revolução Pernambucana, na qual participaram muitos soldados e oficiais brasileiros.[8]

A avaliação dos observadores estrangeiros, no entanto, deve ser relativizada. Em primeiro lugar, havia diferenças significativas entre as tropas presentes no Brasil. Os corpos que haviam chegado de Portugal possuíam experiência das Guerras Napoleônicas. Mesmo no lado brasileiro, a heterogeneidade da organização também repercutia na qualidade da tropa. Apesar de problemas, em 1807, a Marinha portuguesa era importante, a ponto de mobilizar os ingleses a darem o ultimato que obrigou a partida das Cortes. Não era desprezível a frota portuguesa que deixou Portugal, em 29 de novembro de 1807, transportando a Corte para o Brasil, com algo em torno de 20 navios de guerra. Esses números continuaram a se desenvolver, inclusive com a construção de navios militares no Reino do Brasil, por exemplo, em Salvador.

---

7. ARMITAGE, p. 13.
8. LEMOS, Juvêncio Saldanha. *Os Mercenários do Imperador*. Rio de Janeiro: Biblioteca do Exército, 1996, p. 160.

A Guerra de Independência do Brasil   225

Mais do que apenas reorganizar as forças, é interessante que, ao longo do período brasileiro da Corte, houve uma constante aplicação do instrumento militar, especialmente contra os territórios da Espanha e da França, naquele momento adversárias de Portugal. As operações foram intensas na Bacia do Prata, culminando na incorporação da Banda Oriental, depois Cisplatina, após a guerra contra José Gervásio Artigas, em 1816, como se verá no capítulo 15. Os militares também agiram em casos de conflitos internos, especialmente a revolução pernambucana de 1817, que mobilizou mais de 8 mil soldados.

No Norte, foi organizada uma expedição punitiva – com apoio inglês – contra a Guiana Francesa, em dezembro de 1808. A força terrestre era composta essencialmente por tropas do Pará, Rio de Janeiro, São Paulo e Minas Gerais, apoiadas por corveta inglesa e oito navios brasileiros. Vencida a resistência francesa, Caiena foi ocupada e a Guiana Francesa, entregue aos portugueses, em 12 de janeiro de 1809, permanecendo sob a bandeira de Portugal até 1818.

Foi exatamente essa estrutura militar estabelecida no Reino do Brasil que se quebrou, dividindo uma mesma força armada em dois lados, a partir de 1822. Com a evolução do conflito entre Lisboa e Rio de Janeiro e com os problemas nas Províncias, essa tropa teria de entrar em cena. Precisaria escolher um lado, ao mesmo tempo que sua própria presença já era tema de tensão e conflito, com vimos, anteriormente, na saída de tropas europeias em Pernambuco ou na atuação política no Vintismo da Bahia, que alimentou a guerra civil.

Do lado do Rio de Janeiro, o Regente, depois Imperador, procurou desde o "Fico" arregimentar parte das tropas a seu favor e criar uma nova estrutura militar. Dom Pedro adotou, ao longo de todo o período de 1822-1823, medidas de organização militar que são parte indissociável do processo de emancipação, envolvendo-se pessoalmente nesse esforço, trabalhando sobre a organização das unidades, na administração, finanças e planejamento. Analisando-se a lista de decretos, proclamações e editais publicados ao longo de 1822 e do primeiro semestre de 1823,[9] constata-se que número significativo das medidas publicadas no período teve relação com as Forças Armadas ou com as operações militares contra os partidários de Lisboa. Em 2 de maio de 1822, a Secretaria da Guerra foi separada dos Negócios Estrangeiros, por decreto, conferindo maior autonomia à administração dos assuntos militares.

Poucos dias depois, em 8 de maio de 1822, decreto de D. Pedro elevou o número de praças nas companhias dos batalhões da Corte. Foram modificados, após a Independência, as golas, canhões e penachos, de modo a conferir realce às cores nacionais. Em 10 de novembro de 1822, D. Pedro entregou à tropa suas novas bandeiras e declarou-se, na oportunidade, "generalíssimo do Exército".[10]

O Regente passou a administrar com muita proximidade as medidas militares em curso. Não estava desatento à guerra que se projetava. O jornal *O Correio do Rio de Janeiro*, por exemplo, noticiou em 4 de julho de 1822 que D. Pedro demitira o ministro da Guerra por suposta ineficiência.[11] A ordem era que o ministro instruísse o arsenal do Exército a embarcar caixões, possivelmente para a primeira expedição à Bahia, momento em que o Rio de Janeiro decidiu ir para a guerra. Tendo o Regente ido conferir o trabalho no dia seguinte, "achou tudo no primitivo estado, e perguntando a cauza de se náo ter cumprido o que Mandara fazer, lhe responderão que náo tinhão recebido ordem alguma". A D. Pedro, o ministro desculpou-se "dizendo que se tinha esquecido", o que teria provocado a ira do Regente e a demissão do funcionário.

Mais do que a estrutura de um novo Exército e equipamentos, era preciso encontrar soldados. Em 1822-1823, a 1ª linha das forças terrestres ficou em sua maioria ao lado das Cortes de Lisboa. Mesmo assim, muitos portugueses europeus optaram pelo Rio de Janeiro, como apro-

---

9. A lista está disponível eletronicamente na página da Câmara dos Deputados do Brasil. Também pode ser observada na obra Coleção das Leis e Decretos do Império do Brasil.
10. MAGALHÃES, João Batista. *A evolução militar do Brasil*. 3ª Edição. Rio de Janeiro: Biblioteca do Exército Ed., 2001, p. 249.
11. Edição n. 67, de 04/07/1822, p. 281.

ximadamente 460 soldados da Divisão Auxiliadora (que era comandada pelo general Avillez), que pediram baixa ainda quando a unidade se encontrava no Rio de Janeiro, em janeiro/fevereiro de 1822. Também houve número significativo de tropas locais que permaneceram ao lado das Cortes, como a própria tropa do major Fidié, que lutou na Batalha do Jenipapo no Piauí, em 1823, composta quase toda por elementos locais.

A tropa à disposição do Rio de Janeiro, ainda assim, era fundamentalmente a 2ª linha, a Milícia, que fora convertida em 1ª linha. Foi necessário "mobiliar os novos batalhões para combater os portugueses".[12] Na aclamação de D. Pedro como Imperador do Brasil, em 12 de outubro de 1822, o Exército Brasileiro regular (1ª linha), unificado e ainda comandado pelo general Xavier Curado, contava, no Rio de Janeiro, com aproximadamente 4,5 mil homens, provenientes do Rio de Janeiro, Minas Gerais e São Paulo.

Para atrair voluntários, foi reformado o sistema de voluntariado, com a diminuição do engajamento de oito para três anos, e foram criadas novas unidades militares. A mais conhecida delas foi o Batalhão do Imperador. Dom Pedro reuniu voluntários no Campo de Sant'Ana, em outubro de 1822, a fim de selecionar pessoalmente a tropa que, pronta, foi oficialmente criada em 18 de janeiro de 1823,[13] com 735 homens, e posteriormente enviada para a Bahia.

Nas medidas de 4 de janeiro e de 5 de fevereiro de 1823, vê-se outro sinal claro dos impactos da guerra: foram publicados dois decretos sobre extensão do soldo, respectivamente, dos oficiais e inferiores do Exército, e dos marinheiros, às viúvas e órfãos daqueles que haviam morrido ou se ferido em ação, durante a "luta da independência".[14]

---

12. DARÓZ, 2011, p. 10.
13. Gustavo Barroso menciona a data de 13/01/1823, mas o dia correto é 18/01/1823, como se vê na *Coleção de Leis do Império do Brasil* (1823), v. 1, p. 8. Disponível em: www.camara.gov.br.
14. BARROS, Sebastião do Rego. *Coleção de Provisões do Conselho Supremo Militar e de Justiça do Imperio do Brasil, de 1823 a 1856. Publicadas por ordem do Exmo. Sr. Ministro da Guerra, Sebastião do Rego Barros*. Rio de Janeiro: Typographia Universal de E. & H. Laemmert, 1861, p. 8. Disponível em: https://www2.senado.leg.br/bdsf/item/id/222261. Acesso em: 10 maio 2014.

Outros efetivos lutaram nas Províncias ainda sem estarem incorporados oficialmente ao comando central, tornando parte da guerra um combate "sem quartel-general", como se deu no Piauí e no Maranhão. Essa tropa local, leal tanto ao Imperador quanto à política provincial, seria a base maior das forças que combateram na Independência do Brasil. E seriam as mesmas que, exatamente pela dupla camada de lealdade, terminariam em muitos casos optando pela Província sobre o Império, nos casos como a Confederação do Equador ou em revoltas do período da Regência.

Em termos de pessoal, havia ainda dez generais estrangeiros confirmados, três ingleses, três uruguaios, dois franceses, um escocês e um suíço.[15] Na transição entre D. João e D. Pedro, encontravam-se no Reino aproximadamente 200 brigadeiros e generais. Desse modo, salvo no caso de alguns oficiais, como Labatut, e fração pequena da tropa, as forças terrestres de D. Pedro foram compostas essencialmente por portugueses dos dois lados do Atlântico, em muitos casos milicianos sem treinamento prévio ou vinculação com o Exército, como se passou na Batalha do Jenipapo. O general baiano Luís Paulino de Oliveira Pinto da França é tido como o único oficial-general "brasileiro" que optou pelo lado de Lisboa, mas, com a fluidez das posições na época, o quadro foi mais complexo, com muitos nascidos no Brasil também lutando por Lisboa.

Uma das estratégicas vislumbradas pelo Rio de Janeiro foi a atração de estrangeiros. Em 1823, foi criado um Regimento de Estrangeiros, primeiramente integrado por suíços de Nova Friburgo. Estes mercenários de fora pareciam solução interessante e poderiam, no plano de Bonifácio, ser utilizados posteriormente para a colonização do interior do país. Foi nessa circunstância que o chanceler brasileiro emitiu, em 12 de agosto de 1822, instruções a Londres para Caldeira Brant "ajustar alguns regimentos irlandeses, ou de qualquer outra nação onde for

---

15. RODRIGUES, 2002, p. 170.

mais fácil este recrutamento". A presença dessas forças estrangeiras, ao final, seria de menor importância para o processo da Independência, ao passo que no período da Guerra da Cisplatina (1825-1828) haveria maior ação.

No caso da Marinha, a participação estrangeira seria maior. A principal ação de recrutamento para essa força ocorreu nos portos de Londres e Liverpool, no inverno europeu de 1822-1823.[16] Em janeiro de 1823, a primeira leva, de 125 marinheiros e 6 oficiais, partiu de Liverpool, seguida por outro grupo, de 45 homens. Ao longo do processo, cerca de 500 oficiais e marinheiros ingleses foram contratados para a Marinha do Brasil, dentre os quais estavam o almirante Thomas Cochrane, John Taylor e John Pascoe Grenfell, os nomes mais conhecidos. O americano David Jewett foi o primeiro estrangeiro a entrar no serviço do Príncipe, em 6 de outubro de 1822.

O recrutamento de estrangeiros não era, ao contrário do que se pensa, fácil ou contava com o apoio do Reino Unido. Em 1819, legislação britânica proibiu a prática, ainda que o excesso de veteranos das Guerras Napoleônicas impedisse um controle efetivo. Há indícios de que a resistência britânica foi menor no caso do Brasil, com os agentes de D. Pedro em Londres agindo de forma mais livre que seus homólogos das outras jovens nações americanas. Ainda assim, reconhecendo as dificuldades impostas por alguns países europeus a esse tipo de iniciativa, Bonifácio instruiu seus representantes na Europa a fazer o recrutamento sob o "disfarce de colonos".[17]

No caso da Marinha, os estrangeiros, principalmente ingleses, vinham reforçar uma base que já era importante, mas que mostrava problemas de disciplina, principalmente a resistência de parte dos marinheiros para entrar em combate. A partida de D. João VI para

---

16. VALE, Brian. English and Irish Naval Officers in the War for Brazilian Independence. *Irish Migration Studies in Latin America*, v. 4, n. 3, july 2006, p. 104-105. Disponível em: http://irlandeses.org/0607_102to114.pdf. Acesso em: 28 maio 2014).

17. CADERNOS do Centro de História e Documentação Diplomática, 2008, p. 23.

Lisboa não extinguiu por completo a estrutura da marinha portuguesa no Rio de Janeiro. Ainda havia, em 1822, uma estrutura de comando. Segundo Brian Vale, observadores estrangeiros eram críticos do funcionamento desse aparato burocrático, tido como lento e ineficaz, mas o exame dos arquivos mostra "uma maquinaria eficiente e bem administrada".[18]

Essa estrutura de comando foi importante para a organização de uma força naval para o Rio de Janeiro, principalmente a partir da nomeação do Capitão-de-Mar-e-Guerra Luís da Cunha Moreira como Ministro da Marinha, em 28 de outubro 1822. Nascido no Brasil, o futuro visconde do Cabo Frio precisou trabalhar em vários fronts para adquirir financiamento, embarcações e, principalmente, praças e oficiais para se incorporarem na nova força.

Contou, em primeiro lugar, com embarcações que haviam permanecido no Rio de Janeiro e aderiram a D. Pedro. No episódio do "Fico", o Regente passou a dispor da fragata *União* (posteriormente renomeada *Ypiranga*), as corvetas *Liberal* e *Maria da Glória*, a barca a vapor *Bragança* e três pequenas canhoneiras.[19] Havia, ainda, o brigue *Real Pedro*, o brigue-escuna *Real*, mais 13 escunas e aproximadamente 20 navios-transporte e canhoneiras.[20] Na passagem da esquadra transportando as tropas do general Francisco Maximiliano, em fevereiro de 1822, a fragata *Real Carolina* passou para o lado do Rio de Janeiro.

Com essa Marinha ainda em processo de formação, D. Pedro foi capaz de passar para a ação. Enviou Labatut à Bahia, em julho de 1822, com uma força naval comandada pelo almirante Rodrigo Antonio de Lamare. Também em 1822 foram enviados reforços ao general Lecor, na Cisplatina. A nascente Marinha brasileira desempenhou, assim,

---

18. VALE, Brian. *Una guerra entre ingleses*. 1ª Edição. Buenos Aires: Instituto de Publicaciones Navales, 2005, p. 32.
19. RODRIGUES, 2002, p. 65.
20. MARINHA DO BRASIL. *História*. Disponível em: https://www.marinha.mil.br/delareis/?q=historia7set. Acesso em: 2 abr. 2022.

A Guerra de Independência do Brasil   231

funções em praticamente todo o Brasil, incluindo o envio de emissários a diversas Províncias, e outras operações menores.

O impulso maior para a formação de uma Marinha brasileira mais organizada e bem equipada foi, por outro lado, dado em fins de 1822 e início de 1823, com a compra de novos meios, com a chegada de Cochrane e com o recrutamento de estrangeiros. Entre a adesão de navios da Marinha portuguesa, a construção de embarcações nos estaleiros brasileiros e os esforços de compra de meios e de equipamentos no exterior, especialmente no Reino Unido e nos Estados Unidos, D. Pedro logrou, em 1823, organizar uma Marinha forte. Além de unidades regulares criadas pelo Imperador, houve casos de corpos organizados localmente e improvisados, como no caso da "Flotilha de Itaparica", navios adaptados para receberem armas, que lutaram na Bahia sob o comando do conhecido "João das Botas".

A Marinha brasileira que saiu da Guerra de Independência foi, ao final, significativa, mesmo em comparação com algumas congêneres europeias (excluindo, logicamente, a esquadra britânica), variando entre 380 e 500 canhões. Ao longo de todo o período, persistiram problemas com o recrutamento de oficiais e marinheiros. Mais importante para o período, a Marinha imperial não parou de se expandir a partir de 1823. No período 1822-1825, a Marinha brasileira mais do que duplicou de tamanho, tornando-se, nessa época, segundo a avaliação de Brian Vale, a força naval mais poderosa das Américas (mesmo em comparação aos EUA).[21]

Seja no plano naval, seja no terrestre, toda a conta da mobilização militar para a guerra de Independência do Brasil foi paga localmente, pelos partidários do Rio de Janeiro e pelos habitantes das outras Províncias. Para isso, recorreu-se a impostos alfandegários e a contribuições das Províncias que apoiavam D. Pedro. No caso da Marinha,

---

21. VALE, Brian. *Una guerra entre ingleses*. 1ª edição. Buenos Aires: Instituto de Publicaciones Navales, 2005, p. 31.

foi lançado, por decreto de 28 de janeiro de 1823, um programa de contribuições voluntárias. Houve também empréstimos contraídos no exterior, como para a força enviada contra o brigadeiro Madeira de Mello, em julho de 1822, quando D. Pedro conseguiu 400 contos.[22] Grande parte da mobilização financeira feita no Rio de Janeiro resultou em significativa dívida interna, fundamentalmente pesando contra as finanças do Banco do Brasil.

O Rio de Janeiro de fato foi o principal contribuinte, mas não o único. As Províncias, embora não tenha colaborado para os esforços de recrutamento e armamento promovidos no Rio de Janeiro, participaram ativamente na mobilização em suas respectivas regiões. Em todas elas, dos dois lados da contenda, foram realizadas subscrições com a finalidade de levantar recursos. Afinal, a guerra também era financeira.

Ademais da organização das forças e da busca por seu financiamento, o Príncipe-Regente, depois Imperador, emitiu uma série de proclamações contra as forças portuguesas e seus partidários, deixando patente a guerra que se fazia. Após a Proclamação de 1º de agosto de 1822, que declarava inimigas as tropas portuguesas no Brasil, D. Pedro emitiu, em 18 de setembro de 1822, "uma amnistia geral para as passadas opiniões políticas". Novo ultimato apareceu em 21 de outubro de 1822. Agora proclamava que "toda a força he insuficiente contra a vontade de hum povo", e reiterava o prazo de quatro meses para que os portugueses presentes no Brasil escolhessem entre a continuação de uma "amizade", que significava aderir ao Império, ou partir.

Uma das medidas mais contundentes – e mais representativas do estado de guerra entre o novo Império e o Reino de Portugal – foi a emissão de regras para o corso contra embarcações portuguesas.[23] O decreto permitia que navios privados fossem "contratados" pelo Império, por meio de uma carta de corso, para perseguir e capturar em-

---

22. VARNHAGEN, 1957, p. 126.
23. Alvará de 30 de dezembro de 1822. In: Coleção de Leis do Império do Brasil, de 30/12/1822.

barcações inimigas, ficando os corsários com os bens confiscados, após avaliação de uma câmara de presas.

Era, em outras palavras, uma pirataria oficialmente aceita, recurso muito usado na época, inclusive contra o Império na Guerra da Cisplatina. Cochrane manteve, de sua parte, longa lista de presas demandadas, que foram recusadas, criando assim um longo imbróglio jurídico. A medida era extrema, relacionada a situações de guerra aberta e dura, o que reforça a importância do plano militar na Independência do Brasil e os esforços realizados pelo Império para buscar seu projeto de unificar todo o antigo Reino do Brasil em torno da coroa de D. Pedro.

2. Lisboa e o esforço de guerra antiemancipação

Se o Rio de Janeiro realizou esforços para construir suas capacidades militares, Lisboa também não ficou parada, embora os desafios do outro lado do Atlântico tenham sido maiores para manter a guerra. Ainda assim, observando-se as medidas e o tom adotados pelas Cortes portuguesas ao longo de 1822-1823, encontra-se uma realidade muito distinta da imagem tradicional de passividade, pela qual as operações militares teriam apenas envolvido a expulsão de algumas tropas que, já estando no Brasil, se recusavam a partir.

As Cortes de Lisboa adotaram medidas de planejamento e de logística não desprezíveis, ainda que insuficientes, para se contrapor ao Rio de Janeiro. Houve, em primeiro lugar, um gradual movimento na definição de qual a natureza do problema, culminando com a decretação de "rebeldia" pela lei de 14 de janeiro de 1823, medida que autorizava o emprego da força. Não se falou, do lado de Lisboa, em "guerra", pois se considerava que o Brasil ainda era parte de Portugal. Todavia, era para a guerra que se preparava. Para tal, contou inclusive com o apoio de alguns dos deputados de Províncias do Reino do Brasil que ainda se encontravam em Lisboa, como o bispo do Pará Romualdo de Sousa

Coelho e o general e deputado baiano Luís Paulino de Oliveira Pinto da França.

A decretação da "rebeldia" consolidava, antes de mais nada, um processo de confronto que já vinha tendo lugar ao longo de 1822, no qual o lado de Lisboa tinha clareza sobre o que se jogava. Após fevereiro de 1822, Madeira de Mello passou a solicitar de Lisboa mais reforços às suas forças, "para conservar o Brasil".[24] Em outra correspondência, em 10 de setembro de 1822, este brigadeiro dizia: "O Brasil, Senhor, já não pode recuperar-se, e conservar-se senão pela força".

Desde esses primeiros debates, ficou claro que o Governo vintista visava, ao longo de 1822, a três objetivos: conter os independentistas, proteger as pessoas e os bens dos portugueses e guardar os brancos da "gente servil". A declaração do estado de "rebelião", em janeiro de 1823, oficializava, portanto, o fim do processo de consolidação da posição portuguesa em favor da guerra no Brasil, para eliminar os "rebeldes". Em um primeiro momento, a estratégia para alcançar esses objetivos foi ampla, envolvendo todo o Reino do Brasil. As ações militares portuguesas eram "generalistas", ou seja, mobilizavam todos os corpos disponíveis para lutarem contra os facciosos, de acordo com as táticas que cada comandante local houvesse por bem empregar.

Não foram poucos os esforços e esse é um tema interessante. Na verdade, desde 1821, as Cortes constitucionais de Lisboa trataram de mobilização militar relacionada ao Brasil, como foi o caso, ainda em 1821, do envio de tropas à Bahia, a pedido, como vimos no capítulo anterior. Ainda com o intento de robustecer suas posições, deram instruções para reforçar as ordens de Lisboa (medidas que, muitas vezes, ampliaram o confronto com D. Pedro), e buscaram concentrar seu poder militar via nomeação direta dos Governadores das Armas e encorpando suas tropas.

---

24. TAVARES, 1977, p. 53 e 58.

As Cortes constitucionais de Lisboa tinham tropas que, de Norte a Sul, mantiveram-se fiéis ao Vintismo. Na região do Maranhão, Pará e Piauí, o esforço se concentrou especialmente nas tropas já presentes. As forças portuguesas eram compostas principalmente de soldados que já se encontravam no terreno antes de 1822. Muitas delas reuniam brasileiros, consequência da complexidade de um tempo no qual duas legitimidades – a constitucional de Lisboa e a "brasileira" do Rio de Janeiro – lutavam e demandavam adesão de todas as Províncias. Mesmo nesses casos, houve reforços pontuais ou estratégicos recebidos da Europa. Talvez o exemplo mais importante tenha sido do governador das Armas do Piauí, o major Fidié, que estaria na Batalha do Jenipapo, em território piauiense, como veremos mais à frente.

As Cortes portuguesas não se limitaram, no entanto, a instruir as forças que já se encontravam no terreno. Os debates sobre o envio de tropas ao Brasil, ao longo de 1822-1823, foram em parte motivados por esses pedidos e informações, ao que se somavam as medidas do Rio de Janeiro, como o "Fico" e a convocação da constituinte brasileira. Nesse processo, a contenção dos radicais ou de outros partidários de um confronto com o Rio de Janeiro foi ficando, entretanto, cada vez mais difícil.

Em sessão das Cortes Gerais de 5 de agosto de 1822, o deputado Luís Martins Bastos, do Rio de Janeiro, fez intervenção sobre a necessidade de se preparar para a guerra. Decidiu-se, no debate, pelo levantamento de empréstimo, "para fins mui diversos, sendo o principal o habilitar o Governo para a guerra do Brazil".[25] Na ata de 22 de maio de 1822, encontra-se registro do deputado Lino Coutinho (representante da Bahia e pró-Rio de Janeiro) criticando medidas militares que estavam em curso em Lisboa, particularmente a publicação de editais para o fretamento de navios para conduzir os soldados à Bahia.[26]

---

25. ATAS das Cortes Gerais e Extraordinárias da Nação Portuguesa, sessão de 05/08/1822.
26. ATA das Cortes Gerais e Constitucionais da Nação Portuguesa de 22/05/1822, p. 240.

Na mesma época, indicava o visconde de São Leopoldo que, em maio de 1822, o movimento da maioria era em favor de enviar tropas adicionais para reforçar o brigadeiro Madeira. Nesse contexto, foi mobilizado, ao longo de 1822, número limitado, mas ainda assim não negligenciável, de meios e de soldados, enviados ao Brasil para reforçar as tropas que já lá estavam e que cumpriam o papel principal de resistir às ações do polo do Rio de Janeiro.

A maior parte dessas tropas se concentrara na Bahia, por razões estratégicas e pelo próprio fato de que, em 1822, Pará, Maranhão e Piauí (até novembro) se mantinham solidamente a favor de Lisboa. Nesse cenário, garantida a Província da Bahia, era possível manter todo o Norte-Nordeste (enfrentando Pernambuco e as Províncias menores, com apoio de Maranhão e Pará). Assegurada a região, os portugueses poderiam voltar-se para o Sul, onde contavam, inclusive, com a guarnição da Cisplatina.

As forças lusitanas reunidas na Bahia, desse modo, em tese não se limitariam a defender apenas a Província. Nas instruções ao chefe da esquadra portuguesa que chegou à Bahia em outubro de 1822, o Rei português determinava que o principal objetivo da Expedição era a preservação daquela Província, como "hum ponto essencial para a conservação da tranquilidade do Brazil e da sua adherencia ao Governo".[27] A Província seria, assim, a ponta de lança de um projeto global das operações militares portuguesas no Brasil. Já em junho de 1822, o *Correio Braziliense* frisava que a finalidade dessas expedições à Bahia não seria senão a de "formar ali um ponto de apoio, de onde saíam depois a atacar os lugares, que se supõem mais obnóxios à dominação de Lisboa".[28]

Por essa razão, para a Bahia seriam dirigidos os reforços mobilizados por Lisboa, transformando o conflito local em uma guerra

---

27. DOCUMENTOS para a História da Independência, 1923, p. 45.
28. DIÉGUES, 2004, p. 282.

estratégica, de caráter nacional, envolvendo Rio de Janeiro e Lisboa. Nesse espírito, além do contingente enviado ainda em 1821, quando D. João se encontrava no Rio de Janeiro, um primeiro reforço para os portugueses na Bahia veio de tropas da Divisão Auxiliadora, que havia sido expulsa do Rio de Janeiro e cruzado com a esquadra do brigadeiro Maximiliano, na Costa da Bahia. Dois navios que transportavam a Divisão Auxiliadora desgarraram-se da esquadra na altura de Abrolhos e lograram chegar, após perseguição dos brasileiros, a Salvador.

No ano seguinte, no entanto, observa-se um claro esforço de Lisboa em usar o aparato militar para proteger seus interesses, particularmente no período entre agosto de 1822 e maio de 1823. Em 7 de agosto de 1822, Madeira recebeu 620 soldados do 2º Batalhão do 1º Regimento de Infantaria Portuguesa, acompanhado da chegada de novos elementos navais, passando Madeira a contar com quatro corvetas e dois brigues. Logo depois, em outubro de 1822, chegou também à Bahia importante esquadra portuguesa, que passou a ser comandada pelo almirante João Félix Pereira de Campos. Eram dez navios de guerra que transportavam três batalhões de reforço para Madeira e comporiam a base da defesa naval portuguesa. Já no avançado de 31 de março de 1823, 15 navios também levaram reforços a Madeira, quando o cerco a Salvador já estava em seu ápice.

O mapa das embarcações informado pelo Almirante João Félix a Lisboa, em 22 de dezembro de 1822, incluía 12 navios e 1.826 marinheiros, os quais se dividiam em atividades de proteção do Porto de Salvador, bloqueio do Recôncavo e ações em áreas próximas, por exemplo, em Pernambuco.[29] Esse número não incluía, porém, as pequenas lanchas e canhoneiras, nem tropas de fuzileiros, fazendo com que apenas a mari-

---

29. OFÍCIO do (chefe de divisão e comandante da Esquadra), João Félix Pereira de Campos, ao (secretário de estado da Marinha e Ultramar), Inácio da Costa Quintela, sobre operações da Esquadra sob o seu comando e enviando o mapa geral do estado dos navios. In: Projeto Resgate, AHU_ACL_CU_005, Cx 275 D. 19178. Arquivo da Biblioteca Nacional.

nha à disposição do brigadeiro Madeira de Mello, em sua maior parte enviada por Lisboa, fosse de aproximadamente 5 mil homens.

Esses dados nem tampouco computavam outros navios que lutaram ao lado das Cortes e que estavam a serviço em outras áreas do Brasil, como no Maranhão e no Pará. A relação das embarcações portuguesas na Bahia também variou um pouco ao longo do período, em razão de substituições rotineiras. Essas diferenças nos dados não afetaram o núcleo base da esquadra portuguesa em águas baianas e nem dizem respeito à chegada de novas embarcações ao longo do primeiro semestre de 1823, ou à rotação de navios.

Com esse gradual incremento, as tropas portuguesas na Bahia atingiram entre 9 mil e 10 mil soldados, em abril de 1823. Madeira tinha 8.621 homens em 14 de dezembro de 1822; 8.073, em 14 de fevereiro de 1823; e quase 10 mil em 1º de abril de 1823. Esses números não incluíam, cabe registrar, os praças da Esquadra do almirante José Félix Pereira de Campos. De qualquer forma, somados, Marinha e Exército portugueses na Bahia possuíam aproximadamente 15 mil soldados.

Ampliando-se o cenário da mobilização portuguesa, estima-se, ao final, que combateram do lado das Cortes constitucionais de Lisboa, ao longo de 1822-1823, cerca de 20 mil homens. Além dos números da Bahia, eram cerca de 3 mil soldados na Cisplatina. Fidié contava, por exemplo, na Batalha do Jenipapo, com uma unidade de 1.500-2.000 homens, e recebia contínuos reforços enviados pelo Maranhão e pelo Pará.

Mesmo com essa significativa mobilização, o avançar da guerra, como veremos nos próximos capítulos, mostrou-se favorável ao Rio de Janeiro. Nesse cenário, há indícios de que Lisboa alterou seus objetivos para a guerra, tornando-os mais limitados, para conservar apenas parte do território.

Existiu, com isso, efetivamente um plano de dividir o Brasil?

Essa acusação é encontrada na memória de Thomas Cochrane, e igualmente em discursos da época. Na Assembleia Constituinte do Rio de Janeiro, o deputado Pereira da Cunha afirmava, em 12 de julho de 1823, "que Portugal inquietou-se nas Províncias do Norte".[30] Em carta a Bonifácio, de 5 de julho de 1822, Felisberto Caldeira Brant (representante do Rio de Janeiro em Londres) mencionava um "desígnio do partido europeu" de estabelecer entre a Bahia e o Pará uma zona de união com Portugal.[31]

Mais ainda, em discurso nas Cortes de Lisboa, o deputado Francisco Soares Franco defendeu, em 21 de setembro de 1822, a guerra contra o Brasil, citando o caso da guerra na América do Norte, onde, apesar da vitória dos Estados Unidos, o Reino Unido havia "conservado a honra nacional" e guardado "seis províncias ao Norte, das quais se separaram e que tão uteis lhe são". Por essa razão, dizia Soares Franco que "combatendo com honra e com glória, conservaremos algumas províncias ao norte do Brasil".[32]

Não se falava, desse modo, em um efetivo plano de quebrar território e manter um Reino do Brasil ao Norte. Eram, porém, claras as instruções no sentido de conservar aquelas terras nas mãos de Lisboa. Oficialmente, Portugal manteve o reclamo de todo o território até o final. Essa posição, no entanto, derivou muito do fato de a guerra ter sido, em 1823, favorável ao Rio de Janeiro. Sem a expulsão das tropas portuguesas e a conquista dos territórios, pela combinação da política com as operações militares, a sorte do Brasil poderia ter sido distinta.

A pergunta que resta, ao final, sobre a mobilização vintista para a guerra é: Lisboa poderia ter enviado reforços adicionais e continuado a guerra? Essa questão é interessante, pois até janeiro de 1823 os deputados portugueses ainda se mostravam decididos a enfrentar D. Pedro e os "facciosos".

Em poucas semanas, no entanto, os debates mudariam de foco: mais do que a guerra no Brasil, os vintistas portugueses tiveram, a partir de fevereiro de 1823, uma ameaça muito mais próxima e "exis-

---

30. DIÁRIO da Assembleia Geral, Constituinte e Legislativa do Império do Brasil.
31. LIMA, 1997, p. 408.
32. RODRIGUES, 2002, p. 17.

tencial". Em 28 de janeiro daquele ano, o Rei Luís XVIII anunciou o envio de força militar à Espanha. O Exército, que seria composto por 100 mil soldados, era comandado pelo duque de Angoulême. Buscava conter os liberais espanhóis, que vinham causando apreensão no monarca francês, por temer que o movimento se espalhasse pela França.

A crise e a ameaça de guerra na Península Ibérica estavam, assim, patentes e ficava claro, nos debates parlamentares, que a situação europeia exigia maior atenção naquele momento. O problema se dava no fato de que o período era também particularmente importante no Brasil, com a consolidação do cerco a Salvador, centro estratégico português, após a Batalha do Pirajá, em novembro de 1822.

O Vintismo se viu, portanto, tendo de atuar em duas frentes, no Brasil e na sua própria fronteira com a Espanha, o que restringiu a possibilidade de concentrar seus já limitados recursos em apenas um teatro de operações. Mais, do que as tradicionais versões que apontam que não houve guerra de independência do Brasil, pois Lisboa era demasiado fraca militarmente para reagir (ideia já contradita pela própria mobilização militar relatada acima), é possível conjecturar que o conflito tivesse continuado se o cenário do início de 1823 não fosse muito desfavorável aos vintistas.

Isso porque a ameaça de guerra no continente europeu de fato se concretizou e teve consequências ainda maiores. A invasão francesa da Espanha ocorreu em 6 de abril de 1823, com a justificativa de "salvar este paiz da anarchia a que o precipitavão os seus representantes".[33] Fernando VII foi assim deposto do trono espanhol em 23 de maio.

O evento repercutiu imediatamente em Lisboa, onde quatro dias depois estourou a "Vilafrancada". Começou com uma movimentação de D. Miguel, irmão mais novo de D. Pedro, contra as Cortes constitucionais de Lisboa. O infante deixou a Capital e partiu em direção à cidade de Almeida, para juntar-se a uma revolta que lá havia estou-

---

33. ARMITAGE, 1837, p. 75.

rado em favor do Rei. No meio do caminho, em Vila Franca, ocorreu pronunciamento com vivas ao "Rei Absoluto".

Em meio à confusão política e a desconfianças contra D. Miguel, D. João VI acabou por dirigir-se também a Vila Franca e assumir o movimento, recuperando o poder absoluto em 27 de maio de 1823, isto é, quatro dias após a queda de Fernando VII na Espanha. De volta a Lisboa, D. João VI dissolveu as Cortes e nomeou um novo Ministério. Era o fim do período vintista e, em grande medida, do impulso de enfrentar a "rebelião", ou seja, a guerra, no Brasil. Isso porque, como registrou o visconde de Palmella, nomeado chanceler de D. João VI, o foco do novo regime era a resolução da situação interna portuguesa, o combate aos vintistas e a solução da situação na Espanha. O Brasil, segundo Palmella, era "o segundo em importância".[34]

O novo chanceler português registrou, inclusive, em documento, que "El-Rei meu Senhor renuncia positivamente a esse meio de submeter o Brasil, e só mandaria para lá tropas portuguesas para auxiliar o Principe Real". A informação era apenas em parte verdadeira, pois, como veremos no Capítulo 16, os planos de guerra contra o Rio de Janeiro voltariam a ser debatidos em 1824 e 1825. A notícia da renúncia de Lisboa ao uso da força, no entanto, demorou a chegar e, quando alcançou o Brasil, a guerra já estava praticamente ganha pelo Rio de Janeiro. Faltava apenas a evacuação das tropas leais a Portugal da Cisplatina.

Ainda no primeiro semestre de 1823, mesmo após a Vilafrancada, o major João José da Cunha Fidié, governador das Armas do Maranhão, permaneceu ativo em sua Província. Este só abandonou a luta após receber as notícias da retomada do poder absoluto por D. João VI e das tentativas de conciliação. Na capital, São Luís, após conhecimento da capitulação de Itapicuru-Mirim para os independentistas, foram tomadas medidas de reforço visando à sua defesa, mas a informação da

---

34. PALMELLA, 1851, p. 252.

Vilafrancada diminuiu o ímpeto da resistência e abriu caminho para a chegada do almirante Cochrane, que obrigou a adesão maranhense, após ultimato aos governantes da Província. Pará e Maranhão também foram de toda maneira conquistados, assim como Montevidéu, que permanecia cercada pelas tropas brasileiras.

Ao final, observando-se os meios mobilizados por brasileiros e portugueses entre 1822-1823, o que se observa é um movimento contraditório do lado português quanto à guerra. A decisão inicial foi a de combater a rebelião, como sempre havia ocorrido. Houve relativo equilíbrio das forças, mas a vantagem em número de tropas, ao longo do conflito, passou a pesar a favor do lado do Rio de Janeiro.

Portugal tinha recursos limitados, mas não tão limitados como se convencionou afirmar. Contava, porém, com a fraqueza política do polo do Rio de Janeiro, principalmente no Norte-Nordeste, avaliando possuir apoio mais amplo do que realmente possuía (o que não significava ausência de apoio). As forças disponíveis não foram suficientes e precisaram ser reforçadas. A capacidade portuguesa foi ainda mais restringida, no início de 1823, por ameaça mais direta da presença da França na Espanha, que abriu o risco de uma segunda linha de frente. Logo em seguida, com o advento da Vilafrancada, retornam os princípios e os atores anteriores à Revolução do Porto, com uma concepção distinta do relacionamento entre Portugal e Brasil.

Reconhecer essas limitações de Portugal não significa, no entanto, diminuir o sucesso das operações militares em favor do Rio de Janeiro. O resultado dessa guerra e a preservação da unidade do Império deveram-se, principalmente, à condução das operações militares em si. Mesmo com muitos problemas, faltas de recurso e disputas dentro do Exército brasileiro – o que será explorado nos próximos capítulos –, a ação armada foi eficiente, contando com uma importante participação e sacrifícios da população, especialmente no Norte-Nordeste. Vejamos, agora, quais foram de fato os campos de batalha nos quais ocorreu a Guerra de Independência do Brasil.

12

A guerra na Bahia: o conflito nacional pelo centro estratégico

Como vimos nos capítulos anteriores, todo o processo que se iniciou com a Revolução do Porto no Reino do Brasil tinha a Bahia como um ponto estratégico. Pela sua história, posição geográfica, relevância econômica e a conjuntura da própria cidade de Salvador, a Província era objeto de constante atenção, inicialmente, por D. João VI, antes de sua partida, e depois por D. Pedro, principalmente após fevereiro de 1822, quando a disputa entre os grupos políticos locais degringolou em violência e na guerra civil.

Todo o processo de confrontação gradual entre o Rio de Janeiro e as Cortes, no primeiro semestre de 1822, envolveu também um movimento de ação e reação ao que passava na Bahia, que seria, então, o teatro principal onde Lisboa e Rio de Janeiro disputariam o Norte do Brasil. Se no primeiro semestre de 1822 a Bahia viveu uma guerra local, basicamente uma disputa civil pelo poder da Província, o conflito acabaria por evoluir para uma ação militar de caráter nacional. A área de operações seria a mesma, a Baía de Todos os Santos e a cidade de Salvador, mas a mobilização de homens de várias regiões, de dois

245

continentes, e a relevância estratégica da Província, intermediária entre o Norte e o Sul do Reino, fizeram da Bahia não uma das "guerras de independência" do Brasil, mas o teatro estratégico da guerra de Independência brasileira.

1. A transformação do conflito: Labatut e a formação do Exército Pacificador

A transformação de guerra local para conflito de caráter nacional partiu do Rio de Janeiro. Como vimos no capítulo 7, a partir de julho de 1822 a Bahia já vivia combates intensos, nos caminhos para Salvador e no mar, mas a capacidade dos grupos congregados em Cachoeira era limitada. Pior, havia o risco de um ataque por parte do brigadeiro Ignacio Luiz Madeira de Mello, quem, como vimos anteriormente, apenas aguardava a chegada de reforços para mudar de tática, da defensiva para a ofensiva.

Era preciso obter apoios, os quais vieram com a adesão ao Rio de Janeiro. Dom Pedro passou a acompanhar a situação na Bahia e a preparar uma reação. Tentou, em primeiro lugar, usar, ao mesmo tempo, a persuasão e a pressão política, inclusive por decreto (em 15 de junho de 1822) que exigia a saída de Madeira de Mello da Bahia, com toda a tropa de Portugal. A medida associava-se a outra declaração do Regente, qualificando de "inimigas" todas as tropas que não se submetessem à sua autoridade, na prática uma declaração de guerra.

Talvez o caso mais interessante tenha sido a tentativa de cooptar Madeira. Em julho de 1822, um assessor da confiança de José Bonifácio, Vasconcelos de Drummond, foi apreendido em Salvador quando voltava de negociações em Pernambuco, sob a acusação de ser "agente" do inimigo. Drummond, no entanto, era amigo de Madeira de Mello, por experiência comum anterior, em Santa Catarina, tendo sido convidado a ficar na casa do brigadeiro.

246   Redescobrindo a Independência

Sem sucesso em convencer a Junta de Governo a mudar de posição, Drummond voltou-se, então, ao próprio governador das Armas da Bahia. Conversou, em primeiro lugar, com a esposa deste, sugerindo uma patente de general e uma "avultada soma" para que mudasse de lado. A reação de Dona Joana à proposta, segundo o autor, teria sido favorável. Mas foi rejeitada por Madeira de Mello. Vasconcelos de Drummond tentou mais uma gestão, diretamente com o brigadeiro, que novamente a rejeitou.[1]

A razão dessa recusa, na avaliação do emissário, seria a rivalidade de Madeira de Mello com o coronel Pereira, que havia, no início de 1821, sublevado o 12º Batalhão a favor das Cortes, enquanto Madeira permanecera, inicialmente, a favor do governador, Conde da Palma. Essa rivalidade se traduzia em conspirações para depor o governador das Armas, o que não ocorreu pelo número de "pretendentes" ao posto, que não se entenderam. Nessa conjuntura, avaliava Vasconcelos de Drummond que Madeira tinha pouca margem de negociação.

Apesar dos esforços negociadores, o Rio de Janeiro não esperou os resultados dessas tentativas. É de se supor que, já a partir dessas primeiras articulações, e tendo presentes os acontecimentos de fevereiro de 1822, em Salvador, o Rio de Janeiro tenha decidido iniciar os preparativos para o envio de missão militar. De fato, o tema foi debatido nas sessões do Conselho de Procuradores subsequentes à convocação da Assembleia constituinte.[2]

Em 18 de junho, o conselho aprovou o envio de forças e munições para apoio às forças que resistiam ao brigadeiro Madeira. Também foi instruído o ministro da Guerra a elaborar um plano de operações. Foram essas medidas que impulsionaram, em 14 de julho, a partida da esquadra com Pierre Labatut, forças e insumos. Em conjunto com a preparação dos socorros aos grupos reunidos em Cachoeira, o Rio de

---

1. DRUMMOND, 2012, p. 96.
2. Atas do Conselho de Procuradores-Gerais das Províncias do Brasil (1822-1823), p. 48.

Janeiro trabalhou para assumir o comando das operações, dando um caráter nacional ao que era uma guerra local. O primeiro militar aventado para comandar as forças nacionais na Bahia, o denominado "Exército Pacificador", foi o brigadeiro Domingos Alves Branco Moniz Barreto.[3]

José Bonifácio de fato teria procurado evitar um chefe militar próximo dos dirigentes locais, em vez de reconhecer exclusivamente a autoridade do Regente. Vê-se, nessa ação, como os interesses de grupos dirigentes das Províncias de ampliar seu poder não necessariamente coincidiam com a visão do Rio de Janeiro. A escolha recaiu, ao final, em Pierre Labatut, que havia lutado nas guerras de libertação da América Espanhola, tinha fama por seus feitos militares e já vivia no Brasil anteriormente aos eventos de 1822.

Um general estrangeiro convinha à tática elaborada pelo Rio de Janeiro, mas esta se mostraria custosa no processo de consolidação da Independência e no relacionamento com as elites baianas. Labatut partia à Bahia sofrendo com fricções políticas nos bastidores. E não demoraria muito para que esse peso se fizesse excessivo para a continuidade de seu comando.

Completados os preparativos, em 14 de julho de 1822, Labatut partiu à Bahia. Seguia em esquadra comandada por Rodrigo Antonio de Lamare, com a fragata *União*, duas corvetas, um brigue e cerca de 300 homens, incluindo contingente de soldados negros, os "Libertos do Imperador".[4] Mais importante ainda, conduziam carga militar significativa, composta por 5 mil carabinas, 500 clavinas, centenas de sabres e pistolas, além de 2 mil lanças para a cavalaria.[5]

A viagem da esquadra foi tranquila até as proximidades da Baía de Todos os Santos. Lá, nos dias 5 a 8 de agosto, De Lamare encontrou-se com frota portuguesa que cruzava na entrada da barra. Madeira de Mello tivera conhecimento, por seus informantes no Sul, da chegada

---

3. PELEGRINO, 1980, p. 292.
4. Ubiratan Castro de Araújo, 2010, p. 23.
5. Pedro Calmon, 1923, p. 278.

da esquadra e havia destacado de 10 a 12 navios para tentar obstar a passagem.[6] Uma tempestade impediu o confronto direto, auxiliando De Lamare, que tinha instruções para evitar o combate. Havia, inclusive, problemas de revolta de parte da tripulação de origem europeia (uma sublevação chegou a ocorrer na viagem de retorno), ademais de oficiais do Exército que já confabulavam contra Labatut.

As dificuldades foram tais que De Lamare não pôde cumprir as instruções de tentar bloquear a Bahia com sua esquadra após o desembarque das tropas de Labatut. Decidiu-se, então, seguir para o Norte, acima da Bahia, tendo Labatut desembarcado em Maceió, em 21 de agosto de 1822. As forças do general francês também passaram por Sergipe, garantindo a incorporação da Província ao Rio de Janeiro.

As forças seguiram para o Recife, onde encontraram dificuldades nas negociações com a Junta liderada por Gervásio Pires, dado que Pernambuco ainda vacilava no apoio a D. Pedro. Labatut relatou a José Bonifácio ter sido "mal recebido" por Gervásio e acusou este de ser "republicano".[7] Apesar da resistência, os pernambucanos terminaram por aderir ao exército, com cerca de 700 soldados comandados pelo major José de Barros Falcão Lacerda, aos quais se juntaram, também, 200 soldados da Paraíba.

Com o fortalecimento das tropas, Labatut partiu para a Bahia. O interesse e a necessidade em instalar-se no comando das forças anti-Madeira eram tamanhos que Labatut adiantou-se à marcha das tropas pernambucanas e atravessou o território entre Pernambuco e Bahia com apenas um ajudante. Atingiu o Engenho-Novo, na estrada das Boiadas, área onde estava a linha de cerco a Salvador, em 28 de outubro de 1822, assumindo o comando do Exército Pacificador.

---

6. Independencia do Imperio do Brasil: descripção dos factos de Marinha, que se deram desde que se projectou a Independencia do Imperio do Brasil até o final da luta". In; RIHGB, 1874, p. 298
7. Oficio de 26/12/1822. In: Biblioteca Nacional. Documentos Relativos aos Acontecimentos da Província da Bahia, de 1822. Referência I-31, 6, 7. Rolo MS 512 (67) – nº 1330.

Com a chegada de Labatut, as forças político-militares que apoiavam D. Pedro na Bahia tinham agora dois "focos centralizadores": um, "civil-administrativo", em Cachoeira; outro, militar, no Engenho-Novo. O primeiro era composto por forças locais; o segundo, encabeçado por um representante direto do Rio de Janeiro, com instruções específicas do Imperador, mas circundado por elementos militares locais. A combinação era, no mínimo, sensível e perigosa.

Como parte de suas primeiras medidas, Labatut reorganizou as tropas em duas "divisões": uma à direita, sobre a estrada das Boiadas, composta fundamentalmente pelas tropas baianas que já estavam em Pirajá. Foi entregue, em 3 de novembro de 1822, a Barros Falcão de Lacerda, promovido a coronel. Lacerda assumiria a divisão três dias antes da Batalha do Pirajá. A divisão da esquerda, na área de Itapuã, foi entregue ao "pessoal da Torre", sob o comando do coronel Felisberto Caldeira. Uma terceira força seria posteriormente utilizada para fechar o centro, composta essencialmente pelas tropas do Batalhão do Imperador, que chegaria ao teatro de operações em 1823.

A nova disposição do Exército Pacificador melhorava a organização das forças pró-Rio de Janeiro, mas não resolvia as deficiências e carências imediatas. Faltava praticamente todo tipo de recurso financeiro, material e homens treinados; "as tropas eram ralas e bisonhas", sendo visível a desproporção de forças com as do governador das Armas português.[8] Era preciso ampliar o recrutamento, encontrar recursos, armar e treinar novas forças. Não houve, no entanto, tempo para esse reforço. Com poucos dias da chegada de Labatut, o brigadeiro Madeira de Mello passou à ofensiva.

---

8. CALMON, 1923, p. 282.

2. A Batalha do Pirajá e as ofensivas do brigadeiro Madeira

Com os reforços recebidos em agosto e outubro de 1822, menciona-dos no capítulo anterior, o governador de Armas da Bahia, brigadeiro Madeira de Mello, podia colocar seus planos em prática. Após meses se preparando e atribulado pelo acosso das forças opostas, planejou um ataque direto a um ponto onde se concentrava grande parte das forças brasileiras. A localidade, além disso, era muito próxima ao En-genho-Novo, onde estava instalado o quartel-general de Labatut.

Madeira de Mello mobilizou quase 2 mil soldados, auxiliados por uma força naval comandada por João Felix Pereira, e composta por cerca de 300 homens.[9] O plano envolvia ataque combinado de centro e flanco. No centro, duas colunas realizariam a ofensiva: uma tropa de 1,5 mil soldados do 12º Batalhão atacaria Pirajá e o Cabrito pela estrada das Boiadas, enquanto outros 400 seguiriam pelo cami-nho de São Braz.

As forças brasileiras que resistiriam ao ataque de Madeira eram de aproximadamente 2 mil homens, compostos por forças baianas, per-nambucanas e cariocas. Labatut havia recebido, em 5 de novembro, reforços do capitão Manuel Francisco da Costa, com armas e pólvora. Ainda assim, as forças brasileiras eram limitadas e o comandante-ge-ral do Exército Pacificador não estava no Engenho Novo no momento da ação, não tendo nem mesmo participado da batalha.[10]

Na manhã de 8 de novembro de 1822, foi iniciada a ofensiva. O 12º Batalhão avançou sobre o caminho de Itapoã, onde enfrentou os 400 homens de Felisberto Caldeira. Após a primeira investida, os atacantes retrocederam. Enquanto isso, no Cabrito, os soldados de Madeira avançaram, aproveitando-se do desembarque no flanco da

---

9. Segundo o próprio Almirante João Felix Pereira, em ofício às Cortes de 9 de novembro de 1822, publicado no *Diário do Governo*, n. 9, de 10 de janeiro de 1823, p. 50.
10. TAVARES, 1977, p. 124.

A guerra na Bahia: o conflito nacional pelo centro estratégico   251

divisão naval, que colocou os brasileiros em situação difícil. Com isso, cerca de 400 soldados de Madeira se dirigiram aos acampamentos de Pirajá.

A resistência brasileira foi intensa, mas, com os ataques, os partidários de Lisboa chegaram a ocupar Pirajá, colocando-se como ameaça sobre o Engenho-Novo, quartel-general das forças pró-Dom Pedro. Uma contraofensiva destas permitiu a retomada do arraial, mas a situação foi agravada com a chegada de importante reforço português:

> Os portugueses, que lançavam na conquista e desbarato do arraial baiano-brasileiro todas as suas forças, salvo aquelas que mandaram para Rio Vermelho no Itapoã, para entreter, impedindo vir em socorro de Pirajá, as forças da ala das Armações, reforçaram as colunas e à direita e à esquerda atacaram – em Dendezeiras, em Cabrito; e ainda a Itacaranha enviam forças que surpreenderam os baianos".[11]

Na esquerda e no próprio centro, a situação das forças do Exército Pacificador se tornava cada vez mais precária. Com os atrasos na mobilização das reservas e munições limitadas, os soldados de Labatut estiveram a ponto de ceder aos de Madeira.

Segundo o relato tradicional da história da Batalha do Pirajá, foi nesse momento que ocorreu o episódio do cabo Luiz Lopes. Com o avanço das tropas portuguesas, Lopes, que era corneteiro, teria recebido ordem para dar o toque de retirada (ou seja, tocar sua corneta com um som predeterminado, que indicaria recuar), mas equivocou-se e tocou "avançar cavalaria e degolar". O efeito desse erro teria sido duplo: os brasileiros recobraram a força e o inimigo cedeu.[12] Forças do batalhão pernambucano investiram sobre as tropas de Madeira e as fizeram retroceder, terminando com a batalha.

---

11. PINHO, Wanderley. *História social da cidade do Salvador -Aspectos da história social da cidade, 1549-1650*. Salvador: Beneditina, 1968, p. 48.
12. CALMON, 1968, p. 285.

O episódio pitoresco do cabo Lopes e do erro da corneta é, na avaliação de Dias Tavares, "uma injustiça à memória dos oficiais e soldados brasileiros que, em Pirajá, sustentaram suas posições e defenderam o Exército ainda em formação".[13] De fato, nem o relato de Labatut ao Conselho Interino, em 9 de novembro de 1822, nem as notícias publicadas no *Diário do Governo*, publicado em Lisboa, mencionam o que teria sido o golpe de sorte das forças brasileiras. Labatut refere-se aos esforços das tropas pernambucanas, cariocas e baianas na resistência.

A história do corneteiro teria sido, na verdade, uma lenda, um meio de diminuir a importância de algumas figuras, principalmente pernambucanas, que mantinham rivalidades no seio das tropas. O mesmo tipo de história se passou no caso da Batalha do Jenipapo, no Piauí, como se verá. Além da resistência dos brasileiros, há relatos de que teriam ocorrido erros táticos das tropas de Madeira. O ataque pela esquerda do 12º Batalhão também teria sido, segundo Dias Tavares, um erro tático, por ter enfraquecido o avanço sobre o centro (Pirajá) e permitido um espaço para que Barros Falcão contra-atacasse e abrisse uma fissura na ofensiva portuguesa. Também o chefe da esquadra foi acusado de ineficiência por atrasar o desembarque das tropas, defendendo-se das acusações em longo relato sobre a batalha enviado às Cortes.[14]

Independentemente dos elementos táticos, Pirajá foi uma operação de grande vulto. Resultou no reforço do cerco sobre Salvador e limitou as capacidades de manobra do governador das Armas. Não esgotou militarmente, entretanto, "nenhum dos dois partidos", ainda que tenha demonstrado a força do cerco.[15]

As estimativas são muito variáveis sobre o número de mortos e feridos em função do combate. O francês Pierre Labatut mencionou

---

13. TAVARES, 1977, p. 123.
14. DIÁRIO do Governo, n. 9, de 10 de janeiro de 1823, p. 50.
15. PELEGRINO, 1980, p. 301

"mais de 200 inimigos" mortos e dezenas de feridos.[16] No poema "Paraguaçu", uma das referências do episódio, fala-se em 53 mortos encontrados na estrada do Pirajá ao Bate-fôlha, sendo que o total dos mortos excedera 130, com mais de 200 feridos.[17] Do lado brasileiro, segundo esta fonte, os mortos teriam sido 1 carioca, 9 baianos, 2 pernambucanos, além de 13 feridos na primeira linha; entre milicianos, teriam sido 15 feridos e "alguns mortos".

Do lado português, pelas notícias publicadas em Lisboa,[18] relatou-se a perda de "70 e tantos homens" mortos e feridos, "tendo porém os contrários sofrido grande derrota, perdendo muita gente". Outro relato no *Diário do Governo*, de Lisboa, falou-se em 64 mortos e feridos, além de muitos mortos do lado brasileiro, e a apreensão de artilharia. No conjunto, as estimativas das baixas poderiam ficar entre 100-200 mortos, além de número próximo a esse de feridos e capturados. Foi uma batalha proporcionalmente intensa.

O lado brasileiro cantou a vitória, desde o início, ainda que alguns relatos a Lisboa tenham também falado em vitória de Madeira de Mello. De todo modo, do lado das forças pró-Rio de Janeiro, o resultado do Pirajá foi um grande fortalecimento da moral da tropa. O "número de adesões à causa patriota, por ter o Exército brasileiro improvisado derrotado os soldados treinados da metrópole, aumentou consideravelmente".[19]

A partir desse momento, por diversos mecanismos de recrutamento, voluntário ou forçado, as tropas do Exército Pacificador foram crescendo com elementos da Bahia, Pernambuco, Minas Gerais, Alagoas, Ceará, Sergipe e Rio de Janeiro. Um comunicado do Ministério da

---

16. TAVARES, 1977, p. 124. Vide também *Exposição dos Serviços Prestados pelo Coronel José de Barros Falcão de Lacerda, em differentes épocas e provincias do Imperio, desde 1788 até 1848, com especialidade nos anos de 1817, 1821, 1822, 1823 e 1824*, por um contemporâneo, p. 24.

17. PINHO, 1968, p. 51.

18. DIÁRIO do Governo, n. 7, 8 de janeiro de 1823, p. 39.

19. KRAAY, 2006.

Marinha informou Labatut, em 6 de dezembro de 1822, de novos "socorros" à Bahia, com a inclusão de novas tropas de Minas Gerais e do Espírito Santo.[20] Um terceiro contingente de pernambucanos ainda chegaria em maio de 1823, um mês depois de ter aportado o Batalhão do Imperador, vindo do Rio de Janeiro. Esse dado é importante para termos ideia da dimensão nacional do conflito que se passava na Bahia.

Com o reforço, em novembro de 1822, as forças estariam equilibradas em cerca de 10 mil soldados de cada lado, mais forças de Marinha.[21] Do lado português, com os reforços que ainda chegariam em 1º de abril de 1823, os números variariam entre 8 mil e 15 mil homens. Somadas, portanto, as forças dos dois lados chegavam a 30 mil homens em batalha. Como proporção da população da época, era um montante significativo.

Ainda no contexto do Pirajá, parte dos esforços de Labatut de recrutamento local incluíram a formação de companhias de libertos ou de escravizados.[22] Isso é tema importante na história da Independência do Brasil não apenas pelos impactos que tinha sobre vários aspectos políticos e sociais, mas também para realçar a contribuição dessa população aos esforços da guerra. Não foi um confronto limitado a elites. Por outro lado, a incorporação de escravizads suscitou forte controvérsia e fricção entre Labatut e os proprietários de engenho, por provocar um "fato político novo e revolucionário na Bahia".[23] A guerra e a mobilização militar acabaram sendo uma força desorganizadora da economia açucareira da região, o que igualmente alimentou as diferenças entre Labatut e o Governo Provisório.

Madeira de Mello manteve-se na ofensiva nas semanas posteriores ao Pirajá, sendo que os ofícios dos Comandantes brasileiros a Labatut

---

20. RODRIGUES, 2002, p. 251.
21. Rio Branco, nota à obra de Varnhagen, 1957, p. 272. Humberto Pellegrino fala em 14.317 homens.
22. ARAÚJO, 2010, p. 23.
23. Ibid., p. 24.

e à Junta Interina dão conta de um clima de apreensão sobre potenciais novos ataques portugueses. Logo no dia seguinte, em 9 de novembro, suas tropas atacaram as linhas brasileiras, passando por Brotas até Pituba.[24] Na linha Pirajá-Itapoã, continuaram ataques e contra-ataques ao longo de todo o mês de novembro. Em 16 de novembro, uma ofensiva foi repelida pelo Batalhão dos Pequiquitos.

Em 19 de novembro, mais de 300 escravizados foram usados em uma ofensiva dos partidários das Cortes.[25] Após os ataques, 51 presos foram fuzilados a mando de Labatut, para "atalhar pelo terror o grande perigo dêsse estratagema dos portuguêses" (de usar escravizados).[26] O caso seria mais um elemento da sensibilidade política que representava a questão escravista no meio da Guerra, tendo Labatut ampliado suas fricções com líderes locais pela forma como lidava com a questão. Nova ação portuguesa sobre Pituba, a partir da estrada das Brotas, ocorreu alguns dias depois, em 24 de novembro, também sem efeito.

Gradualmente, no entanto, as forças brasileiras passaram também à ofensiva e, aos poucos, a ditar o ritmo dos combates. No início de dezembro de 1822, Joaquim Pinto da Gama, do lado de Madeira de Mello, relatava que "continuadas e fortes guerrilhas nos fazem muito ao caso, mas dias se passam que não as temos, o que nos causam grande desprazer".[27] Em 30 de novembro, aproximadamente 200 brasileiros atacaram o Engenho da Conceição e a trincheira pró-Lisboa da Mangueira.[28] Mais ataques foram registrados nos dias 3, 19, 21, 24 e 29 de dezembro. Eram movimentações que envolviam centenas de homens, duravam algumas horas e terminavam invariavelmente com ao menos uma dezena de baixas de cada lado.

---

24. PINHO, 1968, p. 52.
25. Ibid., p. 53.
26. Cerca de 20 mulheres também foram presas, mas não teriam sido fuziladas, conforme PINHO, 1968. Sobre isso, vide também CALMON, 1923, p. 290.
27. BIBLIOTECA NACIONAL. *Documentos Diversos sobre a Bahia.* Referência I-31, 6, 7. Rolo MS 512 (65) nº 1318-1323.
28. PINHO, 1968, p. 55.

O ataque de 29 de dezembro foi o mais significativo. Após um ultimato de Labatut, planejou-se uma ofensiva para coincidir com o juramento da Constituição portuguesa pela sociedade e tropa de Salvador, o que conferia ao ataque simbologia ainda maior. Reunidos no centro da cidade, os militares pró-Lisboa estariam relativamente distraídos, o que teria facilitado o ataque, o que não ocorreu. Após o início da artilharia, duas brigadas atacaram as trincheiras. Na estrada das Boiadas, tropas avançadas de Labatut chegaram próximo à localidade da Lapinha, onde foram contidas pela cavalaria de Madeira. A ampla mobilização não logrou, mais uma vez, romper as linhas portuguesas. No saldo da ocasião, 150 brasileiros teriam perecido.

Enquanto por terra a iniciativa aos poucos passava às tropas de D. Pedro, Madeira ordenou uma série de ataques navais, especialmente sobre a ilha de Itaparica e na barra do Paraguaçu. Os registros mostram intensa atividade das forças pró-Lisboa no Recôncavo, com manobras regulares e preparativos para diferentes assaltos na região, durante dezembro de 1822 e janeiro de 1823. A necessidade de gêneros alimentícios era a principal motivação para o governador das Armas investir sobre o Recôncavo, além dos aspectos estratégicos de controle da Baía e de Itaparica.[29]

Sobre Itaparica, foram realizadas três grandes incursões. A principal ação ocorreu em 7 de janeiro de 1823. Foram mobilizados 1,2 mil homens e algo como 40 embarcações. Os combates foram intensos, mas sem efeito. O almirante João Félix registra 5 mortos, 6 marinheiros feridos gravemente e 6 não gravemente, num total de 17 baixas do

---

29. Conforme registrou o almirante João Félix em 2 de fevereiro de 1823. OFÍCIO do chefe de divisão e comandante da esquadra, João Félix Pereira de Campos, ao (secretário de estado da Marinha e Ultramar), Inácio da Costa Quintela, sobre a adesão dos povos da Baía à insurreição, a falta de víveres para as tropas, o bloqueio da Baía e os insucessos dos assaltos à Ilha de Itaparica. In: Projeto Resgate, AHU_ACL_CU_005, Cx 275 D. 19178. Arquivo da Biblioteca Nacional.

lado português.[30] Esse número tende a ter sido maior, consequência das ações anteriores e do atrito entre as duas forças.

O insucesso da ação de 7 de janeiro causou surpresa nas tropas do brigadeiro Madeira de Mello. Novas medidas de defesa haviam elevado o contingente a quase 3 mil soldados. Como reconheceu o almirante João Félix, em relatório, "a Ilha de Itaparica no logar de Amoreira" por três vezes foi atacada, mas encontrou uma "defeza não esperada muito diferente do que tinhão informado á V. Exa e ao Sr. General".[31] O revés português em Itaparica teria desprestigiado Madeira e ampliado desavenças com João Felix.

O governador das Armas ainda insistiu em operações no Recôncavo, como uma ação de 28 de janeiro, sobre a foz ("barra") do Paraguaçu. Nove embarcações portuguesas realizaram o ataque, e foram repelidas pela flotilha de João das Botas e unidades de terra. Foi no contexto de uma das operações no Paraguaçu, em abril de 1823, que atuou Maria Quitéria.

3. A guerra de posição e os conflitos internos nos dois lados

A estratégia do brigadeiro Madeira de Mello, ao final, trouxe poucos resultados e não alterou a situação militar, representada pela incapacidade em avançar contra os partidários de D. Pedro, e, ao mesmo tempo, pela impossibilidade destes de romperem as defesas pró-Cortes.

A guerra adquiriu, então, uma outra faceta: a do cerco. Ao Exército Pacificador, couberam as principais ofensivas a partir de então. Ao longo do primeiro semestre de 1823, há constantes registros de batalhas, uma guerra de encontros ora parciais, ora gerais e muitos de

---

30. Relato feito a bordo da nau D. João VI, em 8 de janeiro de 1823. Anexo ao ofício de 2 de fevereiro de 1823, supramencionado.
31. Anexo ao Ofício do almirante João Félix, de 2 de fevereiro de 1823, supracitado.

extermínio. Labatut tentou realizar outro ataque geral, em 9 de fevereiro daquele ano. Deslocou engenheiros para preparar novos abrigos e trincheiras, mas a falta de munições e outros materiais, além do número de doentes, o levou a fazer correções na mobilização.[32]

A mobilização dos brasileiros era também dificultada por diversas limitações enfrentadas pelo Exército. Aproximadamente mil soldados estavam doentes, fora de combate.[33] Muitos morreriam ao longo do cerco por motivos alheios à batalha. Essas mortes, cabe sublinhar, devem ser contadas como baixas de guerra. Do lado português, a situação não parecia distinta. Segundo relatório do governador das Armas, neste período vivia-se "um Serviço assaz violento" e "a multidão dos nossos doentes sustentão quase diariamente hum tiroteo com os inimigos".[34]

A chegada do Batalhão do Imperador exigiu toda uma nova operação militar. O general Labatut, segundo seu próprio relato, simulou, entre 9 e 15 de fevereiro, uma grande ofensiva sobre a linha portuguesa, de modo a desviar a atenção do inimigo.[35] Em 15 de fevereiro, o que era para ser uma simulação tornou-se um ataque efetivo, em Conceição e em Itapoã, onde morreram 50 portugueses. O plano, ao fim, funcionou e o comodoro americano David Jewett realizou o desembarque em 22 de fevereiro. O Batalhão do Imperador seria colocado no centro da linha de cerco, com a criação da Brigada do Centro, com quartel-general em Cangurungu, próximo a Pirajá.

Em abril-maio de 1823, os combates em geral foram menos intensos, mas havia tiroteios constantes entre as duas trincheiras, além de en-

---

32. MORGADO, 2010, p. 76.
33. Ibid., p. 74.
34. CARTA do (governador das Armas da Província da Baía), Ignácio Luiz Madeira de Mello, ao rei (D. João VI), sobre as notícias vindas do Rio de Janeiro do reforço dos insurrectos e apelando para o reforço da Armada e ajuda de Lisboa, sem o qual considera que o Brasil se perderá. In: Projeto Resgate, AHU_ACL_CU_005, Cx 276 D. 19212. Arquivo da Biblioteca Nacional.
35. CALMON, 1923, p. 295.

frentamentos navais. Houve, entretanto, grande ofensiva promovida por Pierre Labatut em 3 de maio de 1823, precedida de forte combate de uma companhia de libertos brasileiros no dia anterior. Foi o batismo de fogo do futuro Duque de Caxias, que estava na ala central da linha brasileira.[36] A ação de 3 de maio, no entanto, foi a última grande operação comandada por Labatut. As emboscadas continuariam a ocorrer, sendo a última grande ofensiva brasileira realizada em 3 de junho de 1823.

Os longos meses de impasse militar provocaram a degradação da situação interna dos dois lados, criando fricções que influenciavam o curso da batalha. Do lado pró-Cortes, o insucesso das iniciativas de Madeira de Mello diminuiu sua margem de manobra e exacerbou o conflito político no interior da administração lusitana da Bahia, com outros militares portugueses, com a própria Junta de Salvador e com parte de seus apoiadores, insatisfeitos com a não concretização do bloqueio do Rio de Janeiro e de Pernambuco. Como visto anteriormente, o governador das Armas possuía rivais dentro de suas forças, que se mobilizaram ao longo de 1823.

A fragilidade da Junta pioraria ainda mais com a chegada de novas instruções de Lisboa, de 12 de fevereiro de 1823, que davam amplos poderes a Madeira. Com a piora do cerco a Salvador, o governador das Armas declarou a cidade "praça de guerra bloqueada e sitiada", em 9 de maio de 1823. Quase 10 mil civis foram evacuados e todo o poder se concentrou nas mãos de Madeira. O resultado, no entanto, foi ainda pior, com a perda de apoio político. A Junta chegou a cogitar a substituição do militar, medida que também foi debatida em Lisboa, com a tentativa de nomeação, em 7 de fevereiro de 1823, do ex-governador das Armas do Rio Grande, João Carlos de Oliveira, que recusou o encargo. Ao final, nada foi feito.

As contínuas demandas de Madeira por reforços foram apenas em parte, e minimamente, atendidas. Em 31 de março, houve reforço de

---

36. CALMON, 1923, p. 297.

tropas, mas seria o último. Eram 15 embarcações e 1.315 soldados, reforço importante, que poderia trazer alguma esperança de sucesso para os portugueses. Significava, ao mesmo tempo, um problema logístico ao governador das Armas, que teria que encontrar recursos para suprir as necessidades dessa tropa.

Na avaliação de Mareschal, diplomata austríaco no Rio de Janeiro, o reforço não seria suficiente para reverter o quadro, mas poderia afetar o moral da tropa brasileira, ao alongar o conflito.[37] Isso quase aconteceu, dado que a situação no lado pró-Rio de Janeiro era também sensível. Madeira parecia, inclusive, contar com esses problemas para tentar reverter sua situação. O governador das Armas da Bahia tinha boas informações de graves tensões internas que se desenvolviam no interior da tropa de Labatut.

O problema era o mesmo da origem da nacionalização da guerra, a tensão entre poder local e o poder nacional. Começou com críticas a Labatut pelo que era considerada uma "falta de iniciativa" sobre o cerco.[38] Do ponto de vista militar, porém, Labatut tinha razão para manter-se relativamente cauteloso nas operações sobre o cerco. Ele recebera ofício do Rio de Janeiro, datado de 6 de dezembro, prometendo novos reforços de tropas cariocas, mineiras e capixabas, além de material.[39] O ofício ordenava a continuidade da guerra, mas era claro na necessidade de cautela e cuidado na preparação da retirada dos portugueses e entrada em Salvador. Outra instrução de D. Pedro, ainda mais expressa, demandava que a ação se desse mais pela fome resultante do cerco do que de "encontros parciais, provocações e sortidas, numa guerra de extermínio".

---

37. Ofício de 26 de abril de 1823. 1973, p. 194.
38. Em ofício de 17 de dezembro de 1822, Miguel Calmon du Pin e Almeida, um dos conspiradores contra Labatut, o acusa de não explorar os pontos do Beira-Mar do Recôncavo, "essenciaes à defeza da Província". In: Biblioteca Nacional. Documentos Relativos aos Acontecimentos da Província da Bahia, de 1822. Referência I-31, 6, 7. Rolo MS 512 (67) – nº 1330.
39. DOCUMENTOS para a História da Independência, 1923, p. 421.

Segundo Evaldo Cabral de Mello, ademais dos aspectos militares, D. Pedro tinha outro interesse em evitar o confronto rápido e decisivo na Bahia: a guerra era o único elemento que "conferia certo consenso nacional", mobilizando as Províncias e o Rio de Janeiro no mesmo esforço.[40] Eclipsadas por ela, estavam todas as disputas políticas, dissensos e fricções com a capital do Império, os quais mostravam a falta de homogeneidade e as dificuldades de unificação que D. Pedro enfrentava. Muitos deles voltariam à tona após o fim da guerra.

A questão, desse modo, relacionava-se essencialmente ao tema da liderança política. Oficiais do Exército Pacificador e o próprio Governo Provisório escreveram ao Rio de Janeiro contra Labatut, acusando-o de "despótico e ligeiro", e não respeitoso das leis e dos costumes locais.[41] Em resposta, Labatut escreveu a José Bonifácio, em 26 de dezembro de 1822, com informações sobre o cerco a Salvador, especificando as operações de 3 e 21 de dezembro, quando morreram "algumas dúzias de inimigos".

O general relatou que seguia conduta própria, tentando satisfazer a todos. Reconhecia esforços severos de disciplina, mas justificou-os pela falta de organização e defesa frágil que encontrara. Segundo o Comandante, o pior eram as ingerências de Cachoeira (a administração civil pró-Dom Pedro) nos planos militares e, principalmente, as intrigas políticas, inclusive entre alguns líderes baianos, inimigos de Bonifácio, que pretenderiam derrubar o patriarca da Independência. Por essa razão, Labatut informava não estar seguindo as ordens do Governo Provisório.

Se as desavenças haviam se iniciado ainda no Rio de Janeiro, em julho de 1822, e se exacerbado a partir de dezembro do mesmo ano, inclusive com os chefes das duas divisões, a situação do cerco fez explodir o problema. Labatut ainda tinha a força do comando do Exército e era respeitado por suas qualidades militares. Não ignorava várias

---

40. MELLO, 2014, p. 139.
41. Em 16, 17 e 19 de dezembro de 1822. Ibid.

movimentações de militares e civis contra sua autoridade e estimou que era preciso agir. Convocou, então, o coronel Gomes Caldeira para conferência no quartel de Barros Falcão, e lá prendeu-o e enviou-o a Itaparica.[42] Também ordenou a prisão do coronel Joaquim Pires de Carvalho e Albuquerque, que fora o líder das forças pró-Rio de Janeiro até sua chegada.

Para reforçar sua autoridade, Labatut oficiou ao coronel José Joaquim Lima e Silva, do Batalhão do Imperador e que fazia parte do Comando central, a apoiar o movimento e avançar sobre a 2ª Brigada da 2ª Divisão. Em outras palavras, ordenava-se o início de um combate interno, entre partidários pró-Dom Pedro.

Lima e Silva, que era próximo a Labatut, mas estaria junto com os revoltosos, decidiu reunir um conselho de oficiais para discutir a medida. Na visão do coronel Lima e Silva, o ataque à 2ª Brigada poderia significar uma guerra civil entre brasileiros e fortalecer a posição do inimigo.[43] A reunião dos oficiais, realizada no acampamento de Pirajá, em 21 de maio de 1823, terminou com a decisão de não acatar as ordens de Labatut e destituí-lo.[44] Labatut foi preso e, posteriormente, enviado para o Rio de Janeiro. A destituição iniciou um movimento de disputa pelo comando, mas o Governo Provisório de Cachoeira agiu rapidamente e, em 24 de maio, nomeou Lima e Silva comandante provisório.

Para a retomada das ofensivas sobre Salvador, Lima e Silva empreendeu reorganização das forças, criando um Estado Maior, duas divisões e quatro brigadas, além de duas brigadas de artilharia e cavalaria.[45] Os coronéis Barros Falcão e Gomes Caldeira foram mantidos, respectivamente, nas 1ª e 2ª Divisões. A intenção do novo comandante

---

42. RODRIGUES, 2002, p. 261.
43. TAVARES, 2008, p. 244.
44. A íntegra da ata pode ser encontrada no documento de nº 30, anexo à Exposição dos Serviços Prestados pelo coronel José de Barros Falcão de Lacerda [...], 1849, p. 41.
45. CALMON, 1923, p. 316.

do Exército Pacificador era seguir o plano militar originalmente desenhado por Labatut.[46]

Já no imediato momento depois de assumir o comando, Lima e Silva empreendeu ofensiva geral sobre Salvador, em 3 de junho de 1823, com mais de 900 soldados. O resultado sobre o inimigo dessa grande operação não foi possível de ser computado, "porém em proporção do que sofremos não póde deixar de ser grande, até mesmo porque muitos se viram cair sendo logo conduzidos, por notícias, que já tive hoje da cidade consta de haverem muitos feridos e mortos".[47] Em seu relatório, o comandante do Exército Pacificador, coronel Lima e Silva, disse que o "resultado nos foi de reconhecida vantagem".

Nos dias seguintes, ainda haveria registro de pequenas escaramuças nas linhas do cerco. Este, no entanto, não foi rompido, mas servira para desgastar até o limite das forças de Madeira. Naquele fim de maio e início de junho, a situação de Salvador já estava perdida, como reconheciam as próprias autoridades militares. Ainda assim, enquanto estivessem abertos o porto de Salvador e o acesso ao mar, os partidários de Lisboa podiam receber suprimentos e reforços, como de fato ocorreu.

Sem uma decisão no mar, o esforço de terra poderia se arrastar por um tempo ainda maior, desgastando a estrutura das forças pró--Rio de Janeiro, especialmente na tensão entre os representantes do governo central e as forças provinciais. Em maio de 1823, finalmente, o elemento que desequilibraria a disputa em favor do Rio de Janeiro chegava ao teatro de operações.

4. A Marinha rompe o cerco

Desde 1822, havia esforços para reforçar a nova Marinha imperial, cujo núcleo era composto por navios que haviam permanecido no Rio

---

46. Ibid., 1923, p. 301.
47. Relatório de 4 de junho de 1823, cuja íntegra se encontra transcrita em CALMON, 1923, p. 307.

de Janeiro e, aos poucos, aderiram a D. Pedro, como visto no capítulo anterior. Cresceram, posteriormente, os meios navais à disposição do Rio de Janeiro, por diferentes expedientes, da aquisição no Brasil ou no estrangeiro à captura. Paralelamente, era preciso encontrar oficiais e marinheiros que pudessem levar o combate às forças pró-Cortes. O recrutamento deu-se fundamentalmente em Londres, onde foram engajados muitos oficiais e marinheiros, que aportaram no Brasil no início de 1823.

O esforço de recrutamento envolveu também o chefe da nova esquadra, o almirante Thomas Cochrane. Em sua *Narrativa de Serviços*, Cochrane narra a estratégia naval brasileira de forma a realçar o papel de seus serviços:

> Viu S. M. Imperial que, sem armada, o desmembramento do Império – pelo que respeitava às províncias do Norte – era inevitável; e a energia do Seu Ministro Bonifácio em preparar uma esquadra, foi tão louvável quanto o havia sido a sagacidade do Imperador em determinar que ela se criasse.[48]

De fato, havia o temor de que as Províncias, principalmente as do Norte-Nordeste, não aderissem ao Império e quebrassem o território do Reino do Brasil, sendo a esquadra fundamental para o transporte de tropas e suprimentos e para agir sobre o principal ponto de apoio dos setores pró-Lisboa: o acesso ao mar. Ao contrário do comentado por Cochrane, essa estratégia estava casada com o teatro terrestre, sem o qual a Marinha teria tido pouco efeito ou profundidade.

A escolha de Cochrane seguia a mesma lógica da seleção de Labatut, em termos de maior controle por parte do Rio de Janeiro sobre as forças locais. Cochrane era conhecido marinheiro das Guerras Napoleônicas e das independências na América espanhola. Em comuni-

---

48. COCHRANE, 2003, p. 36.

cado a Viena, Mareschal afirmou ter escutado de José Bonifácio que Cochrane, que naquele momento estava no Chile, era o "homem que se precisava".[49] Os contatos foram realizados por meio do cônsul brasileiro em Buenos Aires, como relatado em correspondência de 4 de novembro de 1822.[50] Foram feitas promessas importantes de dinheiro e honrarias, as quais suscitariam, após sua chegada ao Brasil, longa querela com o Governo brasileiro, que inicialmente não as cumpriu.

Cochrane chegou ao Rio de Janeiro em 13 de março de 1823. Após um trabalho de preparação da esquadra e alguns problemas burocráticos (que incluíam qual efetivamente seria sua patente),[51] Cochrane arvorou, em 21 de março de 1823, a nau *Pedro Primeiro*. Decreto do ministro da Marinha, de 19 de março de 1823, determinava que esta embarcação e outras oito ficassem sob as ordens do comandante em chefe da esquadra, que poderia escolher aquelas que viajariam com ele na próxima expedição. Em 29 de março de 1823, foi publicada Proclamação de D. Pedro determinando o bloqueio a Salvador, por terra e por mar.

A esquadra partiu do Rio de Janeiro com aproximadamente 2 mil marinheiros e 280 peças de artilharia, uma força considerável. A partir desse momento, inicia-se um interessante relato da operação, realizado pelo Frei Paixão e Dores, Capelão da Esquadra.[52] A Bahia foi avistada em 1º de maio de 1823, dois dias antes da última grande operação terrestre comandada por Labatut e antes da crise que levou

---

49. Ofício de 4 de abril de 1823. In: RIHGB, 1976, p. 190
50. A íntegra do documento foi transcrita pelo próprio Cochrane em sua *Narrativa de serviços no libertar-se o Brasil da dominação portuguesa*, 2003, p. 37.
51. A posição hierárquica efetivamente apresentada na chegada ao Rio de Janeiro não correspondia ao acordado. Contra as promessas, ofereceu-se ao escocês apenas um posto de almirante português, com baixo salário. Após rusgas com o ministro da Marinha e recurso a Bonifácio, criou-se, exclusivamente para Cochrane o título de "Primeiro Almirante".
52. PAIXÃO E DORES, Frei Manoel Moreira da. *Diário do Capelao da esquadra de Lord Cochrane*. Anais da Biblioteca Nacional do Rio de Janeiro. Rio de Janeiro: Serviço Gráfica do Ministério da Educação, 1938. In: Biblioteca Nacional, acervo digital. Disponível em: http:// objdigital.bn.br/acervo_digital/anais/anais_060_1938.pdf. Acesso em: 3 jun. 2013.

à sua prisão. Cochrane desde o início passou a cruzar frente a Salvador com a esquadra brasileira, "como que desafiando João Félix".

Não foram, ao final, necessários mais do que três dias após a chegada de Cochrane à Bahia e, em 4 de maio de 1823, já se encontraram as esquadras brasileira e portuguesa nas proximidades da costa baiana. Às seis horas da manhã daquele dia, Cochrane recebeu a informação de que três navios "grandes" haviam sido avistados. Eram, na verdade, 13 embarcações da armada portuguesa, que seguiam no sentido Norte,[53] em direção a Salvador. Pouco depois, o almirante português "formou linha de batalha para nos receber".[54]

Os navios brasileiros vieram em diagonal e tentaram cortar a linha portuguesa, aproveitando-se de uma brecha para atacar os quatro navios da retaguarda. Cochrane repetiu, nessa ação, "a mesma manobra tantas vezes executada por Nelson".[55] Segundo o frei Paixão e Dores, a manobra deixou Cochrane satisfeito e confiante na vitória. Pouco depois das 11 horas, começaram os ataques.[56] Depois do meio-dia, Cochrane atacou a *Princeza Real* (3º navio da coluna), dando uma descarga de artilharia.

Já no meio de sua manobra, no entanto, o almirante Cochrane ficou sem possibilidade de ação tanto em sua embarcação quanto com relação às demais, perdendo-se o efeito de sua manobra tática. À parte da *Ipiranga*, as outras embarcações não entraram no combate pela recusa da marinhagem em manobrar contra a esquadra portuguesa. Sem o reforço, Cochrane suspendeu a ação e se retirou, por volta das 16 horas, beneficiando-se de um temporal que impediu qualquer possibilidade de contra-ataque da esquadra portuguesa.

---

53. A MARINHA de guerra do Brasil na lucta da independencia: apontamentos para a historia. Rio de Janeiro: Typ. de J. D. de Oliveira. 1880, p. 29. Disponível em: http://www2.senado.leg.br/bdsf/handle/id/242378. Acesso em: 3 abr. 2022.
54. COCHRANE, p. 54.
55. Op. cit., p. 30.
56. PAIXÃO E DORES, 1938, p. 204.

Ao fim do encontro, a esquadra brasileira tinha 17 mortos e vários feridos, mas as avarias não foram grandes do lado pró-Rio de Janeiro. A batalha não fora resolvida, mas suspensa, do lado brasileiro, pela recusa dos marinheiros em lutar, e, do lado português, pela desvantagem tática e pelas avarias sofridas.

O principal resultado da batalha naval de 4 de maio de 1823 foi, na verdade, uma mudança de estratégia por parte de Cochrane, visando, particularmente, a evitar as dificuldades decorrentes da marinhagem que se recusou a lutar. O almirante procurou, em primeiro lugar, estabelecer uma base de operações, ao que foi escolhido o Morro de São Paulo, ponto estratégico da Ilha de Tinharé, ao Sul da Baía de Todos os Santos, onde fundeou a esquadra em 8 de maio de 1823. Iniciaram-se as providências de organização da base, ao mesmo tempo que se deu continuidade a operações de caça a navios militares e civis.

Com o estabelecimento de sua base de operações no Morro de São Paulo, Cochrane adquiriu ponto de lançamento importante, que não apenas contava com a facilidade de sair à caça de presas (que foram muitas) e de pressionar Madeira de Mello e João Félix, como também oferecia um ponto defensivo eficiente. Mais importante, o comandante da esquadra brasileira empreendeu relevante reorganização de suas forças, a fim de evitar os mesmos problemas de 4 de maio de 1823.

O resultado da combinação defesa (Morro de São Paulo) e ação das embarcações reorganizadas foi o efetivo fechamento do bloqueio de Salvador e a supressão da vital linha de abastecimento da cidade por mar. Cochrane evitou uma confrontação aberta e direta com a esquadra portuguesa, adotando postura ofensiva e ativa, de procurar momentos vantajosos para o confronto.

Do outro lado, se bem a esquadra portuguesa ainda se mantinha forte, mostrou-se pouco agressiva, ou não agressiva suficiente no enfrentamento do bloqueio de Cochrane, contribuindo ainda mais para a estratégia. Os navios pouco saíram do porto de Salvador, mesmo nos momentos em que as embarcações brasileiras passaram em sua frente, para reconhecimento (como ocorreu em 22 de maio). Em 26 de maio de 1823, toda a esquadra de João Félix aproximou-se do Morro de São Paulo para um ataque, que não se realizou.

À retirada da frota portuguesa, não se seguiu contra-ataque brasileiro, segundo Cochrane, porque "nós não estávamos em condição de tomar a iniciativa".[57] Segundo o almirante João Félix, em ofício de 26 de maio de 1823, a decisão de não sair do porto teria sido tomada em conferência com Madeira de Mello, que lhe apontou para as "tristes circunstancias da Cidade, provenientes da falta de mantimentos".

Madeira dissera a João Félix que não teria pão para a tropa para além de 40 dias. Nesse cenário, o governador das Armas teria ordenado que a esquadra portuguesa não mais saísse do porto, e que se abastecessem os navios com mantimentos. A situação dos partidários de Madeira chegou a seu ponto mais grave, portanto, no início de junho.

Enquanto no dia 3 daquele mês o coronel Lima e Silva realizava sua última grande ofensiva sobre as linhas de defesa terrestres, Madeira e João Félix receberam a notícia de que os brulotes (navios recheados com material inflamável, que seriam jogados contra o inimigo) que Cochrane preparava estavam quase prontos. Essa informação teria provocado grande "consternação" nos portugueses.[58]

Cochrane, segundo seu próprio relato, decidiu aproveitar o momento de fraqueza e partir para a ofensiva, ainda que essa fosse mais psicológica do que militar. Em 12 de junho, realizou uma patrulha noturna dentro do porto de Salvador, com o *Pedro Primeiro*. Disfarçado de embarcação inglesa (como se apresentou no encontro com um navio português), passou por toda a frota militar portuguesa, regressando sem grandes problemas.[59] Segundo Max Justo Guedes, a operação buscava repetir façanha de Cochrane em Callao, no Peru, quando

---

57. COCHRANE, 2003, p. 61.
58. COCHRANE, 2003, p. 65.
59. Ibid., p. 67.

tinha apresado a conhecida embarcação *Esmeralda*.[60] A ação teria, ao final, provocado grande terror no inimigo, levando ao momento da decisão.

5. Madeira deixa a Bahia: a vitória em 2 de julho e o duro saldo da guerra

Impossibilitado de se sustentar por terra e por mar na cidade de Salvador, Madeira de Mello começou a preparar a retirada, que, segundo sua pretensão, não seria uma rendição. O governador das Armas da Bahia esperava passar para outro ponto do Brasil, onde continuaria a cumprir suas instruções, principalmente a de manter uma área segura para que um exército de Lisboa pudesse utilizar como ponta de lança sobre o Rio de Janeiro. A retirada estratégica, no entanto, teria sérias dificuldades. Em 29 de junho, espalhou-se a notícia de que os portugueses tencionariam deixar a Província. A simples retirada, ainda mais com o risco de desvio da tropa para outro ponto do Brasil, não poderia ser aceita pelas tropas de D. Pedro.

O comandante do Exército Pacificador, Lima e Silva, enviou a Madeira de Mello ofício informando que atacaria a cidade se fossem observados movimentos de embarque. Este apenas se realizaria tranquilamente se fosse proposta a capitulação.[61] Cochrane, pelo mar, fazia o mesmo. A estratégia passava, agora, a impedir que as forças portuguesas se transferissem para outra localidade do Reino. Mesmo pressionado, o brigadeiro conseguiu organizar sua saída, sem responder às intimações do Exército Pacificador. Em 2 de julho de 1823, finalmente, toda a força portuguesa fez vela. Eram quase 90 navios, de guerra e mercantes, que transportavam contingente importante das tropas e da população de Salvador.

---

60. GUEDES, 1973, 213.
61. CALMON, 1923, p. 313.

Outra parte dos partidários de Lisboa terminou ficando na cidade, assumindo posição discreta, muitas vezes escondendo seu apoio às Cortes portuguesas. Muitos desses rapidamente se declarariam favoráveis ao Rio de Janeiro, a fim de evitar as perseguições que se seguiram, criando uma imagem *a posteriori* díspar da realidade, de que os locais de forma quase unânime teriam apoiado D. Pedro.

A partida de Madeira não significou o fim da operação militar. Era preciso, em primeiro lugar, evitar que as forças pró-Lisboa se transferissem a outra Província. Em segundo lugar, havia a guerra de corso, sendo que Cochrane esperava ganhar com a captura de embarcações. Assim, passou-se a dar caça à esquadra portuguesa, para que voltasse à Bahia como prisioneira. Houve captura de uma grande quantidade de navios de transporte, inclusive um de bandeira russa, que transportava militares pró-Lisboa. Cerca de 2 mil militares portugueses foram aprisionados e ficaram na Bahia por algum tempo. A fragata *Niterói* ainda seguiria a frota portuguesa por toda a travessia do Atlântico, até a embocadura do Tejo.

No mesmo dia 2 de julho de 1823, após a retirada das forças pró-Lisboa, deu-se a entrada do Exército Pacificador na cidade de Salvador. A ocupação de Salvador concluiu, assim, a guerra na Bahia e garantiu a incorporação de um dos territórios mais estratégicos do antigo Reino para o novo Império do Brasil. A campanha durara mais de um ano (quase exato, se contado a partir do 25 de junho de 1822, ou um ano e cinco meses, se contado a partir da revolta de 19-20 de fevereiro de 1822).

Os combates na Bahia envolveram mais de 30 mil militares, com significativas perdas de vidas humanas, cujo cálculo exato é difícil. Segundo um ofício do cônsul dos Estados Unidos no Rio de Janeiro, de 8 de dezembro de 1822, não havia como estimar as baixas até então.[62] De todo modo, a soma poderia ultrapassar 2 mil mortos e feridos, além de outros mil por doenças, com um número proporcional de feridos,

---

62. MANNING, 1925.

prisioneiros etc. Dessa forma, as baixas dos dois lados poderiam ultrapassar 10 mil.

O rescaldo do conflito foi, assim como em Pernambuco, difícil, sendo que a Bahia não viveu tempos de tranquilidade política. Pouco antes de as forças de Madeira de Mello atingirem seus limites e partirem, em Cachoeira, o Governo provisório foi transformado, em 25 de junho, em Governo da Província da Bahia. A nomeação, pelo Imperador, fora feita já em dezembro de 1822, mas apenas em junho do ano seguinte houve condições para a posse. Quando a tropa pró-Dom Pedro entrou solenemente em Salvador, já havia, desse modo, uma administração oficialmente designada.

Os problemas, entretanto, começaram com a própria tropa, que passou a sofrer com a indisciplina. Muitos soldados eram escravizados ou ex-escravizados e agora se viam na situação de terem sido armados e lutado, mas não aceitos ou mesmo libertados. Houve também recusa à substituição do coronel Lima e Silva pelo brigadeiro José Manuel de Morais, nomeado pelo Imperador. Em 20 de agosto de 1823, houve confrontos entre soldados baianos e elementos do Batalhão do Imperador. O caso levou à demissão de Lima e Silva, que foi substituído pelo coronel Felisberto Caldeira, que também sofreu com os problemas da tropa e terminou assassinado por soldados em 24 de outubro de 1824. Um ano depois, em 25 de outubro de 1825, ocorreria o levante do Batalhão dos Periquitos, movimento de insatisfação que se relacionava ainda com a desmobilização da guerra.

A progressiva retirada das forças militares (o Batalhão do Imperador e as tropas pernambucanas partiram em novembro de 1823) fez com que a manutenção da ordem voltasse a ser de responsabilidade local, o que abriu a porta para problemas relacionados a ressentimentos e disputas causados pela guerra. As novas querelas se juntavam às antigas, as rivalidades regionais e locais, que continuaram a insuflar as contendas. Eram os velhos problemas relacionados a diferentes projetos políticos sobre o Brasil, que haviam sido colocados de lado pela

272   Redescobrindo a Independência

disputa com as Cortes e pelas sinalizações do Rio de Janeiro sobre a autonomia provincial.

Mais ou menos na época da partida das tropas não-baianas, chegaram notícias do fechamento da Constituinte do Rio de Janeiro. A Câmara de Salvador reuniu-se, em 17 de dezembro de 1823, e expressou a "profunda mágoa dos baianos pela dissolução da Assembleia Constituinte". A Constituição Brasileira foi, ainda assim, jurada em 3 de maio de 1824, mas daí a pouco tempo o Nordeste estaria envolto em uma nova conflagração: a Confederação do Equador.

O clima de instabilidade, ao final, não perderia força na Bahia. Três anos após a saída de Madeira de Mello, D. Pedro realizaria, em 1826, uma visita à Bahia, destinada a angariar apoios, o que mostra que o processo de consolidação política da autoridade centralizada no Rio de Janeiro ainda estava em construção naquela Província. Algo semelhante se passava em outros sítios, especialmente naqueles nos quais a guerra teve participação direta no destino das populações. Esse será o tema do capítulo 15. Mas, antes, vejamos como se deu a guerra nos dois outros teatros de operações.

13

A guerra ao Norte

Ao contrário da Cisplatina e da Bahia, onde os combates se mantiveram nos limites provinciais, no Norte a dinâmica foi outra. Pelo menos cinco províncias estiveram diretamente envolvidas (Ceará, Piauí, Pernambuco, Maranhão e Pará) em combates que se espraiaram pelas fronteiras, após ter se iniciado no Piauí. O ponto central dessa dinâmica foi a postura mantida por Pará, Maranhão e alguns grupos do Piauí, fortes defensores do Vintismo, e sua disposição em apoiar o uso da força para defender a causa de Lisboa. Do outro lado, os grupos que gradualmente passaram para o lado de D. Pedro não eram fortes o suficiente para se impor apenas no plano político. A guerra entraria, então, em cena, a partir do Piauí.

1. A longa marcha do Fidié e a Batalha do Jenipapo

Como vimos no capítulo 13, o estopim do conflito na região Norte se deu no Piauí, com a influência do Ceará e de Pernambuco e a chegada de informações sobre a constituinte convocada por D. Pedro. Em 19 de outubro de 1822, a Câmara da cidade de Parnaíba declarou seu apoio à regência de D. Pedro, ou seja, ao Rio de Janeiro, mas ainda dentro da ideia de uma união com Portugal. A notícia da independência brasileira ainda não havia chegado. De toda forma, uma parte do Piauí se movia em direção ao Rio de Janeiro.

A primeira movimentação contrária a essa decisão se deu na própria cidade de Parnaíba, pelos partidários de Lisboa. Estes se organizaram e enviaram cartas a São Luís, denunciando suposto movimento pró--Rio de Janeiro. Também se armaram, convencendo, nesse processo, algumas figuras militares a os apoiarem. Assim relatava a situação o coronel Simplício Dias, que seria uma das principais personagens da luta pró-Rio de Janeiro:

> Bem que Comandante do Destacamento e Coronel de um Regimento de Cavalaria, de defesa nenhuma pude fazer, porque nesta Vila o número de contrários era grande, e os soldados do meu comando se acharem dispersos pelo distrito, cuja extensão é de mais de quarenta léguas, todos indecisos e aterrados.[1]

Em reação ao pedido de auxílio dos partidários de Lisboa, a Junta maranhense, de caráter fortemente vintista e disposta a usar o instrumento militar para tanto, enviou o brigue *Infante Dom Miguel*, que chegou à Parnaíba antes mesmo do major João José da Cunha Fidié, em 10 de dezembro.[2] Os partidários do Rio de Janeiro se viram, então, limitados em suas capacidades de reação. Ficava claro que não resistiriam, sozinhos, a um aparato militar maior. Despacharam, por essa razão, pedido de ajuda à Granja do Crato, no Ceará. O apoio

---

1. ADRIÃO NETO, 2014, p. 2.
2. OFÍCIO do [comandante Militar do Maranhão], Agostinho Antônio de Faria, ao secretário de estado dos Negócios Estrangeiros e Guerra, Cândido José Xavier, sobre o controlo da insurreição ocorrida na vila da Parnaíba, tendo os rebeldes fugido para o Ceará com a chegada dos reforços do governador das Armas, a sua tropa e com o auxílio do brigue de guerra Infante D. Miguel. Em 21 de dezembro de 1822. In: Arquivo Histórico Ultramarino, AHU_ACL_CU_016, Cx 31, D. 1666. Biblioteca Virtual do Projeto Resgate. Disponível em: http://www.cmd.unb.br/biblioteca.html. Acesso em: 18 jan. 2015.

cearense tardaria, no entanto, a chegar. Paralelamente, ofícios sobre a proclamação de Parnaíba foram enviados a Campo Maior, Oeiras e para o Crato, no Ceará.

O golpe principal contra a adesão ao Rio de Janeiro, no entanto, viria de Oeiras, capital do Piauí entre 1759 e 1851. As primeiras notícias do movimento da Parnaíba atingiram a cidade ainda em fins de outubro, por informações incompletas, vagas. A Junta e o governador das Armas não se mobilizaram ainda nesse primeiro momento, mas, com a confirmação do movimento, em 5 de novembro de 1822, desencadeou-se rápida ação. A Junta Governativa de Oeiras reuniu-se e emitiu proclamação contra os "facciosos", autorizando Fidié a tomar todas as providências para conter a revolta.

Fidié decidiu passar rapidamente à ofensiva e sufocar quaisquer movimentos que pudessem ganhar vulto. Arriscou, com isso, deixar Oeiras vulnerável. Não parecia o governador das Armas contar com uma revolta na cidade e, se a rápida ação contra Parnaíba tivesse sucesso, asseguraria toda a Província e até poderia, como se viu, ampliar a proteção da Coroa portuguesa sobre o Ceará ou mesmo sobre a Bahia. A decisão, na verdade, era de estabelecer base de operações em Campo Maior, a partir da qual agiria sobre o Piauí e também sobre o Ceará, o que foi recusado pela Junta do Maranhão, de onde seriam necessários reforços.

O governador das Armas do Piauí mobilizou, então, sua tropa (pedindo reforços ao Maranhão e Pará), em sua maioria de nascidos na América. Em 14 de novembro de 1822, partiu em marcha de 660 quilômetros, com aproximadamente 1,5 mil homens.[3] Atingiu Campo Maior, na metade do caminho, dez dias depois, seguindo até Parnaíba, onde entrou em 18 de dezembro, sem resistências.

O movimento parnaibano, na verdade, já havia perdido impulso, o povo estava "decepcionado" e "entre os chefes começaram a surgir

---

3. FIDIÉ, 2006, p. 20.

as mútuas recriminações".[4] Ainda em Campo Maior, Fidié enviou ofícios à Parnaíba, dando conhecimento da marcha e conclamando os parnaibanos a desfazerem seu ato. A notícia da ofensiva do governador das Armas provocou forte agitação na cidade, pânico em alguns casos. A maior parte dos líderes do movimento, inclusive, já haviam partido de Parnaíba, no início de dezembro de 1822. Na prática nenhuma vila aderira ao movimento de Parnaíba até fins de 1822.

Fidié buscou apoiar-se no Governo maranhense, tendo em conta, dentre outros fatores, sua missão de se "manter" no Piauí, servindo de escudo contra os partidários do Rio de Janeiro. Em toda sua ação, enviou ofícios à Junta Governativa de São Luís, e, também, aos principais comandantes próximos à região, em Caxias e em São Bernardo. Recebeu, em resposta, apoio rápido, tanto em suprimentos de guerra quanto em homens. No plano militar, desse modo, o "Maranhão prontificava-se ainda a prestar a Fidié todo e qualquer auxílio de tropas disponíveis naquela Província".[5]

O apoio a Fidié não se limitou, no entanto, ao Maranhão. Segundo o próprio governador das Armas, a Junta maranhense enviou também ofícios ao Pará, que respondeu positivamente. Foram enviados 200 soldados, que se juntaram a forças do major já com a batalha adiantada, atuando no cerco a Caxias, cidade no Maranhão. Para enfrentar a situação no Piauí, desse modo, o Maranhão e, em menor medida, o Pará, atenderam aos pedidos do governador das Armas piauiense. Faltou, porém, apoio nas etapas posteriores, especialmente no cerco de Caxias, numa época em que a própria capital maranhense já se via ameaçada.

Naquele final de 1822, portanto, Fidié parecia ter tido sucesso em seus planos. Em uma conjuntura política agitada e caótica como aquela, porém, a inação não era possível. A partir de então, foi desencadeada uma série de movimentos paralelos.

---

4. CHAVES, 2006, p. 45.
5. Ibid., p. 44.

A partir de janeiro de 1823, os grupos que haviam fugido retornaram após se reagruparem e obterem apoio cearense.[6] Estouraram, então, novas proclamações, a primeira delas em Piracuruca, em 22 de janeiro de 1823, e, em seguida, o evento mais importante, o levante em Oeiras. Preparado discretamente, o movimento na então capital piauiense reagia a ações da Junta provincial contra supostos apoiadores de D. Pedro.[7] Recebendo também informações sobre ações nas proximidades do Ceará e em outras localidades, os independentistas reuniram-se na casa do brigadeiro Sousa Martins, onde havia um arsenal. Jagunços e agregados do brigadeiro foram recrutados, para a eventualidade de algum confronto.

Sem muita resistência, porém, o movimento tomou as ruas na madrugada de 24 de janeiro de 1823 e em pouco estava instalado no poder, com nova eleição para a Junta e a proclamação de D. Pedro como Imperador do Brasil. Ofícios foram despachados para várias cidades piauienses, para que seguissem o mesmo caminho, e para Lisboa. O novo Governo informava a destituição de Fidié do Governo das Armas.[8] Os efeitos do levante de Oeiras foram, sem dúvida, mais intensos do que aqueles de Parnaíba. Também é preciso ver que a conjuntura já era outra em janeiro de 1823, com a Independência consolidada e a guerra na Bahia em curso.

---

6. OFÍCIO do governador das Armas do Piauí, João José da Cunha Fidié, ao [secretário de Estado dos Negócios Estrangeiros e Guerra], Cândido José Xavier, sobre as notícias acerca das tropas sediciosas que marcham do Ceará para o Piauí, e solicitando o auxílio das tropas do Maranhão para defender os locais mais distantes do Piauí. Em 27 de janeiro de 1823. Arquivo Histórico Ultramarino, AHU_ACL_CU_016, Cx 32, D. 1679. In: Biblioteca Virtual do Projeto Resgate. Disponível em: https://digitarq.ahu.arquivos.pt/details?id=1325763. Acesso em: 18 jan. 2015.

7. CHAVES, 2006, p. 59.

8. OFÍCIO da Junta Governativa do Piauí, aos oficiais da Câmara da Vila de Parnaíba, sobre o reconhecimento do governo de D. Pedro de Alcântara, e a instalação do novo Governo na Província do Piauí. Arquivo Histórico Ultramarino, AHU_ACL_CU_016, Cx 31, D. 1677. Em 25 de janeiro de 1823 In: Biblioteca Virtual do Projeto Resgate. Disponível em: https://digitarq.ahu.arquivos.pt/details?id=1325758. Acesso em: 18 jan. 2015.

Assim como no caso de Parnaíba, desde o início houve preocupações com possíveis reações militares ao movimento pró-Dom Pedro em Oeiras, particularmente possível ação de São Luís, o que levou à adoção de medidas de defesa que facilitaram a subsequente invasão do Maranhão. A posição do Governo da Junta do Maranhão serviu, do ponto de vista militar, para manter Oeiras sob pressão, após a revolta.

O projeto da nova Junta de Oeiras foi o de, em um primeiro momento, buscar a neutralidade maranhense. Com poucas tropas e ainda sem os auxílios cearenses e de outras Províncias, os independentistas de Oeiras temiam ação maranhense diretamente contra eles e procuravam mecanismos de proteger sua margem do Rio Parnaíba e impedir ações inimigas. Ainda em 20 de fevereiro de 1823, dias antes do combate no Jenipapo e com as movimentações militares dos dois lados convergindo para Campo Maior, as autoridades de Oeiras elaboraram plano para mobilizar os recursos da vila e homens que pudessem pegar em armas. Também tentaram organizar as tropas pernambucanas, que vinham em seu auxílio, em posições defensivas nas diferentes localidades.

O Maranhão manteve-se, assim, como um perigo permanente sobre Oeiras, desviando em muito a atenção dessas autoridades ao que se passava no Norte da Província. Esse temor concentraria as atenções do novo Governo piauiense. Monsenhor Joaquim Chaves estima que, se a Junta de Oeiras tivesse abandonado sua "obsessão" com a margem do Parnaíba e marchado em peso para Campo Maior, assumindo o comando de todas as tropas, o resultado militar (da batalha do Jenipapo, como veremos adiante) poderia ter sido melhor".[9] Paradoxalmente, essa mobilização para lidar com os riscos de um ataque vindo do outro lado do Rio Parnaíba permitiu, posteriormente, o estabelecimento de bases nas margens do rio, que seriam posteriormente usadas como pontes para a invasão do Maranhão.

---

9. CHAVES, 2006, p. 61.

Ao tomar conhecimento da nova revolta, Fidié decidiu voltar a Oeiras, para sufocar o movimento. O major chegou a justificar-se, em carta de 1843, segundo a qual, no momento em que Oeiras proclamou-se pela Independência e no qual as forças cearenses já entravam na Província, poderia ter se retirado com o brigue *Infante Dom Miguel*, para o Maranhão ou para outra localidade. Teria preferido, no entanto, ficar e lutar.[10]

As notícias do levante de Oeiras tardaram a chegar ao governador das Armas, mas, quando chegaram, levaram à reunião de um conselho militar em Parnaíba, no qual Fidié e seus oficiais definiram como objetivo enfrentar os "facciosos" no interior da Província e restituir Oeiras ao "Sistema Constitucional". O plano era passar por Campo Maior, em seguida por Conceição, a 20 léguas (cerca de 100 quilômetros) de Oeiras, onde a artilharia seria concentrada em preparação ao avanço sobre a capital piauiense.

Fidié precisou de tempo para terminar de organizar sua tropa e iniciar a marcha. Reconhecendo empregar "meios não triviais" para manter a disciplina da tropa (na sua maioria local), o governador das Armas mobilizou-se para reconquistar Oeiras. Reuniu a tropa que tinha à sua disposição, segundo ele de "mil e tantos homens" (aproximadamente 1,5 mil), e partiu em marcha que refaria o caminho que, poucos meses antes, o havia levado a percorrer os mais de 600 quilômetros de Oeiras a Parnaíba. A coluna partiu de Parnaíba em 1º de março de 1823, contando com o apoio de 11 peças de artilharia.

Nesse ínterim de mais de um mês, a causa da independência se espalhou pelo interior do Piauí, impulsionada também pela entrada na Província das tropas pró-Rio de Janeiro vindas do Ceará. A partir de janeiro de 1823, as condições se tornaram mais propícias à preparação de uma operação militar. Em 24 de janeiro de 1823, mesma data em que, como se verá, Oeiras se declarou pela Independência liderada

---

10. FIDIÉ, 2006, p. 119.

pelo Rio de Janeiro, foi aprovado o auxílio cearense às forças no Piauí, o qual, como veremos, tardou a chegar.

Com a marcha de Fidié em direção a Oeiras e o movimento de ingresso de tropas do Ceará no Piauí, houve gradual deslocamento de forças sobre Campo Maior, cuja evacuação de forças pró-Lisboa fora realizada em 1º de fevereiro.[11] As manobras dos dois lados convergiram. De um lado, Fidié seguia linha reta, em direção a Oeiras, após passar por Piracuruca. De outro lado, os líderes do movimento pró-Dom Pedro partiram do Ceará em meados de janeiro de 1823, organizados em duas "divisões", com tropas adaptadas, sem grande adestramento e equipamentos.

No movimento de entrada no Piauí, as forças vindas do Ceará entraram em uma Piracuruca esvaziada, pouco após a passagem de Fidié. Nesse movimento, houve o primeiro combate, em 10 de março, entre elementos pró-Rio de Janeiro e a retaguarda do governador das Armas, em uma localidade próxima à lagoa do "Jacaré".

A escaramuça próxima a Piracuruca assim como a ocupação da vila reforçavam, principalmente, o ânimo das duas partes em partir diretamente para o combate. Estimando que parte importante das tropas que haviam passado por Piracuruca haviam se juntado a outras que já estavam em Campo Maior, Fidié marchou em direção à vila, acampando a dez quilômetros dela, na Fazenda Canto do Silva, em 12 de março.[12] Tinha cerca de 1,5 mil soldados, bem treinados e com artilharia.

Os independentistas em pouco tempo tomaram conhecimento da marcha do governador das Armas e procuraram se mobilizar como era possível, na busca de uma vitória estrategicamente importante.

---

11. CHAVES, 2006, p. 65.

12. CARVALHO, Maria do Amparo Alves de. *Batalha do Jenipapo: reminiscências da cultura material em uma abordagem arqueológica*. Tese de Doutorado. Programa de Pós-Graduação em História da Faculdade de Filosofia e Ciências Humanas da PUC-RS, 2014, p. 56. Disponível em: http://repositorio.pucrs.br/dspace/handle/10923/6740. Acesso em: 11 ago. 2014.

Não tendo notícias de reforços de Oeiras ou de Valença, o capitão Rodrigues Chaves, um dos comandantes da tropa, despachou correio ao Estanhado, para que o capitão João da Costa Alecrim e suas tropas se juntassem a ele. Também chegaram 80 homens do alferes Salvador Cardoso de Oliveira e algumas tropas do Ceará, muitas delas conformadas por Índios vindos de Ibiapaba. Esses homens reforçariam as tropas mobilizadas por Rodrigues Chaves em Campo Maior, que vivia uma situação tensa pela proximidade da marcha de Fidié. Com esses reforços, apesar de precários, foram mobilizados entre 2,5 mil e 3 mil homens.

Com os preparativos prontos, os líderes militares de Campo Maior decidiram marchar até o rio Jenipapo, local de terreno plano e rodeado por apenas uma colina. O rio estava seco naquele momento, servindo de apoio para tropas brasileiras, que pretenderam se camuflar na vegetação local.[13] No despertar de 13 de março de 1823, reuniram-se as tropas independentistas no Largo de Santo Antônio e partiram em marcha apressada. Ao chegar ao rio Jenipapo, viram que a margem do outro lado se bifurcava em duas estradas, separadas por aproximadamente quatro quilômetros. Para evitar surpresas, os capitães Rodrigues Chaves e Alecrim despacharam tropas para as duas.

A coluna de Fidié vinha de fato dividida nas duas vias, com o grosso de suas tropas pela esquerda, e sua cavalaria, responsável pelo esclarecimento do caminho, avançava na direita. Foi na via da direita que os brasileiros se depararam com o grupo de cavalaria de Fidié, força que sempre marchava à frente, para sondar os perigos e ataques pelos caminhos. Houve uma violenta escaramuça, sendo que, após esta, a cavalaria de Fidié recuou.

A falta de disciplina militar do lado dos independentistas ficou evidente nesse momento. As tropas que estavam na estrada da esquerda romperam formação e tentaram acudir os companheiros que se batiam

---

13. NEVES, 2006, p. 146.

na outra via, abrindo uma oportunidade a Fidié.[14] O major passou ao outro lado do Jenipapo e preparou o campo, instalando uma fortificação improvisada, organizando a linha de atiradores e sua artilharia.

Monsenhor Joaquim Chaves estima que o capitão Rodrigues Chaves, percebendo o risco da formação do inimigo, teria considerado que sua única alternativa tática era a de atacar "de todos os lados, fraccionar a tropa de Fidié em um corpo a corpo violento e rápido".[15] Assim, às nove da manhã daquele 13 de março, Chaves passou a comandar sucessivas levas de ataques frontais às linhas de Fidié. As investidas foram sendo repelidas uma a uma, com pesadas perdas causadas pela fuzilaria e pela artilharia. As duas peças à disposição dos independentistas não foram de utilidade. Tampouco se fez efetiva a tática do comandante das tropas brasileiras, que apenas enviava soldados mal preparados para enfrentarem diretamente uma linha bem municiada e bem artilhada. Durante cinco horas, seguiram-se as ondas de ataque, até as 14 horas, quando se iniciou a debandada das forças independentistas.

Do lado de Fidié, a situação também não era confortável. Cinco horas de combate sob um sol ardente haviam esgotado os soldados do governador das Armas. Por essa razão, segundo algumas versões, o major teria optado por não perseguir os inimigos. Mas Fidié sustenta, ao contrário, ter seguido o inimigo por duas léguas, até o anoitecer, quando então acampou em Campo Maior.[16] Tendo seguido no encalço ou não dos independentistas, Fidié saía vitorioso de uma batalha que havia incluído todos os setores da sociedade local.

A interpretação dos resultados da Batalha do Jenipapo segue uma linha tradicional de valorização do sacrifício dos patriotas brasileiros, com uma homenagem à sagacidade dos independentistas, que perderam o combate, mas ganharam ao impedir o inimigo de desfrutar a vitória, roubando-o todo o equipamento.

---

14. Ibid., p. 147.
15. NEVES, 2006, p. 89.
16. Ibid., p. 160, nota nº 69.

As informações dos preparativos da batalha mostram que, embora em número menor, a coluna de Fidié era significativamente mais bem treinada e armada. Tinha canhões e capacidade de utilizá-los. As tropas do outro lado, no entanto, eram recém-mobilizadas, formadas por muitos agricultores e camponeses, que efetivamente careciam de equipamento mínimo. Um choque direto como este ofereceria vantagem para o lado português, mesmo que os comandantes brasileiros tivessem adotado boas opções táticas.

Essa derrota das forças pró-Rio de Janeiro teve, ademais, custo não desprezível em vidas. As informações são, é bem verdade, imprecisas sobre o número exato de mortos. Com base nas diferentes versões, tem-se, portanto, um quadro que varia entre 200 e 400 soldados mortos, dos dois lados, além de número significativo de feridos, que não terá sido muito distinto daquele primeiro.[17] Fidié reportou 542 prisioneiros que, em passagem interessante da fluidez do momento, foram incorporados à sua coluna, após fazer um novo juramento. Em conjunto com os presos, portanto, o resultado do Jenipapo ultrapassaria mil baixas.

O último aspecto relacionado à Batalha do Jenipapo diz respeito às consequências do furto da bagagem das tropas do governador das Armas. A interpretação tradicional dá conta de que um grupo de cearenses, atuando na retaguarda de Fidié ao longo do combate, roubou-lhe quase toda a bagagem, retirando a logística necessária para que o governador das Armas continuasse a marcha para Oeiras. Essa "engenhosidade" do perdedor, no entanto, não é, segundo o Monsenhor Joaquim Chaves, comprovada. O autor aponta não existirem documentos sobre a tomada da bagagem, atribuindo o boato aos piauienses "para diminuir e ridicularizar o feito dos cearenses".[18]

O fato é que, mesmo vitorioso, Fidié viu restritas suas opções táticas em permanecer em Campo Maior. Se parte de sua bagagem foi rou-

---

17. Os documentos e relatos sobre os resultados da Batalha do Jenipapo são registrados em Franchini Neto, 2019.
18. CHAVES, 2006, p. 90.

bada ou não, boa parte dos insumos havia sido consumida na batalha. Estrategicamente, o governador das Armas do Piauí havia perdido a vantagem tática e não tinha condições de realizar um ataque direto a Oeiras, apesar da vitória.

Com isso, recebendo informações de várias fontes, a coluna de Fidié partiu rapidamente de Campo Maior, em 16 de março, e redirecionou sua marcha à vila Estanhado, hoje cidade de União, junto ao rio Parnaíba e próximo a Campo Maior. A instalação no Estanhado, observada de um ponto de vista tático, tinha sentido por estar nas proximidades de Caxias, principal ponto de abastecimento de Fidié, e sem se distanciar muito do objetivo principal: a volta a Oeiras. Era um bom ponto de apoio para se recuperar e se reorientar.

Uma confluência de más notícias demandou, então, uma mudança de estratégia. A situação em Caxias, no Maranhão, não distante da fronteira, não se mostrava boa, com a atuação de alguns elementos do Piauí em vilas próximas, em conjunto com grupos independentistas maranhenses, que começavam a ser formados. Em 3 de abril de 1823, Fidié recebeu no Estanhado ofício da Junta de Caxias solicitando-o que revertesse sua marcha e fosse para aquela cidade.[19]

Parte da tropa que lá se encontrava havia dado mostras de insubordinação e estava sendo encaminhada para São Luís, em razão da influência da Independência em São José dos Matões, em fins de março de 1823. Situada ao Sul de Caxias e próxima à fronteira com o Piauí, a vila sofreu influência direta do processo que se passava na outra margem do Parnaíba. Elementos vindos do outro lado piauiense do Parnaíba lograram entrar na vila e mobilizar a população a aclamar D. Pedro Imperador.

Estimando que o desvio poderia ser vantajoso, Fidié decidiu deixar o Piauí e partir para Caxias, aonde chegou em 17 de abril de 1823, acompanhado por 700 soldados. Já tendo cruzado o Parnaíba, Fidié ainda enviou duas expedições ao Piauí, que voltaram a entrar

---

19. FIDIÉ, 2006, p. 135.

em combate com forças pró-Rio de Janeiro. Em 23 de abril, uma tropa independentista bateu-se com destacamento que havia permanecido próximo ao Estanhado, do outro lado do Rio, capturando grande quantidade de equipamento. Em poucos dias, desse modo, também o Estanhado estava capturado pelos independentistas.

A Província que Fidié abandonava ainda exigiria muito trabalho de estabilização, sofrendo com a mobilização militar e com a insegurança. Mas, após a marcha de Fidié para Caxias, o episódio piauiense da luta entre partidários de Lisboa e do Rio de Janeiro estava encerrado.

Mais ainda, desde 16 de abril de 1823, ofício de D. Pedro havia conferido plenos poderes ao coronel Simplício Dias e ao governador das Armas do Ceará para marcharem contra o Maranhão, como se verá logo em seguida. A guerra se tornara, assim, parte de um movimento nacional. Não era mais uma guerra sem quartel-general, mas com comando unificado a partir do Rio de Janeiro. A ação no Maranhão também ocorreria em paralelo com a atuação da esquadra brasileira, após a guerra na Bahia. As operações no Piauí e no Maranhão foram, por essa razão, parte de uma mesma guerra, que envolveu outras Províncias e decidiu a posse de todo o Norte do Brasil. Iniciava-se, então, a segunda fase da guerra, agora no Maranhão.

2. A guerra no Maranhão: adesão ou conquista?

Instalado em Caxias, Fidié decidiu, inicialmente, partir para a ofensiva, mobilizando-se, em 21 de abril, para atacar São José dos Matões. O avanço dessas tropas, no entanto, foi detectado e permitiu uma reação, coordenada pelo grupo de independentistas que se organizavam na Barra do Poti. Foram despachados, então, 400 soldados comandados pelo capitão João da Costa Alecrim, e outros 150 sob as ordens do sargento-mor Francisco Xavier Torres. Ao saber que essas forças haviam atravessado o Parnaíba, as forças de Fidié entrincheiraram-se próximo a São José dos Matões.

Sem esperar a chegada desses reforços, o comandante do destacamento de São José dos Matões atacou as trincheiras das forças de Caxias, concentradas na sede de uma fazenda, em 29 de abril. A resistência foi dura e quase provocou a derrota brasileira. Segundo o relato do monsenhor Joaquim Chaves, foi ação individual do tenente Roberto José, de esgueirar-se até a proximidade da casa e atear fogo nela, que definiu o combate, com grandes perdas do lado português.[20] Quase no fim, chegaram ao local as forças do capitão Alecrim, que auxiliaram no combate, que resultou em 45 mortos e 13 feridos. Os soldados de Fidié lograram recuar e acamparam, na sequência, em Pindoba, nas proximidades de Caxias.

Duas consequências derivaram do combate de São José dos Matões, de 29 de abril de 1823: após a derrota, Fidié optou por uma estratégia defensiva e por concentrar esforços na defesa de Caxias. Continuariam as escaramuças em outras localidades, mas ficava claro que a iniciativa militar estava agora com as forças pró-Rio de Janeiro.[21] Sem reforços provenientes de São Luís, não restou alternativa aos "portugueses": tinham de tentar resistir. Eram, conforme menciona o próprio Fidié, aproximadamente 700 soldados, que guarneciam uma vila que havia perdido muito de sua população, fugindo dos confrontos.

De outro lado, tropas pró-Rio de Janeiro, em número importante – aproximadamente 650 homens – aproveitaram o momento e cruzaram o Parnaíba e estabeleceram cabeça de ponte em São José dos Matões. Ganharia destaque, nesse processo, a figura do capitão Alecrim, que, na maior parte dos casos, avançou contra as ordens do comando. Alecrim se tornaria uma das personagens mais conhecidas do período, alternando expressões de bravura e de indisciplina, a ponto de chegar a conspirar contra aliados e ser destituído de seu comando, para depois voltar à luta e assinar a capitulação de

---

20. CHAVES, 2006, p. 130.
21. SILVA, Luís Antonio Vieira da. *História da independência da província do Maranhão (1822-1828)*. Rio de Janeiro: Companhia Editora Americana, 1972, p. 98.

Fidié. Pouco tempo depois, participaria das revoltas contra o Rio de Janeiro, em 1824.

As forças pró-Dom Pedro iniciavam, então, sua ofensiva sobre o Maranhão. A movimentação dessas tropas começou pelas localidades ao longo do Rio Parnaíba e em vilas próximas, alongando-se em escaramuças regulares entre os dois lados, até que as ofensivas brasileiras tivessem sucesso sobre vilas estratégicas e permitissem o cerco. Não foi um processo rápido.

O novo cenário envolveu invasões sucessivas pelo rio Parnaíba, que se desdobraram em três movimentos. O primeiro, feito em várias linhas, cercou Caxias. O segundo, de menor monta, mas estratégico, resultou na ruptura das comunicações entre Caxias e São Luís, após a captura de Itapecuru-Mirim. O terceiro foi limitado, com a captura de Carnaubeiras por Simplício Dias, vila ao Norte do Maranhão, próxima a Parnaíba.[22]

Em todos os casos, mas particularmente no cerco a Caxias, tratou-se de um movimento desorganizado, com casos notórios de problemas de disciplina. Observando as dificuldades de organização dos diferentes corpos piauienses, cearenses, pernambucanos (além de alguns maranhenses), a Junta de Oeiras decidiu, em fins de março, descentralizar o comando e criar a "Junta de Comissão Militar da Barra do Poti", que teria como competência as ações no Norte da Província, pelos pontos de Santo Antônio e Poti. No Sul, o comando continuaria sendo realizado diretamente por Oeiras. A Junta militar teria um presidente e seis membros, mas demorou a se concretizar, instalando-se apenas em 26 de abril.

As escaramuças continuaram ao longo desse processo de invasão. Em 3 de junho, o sargento-mor Luís Rodrigues Chaves informou a ocupação, com 500 soldados, de localidade nomeada Codó. Continuaram a aparecer, em diferentes pontos da operação, expressões de insubordinação e de antiportuguesismo por parte das tropas pró-Rio

---

22. NEVES, 2006, p. 228.

de Janeiro, como foi o caso do coronel João de Araújo Chaves e do capitão José do Vale.[23] Em 4 de junho, a Junta da Barra do Poti instalou-se no quartel de Pindoba, bem próximo a Caxias, "onde assumiu diretamente a direção das operações" contra a cidade.[24]

Ademais das tropas que já combatiam no Maranhão, preparava-se agora para a chegada de novos elementos, do Ceará e de Pernambuco. No caso dos pernambucanos, eram 236 soldados, sob o comando do capitão João Nunes Magalhães.[25] De sua parte, a movimentação das tropas do Ceará encontraria, no entanto, contratempos logísticos e políticos, que atrasaram o passo.[26] A expedição não combateu no Jenipapo ou participou das primeiras etapas da invasão do Maranhão. Quando chegou ao Maranhão, tendo em vista os problemas de coordenação que já haviam sido detectados quando das operações militares no Piauí, formou-se entre piauienses e cearenses uma "Junta de Delegação Expedicionária".

Em 19 de junho de 1823, finalmente, o cerco sobre Caxias estava completo. Nos dois meses seguintes, a cidade passou a conviver com escaramuças constantes, tensões e ansiedades típicas do sítio. Os partidários de D. Pedro foram crescendo em número, chegando, com o reforço dos cearenses, a um bando que variava entre 5 mil e 10 mil combatentes.[27]

---

23. CHAVES, 2006, p. 165.
24. Ibid., p. 167.
25. Ibid., p. 178.
26. INSTITUTO HISTÓRICO E GEOGRÁFICO BRASILEIRO (IHGB). Expedição do Ceará em Auxílio do Piauhi e Maranhão. Documentos relativos á expedição cearense ao Piauhi e Maranhão para proclamação da independência nacional". In: *Revista do Instituto Histórico e Geográfico Brasileiro*, tomo XLVIII, parte I, 1885, p. 261, 425 e 449. Disponível em: https://ihgb.org.br/publicacoes/revista-ihgb/item/107763-revista-ihgb-tomo-xlviii--parte-i.html. Acesso em: 10 nov. 2013.
27. Seriam 6 mil, em maio, e 18 mil, em junho, conforme VIEIRA DA SILVA, 1885, p. 165. Fidié fala em 9 mil soldados, número mais próximo à documentação relativa à expedição cearense, que menciona 8 mil soldados. Documento "Estado das Providencias sobre a Independencia". In: Documentos relativos ao assedio e rendição de Caxias/Expedição do Ceará em Auxilio do Piauhi e Maranhão, p. 505.

O período mais intenso do cerco a Caxias ocorreu no mês de julho de 1823. Foram planejadas ações maiores sobre a cidade, que terminaram não ocorrendo, ao passo que a situação das tropas de Fidié se tornava insuportável, especialmente em razão da escassez de comida, como haviam informado desertores portugueses, em 11 de julho.[28] Com a situação tornando-se insustentável, houve uma intensificação nos combates, principalmente entre 16 e 19 de julho.[29]

Fidié sofreu, no dia 16 de julho, ataque da artilharia brasileira, que foi respondido pelo fogo do Morro da Taboca e por ataques, em 17 e 18 de julho, sobre os pontos menos guarnecidos das linhas brasileiras. O major decidiu, então, lançar pessoalmente um último ataque, em 19 de julho. Com apoio da artilharia, liderou 400 soldados sobre as linhas brasileiras, numa tentativa de ruptura do cerco. A luta durou mais de cinco horas, mas o ataque foi repelido, causando 9 mortos e 67 feridos portugueses e 4 mortos e 3 feridos do lado independentista.

Foi a última tentativa de Fidié, que veria, dois dias depois, as tropas brasileiras reforçadas com a chegada do corpo expedicionário cearense. A entrada em cena desse elemento foi providencial para as forças pró-Rio de Janeiro, pois quase todas as munições haviam sido gastas nos combates anteriores. O quadro militar fora, com o reforço cearense, finalmente definido.

Sem sucesso por parte de Fidié, iniciaram-se as negociações, que seriam aceitas pela Câmara de Caxias, mas rechaçadas por Fidié. Em 1º de agosto de 1823, as forças independentes entraram em Caxias, sendo realizada, dois dias depois, cerimônia de adesão de Caxias ao Império.[30]

A cidade permaneceria ocupada ao longo de boa parte de 1823, enfrentando forte instabilidade política e problemas com o comando militar. Também houve muitos casos de indisciplina, inclusive no caminho de retorno dos soldados.

---

28. NEVES, 2006, p. 273.
29. Ibid., p. 277.
30. EXPEDIÇÃO do Ceará em Auxilio do Piauhi e Maranhão, 1855, p. 513.

Paralelamente ao sítio de Caxias, houve o avanço sobre Itapecuru-Mirim. Reforçadas por tropas de São Luís (após denúncias de que o comandante local se tornava pró-Rio de Janeiro), as autoridades militares da cidade tentaram, sem sucesso, uma ofensiva em 10 de junho de 1823, após registro de emboscada por elementos pró-Rio de Janeiro.[31] As forças independentistas cercaram a vila e, em pouco tempo, a falta de suprimentos começou a colocar os sitiados em dificuldades. Após uma segunda tentativa de ruptura, os portugueses tentaram uma fuga, mas foram atacados. No retorno deles à cidade, descobriram a mudança de lado do próprio comandante, que entregou o local. Com a vitória em Itapecuru-Mirim, foram definitivamente cortadas as ligações entre São Luís e Caxias.

Na passagem de junho para julho de 1823, desse modo, a Junta de Governo maranhense se encontrava isolada, contando apenas com o apoio de vilas próximas e, até então, da via marítima. Ainda assim, permanecia fiel a Lisboa, tendo decidido, em 4 de junho de 1823, sustentar até a última extremidade a causa portuguesa. Em meados de julho de 1823, no entanto, chegou o golpe político da Vilafrancada, em Portugal, quando D. João VI fechou as Cortes constitucionais de Lisboa e retomou por completo o poder. Surgiram, nesse contexto, disputas entre autoridades maranhenses, com alguns setores defendendo a aproximação com o Rio de Janeiro. A força ainda parecia estar nas mãos dos partidários de Lisboa, confiantes, na perspectiva de novos reforços, vindos especialmente da Bahia.[32] Tentou-se, inclusive, negociar com o inimigo para ganhar tempo.

A estratégia poderia ter dado certo não fosse a entrada em cena de Thomas Cochrane. Já nos mares próximos de São Luís, Cochrane apreendeu o brigue *Infante Dom Miguel*,[33] obtendo informações sobre o estado da Província. Ao invés de aprisionar a tripulação, liberou o

---

31. Ofício transcrito em NEVES, 2006, p. 245.
32. VIEIRA DA SILVA, 1862, p. 151.
33. PAIXÃO E DORES, 1938, p. 246.

comandante da embarcação, informando-lhe que toda uma esquadra independentista estava a caminho. O oficial levou a São Luís a notícia, que foi completada com cartas do almirante, de 26 de julho de 1823, nas quais ameaçava o uso da força.[34]

Cercada por terra e por mar, a Junta não teve outra opção, oficializando a "adesão" ao Império em 28 de julho de 1823. Houve, no período, medidas para o embarque da tropa portuguesa, que, após alguma resistência, partiu em 1º de agosto.[35] A ação de Cochrane concluiu a incorporação do Maranhão ao Império, mas não é correta a avaliação de que apenas sua "astúcia" foi suficiente: não teria tido sucesso sem o que se passava na parte terrestre da Província.

3. A fronteira final ao norte: a incorporação do Pará

Enquanto se passava a guerra no Piauí-Maranhão, a situação interna do Pará seguia caminhos muito parecidos. Em princípios de 1823, após quase dois anos de relativa estabilidade, a atuação de partidários da Independência se incrementou, influenciada pelo que ocorria no Norte-Nordeste.[36] Ampliou-se também o confronto entre as instituições civis e militares. A situação política levou à renúncia da Junta Governativa, em 14 de fevereiro de 1823, e a novas eleições municipais. Com o resultado do pleito, constatou-se que todos os eleitos eram

---

34. COCHRANE, 2003, p. 82.
35. GALVES, 2006, p. 2.
36. OFÍCIO do governador das Armas da província do Pará, brigadeiro José Maria de Moura, para o ministro e secretário de estado dos Negócios da Guerra, Manuel Gonçalves de Miranda, sobre a prisão do emissário Vitorino Marques e a devassa que se mandou realizar e a existência de um partido de dissidentes no Governo da província do Pará, sendo a paz é mantida pelos militares. Anexo: 2ª via e ofícios (cópias. extracto). Arquivo Histórico Ultramarino, AHU_ACL_CU_013, Cx 158, D. 12063. In: Biblioteca Virtual do Projeto Resgate. Disponível em: https://digitarq.ahu.arquivos.pt/details?id=1325763. Acesso em: 3 jan. 2015.

favoráveis ou simpáticos à emancipação.[37] Em reação, houve, em 1º de março, revolta de forças militares, que restabeleceu a antiga Câmara municipal. Ainda que o golpe parecesse garantir aos partidários de Lisboa o poder provincial, seu resultado efetivo serviu para convencer os partidários da Independência da necessidade de encontrar apoio dentre as fileiras militares, ao que se iniciaram as conspirações.

Com isso, em 13 de abril de 1823, o governador das Armas José Maria de Moura denunciou a existência de conspiração pró-Rio de Janeiro, que de fato existia e estourou no dia seguinte. O movimento teve pouco sucesso, obrigando seus chefes a fugirem. Alguns deles foram para a parte ocidental da Ilha de Marajó. Lá proclamaram, em 28 de maio de 1823, o apoio à causa do Rio de Janeiro.[38]

A Junta enviou tropas, que se bateram com os aproximadamente 200 rebeldes. A vitória foi dos partidários de Lisboa. Apesar do sucesso militar, a causa da Junta de Belém se enfraquecia. Em julho, chegou, pelo navio *Palhaço*, a notícia da Vilafrancada. Também chegaram a Belém as notícias da "adesão" do Maranhão ao Império, o que alimentou as movimentações de grupos pró-Rio de Janeiro na tropa. Um conselho reuniu-se em 5 de agosto, na tentativa de manter a situação inalterada até que fossem recebidas novas ordens.

Foi nesse contexto que apareceu o comandante britânico John Pascoe Grenfell, que comandava um dos navios da esquadra de Cochrane e havia sido destacado pelo almirante para avançar sobre Belém, em 11 de agosto de 1823. Esta foi, na verdade, "a única força externa que atracou" na cidade. Apesar da resistência do governador das Armas José Maria de Moura, a Junta tomou a chegada de Grenfell "como a oportunidade dos estratos dominantes restabelecerem a ordem".[39] Grenfell foi convidado a desembarcar e, em 12 de outubro, Pará foi oficialmente incorporado ao Império.

---

37. RAIOL, 1865, p. 35. Vide também RODRIGUES, 2002, p. 302.
38. RODRIGUES, 2002, p. 304.
39. MACHADO, 2006, p. 312.

Assim como na Bahia ou em Pernambuco, a incorporação do Maranhão e do Pará ao Império trouxe apenas uma aparência de unidade. Os grupos favoráveis a Lisboa, ou mesmo independentistas, ainda eram fortes. Portugal manteria, até 1825, a alegação de que as Províncias estavam "ocupadas". Cochrane retornaria ao Maranhão, em 1824, para conter nova revolta, passando pelo Ceará, igualmente convulsionado.

Também no Pará houve sérias dificuldades de manutenção da ordem, exemplificadas pelo episódio do navio *Palhaço*, quando 256 soldados foram presos (e cinco fuzilados, após uma revolta). Ocorreu, então, o episódio do confinamento desses presos em uma cela pequena, que gerou tumulto. No dia seguinte, 252 soldados estavam mortos.

A situação nas Províncias apenas se acalmou ao longo de 1825, após o reconhecimento da Independência por Portugal.[40] A guerra havia possibilitado a D. Pedro incorporar o Norte ao Império, mas a efetiva consolidação da unidade nacional ainda levaria décadas para se concretizar.

---

40. GALVES, 2013, p. 23.

14

A Cisplatina na Independência: apenas um novo capítulo de uma secular batalha

A Cisplatina foi caso tão complexo quanto díspar do ocorrido no Norte-Nordeste ao longo do processo que resultou na Independência do Brasil. O território já era região em guerra, com presença constante de tropas portuguesas, que procuravam garantir a fronteira sul, a mais vulnerável e instável do Reino. Era, portanto, zona permanentemente em conflito, na secular disputa entre Espanha e Portugal pelos territórios da região. Precariamente vinculada ao Reino do Brasil, era também ponto estratégico na relação com o mundo hispânico e entrada para o Prata, rio que facilitava o transporte até as Províncias centrais, como o Mato Grosso.

A etapa da guerra da Independência do Brasil na Cisplatina foi, desse modo, um episódio a mais em uma longa sucessão de conflitos, que logo se transformaria na primeira guerra internacional do Império do Brasil, em 1825. A Guerra da Cisplatina (1825-1828) oporia o Império às Províncias Unidas do Prata, atual Argentina, e resultaria na criação do Uruguai. Antes disso, forças militares vintistas e pró-Rio de Janeiro lutariam, com o apoio e a ação de vários dos atores locais, ou mesmo o Reino Unido, por D. Pedro e pela união daquele território ao Brasil.

1. A disputa pela Cisplatina e reflexos da Revolução do Porto

A evolução política da Cisplatina fez confluírem, em 1821-1823, três processos distintos: (i) a histórica disputa entre Portugal e Espanha por territórios americanos; (ii) os problemas internos do processo de emancipação das ex-colônias espanholas; e (iii) a realidade política da Revolução do Porto e o confronto entre o Rio de Janeiro e Lisboa.

A Cisplatina foi "durante um século e meio (1680-1828) o centro e o símbolo das divergências entre Portugal e Espanha".[1] Em função da busca de limites naturais, exercício de soberania e aproveitamento de espaços territoriais, a fronteira no Prata motivava o permanente jogo diplomático-militar entre espanhóis e portugueses. Naquele ponto do Atlântico, "desaguavam três caudalosos rios que alongavam seu percurso até o centro da América do Sul".[2]

O Prata facilitava todo o transporte para o interior do continente e até mesmo do Pacífico, evitando o estreito de Magalhães. Era um ponto--chave da colonização do continente. Nesse caminho, também era possível chegar às Províncias no centro do Brasil, Mato Grosso e Goiás, tornando-o ainda mais sensível para a Coroa portuguesa. Sem a navegação rio acima, o controle do interior brasileiro tornava-se complicado.

Ao estabelecimento da cidade de Buenos Aires pelos espanhóis, Portugal havia tentado responder com a fundação da Colônia do

---

1. ARAÚJO, João Hermes Pereira. A Herança Cultural. Capítulo I. In: ARAÚJO, João Hermes Pereira; AZAMBUJA, Marcos; RICÚPERO, Rubens. *Três ensaios sobre diplomacia brasileira*. Brasília: Ministério das Relações Exteriores, 1989, p. 5.
2. MARTINS, Helio Leoncio. A Província Cisplatina do ponto de vista brasileiro. *Estudios Historicos – CDHRP.* año II, n. 4, marzo 2010, p. 1. Disponível em: http://www.estudioshis-toricos.org/edicion_4/helio-leoncio.pdf. Acesso em: 18 ago. 2014.

Sacramento, em 1680, na outra margem do Rio da Prata.[3] A partir de então, aquele território, que inclui o que hoje é o Uruguai, uma parte da Argentina e grande parte do Rio Grande do Sul brasileiro, passou a sofrer com embates, grandes campanhas e trocas frequentes de mãos. Mesmo os tratados que tentaram resolver a questão fronteiriça, principalmente o de Madri (1750, favorável a Portugal) e o de Santo Idelfonso (1776, favorável à Espanha), não terminaram com os confrontos.

Montevidéu, de sua parte, foi fundada em 1726, construída como praça forte destinada a proteger a produção agropecuária da Banda Oriental dos avanços portugueses, que operavam a partir da Colônia do Sacramento. Ao contrário de outras áreas do Vice-Reinado, que dependiam do porto de Buenos Aires, a cidade tinha seu próprio porto, o que criou um espírito de autonomia com relação às pretensões portenhas, com consequências importantes no processo que se seguiria.

Ao longo desses anos de instabilidade, formou-se uma linha defensiva próxima ao que hoje é a fronteira Brasil-Uruguai. Tanto a Colônia do Sacramento quanto os Povos das Sete Missões estavam em mãos espanholas desde 1776 (em operação que ocupou, inclusive a ilha de Santa Catarina), mas, já na primeira década do século XIX, as Sete Missões haviam sido recuperadas por Portugal.

Ainda com fronteiras inconclusas pelas guerras e tratados, a situação ganhou novos contornos com a chegada da família Real ao Brasil, em 1808, e o início das movimentações emancipacionistas no Prata, a partir de 1810. Há muito debate sobre quais seriam as ambições de D. João VI com relação àquele território. Se observarmos as distintas fontes e hipóteses, parece que o principal interesse era buscar reforço da segurança da fronteira e, eventualmente, esticar a fronteira até sua zona natural, o Prata.

---

3. FERREIRA, Gabriela. Conflitos no Rio da Prata. In: GRINBERG, Keila; SALLES, Ricardo (Orgs.). *O Brasil Imperial – V. I, 1808-1831*. Rio de Janeiro: Civilização Brasileira, 2009, p. 325.

Paralelamente, teria também sido alimentado o desejo de garantir "a integridade dos domínios dos familiares de Carlota Joaquina", inclusive com negociações de independentistas que favoreciam a monarquia e algum tipo de aproximação com Portugal.[4] Para além de seus interesses estratégicos, o monarca português agia, no Prata, como braço monárquico contra os revolucionários platinos.

Exatamente no contexto desse processo revolucionário, a difícil gestão do início dos processos de emancipação das ex-colônias espanholas (o segundo ponto aqui levantado), surgiu a primeira oportunidade de ação do Rio de Janeiro, que inclusive veio a pedido. Em maio de 1810, ante a informação da dominação da Espanha por Napoleão, ocorreram as chamadas "Jornadas de Maio" no que hoje é a Argentina. A partir delas, partidos locais ("criollos") assumiram o poder e deram os primeiros passos para a independência do Prata, apenas consumada na década seguinte. Duas Juntas se sucederam em Buenos Aires, sendo que a segunda pretendia reivindicar autoridade sobre todo o Vice-Reino do Prata.

Em outras palavras, Buenos Aires pretendia incorporar para seu novo governo um território amplo, que hoje englobaria tanto o Uruguai quanto o Paraguai. O novo regime que estava se erguendo nutria a percepção (ou pretensão) de que tinha legitimidade para representar e dirigir todo o anterior Vice-Reinado. Com isso, a partir desse momento, iniciou-se processo de idas e vindas em toda a região, entre governos revolucionários e reações da Espanha.

Montevidéu permaneceu, inicialmente, favorável à Espanha. Buenos Aires, então, passou a auxiliar os grupos orientais partidários da independência contra a Espanha, movimento que resultou em

---

4. FERREIRA, Fábio. *O general Lecor, os voluntários reais e os conflitos pela Independência do Brasil na Cisplatina (1822-1824)*. Tese de Doutorado apresentada ao Programa de Pós-Graduação em História da Universidade Federal Fluminense. Niterói, 2012, p. 54. Disponível em: http://www.historia.uff.br/stricto/td/1408.pdf. Acesso em: 14 ago. 2014.

guerrilhas que atingiam a fronteira com o Reino do Brasil, provocando um estado de insegurança.

No mesmo período, surgiu também a figura de José Gervásio Artigas. Oficial do Exército espanhol, Artigas aderiu aos insurgentes de Buenos Aires, a favor da emancipação, assumindo o comando da revolução no território oriental (hoje Uruguai). A aliança não durou muito, uma vez que Artigas rompeu com Buenos Aires. O comandante também teria problemas na sua própria região, pois em pouco se antagonizaria com a elite oriental. Haveria, então, uma divisão de partidos: Artigas seria apoiado por alguns estancieiros, ao passo que os comerciantes de Montevidéu permaneceram, em sua maioria, ao lado da Espanha.[5]

Ainda em 1811, em 28 de fevereiro, ocorreu a primeira investida de Artigas para cercar Montevidéu, onde se encontrava o vice-rei, Javier Elío, ainda fiel à Espanha. Sem contar com apoio militar espanhol, Elío apelou a D. João VI, no Rio de Janeiro. A resposta foi rápida e, ainda em 1811, tropas brasileiras, comandadas pelo general Diogo de Souza, ocuparam Montevidéu. A presença portuguesa durou, no entanto, poucos meses. Elío e Buenos Aires chegaram a acordo em 20 de outubro de 1811, sem a participação dos portugueses. Os portenhos aceitaram sair da Banda Oriental, mas demandaram a retirada das tropas portuguesas, que ainda permaneceram por um tempo. Sem capacidade militar para expulsá-las, os orientais recorreram à Inglaterra, que pressionou o Rio de Janeiro pela saída.

O período que se seguiu, até 1816, permaneceu agitado na Banda Oriental, com os mesmos personagens realizando marchas e contramarchas. Artigas se deslocou até a Província de Entre Rios (hoje parte da Argentina), acompanhado por algo como 15 mil ou 16 mil pessoas, no que ficou conhecido como o "Êxodo do Povo Oriental".[6] Nesse processo, em 1813, uma nova Junta foi eleita em Buenos Aires e

---

5. FERREIRA, 2012, p. 54.
6. MARTINS, 2010, p. 4.

convocou uma Assembleia Geral, com representantes de todas as Províncias. O objetivo era tentar estruturar a relação entre as colônias do Prata, centralizando o poder na capital portenha. Isso, evidentemente, ia contra os interesses dos grupos organizados que reivindicavam a autonomia da Banda Oriental.[7]

Nesse contexto, novo ataque de Buenos Aires foi realizado contra Montevidéu, em 20 de junho de 1814, na tentativa de derrubar Gaspar de Vigodet, o governador que havia substituído Javier Elío. A ação foi eficaz, principalmente em razão da atuação da Marinha bonaerense. Artigas participou inicialmente do cerco, mas abandonou-o depois por divergências com Buenos Aires. Após ocupação, houve princípio de reaproximação, com os portenhos abandonando Montevidéu em janeiro de 1815. O líder oriental assumiu o Governo, mas não teve apoio de toda a elite, com parte da qual se indispôs.

Nesse contexto em que se conjugavam interesses estratégicos na região e problemas de segurança que atingiam as fronteiras de seu Reino, D. João VI organizou nova invasão da Banda Oriental. A "anarquia" na região, especialmente pelas ações de Artigas, foi a justificativa para a operação militar.[8] Há diferentes interpretações, no entanto, sobre os objetivos da ocupação, entre uma estratégia meramente provisória, destinada a servir de moeda de troca por pendências na península ibérica (ocupação espanhola de Olivença, na Europa, no contexto das Guerras Napoleônicas), ou uma efetiva disposição de assumir a soberania da Banda Oriental (versão que consta de instruções ao comandante das forças, general Carlos Frederico Lecor),[9] esta última mais próxima às tradicionais ambições portuguesas na região.

---

7. FERREIRA, op. cit., p. 56.
8. Vide também COMIRAN, Fernando. Portugal no Uruguai: um debate sobre a intervenção portuguesa na Banda Oriental do Uruguai (1816). In: *Anais do XXVI Simpósio Nacional de História – ANPUH*. São Paulo, julho 2011, p. 7. Disponível em: https://tinyurl.com/57nsr53a. Acesso em: 3 abr. 2022.
9. MARTINS, 2010, p. 7.

Seja qual tenha sido o plano original, em 7 de dezembro de 1814, foi estabelecido um Corpo de Exército de Portugal, denominado "Divisão de Voluntários d'El Rei". Este viajou ao Brasil com a Divisão Auxiliadora, ao longo de 1815-1816, totalizando 4.831 homens. O Comandante militar por trás da ação portuguesa sobre a Cisplatina era o experiente general Lecor, nascido em Portugal, em 1764, e forjado nas Guerras Napoleônicas, onde adquiriu grande reputação, inclusive junto aos comandantes ingleses.

Outra parte do contingente que atuou na Banda Oriental foi recrutada no Brasil, especialmente no Sul e em São Paulo e Rio de Janeiro. Também havia tropas de Pernambuco, que se juntaram a eles após o fim da revolução de 1817.[10] Eram em torno de 2 mil homens, incluindo oficiais, dentre os quais o general Bernardo da Silveira Pinto, e duas figuras importantes da história do Sul do País: Bento Manuel e Bento Gonçalves. As forças paulistas chegavam a quase metade da primeira linha e parte significativa da segunda, sendo que essa origem centro--sulista teria impactos no futuro. Em 1822, a força compreendia 8.129 homens, dos quais 3.678 eram da Divisão de Voluntários Reais.[11]

Em 1816, após os preparativos necessários, as tropas de D. João VI avançaram. Após escaramuças ao longo do caminho, lograram entrar pacificamente em Montevidéu, em 20 de janeiro de 1817, após acordo com o cabildo local. Os combates continuaram, na verdade, até 21 de janeiro de 1820, quando da Batalha de Taquarembó.[12] Instruído por D. João VI, Lecor não limitou sua ação à esfera militar. Desenvolveu todo um trabalho político no Governo da Banda Oriental e na delicada relação com os orientais. Lecor alcançou, nesse processo, apoio de parte da elite uruguaia, "descontente com a política arti-

---

10. LIMA, 1997, p. 260.
11. Segundo mapa de tropas enviado pelo ministro da Guerra de Portugal às Cortes de Lisboa, Sessão de 20 de agosto de 1822. In: Atas das Cortes Geraes e Extraordinárias da Nação Portuguesa.
12. MARTINS, 2010, p. 12.

guista; defecções importantes entre os seguidores de Artigas, como a de Fructuoso Rivera, deram mais força aos portugueses".[13] Também foram incentivados os casamentos entre portugueses e orientais, tendo o próprio Lecor se casado, em 3 de dezembro de 1818, com a jovem montevideana Rosa Maria Josefa Herrera de Basavilbaso, de proeminente família da sociedade local.

Observa-se, desse modo, que houve esforços em tornar permanente a ocupação. Dentre as várias medidas, a mais importante para o tema da emancipação brasileira foi a instrução de D. João VI, em 16 de abril de 1821, para a realização de Congresso na Banda Oriental, cujo objetivo era permitir que os orientais decidissem o futuro do território. Segundo Fábio Ferreira, a sociedade oriental vivia, nesse momento, "relativa paz, conseguindo, inclusive, alguma recuperação econômica".[14]

O Congresso iniciou suas atividades em 15 de julho de 1821, com 12 dos 18 deputados originalmente previstos.[15] As discussões deveriam levar à escolha de uma de três opções: incorporação ao Brasil, incorporação às Províncias Unidas do Prata ou independência. Os parlamentares favoráveis à primeira opção se fundamentaram particularmente no risco de anarquia, nas dificuldades de se manter como Estado independente.

Os sucessos militares e políticos de Lecor se traduziam, assim, no apoio dos deputados orientais, que, em 18 de julho 1821, votaram de forma unânime pela incorporação à Coroa portuguesa. A medida consolidava, então, uma ambição antiga de Lisboa e resolvia, para a Banda Oriental, as dificuldades decorrentes do processo de emancipação do Prata. Nem por isso, porém, traduziu-se em maior estabilidade política na região.

---

13. RODRIGUES, José Honório; SEITENFUS, Ricardo A. S. Uma história diplomática do Brasil, 1531-1945. Organização de Lêda Boechat Rodrigues. Rio de Janeiro: Civilização Brasileira, 1995, p. 56.
14. FERREIRA, 2006, p. 2.
15. FERREIRA, 2006, p. 3.

Houve, em primeiro lugar, um intenso baile diplomático em razão da questão. A Espanha não aceitou a conquista e realizou gestões junto às potências europeias, que tentaram atuar como mediadoras do conflito.[16] A mediação europeia teve pouco resultado prático, sendo que o visconde de Palmella estimava que as potências europeias pareciam inclinadas para Portugal, com a exceção do Reino Unido, que mantinha uma política de evitar que Espanha ou Portugal tivessem preponderância no Prata. O Reino Unido jogaria, na prática, ao mesmo tempo a favor e contra os Estados em formação e seria muito favorável à solução pela criação de um terceiro ator, o Estado do Uruguai.

O problema foi que a solução encontrada por D. João VI, de incorporar a Cisplatina, chegou em um momento delicado da política interna portuguesa, o terceiro processo político aqui mencionado. O contexto da Revolução do Porto no Reino do Brasil, a partir de 1820, terminou por tragar a Banda Oriental para o conflito entre Rio de Janeiro e Lisboa, transformando o que já era uma região sensível em uma praça de guerra entre luso-brasileiros e portugueses. Também a Cisplatina teria, ao fim do complexo e longo processo de afunilamento das opções, de realizar a opção entre Lisboa ou o Rio de Janeiro, com o agravante de que essa opção teria de ser feita no seio das tropas, com a sociedade local mais observando do que agindo sobre a questão.

2. A Cisplatina entre Lisboa e o Rio de Janeiro: a decisão do General Lecor

Assim como no caso das demais regiões, os debates políticos ocorridos na Cisplatina no contexto da Revolução do Porto envolveram tanto o âmbito provincial, com acordos e desacordos entre os atores locais, quanto a disputa geral entre Rio de Janeiro e Lisboa. O caráter estratégico da Província, no entanto, ampliava a necessidade de debater seu futuro no

---

16. PALMELLA, 1851, p. 42.

seio do Reino e da nova organização que decorreria das Cortes Constitucionais. Lisboa e Rio de Janeiro tinham de considerar, em sua disputa em curso, os impactos de suas posturas políticas na região do Prata, já conflagrada pelos processos de emancipação. No seio desse debate, se dariam as decisões que resultariam na guerra pela Província.

As Cortes constitucionais de Lisboa ocuparam-se, em algumas sessões, da questão da Cisplatina. Os debates, no entanto, se voltaram ao próprio senso estratégico da incorporação, mais do que a modos de adaptar a Província à nova realidade. O chanceler de D. João VI na volta a Lisboa, Silvestre Pinheiro Ferreira, posicionou-se inicialmente contra a incorporação da nova Província. Ao enviar dois ofícios a Lecor, em dezembro de 1821, o chefe dos conselheiros do Rei manifestou "indignação com a anexação" e solicitou exposição dos fatos.[17] Ao final, nem D. João VI, nem as Cortes jamais ratificaram a incorporação da Cisplatina, ainda que a nova Província tenha elegido um deputado às Cortes de Lisboa, D. Lucas José Obes. Este nunca chegou a Lisboa, pois, fazendo escala no Rio de Janeiro e consultando D. Pedro, estimou este que era melhor que o oriental permanecesse na capital carioca.[18]

As Cortes Gerais também discutiram o futuro da presença das tropas na Cisplatina. Alguns deputados defendiam, já em 1821, que as forças portuguesas fossem retiradas da região. Outros desejavam que as tropas fossem enviadas à Bahia, ponto que se tornou o centro da causa das Cortes no Brasil, em contraposição ao Rio de Janeiro. O general Madeira de Mello, que liderou a luta pró-Lisboa em solo baiano, efetivamente manteve correspondência com D. Álvaro da Costa, comandante na Cisplatina que se manteve fiel a Lisboa, e cogitou a transferência de suas forças para Salvador, medida também debatida

---

17. FERREIRA, 2012, p. 132.
18. LIMA, 1997, p. 261.

pelas Cortes.[19] A Bahia, cabe ressaltar, mantinha relações comerciais com o Prata e com a Cisplatina. Ao final, a maioria dos parlamentares em Lisboa defendeu a legalidade da posse do território, pela questão de segurança de fronteiras.

Em agosto de 1822, no entanto, as Cortes tenderam a mudar de direção das posições quanto à Cisplatina.[20] Os debates refletiam a perceptível tensão na Província – inclusive com relação às diferentes facções que formavam os próprios orientais – e as alegações de Lecor de que não tinha condições de cumprir as instruções de Lisboa. Houve a autorização para a remoção das tropas, "como entendesse útil e honroso", sendo que o parecer da Comissão portuguesa negava legalidade ao ato de incorporação da Cisplatina ao Reino do Brasil, por ter sido feita por "método arbitrário do Barão da Laguna". Continuavam as demandas por explicações e, meses depois, chegava-se à conclusão da retirada.

A vacilação das Cortes foi agravada pelo fato de que, desde os primeiros debates, já havia uma decisão dos parlamentares em Lisboa pela substituição de Lecor no comando das forças portuguesas. Fábio Ferreira sugere que essa atitude impulsionou a aproximação de Lecor com o Rio de Janeiro, favorecendo, posteriormente, sua adesão ao novo Império. O experiente militar, nessa interpretação, teria se aproximado de D. Pedro "em virtude dos seus interesses pessoais e do seu grupo político".[21]

A possível insatisfação do general com Lisboa pode ter influenciado, mas Lecor também tinha outros incentivos para favorecer D. Pedro. As reações do Rio de Janeiro sobre a Cisplatina pareceram-lhe melhores, conforme o diálogo que o general manteve com o então Regente sobre

---

19. PEREIRA, Aline Pinto. *A Monarquia constitucional representativa e o locus da soberania no Primeiro Reinado: Executivo versus Legislativo no contexto da Guerra da Cisplatina e a formação do Estado no Brasil*. Tese de Doutorado. Curso de PósGraduação em História Social da Universidade Federal Fluminense. Niterói, 2012, p. 89. Disponível em: http://www.historia.uff.br/stricto/td/1390.pdf. Acesso em: 21 jul. 2014.

20. Sessão de 20 de agosto de 1822.

21. FERREIRA, 2012, p. 4.

a situação da Província e sobre a importância estratégica da região. Em carta de 7 de fevereiro de 1822 para o Príncipe, o militar escreveu que cumpriu as instruções de D. João VI, defendendo seu posicionamento sobre o Congresso de Montevidéu. Insistia, nesse sentido, nas vantagens estratégicas da manutenção da Cisplatina e alertava D. Pedro sobre a situação dos Voluntários Reais.

A reação do Regente foi positiva. A perspectiva do Rio de Janeiro era em grande parte herdada de seu pai, sendo a manutenção da Cisplatina de fundamental importância para os projetos de José Bonifácio, de construção de um grande Império na América: "a perda daquele território colocava em risco, por exemplo, o contato do Rio de Janeiro com o Mato Grosso".[22] O Patriarca da Independência foi, então, o principal articulador dos contatos com a Cisplatina e com Lecor, na busca de convencer o comandante das forças portuguesas a aderirem à causa do Rio de Janeiro.

Como resultado, em fins de fevereiro de 1822, segundo o relato do austríaco Mareschal,[23] Lecor aderiu à causa do Rio de Janeiro. O diplomata recebeu essa informação diretamente do Príncipe Regente, segundo o qual três deputados orientais, destinados originalmente para as Cortes de Lisboa, iriam ao Rio de Janeiro e lá ficariam, caso o Príncipe também permanecesse na capital carioca. Poucos dias depois, em 5 de março de 1822, Mareschal relatou conversa na qual D. Pedro teria reclamado da falta de apoio da Cortes. Ao mencionar o caso da Cisplatina, criticou-as por voltar a pensar na hipótese da troca de Olivença (território na Europa capturado pela Espanha) pela Banda Oriental. Dom Pedro avaliava se tratar de uma nova "loucura" das Cortes, pois a Província já aderira ao Rio de Janeiro.

Do lado do Rio de Janeiro, não houve, portanto, indecisão sobre como lidar com a Cisplatina. José Bonifácio emitiu proclamação em

---

22. FERREIRA, 2012, p. 36.
23. Ofício de 2 de março de 1822, n. 7, letra A. In: MELLO, 1914, p. 37.

nome de D. Pedro, de 24 de maio de 1822, na qual declarava que "sendo o Príncipe Regente Defensor Perpétuo do Reino do Brazil também o é da Provincia Cisplatina no mesmo Reino incorporada".[24] No mesmo mês em que Lisboa vacilava em discussões sobre manutenção ou não da tropa em Montevidéu, o Rio de Janeiro emitia decisão clara de defender não só a manutenção da Cisplatina, mas também de incorporá-la à causa do Regente.

Dom Lucas Obes, o deputado que iria a Lisboa como constituinte pela Cisplatina, passou a representar então a Província no Rio de Janeiro e foi signatário, em 3 de junho de 1822, da petição para a instalação da Assembleia Constituinte no Rio de Janeiro. A Cisplatina teria dois parlamentares na constituinte carioca.

A decisão política sobre a Cisplatina foi, desse modo, relativamente rápida, ao contrário da lenta evolução observada nas Províncias do Norte do Reino do Brasil. A concretização da adesão, no entanto, foi muito mais difícil. Mesmo com o posicionamento do Rio de Janeiro, o general Lecor teve dificuldades em adotar abertamente uma posição pró-Dom Pedro, especialmente pela ação dos oficiais do Corpo de Voluntários, mobilizados pela causa de Lisboa. A política iria continuar pela guerra.

3. Dissensos na tropa e a saída de Lecor de Montevidéu: os preparativos para a batalha

Para além da trama política, a situação dos militares na Cisplatina era, em 1822, uma junção de problemas de ordem prática e política, inclusive no próprio seio da tropa, nesse caso motivados por questões

---

24. BRASIL -REINO. Decreto n. 52, de 24 de maio de 1822. Declara que sendo o Principe Regente Defensor Perpetuo do Reino do Brazil tambem o é da Província Cisplatina no mesmo Reino incorporada. *Collecção das decisões do governo do Imperio do Brazil de 1822*. Rio de Janeiro: Imprensa Nacional, 1887, p. 38. Disponível em: https://tinyurl.com/yckn3xmc. Acesso em: 3 abr. 2022.

de soldos. A isso se adicionava a tensão entre os grupos de origem americana e europeia, que já existia desde a invasão, mas foi agravada a partir de 1º de dezembro de 1820, com a decisão de D. João VI de incorporar os Voluntários Reais, de origem europeia, ao Exército do Reino do Brasil.[25] A insatisfação das tropas portuguesas foi grande, já em contexto no qual não eram incomuns motins e desordens.

Foi nesse clima que a notícia da Constituinte portuguesa chegou à região cisplatina, adicionando o tema político a disputas locais preexistentes. Em 20 de março de 1821, na ainda ocupada Banda Oriental, a oficialidade apresentou seu juramento à Constituição portuguesa, ainda que a tropa de origem americana tenha se mostrado mais reticente.[26] Essas diferenças fizeram com que altos oficiais de origem europeia passassem a se movimentar e conspirar. Não pressionavam apenas a que Lecor jurasse a constituição, junto com toda a tropa, e que D. João VI retornasse a Portugal.

Em razão das crescentes disputas, os oficiais portugueses que reivindicavam a vinculação com Lisboa criaram um Conselho Militar para tratar da disciplina. Este acabou presidido por Lecor, mas na prática se tornou uma espécie de representação dos corpos da Divisão de Voluntários, constituindo a principal fonte de manifestos a favor de Lisboa e contra o Rio de Janeiro.

A pressão do Conselho foi importante, a ponto de Lecor, já tendo optado por D. Pedro, assinar, em 28 de junho de 1822, com Álvaro da Costa, o segundo no comando da tropa e fiel a Lisboa, manifesto sobre o "descontentamento com as atitudes do governo do Rio de

---

25. BRASIL -REINO. Decreto de 1 de dezembro de 1820. Manda desligar do Exercito de Portugal a Divisão de Voluntarios Reaes de El-Rei que fica pertencente ao Exercito do Brazil. *Collecção das leis do Brazil de 1820*. Rio de Janeiro: Imprensa Nacional, 1889, p. 108. Disponível em: https://tinyurl.com/bddexu3y. Acesso em: 3 abr. 2022.
26. FERREIRA, Fábio. A administração Lecor e a Montevidéu Portuguesa: 1817-1822. In: *Revista Tema Livre*, ed. 10, 25 abr. 2005. Disponível em: http://www.revistatemalivre.com/lecor10.html. Acesso em: 21 ago. 2014.

Janeiro, que propunha a independência".[27] Três dias depois, em carta a José Bonifácio, de 1º de julho de 1822, Lecor relatou que a situação se mostrava desfavorável a ele, "por me julgarem amigo da separação do Brasil".[28]

Ainda sentindo-se frágil politicamente, Lecor sugeriu uma reação direta do Rio de Janeiro, que veio por decreto, em 20 de julho de 1822, ordenando a Divisão de Voluntários Reais d'El Rei a regressar para Portugal. No documento, o Regente recordava que D. João VI havia "mandado prometer" à Divisão seu pronto regresso. Lecor era, por outro lado, mantido no comando, decisão reiterada em decreto de 9 de agosto de 1822, no qual D. Pedro demandou que o Barão da Laguna (Lecor) "continue a Commandar em Chefe as Tropas da Província de Montevidéu".

A situação de Lecor, desse modo, era sensível. Se, de um lado, já havia tomado partido e tinha o apoio do Rio de Janeiro, de outro sua situação era frágil em Montevidéu, à luz da ação política do oficialato europeu. Mesmo que a ordem de retirada existisse, sua tradução em medidas efetivas poderia ser arriscada. A opção de Lecor foi, então, sair da cidade, alegando a necessidade de lidar com problemas relacionados a militares pernambucanos, que estavam na cidade de Canelones. As tropas no interior da Província, influenciadas pela vizinha Rio Grande, poderiam apoiá-lo.

O general deixou Montevidéu em 11 de setembro de 1822.[29] Informou que retornaria no dia seguinte, ou no posterior, o que não ocorreu. Lecor partira, cabe frisar, sem conhecimento da declaração da Independência, de 7 de setembro de 1822. Em carta a José Bonifácio, em 1º de junho de 1823, justificou sua opção pela causa brasileira, culminada na saída de Montevidéu, alegando defender os direitos do

---

27. ARQUIVO NACIONAL. Coleção Cisplatina, caixa 977, fundo 1a, 1819-1823.
28. RODRIGUES, 2002, p. 216.
29. FERREIRA, 2012, p. 143.

trono português contra o "partido espanhol", que seria dominante nas Cortes de Lisboa. O futuro Barão da Laguna referiu-se também ao "cativeiro" de D. João VI e concluiu que "nada me pareceria mais digno do que obedecer a Seu Augusto Filho".[30]

A última ordem de Lecor antes da partida foi dirigida à fragata *Tétis* (que era integrante da força naval que apoiava as tropas portuguesas), para que bloqueasse o porto de Montevidéu. O Comandante da embarcação, almirante Rodrigo José Pereira Lobo, acatou a instrução, também optando pelo Rio de Janeiro. Mas a situação no mar era tão incerta quanto na terra – pela presença de outras embarcações que se mantiveram ao lado de Lisboa – e ainda apresentaria várias dificuldades para o Rio de Janeiro.

Lecor estabeleceu seu quartel-general inicialmente em Canelones e, posteriormente, em San José, de onde escreveu ofício ao Governo do Rio Grande explicando sua atitude e informando das ações dos "facciosos" que haviam permanecido em Montevidéu.[31] Desde o início, começou a preparar suas tropas (que aos poucos foram se agrupando em torno do general) e pondo em execução as ordens de D. Pedro, que incluíam a extinção do Conselho Militar e a retirada das tropas portuguesas.

Em Montevidéu, permaneceu a maioria dos Voluntários Reais e dos partidários de Lisboa, que passaram a ser liderados por D. Álvaro da Costa, como comandante interino. Foram emitidas proclamações contrárias àquelas de Lecor, inclusive declarando este um "traidor", por ter se posicionado oficialmente como pró-Lisboa, enquanto se aproximava do Rio de Janeiro.[32]

---

30. Carta de 01/06/1823. Transcrita e disponível em: http://lecor.blogspot.fr/search/label/1823. Acesso em: 28 ago. 2014.
31. OFÍCIO dirigido ao Governo da Província do Rio Grande de S. Pedro do Sul. Barão da Laguna, Quartel General na Villa de S. José, 8 de Outubro de 1822. In: Diários da Assembleia Geral, Constituinte e Legislativa do Império do Brasil.
32. FERREIRA, 2012, p. 145

Havia também uma terceira parte nesse conflito: os próprios habitantes da Cisplatina. Estes se dividiram entre os dois lados da contenda ou em um terceiro partido, que apoiava as pretensões das Províncias Unidas do Prata. Já com o conflito muito adiantado, em 28 de agosto de 1823, Buenos Aires enviou representante diplomático ao Rio de Janeiro para demandar a retirada das "tropas que ocupavam parte de seu território".[33] A resposta brasileira foi, logicamente, negativa. Era o prelúdio para o conflito que se seguiria – a Guerra da Cisplatina (1825-1828) –, cujo desenrolar não pode ser dissociado de todo o processo que se iniciara ainda em 1811 e que tinha no processo de emancipação brasileira um capítulo de suma importância.

O quadro político, ao final, estabeleceu-se de forma clara. As forças pró-Cortes, apesar de tratarem com os grupos de Buenos Aires e tentarem resistir, sabiam que sua situação era frágil. No entanto, não aceitavam, senão por decisão de Lisboa, algum tipo de rendição para um "faccioso". Em 8 de outubro de 1822, o Conselho Militar publicou manifesto e declaração sobre sua situação, na qual apontava seu desejo de partir.[34] Apesar da evidente indicação dessa vontade, havia exigências. Os Voluntários Reais reconheciam apenas as Cortes de Lisboa como competentes para dar instruções. Não se pode descartar, por fim, que a questão financeira também estivesse presente: recebendo altos soldos na Cisplatina, os soldados ficaram sem pagamento todo o período do cerco. Ainda antes do início do confronto, alguns dos movimentos de tropas brasileiras ou portuguesas em Montevidéu ocorriam em razão da falta de pagamento dos soldos.

Apesar da formação de duas partes claramente antagônicas, a situação militar permaneceu relativamente calma. Até janeiro de 1823, a atitude do Rio de Janeiro foi a de maior cautela, aguardando a saída voluntária da tropa portuguesa, e tomando as providências de uma even-

---

33. MARTINS, 2010, p. 16.
34. Publicado no Diário do Governo (Lisboa), n. 37, 12 de fevereiro de 1823, p. 280.

tual operação militar. Ao relatar a situação de Montevidéu, Mareschal aponta, em 30 de janeiro de 1823, que desde a opção de Lecor pelo Brasil, estabelecendo seu quartel-general em São José, de fato haviam se iniciado conversas com os portugueses em Montevidéu e Colônia do Sacramento para seu embarque.[35] Não houve combates naquele momento, tendo a tropa portuguesa evitado a luta e expressado desejo de partir.

Nenhuma medida prática, no entanto, confirmava essa decisão. Por interesse ou estratégia, a tropa portuguesa foi alongando sua permanência em Montevidéu. A confirmação de que a força se tornaria necessária ocorreu por ocasião da passagem da primeira esquadra enviada pelo Rio de Janeiro, sob as ordens do comodoro David Jewett, que assumia missão ao serviço imperial.[36] Lecor demandara do Governo os transportes necessários para a operação e fora atendido com o envio das fragatas *União* e *Carolina*, e da corveta *Liberal*. Essa foi a primeira esquadra a navegar com a bandeira do Império independente, antes mesmo da partida da esquadra de Cochrane, que se dirigiu à Bahia, sob o comando do norte-americano Jewett.

Não houve, no entanto, acordo, apesar da presença da esquadra brasileira e da aproximação das tropas brasileiras em torno de Montevidéu. No último momento, os portugueses se recusaram a embarcar nas fragatas enviadas pelo Rio de Janeiro. Sem poder permanecer no Prata, Jewett partiu de volta ao Rio de Janeiro, em 12 de janeiro de 1823, com a notícia da resistência de D. Álvaro da Costa.

A tropa pró-Lisboa manteve-se no local e em posições defensivas, gradualmente reforçadas à espera de um cerco. Mais grave ainda, uma das embarcações, a *Maria Thereza*, transitando entre Maldonado e Colônia do Sacramento, sofreu uma revolta dos marinheiros, que tomaram controle do navio e se dirigiram a Montevidéu, para se juntar

---

35. OFÍCIO de 30 de janeiro de 1823, nº 1, litt A. In: "Correspondência do Barão Wensel de Mareschal com o Príncipe de Metternich. Rio de Janeiro, janeiro/abril de 1823". *RIHGB*, 1976, p. 159.
36. GUEDES, 1973, p. 211.

às forças de D. Álvaro. Este também logrou armar outros navios, provisoriamente mantendo o mar aberto para suas operações, sem o qual não teria como resistir.

O insucesso nas negociações levou à opção militar. A tropa pró-Rio de Janeiro era, num primeiro momento, em número que se equilibrava com o que ficara ao lado de D. Álvaro da Costa. Eram 1.340 soldados de todas as armas, como relatava o general ao ministro da Guerra, em 11 de abril 1823.[37] Esse contingente não parecia incluir, no entanto, tropas orientais favoráveis ao Brasil e aquelas destacadas para fazer a segurança em outros pontos do território da Cisplatina.

Lecor reclamou, em todo o conflito, da necessidade de reforço em homens e materiais. Sua principal crítica era contra a Província de Rio Grande, que tardava no envio de suporte para o cerco. O Rio Grande enviaria, depois, dois esquadrões de voluntários milicianos. O grosso da tropa de Lecor seria composto, ainda assim, pelos soldados de origem americana já presentes na Cisplatina, além de muitas adesões de membros dos Voluntários Reais e de tropas orientais.

Na verdade, houve um fluxo de deserções dos dois lados, movimentações que provocaram, em várias oportunidades, novos confrontos entre as tropas brasileiras e portuguesas. A balança das deserções pendeu, no entanto, para o Brasil, mesmo que, em 5 de maio de 1823, D. Álvaro da Costa registrasse diminuição da perda de militares para o lado inimigo. Ao longo de todo o conflito, Lecor procuraria também reforçar os laços com seus apoiadores orientais, na busca por enraizar a presença do Império e evitar as influências vindas das Províncias Unidas do Prata.

Além da falta de tropas, Lecor e seus subordinados muito reclamaram das limitações de seus equipamentos, tanto no cerco a Montevidéu quanto nas outras operações militares que procuravam manter

---

37. OFÍCIO de 11 de abril de 1823. In: Arquivo Nacional, Fundo Coleção Cisplatina, Caixa 977, 1A.

a segurança na Província. Na avaliação do general, seria difícil um ataque frontal aos portugueses, sendo que a melhor estratégia era a realização de uma "guerra de recursos", privando os Voluntários dos suprimentos essenciais. Essa estratégia seria logo colocada em prática.[38]

4. O cerco de Montevidéu e a guerra de Independência na Cisplatina

O principal elemento da estratégia do general Lecor para realizar a "guerra de recursos" era cercar Montevidéu, movimento que foi realizado sem grandes dificuldades. Naquele teatro de guerra, os apoiadores do Rio de Janeiro dominavam o interior cisplatino, ao passo que os vintistas estavam concentrados na cidade. Segundo Condy Raguet, cônsul dos Estados Unidos no Rio de Janeiro, no início de 1823, as forças leais a D. Pedro já haviam efetivamente sitiado a cidade, com os postos avançados de Lecor postados a três ou quatro léguas (algo em torno de 15 quilômetros) da cidade.[39]

Em 23 de janeiro de 1823, foi declarado oficialmente o cerco a Montevidéu. Carta Imperial foi publicada no Rio de Janeiro, cinco dias depois, intimando os Voluntários Reais a partirem e dando poderes ao Barão da Laguna para adotar as medidas necessárias para fazer a tropa portuguesa partir.

Do outro lado, a defesa de Montevidéu era realizada por cerca de 2,5 mil soldados.[40] Esse valor era menor do que os originais 3.678 homens da Divisão de Voluntários, revelando que uma parte da tropa havia seguido Lecor. Publicação do Exército brasileiro utiliza número maior das tropas portuguesas, que teriam chegado a 4 mil ao longo

---

38. FERREIRA, 2012, p. 195.
39. OFÍCIO de 8 de Março de 1823. In: *Diplomatic Correspondence of the United States concerning the Independence of the Latin-American Nations*, 1925, p. 757.
40. FERREIRA, 2012, p. 190.

dos 17 meses de cerco.[41] Os números, na verdade, variaram bastante, em função das mencionadas mudanças de lado e de reforços recebidos pelos dois lados. A cidade de Montevidéu foi transformada em zona de combate, bem defendida pelos portugueses, por sinal, com a construção de pontos de proteção, trincheiras e centros de apoio de artilharia pesada, chamados "serritos".

As hostilidades ocorreram desde o início do cerco. No dia 29 de janeiro de 1823, tropas brasileiras e aproximadamente 600 orientais comandados por Frutuoso Rivera realizaram ataque à cidade.[42] Não se tratava de tentativa de ocupação, mas, sim, de operação para a apreensão de cavalos e gado, destinados ao suprimento das forças brasileiras. Novas ações ocorreram em 11 e 27 de fevereiro. O austríaco Mareschal registrou, sobre o combate de 27 de fevereiro, que os portugueses eram apoiados diretamente por Buenos Aires, que lhes fornecia víveres e que "os engajava na resistência".[43]

As tropas pró-Rio de Janeiro tiveram, desse modo, de enfrentar também as movimentações dos partidários de Buenos Aires. Em abril, alguns destes tentaram se levantar em armas por toda a Cisplatina. Os três líderes do movimento foram presos e julgados, sendo que um deles foi enforcado em Canelones.[44] As movimentações pró-Independência da Cisplatina ou pró-Buenos Aires não pararam, inclusive nas combinações com os portugueses. Lecor buscou, em todo esse tempo, adotar medidas que arregimentassem os orientais para a causa brasileira, sugerindo ao Rio de Janeiro o "bom tratamento" de pessoas ricas e ilustradas da Província, por sua influência junto à população.

Havia, ainda, um terceiro elemento a demandar atenção das forças brasileiras: a ação inglesa. O Prata era ponto estratégico para o Reino Unido, que desde o início dos processos de independência, como visto,

---

41. EXÉRCITO BRASILEIRO, 1998, p. 52.
42. FERREIRA, op. cit., p. 191.
43. OFÍCIO de 28/04/1823. In: RIHGB, 1976, p. 193.
44. FERREIRA, 2012, p. 195.

havia atuado sobre a Banda Oriental. Os britânicos trabalhavam especialmente pela saída das tropas brasileiras, todas elas, evitando que aquele território ficasse nas mãos do Rio de Janeiro, ou mesmo de Buenos Aires. Lecor sustenta, em documento de 31 de agosto de 1823, que os "revolucionários" de Montevidéu, isto é, grupos que negociavam com os portugueses e defendiam a Cisplatina fora do Brasil, pretendiam oferecer a Província ao Reino Unido.[45] Por essa razão, defendia Lecor, era preciso acelerar e "concluir as operações contra aquella Praça".

Em 17 de março de 1823, foi a vez de os Voluntários Reais contra-atacarem. O objetivo dos portugueses era tentar chegar ao próprio acampamento de Lecor. De fato, de acordo com o relato do cônsul norte-americano no Rio de Janeiro, Condy Raguet, o ataque avançou efetivamente sobre o quartel-general, "e o General escapou por pouco de ser tomado prisioneiro".[46] A contraofensiva também desestruturou a ação portuguesa, que foi suspensa, com os Voluntários se retirando para Montevidéu.

Os meses de fevereiro/março de 1823 passaram-se, então, entre alguns episódios de batalhas de maior monta e escaramuças isoladas, entremeados por momentos de calmaria, e sem uma ação que se mostrasse decisiva. Houve, conforme os registros do lado brasileiro, baixas em 18 de abril, 18 de maio (documento português fala em 19 de maio), 20 de abril, 24 de junho, 15 de junho, 10 de agosto e 27 de setembro.[47]

O conflito bélico na Cisplatina foi, portanto, uma situação de atrito, distinta do confronto direto e brutal ocorrido no Piauí e na Bahia. Em abril de 1823, Lecor enviou nova informação ao Rio de Janeiro dizendo que o ânimo da tropa era bom, e que os comandados de

---

45. ARQUIVO NACIONAL, Fundo Coleção Cisplatina.
46. OFÍCIO do Cônsul Condy Raguet, de 8 de maio de 1823. In: MANNING, 1925, p. 757.
47. RELAÇÃO dos Mortos, e Feridos, que teve o Exercito Imperial do Sul, em toda a Campanha do Sitio de Montevideo contra a Divisão de Voluntários Reaes de Portugal, e Corpos a ella unidos desde Fevereiro deste anno, athe fim de Outubro ultimo. In: Arquivo Nacional, Fundo Coleção Cisplatina, Caixa 977, 1A.

D. Álvaro permaneciam sitiados, "sem promoverem grandes ações, a não ser o cuidado com sua defesa". No ofício de 11 de abril, Lecor transmitia otimismo sobre as operações.[48] De sua parte, o comandante português informava Lisboa, em 5 de maio de 1823, que as forças brasileiras não haviam logrado avançar posição, frente à resistência das tropas leais às Cortes, o que teria, inclusive, provocado deserções em favor dos sitiados em Montevidéu.[49]

Passadas algumas semanas dessas comunicações, apareceu inclusive a possibilidade de solução política a partir da Vilafrancada e da retomada do controle pelo Rei D. João VI. Em 23 de julho de 1823, foi emitida em Lisboa instrução a D. Álvaro para que retirasse suas forças da Cisplatina, o que teria terminado com a questão. O problema foi a distância, que impediu que a ordem chegasse a tempo de evitar a continuidade do confronto. Com a ausência de instruções, de que muito reclamava, D. Álvaro continuou a resistir, apesar dos prejuízos causados pelos combates e pelo cerco, que afetavam as finanças de toda a cidade. Assim como no caso da Bahia, a ruptura do impasse veio pelo mar.

5. A paz na Cisplatina e as consequências do conflito

A ação naval foi rápida. Enquanto os navios de Thomas Cochrane terminavam as ações no Norte-Nordeste, em agosto de 1823, finalmente

---

48. ARQUIVO NACIONAL, Fundo Coleção Cisplatina, caixa 977, fundo 1a, 1819-1823.
49. OFÍCIO do (brigadeiro ajudante-general e comandante interino da Divisão dos Voluntários Reais d'El Rei), D. Álvaro da Costa de Sousa de Macedo, ao (secretário de estado da Guerra), Manoel Gonçalves de Miranda, sobre a diminuição da deserção dos militares, apesar de alguns oficiais portugueses demonstrarem que gostariam de qualquer forma permanecer no Brasil; do combate tido com o inimigo e que a postura dos militares da Divisão fora digna do nome português; que os acontecimentos políticos têm influído no comércio, fazendo com que os rendimentos da alfândega tornem-se diminutos não cobrindo as despesas; e remetendo as Ordens do Dia. Cx 4 D. 210 – 5 de maio de 1823 Arquivo Histórico Ultramarino, AHU_ACL_CU_065, Cx 4, D. 206. Biblioteca Virtual do Projeto Resgate. Disponível em: http://www.cmd.unb.br/biblioteca.html. Acesso em: 30 dez. 2014.

A Cisplatina na Independência: apenas um novo capítulo de uma secular batalha   319

se completara a Esquadra comandada pelo capitão-de-mar-e-guerra Pedro Antonio Nunes, com seis navios (dois brigues, uma corveta e três escunas). Em 11 de outubro de 1823, a esquadra brasileira impôs o cerco ao porto de Montevidéu.

Em 21 de outubro de 1823, deu-se o breve, mas decisivo combate. Partindo para a ofensiva, D. Álvaro da Costa buscou romper o cerco realizado por Antonio Nunes e ordenou, para tanto, que os quatro navios à sua disposição zarpassem do porto. O embate durou todo o dia, com derrota das forças pró-Lisboa. Não houve mortos ou feridos do lado brasileiro. Os portugueses, por sua vez, registraram 6 mortos e 18 feridos. A pequena esquadra portuguesa ainda chegou a realizar uma nova tentativa de saída do porto, no dia seguinte, mas não ultrapassou a linha da "boca do porto". Sem romper com o cerco marítimo, após perder o combate naval, poucas opções restavam a D. Álvaro da Costa.

Foram, então, iniciadas negociações, que terminaram em 18 de novembro de 1823, com a "Convenção para a Suspensão de Armas e Retiradas da Tropas Portuguesas de Monvevidéu".[50] Nesta, regulava-se a presença das tropas portuguesas na cidade até sua partida, reabria-se o comércio e o porto e regulava-se a questão da dívida contraída na praça.

Ao final, os combates não haviam sido tão mortíferos, envolvendo algo como 100 e 150 baixas, dos dois lados.[51] Um resultado que, pela dimensão do confronto, foi de fato limitado, ao passo que os prejuízos materiais foram importantes, seja na destruição causada pelo cerco a Montevidéu, seja pelos combates nessa ação militar e em outras que ocorreram no interior da Província, principalmente voltados ao combate dos partidários de Buenos Aires. A guerra existiu, no entanto, independentemente do número de mortes.

Mesmo com a rendição de D. Álvaro, a partida das forças portuguesas foi lenta, concretizando-se apenas em 28 de fevereiro de 1824,

---

50. Esta convenção encontra-se Disponível em: http://dai-mre.serpro.gov.br/atos-internacionais/bilaterais/1823/b_1/. Acesso em: 2 set. 2014.
51. ARQUIVO NACIONAL, Fundo Coleção Cisplatina, caixa 977, fundo 1a, 1819-1823.

mais de três meses depois de firmada a convenção. Eram as últimas tropas portuguesas a partir, consolidando a intenção do Império de fazer-se na mesma dimensão territorial do antigo Reino do Brasil. Lecor entrou em Montevidéu em 2 de março de 1824, procedendo à aclamação de D. Pedro como Imperador. Com a partida das tropas pró-Lisboa, o Reino do Brasil finalmente transformava-se, por inteiro, em Império do Brasil.

Assim como no Maranhão ou no Pará, a incorporação da Cisplatina ao Império não foi seguida de atenção no mesmo nível por parte do Rio de Janeiro.[52] As tropas portuguesas não foram substituídas e as atenções políticas e militares se voltaram aos outros problemas que continuavam a ocorrer no Nordeste, com o advento da Confederação do Equador. Essa fragilidade estimulou o "espírito artiguista" dentre os moradores da Província oriental. Isso já se manifestara, em outubro de 1823, com o cabildo de Montevidéu, ainda na presença dos Voluntários Reais, e também na reunião de opositores ao Rio de Janeiro. Estes declararam nulo o Congresso que incorporou a Cisplatina ao Reino do Brasil, ao verem negado pedido ao Rio de Janeiro de retirada das tropas brasileiras da Província. Em 21 de outubro de 1823, deu-se

As movimentações continuaram ao longo de todo o período de 1824-1825, culminando com a conhecida travessia do rio Uruguai por 33 refugiados das Províncias Unidas, liderados por Juan Antonio Lavalleja y de la Torre e empunhando a bandeira de Artigas, em 19 de abril de 1825. O pequeno movimento ganhou adesões, inclusive de Frutuoso Rivera, enviado por Lecor para enfrentar a revolta.

A rebelião, com apoio das Províncias Unidas do Rio Prata (hoje Argentina), ganhou vulto. Em 10 de dezembro de 1825, o Império do Brasil declarou guerra contra as Províncias Unidas, por meio de um longo manifesto, no qual eram apresentadas as razões do conflito. A Guerra da Cisplatina se iniciava. Era a primeira do Império já consolidado.

---

52. MARTINS, 2010, p. 17.

15

O longo processo de Independência: a crise política e a Confederação do Equador (1824)

Vencidas as batalhas na Bahia e no Norte, e com a situação na Cisplatina avançando para a conclusão da retirada das tropas pró-Lisboa, que já haviam se rendido, a primeira impressão era que o processo de Independência estava chegando à sua conclusão.

A guerra, porém, era mais a expressão de um desafio maior em termos de organização do Estado do que a causa das dificuldades enfrentadas pelo novo Império. Era o desdobramento em violência do conflito político, que não apenas envolvia a adaptação, no Rio de Janeiro e nas Províncias, à Revolução do Porto, mas também o enfrentamento dos problemas estruturais, da herança colonial e da complexa relação entre Capital e regiões desde 1808.

A Independência, desse modo, resultou do contexto de 1820-1823, mas a construção do novo Estado era algo ainda mais complicado. Por essa razão, o processo de emancipação se alongou no tempo, dados os mesmos problemas estruturais que o haviam impulsionado. Como se viu, inicialmente, não era fácil a própria gestão da emancipação em si. Além disso, demandaria alguns anos, chegando pelo menos a 1825, até que Portugal reconhecesse o Império e este se tornasse efetivamente um Estado aceito na comunidade internacional, como veremos no próximo capítulo.

Dom Pedro enfrentou problemas estruturais importantes, os quais colocaram em xeque a própria concepção do Império como herdeiro do território do antigo Reino do Brasil. Muitos desses desafios seriam sanados em parte, garantindo assim a unidade nacional. Sua efetiva resolução, ou seja, a consolidação não apenas do Estado, mas também da nação brasileira, levaria décadas, com os problemas estruturais da Independência reemergindo, por exemplo, no período Regencial (1831-1840).

1. O fim do inimigo comum: a instabilidade política no Rio de Janeiro e a Constituinte brasileira

O processo que resultou na emancipação do Brasil logrou, ao longo da disputa do Rio de Janeiro com Lisboa, que os conflitos internos fossem provisoriamente deixados de lado, ao menos no primeiro semestre de 1823. Até então, havia um inimigo comum. Mas a aparente tranquilidade política decorria das promessas de D. Pedro, como a constituinte e a autonomia provincial, e da própria mudança de lado de algumas lideranças, que tentaram negociar vantagens com o Rio de Janeiro quando estimaram que a guerra pendia para a vitória independentista. As medidas de força adotadas por José Bonifácio, em fins de 1822 e início de 1823, contribuíram igualmente para eliminar a oposição ao Imperador na capital. Jornais foram fechados e os adversários mais duros foram presos ou expulsos do Rio de Janeiro.

Essas ações, por outro lado, revelavam que em 1822, em meio à declaração de Independência e à Coroação do Imperador, já havia diver-

324   Redescobrindo a Independência

gências importantes no campo político. As questões não eram novas, praticamente as mesmas que haviam feito com que o Rio de Janeiro permanecesse relativamente isolado ao longo de 1821 e se beneficiasse de uma reaproximação de determinados grupos quando as intenções de partidos nas Cortes de Lisboa começaram a contrariar interesses locais.

Passados os momentos de maior convergência, favorecidos pela luta contra as Cortes de Lisboa, as diferenças ressurgiram e foram ficando mais claras. No Rio de Janeiro, em primeiro lugar, o melhor exemplo das assimetrias e disputas entre diferentes grupos e projetos pode ser observada na Constituinte. Já na cerimônia inaugural, em 3 de maio de 1823, debateu-se, por exemplo, se D. Pedro deveria ingressar no Congresso descoberto (sem chapéu, representando submissão à representação constituinte) ou vestido com toda a ornamentação formal (simbolizando o poder imperial). O Imperador terminou por ir à Assembleia com toda a ornamentação, transmitindo um poder que potencialmente se colocava em choque com o próprio parlamento.

Debate semelhante ocorreu a respeito do eventual poder de veto do Imperador sobre os artigos da Constituição que se fazia no Rio de Janeiro. Havia resistência de muitos constituintes em dar esse atributo a D. Pedro, considerando que o Legislativo deveria manter sua precedência, como era a visão liberal. Os apoiadores do Imperador defendiam o reforço de sua autoridade. O debate permaneceu inconclusivo.

O próprio discurso de D. Pedro na sessão inaugural da Assembleia, em 3 de maio de 1823, causou controvérsia. As sessões após a abertura dos trabalhos repercutiram abertamente o trecho em que D. Pedro falava da aprovação de uma Constituição "se for digna de mim", expressão que suscitou reações, a ponto de um deputado ter dito que não aclamaria D. Pedro por essa questão.[53] Os ataques de alguns parlamentares a D. Pedro levaram, inclusive, à reação de José Bonifácio, em

---

53. In: Mareschal, ofício de 26 de maio de 1823. Retraduzido para o português. In: RIHGB, v. 313, outubro-dezembro, 1976, p. 223.

defesa do Imperador: "todos nós queremos uma Constituição digna do Brasil, digna do Imperador e digna de nós".[54]

Os problemas, no entanto, iam muito além da mera queda de braço entre grupos políticos e D. Pedro. Os debates revelavam, particularmente, dificuldades dos constituintes em entrarem em acordo sobre a relação do Rio de Janeiro com as Províncias, entre a centralização do poder e as promessas de autonomia regional. Voltou à tona, essencialmente, a disputa entre projetos distintos de organização do novo Estado, como havia ocorrido com as Cortes de Lisboa. Eliminado o inimigo externo (o conflito com as Cortes de Lisboa), despertava-se para o fato de que as alianças forjadas em 1822 não significavam, necessariamente, a concordância com uma mesma ideia de Estado.

Os grupos autonomistas eram fortes, particularmente em Pernambuco. Rescaldados pela experiência das Cortes de Lisboa e vivendo uma crônica instabilidade decorrente das disputas políticas locais (como veremos na próxima sessão), a liderança pernambucana emitiu instruções muito precisas a seus representantes na Constituinte do Rio de Janeiro. O objetivo era, claro, "não sermos bigodeados como já fomos pelas Cortes de Lisboa".[55] Criava-se, com isso, uma sensibilidade política: as instruções eram frontalmente contrárias às ideias de Bonifácio, que tentava reforçar o poder central do Rio de Janeiro.

Nesse cenário, "fervia a disputa entre José Bonifácio e a Assembleia, com muitos ataques de parte a parte por meio do *Diário do Governo* e dos demais jornais que então circulavam na cidade".[56] As diferenças ainda não chegavam, é bem verdade, ao ponto de ruptura. O Imperador seguia sendo visto como o Chefe do Estado e as tendências republicanas não eram majoritárias.

---

54. In: Mareschal, ofício de 26 de maio de 1823. Retraduzido para o português. In: RIHGB, v. 313, outubro-dezembro, 1976, p. 223.
55. Evaldo Cabral de Mello, "A Outra Independência", 2014, p. 118.
56. LUSTOSA, Isabel. *Dom Pedro I: um herói sem nenhum caráter*. São Paulo: Companhia das Letras, 2006, p. 257.

Ainda assim, desde o início dos trabalhos, os temores sobre os rumos da Assembleia e dos conflitos potenciais levavam à reflexão sobre alternativas. Em 11 de março de 1823, o diplomata austríaco Mareschal escreveu a Viena avaliação de que a alternativa para resolver os problemas na Assembleia era "dissolver a Assembleia pela força e promulgar uma Constituição".[57] Mareschal apontava que muitos apoiavam aquele parecer. A ideia de dissolução da Constituinte, como indicava o diplomata austríaco, não surgiu apenas no final de 1823, após o conflito entre D. Pedro e a Assembleia. E, o que é interessante no relato de Mareschal: havia apoio àquele projeto.

Os embates encrudesceram entre os diferentes grupos, e o quadro político se agravou ainda mais com a entrada em cena de um novo ator, que foi o estopim da ruptura: um Bonifácio na condição de opositor. O Patrono da Independência deixou o Governo em 16 de julho de 1823. Mareschal registra, três dias depois, um clima de "intrigas" no Palácio imperial. O quadro teria se agravado a partir da queda de D. Pedro de seu cavalo, que o afastou da gestão do Estado por dias. Essa ausência exacerbou as conspirações e, ao fim, provocou a queda de José Bonifácio.[58]

As negociações para a formação do novo Governo foram cercadas de segredo, mas terminaram com a composição de Gabinete considerado "português" e, para muitos, de baixa qualidade. Restabelecia-se, nesse momento, o que se chamou de influência "portuguesa" em torno de D. Pedro, dadas as características de seus auxiliares mais próximos. O Imperador anulou, em julho de 1823, as investigações abertas por Bonifácio em São Paulo, consideradas mais decorrentes de rivalidades provinciais do que de sedições contra a ordem. Uma outra portaria acusava Bonifácio de ter "alienado", por seus atos de vingança, as Províncias do Norte e a própria Assembleia. De aliado, o Patriarca

---

57. In: RIHGB, v. 313, outubro-dezembro de 1976, p. 179.
58. RIHGB, n. 314, janeiro-março, 1977, p. 319.

da Independência passava, assim, a ser tratado como "culpado" pelos problemas políticos existentes.

Bonifácio, no entanto, não ficou na defensiva e foi para o ataque. Junto com seus irmãos, fundou o jornal *Tamoio*, a partir do qual realizaram ataques tanto aos radicais quanto ao Governo, acusando este de "português". Isabel Lustosa aponta, por outro lado, que a passagem para a oposição "não aproximou os Andradas dos seus antigos adversários".[59] Era mais um grupo autônomo que se adicionava à turbulência política. A atuação dos Andradas e de outros atores fez com que, a partir do segundo semestre de 1823, renascesse "o clima febril do ano anterior (1822), com a multiplicação dos jornais que se posicionavam em relação aos debates na Assembleia".[60]

O conflito entre o Imperador e setores liberais, republicanos e com os Andradas tornou-se aberto e foi agravado pelo próprio procedimento da constituinte, que seguia lenta e permeada por discussões que não se relacionavam apenas com a elaboração da Constituição. Os trabalhos levaram tempo demais para avançar, quando a conjuntura demandava resultados rápidos, para garantir a estabilidade. A permeabilidade da Assembleia a outros temas, não necessariamente políticos, ecoava situação que havia ocorrido com as Cortes constitucionais de Lisboa, também contaminadas por temas estranhos à organização constitucional, os quais foram um dos fatores de forte dissenso dentro do mundo português.

Foi exatamente um desses temas exógenos que se tornou o estopim para a confrontação que levou ao fechamento da Constituinte. Em tese, o episódio se resumia ao fato de que grupos do partido "português" procuraram atacar pessoalmente uma pessoa que escrevia sobre o pseudônimo de "brasileiro resoluto" no diário *A Sentinela da Liberdade na Guarita da Praia Grande* e atacava ferozmente o Imperador. Em 5 de

---

59. LUSTOSA, 2006, p. 259.
60. NEVES, 2011, p. 1.018.

novembro de 1823, alguns oficiais agrediram um português de nascimento, David Pamplona, achando que ele era o "brasileiro resoluto". A opção entre "brasileiros" e "portugueses" não era necessariamente pela origem geográfica (Europa ou América), mas de posição política.

Pamplona apresentou, em reação, requerimento à Comissão de Justiça Civil e Criminal da Assembleia Constituinte, acusando dois militares pela agressão sofrida no dia anterior. É curioso que a Justiça tenha sido buscada por David Pamplona no Legislativo e não no Judiciário. Antonio Carlos e Martim Francisco, irmãos de José Bonifácio, tomaram partido da vítima. Era uma oportunidade aos Andradas de explorar o caso, que permitia atacar tão diretamente o "partido português".

Antônio Carlos, então, reclamou providências urgentes na sessão da Assembleia Constituinte de 10 de novembro. Os debates foram se acirrando e, para piorar o clima, o povo foi aceito nas galerias e no próprio Plenário. Os Andradas, em discursos inflamados, lograram mobilizar a população que estava presente no local, que se preparou para sair às ruas em protesto. A sessão terminou suspensa, mas ampliou as tensões. D. Pedro, em reação, mandou formar a tropa, e toda a guarnição de São Cristóvão se armou.

No dia seguinte, a sessão se iniciou já sob os protestos contra a mobilização militar. Chegava, também, por oficial despachado pelo Ministro do Império, ordem para que a Assembleia tomasse providência contra os jornais *Tamoio* (dos irmãos Andrada) e *Sentinela*. Ante a reação do Executivo, comissão especial – que incluía os deputados Nicolau Pereira de Campos Vergueiro, Felisberto Caldeira Brant e José Bonifácio – propôs que a Assembleia se instalasse em sessão permanente, o que foi aprovado. Iniciou-se assim o que ficou conhecida como a "noite da agonia", na qual foram pronunciadas muitas críticas a D. Pedro.

Ao final, na madrugada de 11 para 12 de novembro, tropas imperiais cercaram e invadiram o Parlamento e dissolveram a Assembleia, com fundamento em decreto do Imperador. Vários Deputados foram presos, incluindo os dois Andradas. José Bonifácio foi, na sequência, exilado. Terminava, naquela madrugada, a Constituinte de 1823, uma das principais cartas de D. Pedro em sua movimentação política por adesões ao polo político formado no Rio de Janeiro.

Em decreto de 13 de novembro de 1823, D. Pedro justificou a dissolução por ter se tornado a Assembleia "perjura".[61] Era praticamente a mesma linguagem utilizada contra as Cortes no processo de Independência e que revelava, fundamentalmente, uma diferença entre o corpo Legislativo e o Executivo sobre o projeto de organização do Estado, entre a autonomia provincial e a centralização no Rio de Janeiro.

O interessante do decreto de dissolução da Constituinte é que ele, ao mesmo tempo que fechava uma Constituinte, convocava outra, "duplicadamente mais liberal". O objetivo inicial, desse modo, era voltar a reunir o corpo constituinte, o que terminou não ocorrendo. Ao fim, um novo projeto de Constituição foi apresentado em 20 de dezembro de 1823 e submetido a consultas nas Câmaras Municipais. Algumas destas, inclusive, propuseram um retorno ao sistema absolutista anterior, medida que foi rejeitada pelo próprio D. Pedro.[62]

Com estimativas como a do austríaco Mareschal, para quem era mais importante ter um resultado constitucional rápido do que garantir o processo político, e após terem sido recebidos apoios ao projeto e à promulgação direta, D. Pedro tomou a decisão: em 25 de março de 1824, foi promulgada a Constituição do Império do Brasil, que se manteria em vigor até 1889, quando da proclamação da República.

A estrutura da Constituição do Império era "quatripartite", pois, além dos três poderes tradicionais (Executivo, Legislativo e Judiciário), havia um poder "moderador", destinado a evitar tensões entre os demais, mas que na prática significava que, como última instância, o poder era do

---

61. DOCUMENTOS para a História da Independência, 1923, p. 441.
62. OFÍCIO de Francisco Antônio de Miranda ao secretário de estado da Marinha e Ultramar, Joaquim José de Monteiro Torres, sobre as notícias obtidas com a chegada do Rio de Janeiro da galera Fama; informando que três câmaras do Império haviam pedido a implantação do regime absolutista e que o imperador já tinha respondido negativamente às mesmas com uma portaria. Em 15 de julho de 1825. In: Arquivo Histórico Ultramarino – Projeto Resgate, AHU_ACL_CU_017, Cx 294, D. 20831.

Imperador. As eleições eram previstas como regulares, mas com regras econômicas para eleitores e candidatos, que deveriam comprovar rendas para votar e serem votados. A ideia, na época, era a de que a ausência de autonomia financeira significava a perda de capacidade de votar livremente. Nos dias atuais, essa ideia é criticada. Na prática, os valores exigidos para ser eleitor eram relativamente baixos, o que não servia de efetiva barreira. Mulheres e escravizados, no entanto, não votavam.

Criada a estrutura legal do novo Império, ainda era preciso colocá-la em prática em todas suas instâncias. O principal foro político, o Legislativo, no entanto, permaneceria fechado por um tempo. O jovem parlamento brasileiro apenas voltaria a se reunir em 1826, mas a dissolução da Constituinte e a promulgação da Constituição de 1824 não terminaram com as tensões, na Corte ou nas Províncias. Ao contrário, elas se exacerbariam ao longo de 1824-1825.

O resultado desse processo, no Rio de Janeiro, foi a ampliação da dissonância entre "brasileiros" e "portugueses", "aos quais se atribuía influência na decisão do imperador de praticar aquele golpe de Estado".[63] Também continuava a oposição a D. Pedro, como se observa, por exemplo, em devassa realizada em 8 de março de 1824, sobre "o movimento subversivo". Ao final, essa conjuntura difícil se alongaria para 1825 e além, e teria influência direta na negociação com Portugal pelo reconhecimento do novo Império. Mas não era apenas o Rio de Janeiro que trazia dores de cabeça ao novo Imperador.

2. A instabilidade nas Províncias: o retorno das forças de fragmentação e a Confederação do Equador (1824)

Nas Províncias, a conjuntura política foi ainda mais complicada do que na capital do Império. Pernambuco, Ceará, Pará ou Maranhão conti-

---

63. LUSTOSA, 2006, p. 175.

nuaram a sofrer com forte instabilidade política nos meses posteriores às respectivas adesões ao Império. Na Cisplatina, em pouco tempo estouraria nova guerra. A aceitação ou, em alguns casos, a imposição da unidade em torno do Rio de Janeiro, era frágil, dependendo de acordos, por exemplo, sobre a Constituinte, ou de medidas de força. Em fins de 1823 e início de 1824, essas fragilidades se tornaram mais claras, uma vez que o problema externo, os grupos sociais e tropas que apoiavam Lisboa, desaparecera. No entanto, alguns destes elementos pró-Lisboa permaneciam no Brasil, complicando ainda mais a equação.

Voltaram a mesclar-se, então, disputas locais, projetos distintos sobre a organização provincial do novo Império, sobre a relação com o Rio de Janeiro e sobre a figura de D. Pedro. A guerra que havia devastado o Norte-Nordeste não foi seguida pela estabilidade política e recuperação econômico-social. Províncias como Pernambuco, Maranhão e Pará sofriam com as disputas internas e também com controvérsias relacionadas às medidas e aos debates políticos no Rio de Janeiro.

Pernambuco constituiu o caso mais claro dos obstáculos decorrentes da disputa entre autonomia e centralização, redundando no risco de fragmentação. Eram, essencialmente, os mesmos problemas: a gestão da política local e a forma como a Província pretendia se relacionar com o poder central.

Havia, desde fins de 1822, a questão do governo local. Segundo Evaldo Cabral de Mello, a Junta de Governo que substituiu Gervásio Pires se compunha de senhores de engenho, "descomprometidos com os gervasistas ou de unitários".[64] Essa característica a tornava uma "incógnita", sendo favorecida pelos gervasistas, que tentavam utilizá-la contra os unitários. O governador das Armas, Pedro da Silva Pedroso, e outras figuras disputavam intensamente o poder, mobilizando setores da população.

Continuavam a circular, ademais, projetos de autonomia, federalismo, república, unitarismo (supremacia da autoridade do Rio de

---

64. Evaldo Cabral de Mello, 2014, p. 167.

Janeiro sobre as províncias). Muitos grupos permaneciam refratários aos planos de D. Pedro de centralização do poder. Um desses personagens era Frei Caneca, que voltava a se mostrar ativo na imprensa. O cônsul da França no Recife estimou que a Corte deveria apressar suas providências para "garantir a submissão de Pernambuco e das Províncias do Norte", sem o que a própria unidade estaria ameaçada.[65]

A dissolução da Assembleia Constituinte agravou, com um dado externo, esse contexto local. Sua notícia chegou em 12 de dezembro de 1823, coincidindo com o dia do retorno das tropas pernambucanas que estavam na Bahia.[66] Ao contrário do que se esperava, essa força acabou se unindo aos grupos "federalistas" ou descentralizadores (e, desse modo, opositores à tentativa de D. Pedro de centralizar o poder no Rio de Janeiro). A eles se juntaram inclusive outros de tendências que favoreciam alguma centralização, mas que reagiam à dissolução da constituinte. No caso destes descontentes, entendiam como uma ruptura do acordo de adesão firmado anteriormente com o Rio de Janeiro.

A agitação política decorrente levou à queda da Junta de Governo. Foi constituído um novo Governo provisório no Recife, em 13 de dezembro de 1823 (no dia seguinte à chegada da notícia da dissolução). Era liderado por Manuel de Carvalho Pais de Andrade e composto majoritariamente por ex-adeptos da Revolução de 1817.

Surgiu, então, um choque direto com o Rio de Janeiro, pois D. Pedro havia nomeado, naquele mesmo mês, Manoel Pais Barreto como governador da Província.[67] Sua nomeação foi parte da estratégia do Rio de Janeiro de escolher personalidades locais para as Províncias do Norte, evitando a mobilização local contra algum indicado "estranho" e proveniente da capital imperial. A disputa entre os dois grupos pernambucanos foi intensificada com a insatisfação decorrente da promulgação da Constituição de 1824.

---

65. MELLO, 2014, p. 158.
66. Ibid., p. 159.
67. Evaldo Cabral de Mello, 2014, p. 167.

Tentativas de sublevação militares ocorreram, então, em março de 1824. O conflito se tornou ainda mais agudo com o envio, em fins de março de 1824, de uma flotilha pelo Rio de Janeiro. Esta era comandada pelo almirante de origem inglesa John Taylor, que tentou negociar a posse de Manoel Pais Barreto para o Governo Provincial, no lugar de Pais de Andrade. Também buscava-se a desmobilização da tropa.

Houve, na sequência, nova tentativa de conciliação, com a designação de uma terceira opção, José Carlos Mayrinck da Silva Ferrão. Tampouco houve sucesso, sofrendo Mayrinck forte oposição para assumir o Governo pernambucano, tema que se tornou uma das principais fontes de conflito.

Taylor declarou, então, o porto do Recife bloqueado. Em meio a essa tentativa de acordo, chegavam notícias de que, no Ceará, a informação da dissolução da Constituinte havia provocado reações nas Câmaras de Quixeramobim e do Icó, que haviam proclamado a República. Os problemas tanto no Ceará quanto em Pernambuco influenciavam diretamente as Províncias vizinhas, como Rio Grande e Paraíba. Manifestos surgiram no Recife, em 27 de abril e em 1º de maio, contra o Imperador.

Em 2 de junho de 1824, houve tentativa de posse de Mayrinck feita com apoio da força de Taylor, provocando caos no Recife. O comandante naval, no entanto, não deu sequência à ação militar, tendo sido chamado de volta ao Rio de Janeiro. Na capital do Império, D. Pedro havia recebido informações de preparativos de uma expedição portuguesa, que atacaria a Corte a partir de Santa Catarina. Era necessário preparar a defesa, especialmente no plano naval. O tema da "reconquista" portuguesa será tratado abaixo, mas o episódio do bloqueio do Recife dá conta de como a notícia foi recebida no Rio de Janeiro.

No vácuo deixado pela retirada de Taylor, o confronto em Pernambuco foi acentuando-se até estourar em 2 de julho de 1824 (exatamente um ano após a saída das tropas portuguesas da Bahia), na Confederação do Equador. O movimento pretendia reorganizar o

Estado brasileiro, com base em uma confederação. Não era necessariamente separatista. Foi com o desenvolvimento do conflito, com a ampliação do movimento no Norte e sua rejeição pelo Sul, que a proposta de ruptura se colocou. A Confederação teve, ao contrário da Revolta de 1817, forte participação popular, o que só fez ampliar o conflito. Frei Caneca, que fora deputado nas Cortes de Lisboa e havia se oposto ao Vintismo, posteriormente voltou-se contra D. Pedro e liderou a insurreição.

Assim como a primeira etapa da emancipação e construção do Estado brasileiro, a reação à Confederação do Equador e às ameaças de fragmentação tinha de ser militar. Foi organizada tropa no Rio de Janeiro, que partiu para Pernambuco em 2 de agosto de 1824. A esquadra era comandada por Cochrane e levava 1,2 mil homens sob o comando do brigadeiro Lima e Silva, que fora comandante das forças na Bahia após a queda de Labatut. As tropas desembarcaram em Alagoas. Aos poucos, grupos fiéis à monarquia foram engrossando o contingente pró-Rio de Janeiro, que ultrapassou 3 mil soldados.

Cochrane foi novamente mobilizado, desta vez para bloquear o porto do Recife. A atitude do almirante escocês, que bombardeou a cidade em 28 de agosto de 1824, mas não mostrou a mesma energia de operações anteriores, suscitou críticas no Rio de Janeiro, por suposta falta de firmeza. Ainda assim, a Capital pernambucana se rendeu em 17 de setembro. Frei Caneca, junto com outras 30 pessoas, foi condenado à morte.

A esquadra de Cochrane ainda precisou seguir, depois, para o Ceará e para o Maranhão, a fim de atuar contra forças que tendiam à desagregação do Império ou que refletiam os problemas políticos da época. A força militar, ao final, foi o elemento que preservou a unidade do Império.

A Confederação do Equador não foi, ainda que tenha sido o episódio mais conhecido, movimento isolado do processo de Independência, mera expressão de descontentamento interno em algumas

Províncias. A instabilidade provincial também esteve presente no Pará e no Maranhão. Na Cisplatina vivia-se o preâmbulo da guerra. Outras Províncias também experimentavam a mesma situação, que continuou a ameaçar a unidade do Império, em 1825.[68] A ideia que havia unido em 1822-1823, contra Portugal, não garantira a estabilidade do País, que continuou a exigir a conjugação da negociação com a força militar, pelo menos até 1840.

3. Portugal não desiste: as ações de recuperação do Brasil que alimentaram a instabilidade

Em 1824-1825, a fragilidade política do Império era flagrante e, pior, era agravada pela ação de um velho e conhecido ator. Apesar de derrotado militarmente, Portugal não havia se conformado com a perda de todo um Reino e trabalhava contra o Rio de Janeiro. Ainda no primeiro semestre de 1825, D. João VI ostentava o título de Rei do Brasil e, além de não reconhecer a separação, trabalhava-se contra ela, particularmente por meio de tentativas de desestabilização política.

Duas iniciativas se destacaram no empreendimento de Lisboa de tentar recuperar o Brasil, ou ao menos parte dele. A primeira foi a ação diplomática encabeçada pelo conde de Palmella, ministro de D. João VI (e um dos apoiadores, antes da partida do Rei, da manutenção do poder do Rio de Janeiro). Ele buscou apoio junto às potências europeias para a causa de Portugal, na tentativa de mobilizar, particularmente, os países da então chamada "Santa Aliança".

Esse tema será tratado adiante, mas é relevante sublinhar que a mobilização diplomática era parte da estratégia de Lisboa, mas não chegava a produzir efeitos importantes (como no caso da Espanha contra o reconhecimento de suas ex-colônias). O caráter monárquico do novo Governo, a história particular do caso português em com-

---

68. MELLO, 2014, p. 236.

paração ao vizinho Ibérico e a ação de Leopoldina e dos diplomatas brasileiros fizeram diferença e restringiram as opções portuguesas nessa seara.

Portugal tentava, ao mesmo tempo, jogar outra carta, a ação direta, na reativação de apoios no Brasil e no desenho de uma operação militar de "reconquista". Uma das séries documentais mais interessantes sobre o Brasil, desse período de 1824-1825, é a reflexão demandada pelo conde de Palmella sobre as relações de Portugal com seu antigo domínio.[69] Além de colher opiniões sobre como as autoridades avaliavam a emancipação, a consulta perguntava, então, qual deveria ser a reação de Portugal: reagir e recorrer às armas, ou negociar? E em quais termos negociar?

Apesar de apresentarem equívocos de percepção sobre a realidade do que se passava no Rio de Janeiro e da força que tinha o Imperador, todas as opiniões apontavam para o perigo da "anarquia" que vigorava no País, para os efeitos das ideias dos "facciosos", da "Democracia" e do "carbonarismo". Uma das autoridades consultadas, o conde de Subserra, atribuiu a Independência aos "clubs" de facciosos, que buscariam não apenas a independência, mas também o "estabelecimento de huma democracia descarnada". Nos pareceres, desse modo, estava presente a avaliação da confusão política que vigorava no Brasil, as dissensões internas, a diferença entre as percepções e os projetos entre o Norte e o Sul.

Essas impressões não eram apenas compartilhadas entre as autoridades e esse é um dado fundamental. Também estavam nas ruas de Portugal e, mais interessante ainda, no Norte do jovem Império. Um exemplo foi ofício ao Secretário da Guerra português enviado por cidadão chamado José Pedro Neto Albuquerque, que morava no Brasil. Albuquerque insistia que era fácil a Lisboa recuperar o Norte do

---

69. DOCUMENTOS para a História da Independência, 1923, p. 85 e seguintes.

O longo processo de Independência: a crise política e a Confederação do Equador (1824)   337

Brasil, "onde não há um inimigo de Portugal que ele não conheça".[70] Mais do que um relator da situação, Albuquerque se voluntariava a ajudar e dizia-se, em particular (e valha ironia), pronto para assumir uma secretaria de governo em qualquer das Províncias daquela região.

A opinião dos ministros apresentou, ao fim, variações sobre o mesmo recurso: o de privilegiar o uso das armas, com as negociações correndo em paralelo, não pelo reconhecimento, mas para a retomada dos laços tradicionais. E, neste ponto, há um dado importante sobre a questão do reconhecimento: o tema das armas também se relacionava à interpretação em Lisboa de que o estado de beligerância permanecia ativo entre Rio de Janeiro e Lisboa, mesmo após 1823.

Não se vislumbrava, em suma, o reconhecimento, pois se acreditava na legitimidade da causa portuguesa, particularmente no Norte. A recuperação do Brasil era o objetivo e os meios para tal poderiam variar entre uma grande expedição ou expedições menores. Uma delas foi a ideia de ocupar a Ilha de Santa Catarina, que serviria como ponta de lança sobre o Rio de Janeiro. Essa ideia em particular foi importante, pois os rumores de que ela ocorreria de fato mobilizaram o Imperador e, dentre outras consequências, provocaram a convocação do comandante Taylor do Recife, em 1824, abrindo as portas para a Confederação do Equador. Em parte, as avaliações portuguesas tinham alguma verdade sobre a fragilidade do apoio a D. Pedro.

---

70. OFÍCIO de José Pedro Neto Albuquerque ao [secretário de estado da Guerra e interinamente da Marinha e Ultramar e ministro assistente ao Despacho, conde de Subserra], Manoel Inácio Pamplona Corte Real, sobre a situação política na Corte do Rio de Janeiro, os prejuízos para Portugal, da sua confiança na restauração do poder português; e da facilidade em se dominar o Norte do Brasil, onde não há um inimigo de Portugal que ele não conheça; oferecendo-se para uma secretaria de governo de qualquer das províncias do norte, visto os conhecimentos que tem do Piauí, Ceará e Maranhão. Em 22 de fevereiro de 1824. In: Arquivo Histórico Ultramarino, Projeto Resgate, AHU_ACL_CU_017, Cx. 292, D. 20646.

Ao final, porém, o projeto de reconquista militar ou de mobilização dos grupos pró-Lisboa não prosperou, mas preparativos foram efetivamente realizados para a operação militar. Não havia, na verdade, como progredir, pela própria limitação militar portuguesa. A principal estratégia dos pareceristas era, na verdade, aproveitar a confusão que reinava em diversos pontos do Brasil e ampliar o conflito entre o Norte e o Rio de Janeiro.

Nesse sentido, Cochrane acusou o visconde de Palmella de incitar a confusão, ao passo que tanto o conde de Subserra quanto Villanova Portugal, assessores de D. João VI, sugeriam a estratégia de aproveitar os pontos onde se observava a "anarquia" e onde subsistiam fiéis vassalos de Portugal, tal como no Maranhão, Pará e Pernambuco, para reanimar a defesa portuguesa.[71] Em uma conjuntura marcada pela instabilidade e pelas movimentações de "populares" e de "escravos", não seria impossível que a causa de Lisboa voltasse a ganhar apoio como meio de restabelecimento da ordem. Isso poderia levar, assim, à quebra do território do Império em mais de um Estado.

Outro fator mostrava a complexidade da conjuntura política da época. Se bem havia muitas pessoas no Império que ainda eram simpáticas a Lisboa, ao mesmo tempo, tantas outros, de Norte a Sul do novo país, alimentavam forte "antiportuguesismo", inclusive no Norte, com todas as feridas da guerra. Na verdade, sentimentos dúbios com relação aos portugueses e ao Rio de Janeiro subsistiam. O antiportuguesismo na parte mais setentrional do Império teve impacto direto: não apenas levou à expulsão de muitos portugueses como fez com que

---

71. Segundo Villanova Portugal: "As Provincias do Brazil são corpos separados; p.a ocupar huma, o q. há a considerar he que forças tem, e q. pessoas a Governão; nem o Maranhão se pode socorrer de Pernambuco; nem vice versa. Portanto calculemse as forças de Portugal, a face das q. há em Pernambuco ou no Ceara, no Maranhão ou no Para; e tomemse as empresas a proporção das forças; se as forças não são bastantes para ocupar três Provincias, ou quatro, ocupemse duas; e tendo essas já a força relativa he maior e capaz de se ocupar terceira, e depois quarta pois a força aumentasse tanta a fisica, como a força moral do exemplo á proporção que se forem ocupando mais".

todos os "adesistas à Independência", nascidos nos dois continentes, procurassem, após 1823, apagar suas pegadas pró-Lisboa e se declarar independentistas "desde sempre".

Essa combinação é essencial para a compreensão de um dos elementos da imagem da Independência pacífica, originada já nos primeiros momentos do Império. Havia contradições e interesses divergentes, sendo tanto necessário um ator de peso, mesmo que não unânime, como D. Pedro, para levar a cabo o projeto de unificação, quanto o uso da força para garanti-la. O problema é que D. Pedro enfrentava uma conjuntura menos favorável. Se a opção militar de Lisboa também não tinha muitas chances de prosperar, deve-se considerar as movimentações em Portugal como fatores agravantes da situação de D. Pedro.

O monarca, do Rio de Janeiro, tentava manter o Império unido e obter o reconhecimento do novo Estado. Viável ou não, a ameaça de reconquista teve consequências no Brasil. Na conjuntura difícil na qual se encontrava o Imperador entre 1824 e 1825, era de se esperar que, na eventualidade de uma negociação do reconhecimento da Independência brasileira, como ocorreu, fosse aberto espaço para que Lisboa, na impossibilidade de recuperar todo ou parte de seu antigo Reino Unido, apresentasse demandas compensatórias.

16

O reconhecimento do Brasil e o fim da guerra

No dia 29 de agosto de 1825, o Reino de Portugal finalmente reconheceu o Império do Brasil, por meio do Tratado de Amizade e Aliança entre El-Rei o Senhor D. João VI e D. Pedro I. O acordo não apenas oficializou, no plano internacional, a Independência brasileira, como também concluiu formalmente a guerra que, entre 1822 e 1823, havia mobilizado mais de 60 mil soldados e causado a morte de 3 mil a 5 mil pessoas.

O Império do Brasil, unificando todo o território que havia sido colônia, depois Reino, adquiriu com o tratado sua legitimidade externa, entrando oficialmente para a comunidade internacional. Salvo as exceções dos Estados Unidos e das Províncias Unidas do Prata (posteriormente Argentina), muitas potências da época, como o Reino Unido e a França, mantinham contatos com aquela entidade que havia se declarado Império em 7 de setembro de 1822. Mas estas eram relações oficiosas, encobertas por terminologias que disfarçavam o trato, que não poderia ser oficial. Essa atitude decorria em grande medida de um contexto europeu de tendência conservadora, com fortes resistências a reconhecer os novos Estados americanos, a não ser que a antiga metrópole o fizesse.

Fosse no plano interno, pelo fim do processo de emancipação e da guerra, fosse no plano externo, pela obtenção da legitimidade internacional, o reconhecimento por Portugal parecia uma boa notícia. Era o que D. Pedro buscava desde 1822, mobilizando a nascente diplomacia brasileira, cujos primeiros momentos foram quase monopolizados pelo tema, além da gestão da guerra. O Brasil existia, agora, de fato e de direito.

Não foi assim, porém, que a data de 29 de agosto de 1825 ficou conhecida. Uma segunda convenção foi assinada naquele mesmo dia, por meio da qual estipulava-se que o Império pagaria a Portugal uma indenização no valor de 2 milhões de libras inglesas. A Convenção Adicional foi mantida em segredo por algum tempo, tendo surgido apenas com a reabertura da Assembleia Legislativa brasileira, em 1826, quando foi objeto de ferozes críticas. Como as finanças iam mal, inclusive pelos grandes custos da mobilização militar, os recursos tiveram que ser emprestados de bancos ingleses.

Em muitos livros de história, essa indenização aparece como a origem da dívida externa brasileira. Criou-se, então, uma imagem de que o segredo se destinava a esconder uma negociata contrária aos interesses do Brasil, ao que se somou ponto importante simbologia para a época, o acordo pelo qual D. João VI assumia o Império e transferia o poder "voluntariamente" a D. Pedro. Para aqueles que haviam combatido Lisboa, inclusive nos campos de batalha da Bahia, Piauí, Maranhão ou Cisplatina, o resultado da negociação era um escândalo. O reconhecimento do Brasil por Portugal teria sido, em resumo, um péssimo negócio.

Mas teria sido isso mesmo? A negociação, na verdade, teve várias fases e muitas dificuldades. Ocorreu em um contexto muito particular da política externa da época e em uma conjuntura política interna sensível, como vimos no capítulo passado. A última etapa do processo de Independência do Brasil foi, enfim, tão complexa quanto todo o resto.

1. As negociações do reconhecimento em três momentos

Muitos autores costumam resumir o processo de reconhecimento do Império em três fases (1823, 1824-1825 e 1825) e três questões centrais.[1] As primeiras tratativas foram levadas a cabo pelo chanceler José Bonifácio, entre 1822-1823, ao passo que a segunda fase foi realizada em Londres, entre negociadores diplomáticos, em 1824-1825. A terceira etapa, em 1825, envolveu a definição de um mediador, Sir Charles Stuart, que passou por Lisboa e pelo Rio de Janeiro, negociando diretamente com os soberanos.

Os principais pontos do processo eram os seguintes: (i) os direitos de sucessão ao trono português (se D. Pedro também herdaria a coroa portuguesa); (ii) a dívida contraída por Portugal, no Reino Unido, para financiar as operações contra a Independência; e (iii) a transmissão do poder soberano, em que D. João VI assumiria o Império do Brasil e o transmitiria a D. Pedro.

Oliveira Lima menciona aquele que seria um quarto tema: o "encerramento de hostilidades" entre Rio de Janeiro e Lisboa.[2] Esse ponto é interessante, pois revela muito de como Lisboa via o processo de emancipação do Brasil, da perspectiva da guerra e do fato de que o apoio no Norte a D. Pedro era de tal maneira precário que se considerava a incorporação de províncias como Maranhão e Pará como sendo uma ocupação hostil, que deveria também ser resolvida com a paz.

---

1. Vide, por exemplo, RODRIGUES, José Honório; SEITENFUS, Ricardo A. S. *Uma história diplomática do Brasil, 1531-1945*. Organização de Lêda Boechat Rodrigues. Rio de Janeiro: Civilização Brasileira, 1995; CERVO, Amado Luiz; BUENO, Clodoaldo. *História da Política Exterior do Brasil*. 2ª Edição. Brasília: Editora Universidade de Brasília, 2002; e, RICÚPERO, Rubens. *A Diplomacia na Construção do Brasil – 1750-2016*. São Paulo: Editora Versal, 2017.

2. LIMA, Manuel de Oliveira. *O Reconhecimento do Império. História Diplomática do Brasil*. 2ª ed. Rio de Janeiro: Topbooks, 2015, p. 63.

A fase da inflexibilidade (1822-1823)

O período de José Bonifácio foi marcado por tentativas de reconhecimento direto do Império pela comunidade internacional, ou seja, sem aceitação de Lisboa. Nisso o Patriarca contou com o apoio da Assembleia Constituinte, a partir do segundo semestre de 1823.

Desde meados de 1822, Bonifácio iniciou gestões políticas intensas junto a potenciais aliados, em busca de apoio ao Rio de Janeiro, incluindo a demanda pelo reconhecimento. No primeiro semestre de 1823, os avanços na guerra gradualmente davam vantagem ao Brasil, o que reforçava a ambição do Rio de Janeiro em tratar diretamente com as potências europeias, sem passar por Portugal.

Nesse contexto, Bonifácio designou, a partir de 1822, representantes para as cortes europeias, para negociar desde questões práticas, como a compra de armamentos, até temas diplomáticos, como a gestão da "causa" brasileira, para buscar apoios e justificar as ações do Regente D. Pedro. Na prática, eram "diplomatas" brasileiros em Londres, Paris, Viena, dentre outros, mas não oficiais, pois o termo não se aplicava a um governo cujo Estado ainda não havia sido reconhecido pela comunidade internacional.

Os representantes brasileiros receberam instruções claras de que o reconhecimento do novo Império era prioridade e qual deveria ser o meio: convencimento direto das potências sobre a legitimidade da causa brasileira, sem passar por negociações com Portugal, e o risco de ter de ceder em alguns pontos. O Rio de Janeiro, por exemplo, negociou com o Reino Unido ao longo de 1822, e quase obteve o reconhecimento, salvo pela questão do fim do tráfico de escravizados (demandada por Londres). Caso essa medida fosse adotada, o ministro britânico George Canning teria indicado ao representante brasileiro em Londres a hipótese do reconhecimento direto pelo Reino Unido.

O compromisso não foi aceito, mas tanto britânicos quanto outros Estados refletiram sobre a demanda brasileira, assim como os Estados

344   Redescobrindo a Independência

Unidos, que em 1824 reconheceram, sem contrapartida, o Império do Brasil. O peso norte-americano na comunidade internacional da época, entretanto, era pequeno, e não alterou o caso. A solução dependia mais da postura das potências europeias, que, no entanto, terminariam adotando posição a favor de negociações diretas entre Lisboa e Portugal. O reconhecimento direto, em outras palavras, tornou-se impraticável.

Tampouco Lisboa se mostrava favorável a uma negociação com o Rio de Janeiro. Fosse no período das Cortes, fosse com a fase posterior de regresso do poder absoluto a D. João VI, com o movimento da Vilafrancada, o governo português continuou a buscar a reunião, inclusive com ações de desestabilização e planejamento de uma aventura militar em 1824, que acabou não acontecendo. Mas a simples possibilidade daquela ação foi suficiente para causar, como vimos, tensão no Rio de Janeiro e facilitar o início da Confederação do Equador.

A inflexibilidade do Rio de Janeiro e de Lisboa não impediu, na verdade, que Portugal tentasse realizar alguns contatos diretos, por meio de representantes de D. João despachados para o Brasil. A primeira missão ocorreu em setembro de 1823, com o envio de Luiz Paulino de Oliveira Pinto da França. Seu objetivo, na verdade, era outro: entregar documento de cessação dos combates na Bahia. Chegando a uma Salvador já conquistada, Luiz Paulino viu o objeto de sua viagem perdido e resolveu continuar até o Rio de Janeiro e conversar com D. Pedro. A missão tampouco teve sucesso na capital carioca e o enviado real morreria em alto-mar, vítima da tuberculose, no regresso à Europa.

Nova missão portuguesa foi enviada pouco depois, em novembro de 1823, composta pelo conde do Rio Maior e por Francisco José Vieira. Desta vez, o objetivo era "fazer sumir toda a ideia de guerra" entre Brasil e Portugal. O resultado foi o mesmo, sendo que os dois emissários relataram terem sido recebidos com forte hostilidade.[3] Uma terceira missão, com José Antônio Soares Leal, chegou a ser enviada posteriormente ao Rio de Janeiro, já quando uma outra dinâmica estava em curso, com negociações diretas em Londres.[4] A missão Soares Leal assim como as negociações diretas falharam ante a negativa do Imperador de negociar algo distinto do reconhecimento de direito da realidade, que era o Brasil independente.

Em suma, a postura do Rio de Janeiro inspirava-se na conjuntura política favorável, nos ventos da vitória militar e nas adesões/incorporações das Províncias ao Império, ao passo que Lisboa não aceitava a ideia da emancipação. Nessas circunstâncias, o diplomata austríaco Barão de Mareschal, próximo de Leopoldina e interlocutor de D. Pedro, escreveu a seu Governo que, naquele momento, as ambições portuguesas de volta à união anterior eram apenas uma "quimera". Pelo contrário, avaliava que o interesse de D. João VI deveria ser o de reconhecer a Independência, a fim de preservar o Brasil para sua família e "pelo bem dos povos".[5]

As primeiras negociações diretas (1824-1825)

Em 1824, a conjuntura nos dois lados do Atlântico mudou. Dom Pedro, enfrentava um cenário muito mais frágil e incerto internamente (como vimos no capítulo anterior), assim como Lisboa aos poucos mudava de posição. Com o apoio do Reino Unido e a aceitação das duas partes, iniciou-se então a fase da negociação direta, com nomeação de Caldeira Brant e Manoel Gameiro como representantes brasileiros em

---

3. OFÍCIO dos comissários reais ao Rio de Janeiro, conde do Rio Maior, [D. Antônio de Saldanha Oliveira Jusarte e Sousa], e Francisco José Vieira, ao [secretário de estado da Guerra], conde de Subserra, [Manoel Inácio Pamplona Corte Real], informando a maneira hostil como foram recebidos no Rio de Janeiro; remetendo correspondência trocada com o imperador [D. Pedro]. Em 27 de novembro de 1823. In: Arquivo Histórico Ultramarino – Projeto Resgate, AHU_ACL_CU_017, Cx., 292, D. 20635.
4. RODRIGUES e SEITENFUS, 1995, p. 130.
5. OFÍCIO de 6 de setembro de 1823. In: *RIHGB*, v. 315, abril-junho, 1977, p. 305.

Londres, em 3 de janeiro de 1824. Os oficiais brasileiros foram instruídos a buscar que o Reino Unido servisse de mediador nas negociações e obtivesse o reconhecimento formal da Independência.[6]

É interessante observar que, já neste momento, o Rio de Janeiro entendia que o Reino Unido pressionaria por concessões a Portugal, pois seria difícil aceitar a Independência "sem que este [Portugal] fique de algum modo satisfeito e contemplado". Dava-se aos negociadores liberdade para tratar dessas condições, desde que "limpo de embaraços que venham afrontar a opinião pública dos brasileiros". Esse último ponto já seria mais difícil de seguir, haja vista as pressões exercidas sobre o Brasil para aceitar as demandas portuguesas.[7] O jogo diplomático em Londres não foi simples. Apesar de dispostos a negociar, os dois lados ainda se mostravam pouco flexíveis nos temas da negociação e tentavam ampliar sua margem, pressionando o Governo britânico.

Lisboa, inclusive, negociou com outras potências, chegando a pensar em bandear-se para o lado francês, o que terminou não ocorrendo.[8] Também enviaram a já mencionada missão Soares Leal ao Rio de Janeiro, tentando romper o impasse em Londres, sem sucesso. Esse tipo de pressão contra os ingleses, ao mesmo tempo, também vinha do lado brasileiro. Poucas semanas antes, em fevereiro, os negociadores brasileiros sugeriram ao Governo britânico que o Imperador poderia realizar mudanças nas tarifas alfandegárias brasileiras para, num prazo de 15 anos, levantar as preferências que a coroa inglesa gozava no Brasil.[9] Dom Pedro, jogando como seu pai, também continuou suas

---

6. INSTRUÇÕES de Luís José de Carvalho e Melo, ministro dos Negócios Estrangeiros, a Manuel Rodrigues Gameiro Pessoa, encarregado de negócios na Inglaterra. Despacho de 24 nov. 1823 (AHI 417/03/27). In: *Cadernos do Centro de História e Documentação Diplomática*, ano 7, n. 12, 1º semestre de 2008, p. 35.
7. DESPACHO de 3 de janeiro de 1824 (AHI 417/03/28) In: *Cadernos do CHDD*, 2008, p. 40.
8. Vide LIMA, 2015.
9. RODRIGUES e SEITENFUS, 1995, p. 129.

gestões nas demais Cortes europeias,[10] utilizando-se dos mesmos argumentos enviados nas instruções a Gameiro.

Londres, neste primeiro momento, procurava servir como facilitador e não como intermediário, incentivando as tratativas diretas.[11] Canning, chanceler britânico, tentou resumir os interesses dos dois lados em uma minuta de acordo, que reconhecia a Independência e levava D. Pedro a renunciar aos seus direitos da Coroa portuguesa, ao menos inicialmente. O projeto britânico foi apresentado em momento chave das negociações, que se desenrolaram entre 14 de junho de 1824 e 18 de fevereiro de 1825. Já estavam ali presentes as principais questões: a sucessão real, da manutenção de algum tipo de laço entre Lisboa e Rio de Janeiro e a própria necessidade de arranjo financeiro. Portugal insistia, portanto, na subordinação brasileira a D. João VI, mesmo que novo arranjo de Governo fosse encontrado.

Lisboa reagiu negativamente ao projeto. Apresentou um contraprojeto, que, embaixo de uma linguagem que pretendia não melindrar os ingleses, praticamente revertia as disposições do documento original. O chanceler britânico considerou o texto português "desarrazoado e inadmissível" e tentou seguir, sem muito sucesso, com as negociações com os representantes diplomáticos dos dois países.

Não havia, ao final, como manter a estrutura inicial da negociação. Do lado do Reino Unido, a questão das independências americanas avançava, em meio às sensibilidades do país no contexto das rivalidades europeias e do espírito da Santa Aliança. Do lado brasileiro, urgia, como se verá abaixo, avançar no reconhecimento. Uma nova estratégia deveria ser tentada e esta veio, com o Reino Unido assumindo um papel mais ativo.

---

10. Vide, por exemplo, despacho de 24 nov. 1823 Instruções de Luís José de Carvalho Melo, ministro dos Negócios Estrangeiros, a Domingos Borges de Barros, encarregado de negócios na França. In: *Cadernos do Centro de História e Documentação Diplomática*, n. 12, 1º semestre de 2008, p. 31.
11. RODRIGUES e SEITENFUS, op. cit., 128.

A terceira fase: a efetiva intermediação britânica

O contexto do início de 1825 era distinto daquele do início das negociações e apresentava novas realidades sobre o tema das negociações, principalmente o fato de que, em fins de 1824, a Coroa britânica reconheceu as independências de ex-colônias espanholas. Tendo falhado a negociação direta, mas com a disposição de todos em avançar no assunto, o Reino Unido decidiu ampliar a pressão e designou o embaixador Charles Stuart como enviado britânico, com instruções para viajar a Lisboa e ao Rio de Janeiro e negociar o reconhecimento. Stuart era diplomata experiente e influente. A ideia era buscar compromissos dos dois lados, mas o diplomata britânico teria poder suficiente para colocar pressão em ambos, rompendo os impasses da etapa anterior.

Passando inicialmente por Lisboa, Stuart pressionou D. João VI a aceitar as condições do reconhecimento, a ser feito preferencialmente por Decreto Real e não por tratado, renunciando Lisboa a qualquer exercício sobre a soberania brasileira. Os ofícios de Canning a Stuart mostram que as questões do título de Imperador a D. João e outros temas continuaram a ser duramente negociados em Lisboa.[12]

Para romper a inflexibilidade portuguesa, Londres ameaçou com o reconhecimento direto britânico do Brasil, via assinatura de acordo de comércio com o Rio de Janeiro. Era uma janela necessária, inclusive, para dar conta dos avanços de outras potências, como visto anteriormente, especialmente a França. A análise dos ofícios britânicos da época revela, nesse sentido, preocupação com a ação francesa, uma preocupação que o lado português procurava, inclusive, explorar a seu favor.[13]

A gestão de Stuart surtiu efeito, aproveitando-se também de mudanças políticas em Portugal, com a saída do poder do conde de Subserra (fortemente contrário ao reconhecimento). Após uma série de encontros entre março e maio de 1825, o Governo português aceitou

---

12. OFÍCIO de Charles Stuart a George Canning, em 26 de julho de 1825. F.O. 13/4. In: WEBSTER, 1938, p. 282.
13. WEBSTER, 1938.

O reconhecimento do Brasil e o fim da guerra   349

a ideia da Independência, mas teve como compensação a aceitação inglesa de insistir em que D. Pedro cedesse nas condições do reconhecimento, dentre as quais a transmissão do Império por D. João VI e a indenização.[14]

Também surgiu, nesse contexto, a ideia de que o Brasil deveria assumir parte da dívida pública de Portugal, em razão dos bens deixados no País pela Coroa de Portugal, e indenizar os antigos donatários das anteriores Capitanias brasileiras.[15] Outra interessante demanda portuguesa era a "cessação imediata das hostilidades", sinal claro de que Lisboa considerava que havia uma guerra em curso. Após longas negociações, entre março e junho de 1825, Stuart seguiu para o Brasil como plenipotenciário português, com poderes de concluir o tratado de reconhecimento.[16]

O representante britânico chegou ao Rio de Janeiro em 17 de julho de 1825 e encontrou um ambiente desfavorável. Informou a Londres que, desde sua chegada, fora cortado de encontros com pessoas favoráveis ao Reino Unido, por determinação de D. Pedro. Mesmo o diplomata austríaco, Barão de Mareschal, teria confidenciado a Stuart ter se mantido distante dele, a fim de evitar qualquer represália do Imperador. Os contatos iniciais do emissário britânico foram com pessoas hostis.[17]

Ao longo do processo, o austríaco Mareschal relatou a oposição de D. Pedro aos termos que vinham sendo negociados. O diplomata austríaco avaliava que parte dessa resistência viria da proposta francesa de tratado comercial, que traria em si o reconhecimento. Em fins de 1824, a França propôs o reconhecimento do Império. Dom Pedro teria evitado as negociações, uma vez que entendia já haver um compromisso com

---

14. ALEXANDRE, Valentim. *Os sentidos do Império: Questão nacional e questão colonial na crise do Antigo Regime português*. Porto: Edições Afrontamento, 1993, p. 318.
15. Ibid., p. 319.
16. CERVO e BUENO, 2002, p. 34.
17. OFÍCIO de Charles Stuart, em 20 de agosto de 1825. F. O. 13/20. In: WEBSTER, 1938, p. 284.

os britânicos. O Imperador não pretendia, em princípio, privilegiar a França sobre o Reino Unido, mas possivelmente usava a oferta como mecanismo para aliviar a pressão que ele mesmo sofria nas negociações de Stuart. Inclusive, no relato de 27 de julho de 1825, Mareschal relata a satisfação do representante britânico com o Príncipe, o qual "considera como infinitamente mais capaz de tudo que o circunda".[18]

O cenário das resistências e das negociações pouco mudou nas etapas finais, ficando patentes os desentendimentos ao longo da série de conferências entre julho e agosto. Stuart chegou a dizer-se "ressentido" com D. Pedro, dado o espírito de hostilidade manifestado nas conferências.[19] Para Valentim Alexandre, a ideia em si da indenização era aceita por alguns representantes brasileiros, mas o montante a ser pago causava controvérsia.[20]

A hostilidade de D. Pedro, no entanto, não prosperou e, ao longo das negociações, foram sendo vencidas as resistências, inclusive sobre a indenização e sobre D. João VI assumir o Império e transferi-lo ao filho. O acordo foi, então, alcançado e assinado em 29 de agosto de 1825. O ponto sobre o pagamento da indenização a Portugal foi objeto de Convenção Adicional, mantida em segredo por algum tempo, tendo surgido apenas com a reabertura da Assembleia, em 1826, quando foi objeto de ferozes críticas.

O tratado foi ratificado, do lado brasileiro, no dia seguinte, no que também foram necessárias pressões inglesas e a influência, segundo Isabel Lustosa, de Dona Domitila de Castro, em concertação com Charles Stuart, para vencer as resistências de D. Pedro.[21] Enfim, em 18 de outubro, Brasil e Reino Unido assinaram, no Rio de Janeiro, acordo comercial e um arranjo sobre a extinção do tráfico de escravizads, o

---

18. Vide ofício de 27 de julho de 1823.
19. OFÍCIO de 20 de agosto de 1825.
20. ALEXANDRE, 1993, p. 327.
21. LUSTOSA, Isabel. *Dom Pedro I: um herói sem nenhum caráter*. São Paulo: Companhia das Letras, 2006. P. 211.

primeiro reconhecimento de potências europeias. Em 15 de novembro, o Governo português admitiu a entrada de navios brasileiros em seus portos, em razão do tratado de paz.[22]

Tendo em conta que, ao longo das negociações, D. Pedro mostrou resistência aos pontos controversos, a questão que se coloca, então, é o que o teria levado a mudar de ideia ao longo da negociação com Stuart. Alguns relatos de época apontam para uma possível razão, mas, para entendê-la, é preciso voltar à conjuntura política, externa e doméstica, de 1823-1825.

2. O ambiente das negociações: no Brasil e no exterior, o clima era desfavorável

Se bem o relato das negociações é interessante, torna-se muito difícil compreender as decisões dos envolvidos sem levar em conta que essas tratativas não ocorriam no vazio. O Império do Brasil vivia, externa e internamente, situações históricas próprias, que enquadravam e qualificavam as possibilidades de negociação do Rio de Janeiro, assim como de Lisboa. As negociações ocorreram em um ambiente externo em parte desfavorável e em um contexto interno que mudou muito entre 1822 e 1825, e modificou em desfavor do Rio de Janeiro de D. Pedro.

Naquela terceira década do século XIX, a existência de um Estado no plano internacional requeria, essencialmente, o reconhecimento das grandes potências. Como mencionado mais acima, era verdade que, antes de 1825, as Províncias Unidas do Prata e os Estados

---

22. AVISO (cópia) do [secretário de estado dos Negócios da Marinha e Ultramar], Joaquim José Monteiro Torres, para o [marquês de Viana], major-general [da Armada, D. João Manoel de Menezes], ordenando que sejam admitidos nos portos do Reino e nos domínios ultramarinos os navios tanto de guerra como mercantes com bandeira brasileira, visto o tratado de paz e aliança firmado no Rio de Janeiro entre o rei de Portugal e Algarves, D. João VI e o imperador do Reino do Brasil, seu filho, D. Pedro. Em 15 de novembro de 1825. In: Arquivo Histórico Ultramarino – Projeto Resgate, AHU_ACL_CU_017, Cx. 295, D. 20922.

Unidos já haviam reconhecido a emancipação brasileira, mas o efeito era restrito, pelos limites de poder que os dois jovens Estados (as primeiras também ainda não reconhecidas) enfrentavam.

Era relevante, desse modo, que o novo Império obtivesse o reconhecimento das potências europeias. E não era apenas o Brasil que buscava a medida. As jovens repúblicas americanas, como Colômbia, México e Províncias Unidas do Prata (hoje Argentina), realizavam ações semelhantes. O objetivo era o mesmo: o reconhecimento. O que se observava, porém, era uma situação mais complexa para o caso do Brasil, pois envolvia não apenas uma ruptura de laços de soberania, como também a peculiaridade do caráter monárquico (em meio a Repúblicas), liderado por um herdeiro "legítimo", ou seja, ator que seria, em princípio, o sucessor reconhecido de Portugal.

Como ficava evidente nas inicialmente infrutíferas movimentações de jovens Estados, como a República da Colômbia (os agentes designados não eram nem aceitos para entrar na França), a posição europeia tendia em princípio a ser contrária à causa brasileira. Não havia, na verdade, um fator único desenhando essa conjuntura favorável, mas, sim, diferentes temas que, combinados, criavam essa situação difícil.

Vivia-se nas cortes europeias um clima antiliberal, de reforço da legitimidade monárquica e das tradições, que havia culminado na formação da "Santa Aliança". Essa nova conjuntura política era contrária às aspirações das ex-colônias americanas e dificultava os processos de reconhecimento. Enviados do líder venezuelano e presidente da Colômbia, Simon Bolívar, por exemplo, tiveram extremas dificuldades de circular pela Europa. Não foram aceitos em Roma e, quando conseguiram superar grandes dificuldades para ingressar em Paris, foram seguidos estreitamente pela polícia francesa.[23] Conseguiam circular em Londres, mas, mesmo neste caso, com certas limitações.

---

23. ARDILA, Daniel Gutiérrez. *El reconocimiento de Colombia: diplomacia y propaganda em la coyuntura de las restauraciones (1819-1831)*. Bogotá: Universidad Externato de Colombia, 2012, p. 201.

De sua parte, os representantes brasileiros designados por José Bonifácio em 1822, ainda que não reconhecidos com o status diplomático, tinham via livre. Foram aceitos na França, no Reino Unido e em diversas missões pela Áustria e Prússia. Leopoldina se comunicava diretamente com seu pai – Francisco I, imperador da Áustria –, uma via de contato realmente privilegiada.

Mais ainda, ao passo que não havia representantes de nenhuma potência europeia na Colômbia de Bolívar, no Rio de Janeiro havia toda uma estrutura diplomática, herdada da época da presença da Corte na capital do Brasil. Logicamente, os diplomatas estrangeiros foram renomeados como "cônsules" após a partida de D. João. Não existia, teoricamente, reconhecimento de um papel diplomático dessas autoridades, mas, na prática, o conde de Gestas (França) ou Mareschal (Áustria) atuavam politicamente, como efetivos diplomatas.

Havia, desse modo, uma diferença de tratamento entre o Império brasileiro e as Repúblicas hispânicas, ainda que não chegasse a ser suficiente para contornar as dificuldades inerentes ao processo de reconhecimento. O caráter monárquico do novo Governo brasileiro, a história particular do caso português em comparação ao vizinho Ibérico e a ação de Leopoldina e dos diplomatas brasileiros fizeram a diferença e restringiram as opções portuguesas nessa intrincada seara.

As potências europeias, no entanto, cerraram posição pela necessidade de um acordo com Lisboa, mesmo que algumas se mostrassem simpáticas ao Rio de Janeiro. Em outras palavras, poderia ser eventualmente interessante buscar um meio de conformação com as regras de legitimidade do momento, o que levava ao tema da transferência do Império a D. João, que subsequentemente o passaria ao filho.

A operação, na verdade, não era tão simples. O título de "Imperador" incomodava as monarquias europeias, por seu tom napoleônico. Houve, de fato, pressões para que fosse modificado. Mais importante que o título, no entanto, a Coroa britânica estimava de alta conveniência a manutenção do carácter monárquico. Para Londres, era necessário o reconhecimento, de modo a preservar a casa de Bragança nas Américas, ainda que separada de Lisboa. Com isso, abria-se a porta para uma solução intermediária, com uma "harmonização" do título, via reforço da legitimidade dinástica pela transmissão.

O Império brasileiro logrou, desse modo, colocar-se em um meio-termo, entre o tradicionalismo e a inovação, o que lhe trazia vantagens importantes em comparação, por exemplo, à Colômbia e ao México. A liderança do herdeiro legítimo da Coroa portuguesa e a ação diplomática estratégica de Leopoldina junto a seu pai poderiam favorecer D. Pedro e a causa brasileira. Se tomado o contexto europeu, no entanto, o tema da legitimidade era essencial para o reconhecimento, razão pela qual as potências europeias enfatizavam a necessidade de um arranjo com Lisboa. A margem de manobra efetiva do Rio de Janeiro era pequena.

Esse tema da política de legitimidade não era, contudo, o único em curso naquele momento europeu. Havia que se administrar, igualmente, os diferentes jogos das potências europeias e a forma como elas se projetavam nas Américas. Londres, de tendência liberal-conservadora, com vastos interesses comerciais e estratégicos, transitava entre o apoio a algumas iniciativas da Santa Aliança e a manutenção de seus interesses estratégicos, que envolviam o livre-comércio, sua preponderância no plano naval e a ideia de equilíbrio de poder na Europa, pelo qual a influência britânica seria jogada de um lado ou de outro, a fim de evitar que apenas uma potência fosse capaz de dominar a Europa.

Se a ideologia aproximava, os interesses e rivalidades históricas, em tese, prevaleciam nas relações intraeuropeias. Reino Unido e França eram fortes rivais, inclusive competiam entre si por influência nas Américas. Da leitura dos arquivos diplomáticos de França e do Reino Unido, observa-se a atenção dos representantes locais às atividades de seus adversários, especialmente no que se refere ao Prata, e tentativas constantes de anular os avanços do outro lado. Também Áustria, Prússia e Rússia, embora formassem a "Santa Aliança", viviam suas rivalidades, o que suscitava claras contradições políticas.

O reconhecimento do Brasil e o fim da guerra 355

É nesse contexto maior, da política internacional da época, que se deve avaliar o papel desempenhado pelo Reino Unido. Tornou-se comum, segundo algumas interpretações, atribuir um papel decisivo aos britânicos nas Independências latino-americanas, como se aquele Império tivesse uma capacidade de poder significativamente superior às demais potências, movendo-se de acordo com interesses relacionados à revolução industrial.

Essa interpretação, no entanto, é apenas parcialmente verdadeira e requer uma revisão fora de esquemas interpretativos restritivos e rígidos. Não há dúvidas de que o Reino Unido era a maior potência naval da época, com grande capacidade de controle do Atlântico. Sua capacidade, no entanto, estava longe de ser absolutamente superior. Ou seja, é contestável a ideia de "hegemônico". Como já mencionado, a França mantinha atividades navais importantes no Atlântico, assim como norte-americanos e espanhóis. Havia ainda mais dispersão se considerado o mar Mediterrâneo. No plano diplomático, a situação era a mesma, com vantagens de poder pelos britânicos, mas longe de se caracterizar uma dominação.

A questão, portanto, não se coloca em contestar a capacidade política, militar e econômica do Reino Unido no contexto dos processos de Independência americanos, mas, sim, de qualificá-la em um contexto mais incerto e complexo. Houve diferenças significativas na postura britânica em relação a Portugal e Espanha, além de um processo de idas e vindas mais complicado que uma mera "decisão de fazer" as emancipações.

Neste último ponto, é interessante recordar que os processos de emancipação das colônias hispânicas se iniciaram ainda no contexto das Guerras Napoleônicas, no qual a força naval britânica era relativizada pela potência terrestre francesa. Ao passo que a Espanha havia optado por Napoleão, Portugal reiterara a aliança com os britânicos. Apoiar os movimentos de independência hispânicos tinha sentido nesse contexto, pois poderia ser visto como forma de punir Madri (cuja ameaça havia rondado Lisboa também). Mesmo assim, Londres apenas se decidiu pelo reconhecimento das ex-colônias espanholas apenas em 1824, quando as guerras de independência já estavam concluídas.

Aliás, o apoio a essas guerras havia sido parcial, pois existia inclusive uma lei que impedia soldados ingleses de lutarem nas Américas. Muitos veteranos, que buscavam emprego em qualquer parte, inclusive na Europa, partiram para a guerra. Os financiamentos bancários vinham, de sua parte, de instituições privadas, não do Governo. Seriam essas medidas ação indireta, manipulada pela Coroa, que tentava esconder suas mãos? Ou seria o resultado de um processo mais complexo, no qual a ideia de "dirigismo" deve ser relativizada?

No caso de Portugal, a complexidade da postura britânica era ainda maior. Portugueses e ingleses lutaram juntos contra Napoleão. O Rei, no Rio de Janeiro, mantinha boas relações com Londres. Pouco disso mudaria no contexto da Revolução do Porto, apesar das ações dos vintistas contra o comércio inglês. Mas essa possível motivação para o apoio britânico à Independência se esbarrava em tratados, no fato de que, apesar de ter seu poder restrito pela constituinte, D. João VI ainda era o Rei.

As incertezas da época são, aliás, facilmente encontradas nos próprios arquivos britânicos. A primeira instrução britânica relativa ao 7 de setembro é de cautela e sem uma posição definida, revelando que o Reino Unido ainda não sabia como reagir à notícia da Independência.[24] O ministro das Relações Exteriores britânico também se mostrou preocupado sobre as repercussões no Brasil dos reconhecimentos de México, Colômbia e Províncias Unidas do Prata. Por isso, instruiu que o cônsul-geral do Reino Unido no Rio de Janeiro, Henry Chamberlain, trabalhasse para evitar qualquer "sentimento de ciúme" que poderia vir do lado brasileiro.[25]

---

24. GEORGE Canning to Henry Chamberlain – 18 November 1822 – F.O. 63/245. In: WEBSTER, 1938, p. 213.
25. Ibid., p. 248.

O chanceler Canning explicava, para tanto, que a política do Reino Unido com o Brasil havia sido "essencialmente diferente desde o começo" daquela com a América Espanhola. No caso brasileiro, dizia o Chanceler, fora firmado um tratado de comércio "escrupulozamente respeitado dos dois lados" e mantida a presença de um representante no Rio de Janeiro. Também contava, segundo o chanceler britânico, a diferença nas relações do Reino Unido com Espanha e Portugal, além do fato de que, no segundo caso, a Coroa britânica era oficialmente mediadora. Para o Reino Unido, desse modo, os casos eram distintos e não poderiam ter uma mesma solução.

Foi nesse espírito que se deu a missão de Charles Stuart, que efetivamente alcançou o reconhecimento.[26] As instruções para Stuart são um dos documentos históricos mais interessantes. Canning insistia na tese da diferença entre o que se passou na América espanhola e no Brasil e afirmava claramente que a "separação das colônias espanholas da Espanha, ou das colônias portuguesas de Portugal não foi nem (o resultado do) nosso trabalho nem nosso desejo". O Reino Unido teria agido para garantir seus interesses e, mais ainda, para lidar pragmaticamente com uma situação sem volta (as independências).

O tom das instruções continha, há que se reconhecer, elementos de simpatia a D. Pedro, inclusive em negar o caráter "revolucionário" de sua ação. Canning sustentou que, por sucessivos atos de D. João, após 1808, o Brasil tinha deixado de ser colônia, se tornado uma jurisdição independente, depois Reino. Havia sido prevista, inclusive, no contexto das Guerras Napoleônicas, opção pela qual se tornaria independente de Lisboa, por ato do próprio Governo. Os atos subsequentes de D. Pedro, na visão britânica, haviam se fiado nessas bases e na ideia da proteção da monarquia.

---

26. GEORGE Canning to Charles Stuart – 14 March 1825 – F. O. 13/1. In: WEBSTER, 1938, p. 270.

Para Londres, D. Pedro teria tido "coragem em salvar a monarquia no Brasil". Com isso, haja vista a realidade de 1825, a visão britânica era a de que a pergunta não era se o Brasil deveria retornar ou não a Portugal. O principal seria: "como deve-se salvar a monarquia na América?".

Ao mesmo tempo, no entanto, Londres buscava resguardar os laços com Portugal, dizia Canning, cuja "preservação muito custou ao Tesouro britânico e ao sangue britânico". Mas esses sentimentos, dizia, não se manteriam contra uma indefinida e irrazoável recusa de Lisboa em negociar com o Brasil. No caso português, desse modo, Canning tratou a mediação como "uma obrigação moral", sem perder de vista o interesse na manutenção do tratado de comércio de 1810, tanto com Portugal quanto com o Brasil.[27]

Ao final, o ponto central que se observa do contexto internacional da época do reconhecimento é que, apesar de alguns elementos favoráveis ao Rio de Janeiro, os quais as ex-colônias espanholas não possuíam, os interesses e posturas das potências convergiam essencialmente para a necessidade de um entendimento entre Lisboa e Rio de Janeiro. A ideia do reconhecimento direto não era aceita pelas potências europeias.

Negociar significava, em outras palavras, um balanço entre apresentar e aceitar demandas de lado a lado. A capacidade de pressão/resistência de cada parte dependeria em grande medida das conjunturas internas, ou seja, das capacidades dos dois lados em manter posturas firmes.

No plano interno, no entanto, a situação de D. Pedro era sensível. Como vimos no capítulo precedente, a situação política do Imperador era muito sensível na conjuntura de 1824-1825, ao que se somavam as pressões externas pela negociação. Com isso, era impraticável

---

27. Nesse sentido, a instrução a Stuart era a de que não deixasse o Brasil sem um novo arranjo comercial. Essa era a porta para um eventual reconhecimento unilateral, caso Portugal se mantivesse inflexível.

O reconhecimento do Brasil e o fim da guerra   359

a postura da primeira fase da busca pelo reconhecimento direto. Mais ainda, havia forças de desagregação importantes, muitas das quais colocavam em xeque a própria legitimidade do monarca.

Em março de 1823, ainda no contexto da guerra, o cônsul dos EUA no Rio de Janeiro apontava as dificuldades de navegação entre o Norte e o Sul do Brasil, e os prejuízos que essa realidade causava para a consolidação da unidade.[28] Na avaliação de Condy Raguet, bastaria que uma das Províncias se declarasse independente do Rio de Janeiro para que seu exemplo fosse seguido por outras. Esse risco de fragmentação estava igualmente presente nas considerações de outros diplomatas e do próprio Governo do Rio de Janeiro, como no caso do diplomata espanhol José Delavat y Rincón, que, em ofício de 6 de novembro de 1823, alertava sobre a situação no Pará e no Maranhão.[29] Não muito depois, a Confederação do Equador evidenciaria a dimensão do problema.

Esse contexto se traduzia, ao final, na relevância de se obter prontamente o reconhecimento, um reforço importante na legitimidade de D. Pedro, pois, ao legitimar o Império, Lisboa também reconhecia o Rio de Janeiro como centro do poder de todo aquele território. Dentro das condições que o momento de 1825 oferecia, era necessária a negociação, o que significava também levar em conta as demandas portuguesas. Apenas resistir e atrasar o processo poderia ser, potencialmente, ruim para D. Pedro: o entendimento com Portugal permitiria terminar com as ações de desestabilização lusitanas, alimentadas ou não por Lisboa, além de reforçar a posição política de D. Pedro sobre todo o território, principalmente na região Norte.

Essa percepção foi enfatizada pelo representante austríaco Mareschal, para quem, em 1825:

---

28. OFÍCIO a John Quincy Adams, em 8 de março de 1823. In: MANNING, 1925, p. 755.
29. DOCUMENTOS para a História da Independência, p. 446.

o estado das Províncias do Norte, a insurreição na Banda Oriental, a questão de Chiquitos e as disposições suspeitas do Governo de Buenos Aires, de Bolívar e de Sucre formam conjunto de fatos muito inquietantes, aos quais se deve adicionar reunião da Assembleia, que, haja vista o montante considerável dos sacrifícios pecuniários exigidos do Brasil, torna-se indispensável.[30]

Esse era, segundo o diplomata, o elemento central do processo de negociação sobre o reconhecimento.

É nesse ponto, então, que se deve voltar ao tema da indenização. Em meio às negociações no Rio de Janeiro, Charles Stuart confidenciou a Mareschal que tinha poucas esperanças em ver a questão do dinheiro terminar satisfatoriamente, "pois me disse nunca ter visto igual obstinação àquela mostrada na véspera pelos plenipotenciários brasileiros".[31] Havia, na verdade, alguma aceitação sobre o tema, como mencionado anteriormente, mas o valor inicialmente aceito pelo lado brasileiro era significativamente menor. Finalmente, Mareschal registrou no próprio mês de agosto de 1825 que as resistências de D. Pedro foram rompidas pela pressão britânica, mas muito mais em razão do que se passava no Brasil do que pela capacidade ou não de resistir a Charles Stuart.

O tema da "transmissão" da Coroa de D. João a D. Pedro também foi objeto de registro. Mareschal enfatizou a conveniência do simbolismo da transição, considerando-a meio de legitimação do título de Imperador, "apagando a ilegalidade que estava na origem da autoridade soberana de D. Pedro".[32] Transmitia-se, enfim, simbolicamente, o retorno da harmonia no seio da família Real, eliminando, inclusive, a marca da guerra (alimentando-se, nesse caso, o mito da Independência pacífica).

---

30. OFÍCIO de 20 de agosto de 1825.
31. Ibid.
32. ALEXANDRE, 1993, p. 320.

3. Afinal, um mau negócio ou um mal necessário?

A ideia do "mau negócio" ou do equívoco da política externa no episódio do reconhecimento por parte de Portugal é, se observarmos atentamente, um desafio ao historiador e ao analista político. Avaliar subjetivamente um evento histórico como "bom" ou "mau" abre sem dúvidas o risco de um anacronismo. Ainda assim, é preciso tratar da imagem historicamente construída, talvez não em busca de uma resposta definitiva, mas de novos elementos e variáveis que complementem a interpretação.

Ao refletir sobre o processo de 1825, se levarmos em conta apenas o conjunto das negociações no Rio de Janeiro, a tendência seria efetivamente de colocar em dúvida os motivos de um reconhecimento que incluía uma indenização importante e um processo simbólico de transferência da Coroa imperial no qual D. João assumia algo que não havia construído e o transmitia a um D. Pedro que havia inclusive liderado ações militares para formar o Império.

Se inserimos as fases de negociação do reconhecimento do Império brasileiro dentro de suas realidades políticas, externas e internas, o quadro que surge é muito mais complexo e coloca potencialmente em xeque a primeira percepção. De um lado, a conjuntura internacional era relativamente favorável à ideia da monarquia e de D. Pedro (em comparação às ex-colônias hispânicas), mas ao mesmo tempo resistia à designação do novo Estado do Brasil como "Império" e ao favorecimento de uma emancipação de ruptura. Havia, nesse contexto, pressão ou pelo menos impossibilidade de avanços, em 1825, sem um entendimento com Portugal, algo que significava, naturalmente, uma negociação, com ganhos e perdas.

Ainda no plano externo, a mediação britânica era igualmente complexa, não podendo ser, segundo orientava sua própria diplomacia, colocada no mesmo conjunto que os reconhecimentos das repúblicas americanas, ocorridos apenas em 1824. Os interesses britânicos, principalmente no plano comercial, eram claros, mas tinham de se compor com uma relação que se procurava manter positiva tanto com Lisboa quanto com o Rio de Janeiro.

No plano doméstico, a conjuntura brasileira era ainda mais sensível, com forças de fragmentação ameaçando uma unidade que havia sido lograda, em grande medida, por promessas políticas e pela força das armas. Ao Sul, o Brasil de 1825 enfrentava uma ameaça que, em poucas semanas após o acordo do reconhecimento, se traduziria na Guerra da Cisplatina. Ao Norte, a Confederação do Equador fora uma demonstração da instabilidade do Império, que também enfrentava resistências no Maranhão e no Pará. Nem mesmo no Rio de Janeiro o campo era seguro, pois o fechamento da Assembleia Constituinte mostrava a heterogeneidade das forças políticas que estavam em conflito.

Naquele momento, portanto, o reconhecimento poderia contribuir para o reforço da autoridade de D. Pedro, criando desincentivos às mobilizações políticas pró-Portugal, tais como existiram no Pará, em 1825. Também poderia abrir caminho para a busca por apoios externos para o enfrentamento dos problemas internos.

Como visto, essa avaliação da conveniência do reconhecimento naquele segundo semestre de 1825, principalmente em razão dos problemas externos, era registrada pelos observadores e diplomatas estrangeiros que estavam no Brasil. O tempo, desse modo, era fator importante para o Imperador. Pressionado internamente, D. Pedro tinha pressa em obter a legitimidade dinástica e consolidar oficialmente a unidade do Império, evitando, por exemplo, as pressões reunificadoras a Portugal, verificadas no Norte.

Em resumo, em 1825, o reconhecimento impactava diretamente na posição política de D. Pedro. Para obtê-lo, possivelmente foi obrigado a ceder, mesmo que não concordasse com os termos, particularmente no caso da indenização e da transmissão do título de Imperador por D. João.

Com o acordo realizado, a partir de 1826, as outras potências europeias reconheceram o Brasil. A França adotou a medida em 8 de janeiro de 1826, seguida pela Áustria (30 de junho), pela Prússia (9 de julho), e por outros Estados.[33] Os Estados Unidos, primeiros a reconhecer o Brasil, ainda em 1824, reafirmaram o ato em 12 de dezembro de 1828. A iniciativa norte-americana fora importante como elemento simbólico, em meio à instabilidade de 1824, mas, como frisado anteriormente, o país ainda não possuía força suficiente para ter o peso de influenciar o desenrolar das negociações, que dependeram, no fim, das pressões inglesas e da influência da conjuntura política doméstica, tanto no Brasil quanto em Portugal.

O resultado do reconhecimento, portanto, não agradou ninguém, mas solucionou a questão. Mau negócio ou não, o reconhecimento resolveu um problema estrutural muito maior do que os 2 milhões de libras esterlinas, ainda que os desafios de consolidação da Nação brasileira (em todo o conjunto do território do antigo Reino) e da criação da identidade de sua gente tenham em grande medida permanecidos. Estes ficarão mais evidentes no período da Regência, contudo serão superados ao longo das décadas de 1840-1850.

Enfim, mais do que o tema em si do processo negociador, o reconhecimento do Império do Brasil por Portugal concluía, em 1825, a fase histórica da Independência do Brasil. Dali para frente restava a dura missão de construir literalmente um novo país e superar problemas herdados desde sua fase colonial e que influenciaram diretamente na tomada do caminho que levaria à sua emancipação. A tarefa não era fácil, mas não cabe contar agora, pois esse é outro capítulo da rica história brasileira.

---

33. RODRIGUES e SEITENFUS, 1995, p. 134.

Conclusão
Do passado aos próximos 200 anos

Entre a história que acabamos de conhecer e os dias atuais se passaram, em 2022, 200 anos. Se formos olhar bem, foi um pouco mais ou um pouco menos de dois séculos, pois é fácil constatar, ao buscarmos os elementos centrais do processo que terminou com a Independência do Brasil, que não bastou o 7 de setembro.

Para conhecer melhor nossa emancipação, foi necessário conhecer uma série de fatores dos tempos anteriores, as diferentes dinâmicas da colônia, da passagem ao Reino Unido com a chegada da família Real e da Corte, as diferenças regionais e todo o capítulo político iniciado com a Revolução do Porto. Esses foram os ingredientes de um processo heterogêneo, caótico e incerto, que resultou na formação de um projeto político no Rio de Janeiro, liderado por D. Pedro, que, em meio ao conflito com Lisboa, desencadeou na decisão de declarar a Independência.

Mais importante que apenas o caminho da decisão do Príncipe, depois Imperador, foi relevante entendermos as múltiplas ideias, visões e interesses que envolviam grupos políticos e a população em geral e que entravam na conta da ação política. Uma ação política que envolveu negociação, pressão, coação e, ao final, o uso do aparato militar. Em resumo, chegamos a uma imagem muito distante do "divórcio pacífico" entre pai e filho, ou de uma simples negociata entre elites.

A construção do Brasil e, mais, da unidade de todo o território atual em um único Estado, foi complexa, difícil e lenta. Por décadas, ainda era possível sentir os efeitos desse processo de unificação imperfeita, nas diferenças regionais, nas múltiplas rebeliões, no lento processo de construção de uma real identidade brasileira, de efetivamente criarmos o que é ser brasileiro.

Ao se concluir esta história da Independência, podemos pensar nos 200 anos que se passaram desde 1822, tempos de construção do Estado e da sociedade nacional, mas também de dívidas ainda não saldadas. Um País que ainda tem muito o que fazer por sua população, buscando soluções para a pobreza, para a desigualdade e para o racismo que, infelizmente, ainda encontramos por aqui. Ao mesmo tempo, temos um País que igualmente fez muito, em obras, como na Independência, que permitiram construir um Estado sólido, apesar de muito imperfeito.

Talvez o modo de buscarmos projetar os próximos 200 anos é ter em conta este balanço dos dois séculos anteriores. No entanto, nada de fazer apenas um levantamento do que foi conquistado e do que ainda permanece como dívida. Da história da Independência e de tantas outras, devemos ter sempre em mente que a construção do futuro depende de todos, que os processos são, no mais das vezes, caóticos, complexos, difíceis. Sempre haverá diferentes interesses e visões, legítimos ou não, e as respostas virão da interação de todos os atores envolvidos e do confronto político, do qual se espera não seja violento, mas dentro dos preceitos democráticos.

Essas respostas, na maior parte das vezes, serão insatisfatórias para ao menos um dos lados da disputa, quando não dos dois. Não foi assim no caso do nosso processo de Independência? Mas arte da política é compor e encontrar soluções intermediárias, que, apesar dos dissabores, permitam avanços. O que se viu no processo de emancipação brasileira foi exatamente essa complexidade, essa dureza, essa imperfeição. Uma imperfeição que, ainda assim, significou o primeiro passo para a construção de um Estado. Que venham os próximos 200 anos! E com eles pavimentemos uma estrada que possa levar este Estado atual a um Brasil que tenha mais do que boas e complexas histórias, mas um lugar justo e livre para se viver, conhecer e protagonizar novas histórias.

Agradecimentos

Em todas as etapas do trabalho envolvendo minha pesquisa, uma série de pessoas esteve, direta ou indiretamente, no apoio constante e companheiro. Minha família é o todo para quem vai dedicado o presente livro: Ivy, amada companheira da vida; nossas pequenas Sophie e Beatriz; meus pais, Hélio e Lívia, de quem tenho a inspiração maior; Isabella, irmã querida; Thorsten e Dora. Também sempre tenho em mente minhas inspirações profissionais: John Penney e Miriam Franchini; Embaixador Achilles Zaluar, Embaixador Luis Antonio Balduíno; e os professores Francisco Doratioto e o saudoso Oliveiros Ferreira. Sou especialmente grato a Eduardo Bueno, com sua simpatia contagiante, pela disposição em preparar o prefácio em meio a um turbilhão de projetos, e à professora Heloísa Starling e ao Projeto República pela gentil cessão da imagem do mapa do Brasil de 1822. Todo o projeto do livro, de sua aprovação pela editora à edição final, contou com o apoio dos queridos Neto Bach e Clarissa Oliveira. Clarissa foi parceira de todos os momentos na produção e no planejamento, com uma competência e energia fantásticas. O presente livro ficou muito melhor pelas suas mãos, a quem agradeço imensamente. A todos eles e aos muitos queridos amigos que tornam a vida mais interessante e o trabalho mais prazeroso, meu muito obrigado.

Bibliografia

A documentação e obras utilizadas no presente livro fundamentam-se, essencialmente, na pesquisa utilizada no livro *Independência e Morte*, de minha autoria, à qual foram acrescidas novas fontes. As referências gerais das fontes primárias encontram-se naquela obra, tendo os documentos esparsos ou de arquivos sido citados diretamente no texto.

A MARINHA de guerra do Brasil na lucta da independencia: apontamentos para a historia. Rio de Janeiro: Typ. de J. D. de Oliveira, 1880. Disponível em: http://www2.senado.leg.br/bdsf/handle/id/242378. Acesso em: 3 abr. 2022.

ABREU, Marcelo de Paiva; LAGO, Luiz Aranha Correia do. A economia brasileira no Império, 1822-1889. In: *Textos para Discussão*, n. 584. Departamento de Economia PUC-Rio, 2010. Disponível em: http://www. econ.puc-rio.br/uploads/adm/trabalhos/files/td584.pdf. Acesso em: 20 nov. 2013.

ANDRADA E SILVA, José Bonifácio de. *Obras de José Bonifácio de Andrada e Silva*. Organização e introdução de Jorge Caldeira. São Paulo: Editora 34, 2002.

ARAÚJO, João Hermes Pereira. A Herança Cultural. Capítulo I. In: ARAÚJO, João Hermes Pereira; AZAMBUJA, Marcos; RICÚPERO,

Rubens. *Três ensaios sobre diplomacia brasileira*. Brasília: Ministério das Relações Exteriores, 1989.

ARAÚJO, Ubiratan Castro de. A guerra da Bahia. In: BAHIA (Estado). Secretaria de Cultura. *2 de julho: A Bahia na Independência Nacional*. Salvador: Fundação Pedro Calmon, 2010. Disponível em: https://www. academia.edu/8234088/A_Bahia_na_Independ%C3%AAncia_Nacional_ Colet%C3%A2nea_2_de_julho. Acesso em: 29 set. 2014.

ARDILA, Daniel Gutiérrez. *El reconocimiento de Colombia: diplomacia y propaganda em la coyuntura de las restauraciones (1819-1831)*. Bogotá: Universidad Externato de Colombia, 2012.

ARMITAGE, John. *História do Brazil, desde a chegada da Real Família de Bragança, em 1808, até a abdicação do Imperador Dom Pedro Primeiro, em 1831*. Rio de Janeiro, J. Villeneuve, 1837. (Coleção Brasiliana USP).

AVILLEZ. Jorge d'Avillez Juzarte de Souza Tavares. *Participação, e documentos dirigidos ao Governo pelo General Commandante da tropa expedicionária, que existia na Provincia do Rio de Janeiro, chegando a Lisboa: e remetidos pelo Governo* ás *Cortes Geraes, Extraordinarias e Constituintes da Nação Portuguesa*. Lisboa: Imprensa Nacional, 1822. Disponível em: http://www2.senado.leg.br/bdsf/item/ id/179481. Acesso em: 15 jul. 2015.

AZEVEDO, Moreira de. O 9 de Janeiro de 1822. Memoria lida no Instituto Historico e Geografico Brasileiro pelo Dr. Moreira de Azevedo. *Revista do Instituto Histórico e Geográfico Brasileiro*, tomo XXXI, 1868. Disponível em: http://www.ihgb.org.br/rihgb.php?s=20. Acesso em: 8 dez. 2013.

BARBOSA, Maria do Socorro Ferraz. Liberais constitucionalistas entre dois centros de poder: Rio de Janeiro e Lisboa. In: *Revista Tempo*, Niterói, v. 12, n. 24, 2008. Disponível em: http://www.scielo.br/scielo.php?script=sci_ar ttext&pid=S1413-77042008000100006. Acesso em: 2 set. 2013.

BARRETO, Dalmo. Da independência à constituinte. *Revista do Instituto Histórico e Geográfico Brasileiro*, n. 312, jul.-set. 1976. Disponível em: http:// www.ihgb.org.br/rihgb.php?s=20. Acesso em: 5 dez. 2013.

BARROS, Sebastião do Rego. *Colleção de provisões do conselho supremo militar e de justiça do imperio do brasil de 1823 a 1856 Publ. por Ordem do Exmo. Sr. Ministro da*

Guerra Sebastião do Rego Barros. Rio de Janeiro: Typographia Universal de E. & H. Laemmert, 1861. Disponível em: https://www2.senado.leg.br/bdsf/item/id/222261. Acesso em: 10 maio 2014.

BERBEL, Márcia Regina. A constituição espanhola no mundo luso-americano (1820-1823). *Revista de Índias*, v. XVIII, n. 242, p. 225-254, 2008. Disponível em: www.revistadeindias.revistas.csic.es/index.php/revistadeindias/article/view/641/707. Acesso em: 12 jul. 2012.

BIBLIOTECA NACIONAL. *Documentos para a história da independência*. Rio de Janeiro: Gráfica da Biblioteca Nacional, 1923.

BORGES, Luiz Adriano. Aspectos econômicos da participação paulista no processo de independência. In: *Almanack*, Guarulhos, n. 6, p. 61-80, 2013. Disponível em: https://www.scielo.br/j/alm/a/bzwykr7RspPNWZRPV HgbKsm/?lang=pt. Acesso em: 15 jul. 2015.

BRASIL -REINO. Decreto n. 52, de 24 de maio de 1822. Declara que sendo o Principe Regente Defensor Perpetuo do Reino do Brazil tambem o é da Província Cisplatina no mesmo Reino incorporada. *Collecção das decisões do governo do Imperio do Brazil de 1822*. Rio de Janeiro: Imprensa Nacional, 1887. Disponível em: https://tinyurl.com/yckn3xmc. Acesso em: 3 abr. 2022.

BRASIL -REINO. Decreto de 1 de dezembro de 1820. Manda desligar do Exercito de Portugal a Divisão de Voluntarios Reaes de El-Rei que fica pertencente ao Exercito do Brazil. *Collecção das leis do Brazil de 1820*. Rio de Janeiro: Imprensa Nacional, 1889. p. 108. Disponível em: https://tinyurl. com/bddexu3y. Acesso em: 3 abr. 2022.

BRASIL. Ministério das Relações Exteriores. Instruções 1822-1840. *Cadernos do Centro de História e Documentação Diplomática*, ano 7, n. 12, 2008. Disponível em: https://funag.gov.br/biblioteca-nova/produto/1-273-cadernos_do_chdd_ano_7_numero_12_2008. Acesso em: 4 mar. 2012.

BRASIL. Marinha do Brasil. A Marinha Imperial e a Independência do Brasil. Disponível em: www.mar.mil.br. Acesso em: 12 jan. 2012.

CALDEIRA, Jorge. *História da riqueza no Brasil*. Rio de Janeiro: Estação Brasil, 2017.

CALMON, Jorge. As lutas pela independência nos mares da Bahia. In: BAHIA (Estado). Secretaria de Cultura. *2 de julho: A Bahia na Independência Nacional.* Salvador: Fundação Pedro Calmon, 2010. p. 43. Disponível em: https://www.academia.edu/8234088/A_Bahia_na_Independ%C3%AAncia_Nacional_Colet%C3%A2nea_2_de_julho. Acesso em: 29 set. 2014.

CARDOSO, José Luís; CUNHA, Alexandre Mendes. Discurso econômico e política colonial no Império Luso-Brasileiro (1750-1808). *Revista Tempo,* v. 17, n. 31, 2011. Disponível em: http://www.scielo.br/pdf/tem/v17n31/04.pdf. Acesso em: 13 abr. 2015.

CARTA do governador das Armas da Província da Baía, Ignácio Luiz Madeira de Mello, ao rei (D. João VI), relatando os acontecimentos na Baía e expondo os motivos por que não se conseguiu parar a insurreição. Projeto Resgate: AHU_ACL_ CU_005, Cx 274 D. 19142 – 11 de novembro de 1822. Arquivo da Biblioteca Nacional do Rio de Janeiro.

CARVALHO, José Murilo de; BASTOS, Lúcia; BASILE, Marcello (Orgs.). Às armas cidadãos! – Panfletos manuscritos da independência do Brasil (1820-1823). São Paulo: Companhia das Letras, 2012.

CARVALHO, José Murilo de; BASTOS, Lúcia; BASILE, Marcello (Orgs.). *Guerra literária: panfletos da Independência (1820-1823).* Belo Horizonte: Editora UFMG, 2014. 4 v.

CARVALHO, Maria do Amparo Alves de. Cultura Material da Batalha do Jenipapo. In: *XXVII Simpósio Nacional de História (ANPUH).* Natal, RN, 22 a 26 de julho de 2013. In: www.snh2013.anpuh.org/resources/anais/27/1371320248_ARQUIVO_Artigo-C.M.BatalhadoJenipapo_revisaofinal_.pdf. Acesso em: 16 jul. 2014.

CARVALHO, Maria do Amparo Alves de. *Batalha do Jenipapo: reminiscências da cultura material em uma abordagem arqueológica.* Tese de Doutorado. Programa de Pós-Graduação em História da Faculdade de Filosofia e Ciências Humanas da PUC-RS, 2014. Disponível em: http://repositorio.pucrs.br/dspace/handle/10923/6740. Acesso em: 11 ago. 2014.

CERVO, Amado Luiz; BUENO, Clodoaldo. *História da política exterior do Brasil.* 2ª edição. Brasília: Editora Universidade de Brasília, 2002.

CHAVES, Monsenhor Joaquim. *O Piauí nas lutas de independência do Brasil.* Teresina: Alínea Publicações Editora, 2006.

COCHRANE, Thomas John. *Narrativa de serviços no libertar-se o Brasil da dominação portuguesa.* Brasília: Senado Federal, Conselho Editorial, 2003.

COMIRAN, Fernando. Portugal no Uruguai: um debate sobre a intervenção portuguesa na Banda Oriental do Uruguai (1816). In: *Anais do XXVI Simpósio Nacional de História – ANPUH.* São Paulo, julho 2011, p. 7. Disponível em: https://tinyurl.com/57nsr53a. Acesso em: 3 abr. 2022.

COSTA E SILVA, Alberto da. "Capítulo I", *História do Brasil Nação: 1808/2010. Volume 1: Crise Colonial e Independência (1808-1830).* Coordenação: Alberto da Costa e Silva. Direção: Lilia Moritz Schwarcz. Rio de Janeiro: Objetiva, 2011.

DARÓZ, Carlos Roberto Carvalho. A Milícia em armas: o soldado brasileiro da guerra de Independência. Trabalho apresentado no XXXVII Congresso Internacional de História Militar. Rio de Janeiro, setembro de 2011. In: *Revista Brasileira de História Militar,* Rio de Janeiro, Ano IV, n. 11, agosto de 2013, p. 35-36. Disponível em: https://tinyurl.com/3x7849nn. Acesso em: 2 abr. 2022.

DIAS, Maria Odila Leite da Silva. A interiorização da metrópole. In: *A interiorização da metrópole e outros estudos.* 2ª edição. São Paulo: Alameda, 2005.

DRUMMOND, Antonio de Menezes Vasconcelos de. *Anotações de A.M. Vasconcelos de Drummond à sua biografia.* Brasília: Senado Federal, Conselho Editorial, 2012. p. 107.

EGAS, Eugênio. *Cartas de D. Pedro príncipe regente do Brasil a seu pae D. João VI rei de Portugal (1821-1822).* São Paulo: Typographia Brasil, 1916. Disponível em: https://digital.bbm.usp.br/handle/bbm/2166. Acesso em: 22 mar. 2022.

EXÉRCITO BRASILEIRO. *O Exército na História do Brasil.* Volume 2. Rio de Janeiro: Biblioteca do Exército Editora; Salvador: Odebrecht, 1998.

FERREIRA, Fábio. A administração Lecor e a Montevidéu Portuguesa: 1817-1822. *Revista Tema Livre,* ed. 10, 25 abr. 2005. Disponível em: http://www.revistatemalivre.com/lecor10.html. Acesso em: 21 ago. 2014.

FERREIRA, Fábio. *O general Lecor, os voluntários reais e os conflitos pela Independência do Brasil na Cisplatina (1822-1824)*. Tese de Doutorado apresentada ao Programa de Pós-Graduação em História da Universidade Federal Fluminense. Niterói, 2012, p. 54. Disponível em: http://www.historia.uff.br/stricto/td/1408.pdf. Acesso em: 14 ago. 2014.

FERREIRA, Gabriela. Conflitos no Rio da Prata. In: GRINBERG, Keila; SALLES, Ricardo (Orgs.). *O Brasil Imperial – V. I, 1808-1831*. Rio de Janeiro: Civilização Brasileira, 2009.

FERREIRA, Silvestre Pinheiro. Cartas sobre a Revolução do Brazil pelo Conselheiro Silvestre Pinheiro Ferreira. In: *Revista do Instituto Histórico e Geográfico Brasileiro*. Tomo LI, Primeiro Folheto de 1888. Disponível em: https://ihgb.org.br/publicacoes/revista-ihgb/item/107769-revista-ihgb-tomo-li-1%C2%BA-folheto-de-1888.html. Acesso em: 11 dez. 2013.

FIDIÉ, João José da Cunha. *Vária Fortuna de um Soldado Português*. Teresina: Fundapi, 2006.

FRAGOSO, João; MONTEIRO, Nuno Gonçalo (Orgs.). *Um reino e suas repúblicas no Atlântico: comunicações políticas entre Portugal, Brasil e Angola nos séculos XVII e XVIII*. Rio de Janeiro: Civilização Brasileira, 2017.

GALVES, Marcelo Cheche. Entre os lustros e a lei: portugueses residentes na cidade de São Luís na época da Independência do Brasil. In: *Usos do Passado – XII Encontro regional de História*. Anpuh-RJ, 2006. Disponível em: http://www.eeh2012.anpuh-rs.org.br/resources/rj/Anais/2006/conferencias/Marcelo%20Cheche%20Galves.pdf. Acesso em: 21 nov. 2014.

GALVES, Marcelo Cheche. *Ao Público Sincero e Imparcial: imprensa e Independência do Maranhão (1821-1826)*. Tese apresentada ao Programa de Pós-Graduação em História da Universidade Federal Fluminense. Niterói, 2010. Disponível em: www.historia.uff.br/stricto/td/1199.pdf. Acesso em: 15 dez. 2012.

GALVES, Marcelo Cheche. Demandas provinciais nas Cortes constitucionais portuguesas: Izidoro Rodrigues Pereira, Maranhão, 1822. In: *Anais do XXVI Simpósio Nacional de História – ANPUH*. São Paulo, julho 2011. Disponível em: http://www.snh2011.anpuh.org/resources/anais/14/1312478607_ARQUIVO_ANPUH-SP.pdf. Acesso em: 24 nov. 2014.

GRAHAM, Maria. *Diary of a Voyage to Brazil*. Londres: Longman, Hurst, Rees, Orme, Brown & Green, 1824. Disponível em: http://fr.scribd.com/doc/65591366/Journal-of-a-Voyage-to-Brazil-1821-1823-Maria-Graham. Acesso em: 19 nov. 2013.

GUEDES, Max Justo. A Marinha nas Lutas da Independência. In: *Revista do Instituto Histórico e Geográfico Brasileiro*, v. 298, janeiro-março de 1973. Disponível em: https://www.ihgb.org.br/publicacoes/revista-ihgb/item/107991-revista-ihgb-volume-298.html. Acesso em: 10 dez. 2013.

IDADE D`OURO, Bahia, n. 13, 1821. In: Hemeroteca Digital da Biblioteca Nacional. Disponível em: http://memoria.bn.br/DocReader/docreader.aspx?bib=749940&pasta=ano%20182&pesq=. Acesso em: 11 jan. 2016.

INSTITUTO HISTÓRICO E GEOGRÁFICO BRASILEIRO (IHGB). Expedição do Ceará em Auxílio do Piauhi e Maranhão. Documentos relativos á expedição cearense ao Piauhi e Maranhão para proclamação da independência nacional. In: *Revista do Instituto Histórico e Geográfico Brasileiro*, tomo XLVIII, parte I, 1885. Disponível em: https://ihgb.org.br/publicacoes/revista-ihgb/item/107763-revista-ihgb-tomo-xlviii-parte-i.html. Acesso em: 10 nov. 2013.

INSTRUÇÃO a Felisberto Caldeira Brant, de 12/08/1822. In: BRASIL. MINISTÉRIO DAS RELAÇÕES EXTERIORES. Instruções 1822-1840. *Cadernos do Centro de História e Documentação Diplomática*, ano 7, n. 12, primeiro semestre, 2008, p. 20. Disponível em: https://bit.ly/36EiVwz. Acesso em: 29 mar. 2022.

JANCSÓ, István; PIMENTA, João Paulo G. Peças de um mosaico (ou apontamentos para o estudo da emergência da identidade nacional brasileira)". In: *Viagem Incompleta. A experiência brasileira (1500-2000)*. Carlos Guilherme Mota (Org.) – 2ª edição. São Paulo: Editora Senac, 2000.

KRAAY, Hendrik. Muralhas da independência e liberdade do Brasil: a participação popular nas lutas políticas (Bahia, 1820-1825)". In:

MALERBA, Jurandir (Org.). *A Independência Brasileira. Novas Dimensões*. Rio de Janeiro: Editora FGV, 2006.

LEMOS, Juvêncio Saldanha. *Os Mercenários do Imperador*. Rio de Janeiro: Biblioteca do Exército, 1996.

LIMA, Manuel de Oliveira. *O movimento da Independência, 1821-1822*. 6ª edição. Rio de Janeiro: Topbooks, 1997.

LIMA, Manuel de Oliveira. *O Reconhecimento do Império. História Diplomática do Brasil*. 2ª edição. Rio de Janeiro: Topbooks, 2015.

LISBOA, João Soares. *Correio do Rio de Janeiro* (1822). In: Google Books, http://books.google.fr/books?id=FzxKAAAAcAAJ&printsec=frontcover &hl=pt-PT&source=gbs_ge_summary_r&cad=0#v=onepage&q&f=false. Acesso em: 17 mar 2014.

LUZ SORIANO, Simão José da. *História de El-Rei Dom João VI, Primeiro Rei Constitucional de Portugal e do Brasil*. Lisboa: Typographia Universal, 1866. Cópia pertencente à Universidade da Califórnia. Disponível em: http://books.google.com. Acesso em: 5 dez. 2013.

MACHADO, André Roberto de Arruda. *A Quebra da Mola Real das Sociedades: a crise política do Antigo Regime português na província do Grão-Pará (1821-1825)*. Tese de Doutorado apresentada na Universidade de São Paulo. São Paulo, 2006.

MADALENO GERALDO, José Custódio. "A Transferência da Família Real para o Brasil: suas consequências". In: *Revista Militar*, n. 2.472, Lisboa, janeiro de 2008. Disponível em: http://www.revistamilitar.pt/artigo. php?art_id=257. Acesso em: 12/05/2014).

MAGALHÃES, João Batista. *A evolução militar do Brasil*. 3ª edição. Rio de Janeiro: Biblioteca do Exército Ed., 2001.

MANNING, Willian R. (org.). *Diplomatic Correspondence of the United States Concerning the Independence of the Latin-American Nations*. V. II. New York: Oxford University Press, 1925. Disponível em: https://archive.org/details/ diplomaticcorres02mann/page/n5/mode/2up?view=theater. Acesso em: 16 set. 2014.

MARCÍLIO, Maria Luiza. Crescimento Histórico da População Brasileira até 1872. Disponível em: www.cebrap.org.br. Acesso em: 18 fev. 2013.

MARTINS, Helio Leoncio. A Província Cisplatina do ponto de vista brasileiro. *Estudios Historicos – CDHRP*, ano II, n. 4, mar. 2010. Disponível em: http://www.estudioshistoricos.org/edicion_4/helio-leoncio.pdf. Acesso em: 18 ago. 2014.

MAXWELL, Kenneth. Por que o Brasil foi diferente? O contexto da independência. In: *Viagem Incompleta. A experiência brasileira (1500-2000)*. Carlos Guilherme Mota (organizador) – 2ª edição. São Paulo: Editora Senac, 2000.

MELLO, Evaldo Cabral de. Frei Caneca ou a outra independência. In: *Frei Joaquim do Amor Divino Caneca*. Organização de Evaldo Cabral de Mello. São Paulo: Editora 50, 2001.

MELLO, Evaldo Cabral de. *A outra independência: o federalismo pernambucano de 1817 a 1824*. 2ª Edição. São Paulo: Editora 34, 2014.

MELLO, Ignacio Luiz Madeira de. *Officios e Cartas dirigidos ao Governo pelo Governador das Armas da Provincia da Bahia com as datas de 7 e 9 de julho deste anno e que forão presentes* às *Cortes Geraes Extraordinarias e Constituintes da Nação Portugueza*. Lisboa: Imprensa Nacional, 1822. Disponível em: http://books.google.com. Acesso em: 15 mar. 2013.

MELLO, Jeronymo de A. Figueira. A Correspondencia do Barão Wenzel de Marschall (Agente diplomático da Austria no Brasil de 1821 a 1831). In*: Revista do Instituto Histórico e Geográfico Brasileiro*, tomo LXXVII, parte I, 1914. Disponível em: https://www.ihgb.org.br/publicacoes/revista-ihgb/item/107822-revista-ihgb-tomo-lxxvii-parte-i.html. Acesso em: 29 nov. 2013.

MENDES, Francisco Iweltman Vasconcelos. *Parnaíba: Educação e Sociedade na Primeira República*. Dissertação de Mestrado. Teresina, Universidade Federal do Piauí, 2007. Disponível em: https://pt.scribd.com/document/179711416/PARNAIBA-EDUCACAO-E-SOCIEDADE-NA-PRIMEIRA-REPUBLICA-DISSERTACAO. Acesso em: 15 fev. 2014.

MORGADO, Sergio Roberto Dentino. Os combates de Pirajá e Itaparica. In: BAHIA (Estado). Secretaria de Cultura. *2 de julho: A Bahia na Independência Nacional*. Salvador: Fundação Pedro Calmon, 2010. Disponível em: https://

www.academia.edu/8234088/A_Bahia_na_Independ%C3%AAncia_
Nacional_Colet%C3%A2nea_2_de_julho. Acesso em: 29 set. 2014.

NEVES, Abdias. *A guerra do Fidié. Uma epopéia brasileira na luta pela independência*.
4ª edição. Teresina: Fundapi, 2006.

NEVES, Lúcia Bastos P. "Parte 2 – A Vida Política. In: *História do Brasil Nação:
1808/2010. Volume 1: Crise Colonial e Independência (1808-1830)*. Coordenação:
Alberto da Costa e Silva. Direção: Lilia Moritz Schwarcz. Rio de Janeiro:
Objetiva, 2011.

NIZZA DA SILVA, Maria Beatriz. Autonomia e Separatismo. In: *Clio –
Revista de Pesquisa Histórica*, n. 30, 2012. Disponível em: https://periodicos.
ufpe.br/revistas/revistaclio/article/view/24376/19742. Acesso em: 15
maio 2013.

NORTON, Luís. *A Corte de Portugal no Brasil: (notas, alguns documentos diplomáticos
e cartas da imperatriz Leopoldina)*. São Paulo: Companhia Editora Nacional,
2008.

OBERACKER JR., Carlos H. "Por que D. Pedro declarou a Independência
do Brasil". In: *Revista do Instituto Histórico e Geográfico Brasileiro*, n. 349, outubro-
dezembro de 1985. Disponível em: https://www.ihgb.org.br/publicacoes/
revista-ihgb/item/108042-revista-ihgb-volume-349.html. Acesso em: 10
dez. 2013.

OFÍCIO DA JUNTA Governativa do Piauí, aos oficiais da Câmara da Vila
de Parnaíba, sobre o reconhecimento do governo de D. Pedro de Alcântara,
e a instalação do novo Governo na Província do Piauí. Arquivo Histórico
Ultramarino, AHU_ACL_CU_016, Cx 31, D. 1677. Em 25 de janeiro de
1823 In: Biblioteca Virtual do Projeto Resgate. Disponível em: https://
digitarq.ahu.arquivos.pt/details?id=1325758. Acesso em: 18 jan. 2015.

OFÍCIO DO GOVERNADOR das Armas do Piauí, João José da Cunha
Fidié, ao [secretário de Estado dos Negócios Estrangeiros e Guerra],
Cândido José Xavier, sobre as notícias acerca das tropas sediciosas que
marcham do Ceará para o Piauí, e solicitando o auxílio das tropas do
Maranhão para defender os locais mais distantes do Piauí. Em 27 de janeiro
de 1823. Arquivo Histórico Ultramarino, AHU_ACL_CU_016, Cx 32, D.

1679. In: Biblioteca Virtual do Projeto Resgate. Disponível em: https://digitarq.ahu.arquivos.pt/details?id=1325763. Acesso em: 18 jan. 2015.

PAIXÃO E DORES, Frei Manoel Moreira da. *Diário do Capelao da esquadra de Lord Cochrane*. Anais da Biblioteca Nacional do Rio de Janeiro. Rio de Janeiro: Serviço Gráfica do Ministério da Educação, 1938. In: Biblioteca Nacional, acervo digital. Disponível em: http://objdigital.bn.br/acervo_digital/anais/anais_060_1938.pdf. Acesso em: 3 jun. 2013.

PALMELLA, Duque de. *Despachos e Correspondência do Duque de Palmella*. Tomo Primeiro: desde 9 de abril de 1817 a 25 de janeiro de 1825. Lisboa: Imprensa Nacional, 1851. In: Centro de Estudos Históricos da Universidade Nova de Lisboa, https://books.google.fr/books?id=_IMDAAAAYAAJ&printsec=frontcover&dq=editions:06tseqmN7Fw6IvTc7gD8bO&hl=pt-PT#v=onepage&q&f=false. Acesso em: 6 jan. 2014.

PASCOAL, Isaías. Fundamentos econômicos da participação política do sul de Minas na construção do Estado brasileiro nos anos 1822-1840. In: *Economia e Sociedade*. Campinas, v. 17, n. 2 (33), p. 133-157, agosto de 2008.

PEREIRA, Aline Pinto. A *Monarquia constitucional representativa e o locus da soberania no Primeiro Reinado: Executivo versus Legislativo no contexto da Guerra da Cisplatina e a formação do Estado no Brasil*. Tese de Doutorado. Curso de Pós-Graduação em História Social da Universidade Federal Fluminense. Nitérói, 2012. Disponível em: http://www.historia.uff.br/stricto/td/1390.pdf. Acesso em: 21 ago. 2014.

PIMENTA, João Paulo G. Portugueses, americanos, brasileiros: identidades políticas na crise do Antigo Regime luso-americano. In: *Almanack Braziliense*, n. 3, maio de 2006. Disponível em: http://www.ieb.usp.br/wp-content/uploads/sites/198/2016/07/almanack_03_1322177388.pdf. Acesso em: 10 abr. 2015.

PINHEIRO, José Feliciano Fernandes (Visconde de São Leopoldo. *Memórias do Visconde de S. Leopoldo, José Feliciano Fernandes Pinheiro, compiladas e postas em ordem pelo Conselheiro Francisco Ignácio Marcondes Homem de Mello*. In: *Revista do Instituto Histórico e Geográfico Brasileiro*, tomo XXXVII, parte segunda, 1874. Disponível em: https://ihgb.org.br/publicacoes/revista-ihgb/

item/107742-revista-ihgb-tomo-xxxvii-parte-segunda.html. Acesso em: 15 jan. 2014.

PINHO, Wanderley. *História social da cidade do Salvador -Aspectos da história social da cidade, 1549-1650*. Salvador: Beneditina, 1968.

RAIOL, Domingos Antonio. *Motins Políticos ou Historia dos Principaes Acontecimentos Politicos da Provincia do Pará, desde o anno de 1821 até 1835*. Rio de Janeiro: Typographia do Imperial Instituto Artistico, 1865. disponível em: http://books.google.fr/books/about/Motins_politicos_ou_Historia_dos_princip.html?i¬d=5Q9QAAAAYAAJ&redir_esc=y. Acesso em: 15 dez. 2014.

RAMOS, Luís A. de Oliveira. A Revolução de 1820 e a Revolução Francesa. Palestra proferida em 25 jan. 1985, na Universidade de Bordeaux. *Revista de História*, v. 05, 1983-1984, p. 131-142. Disponível em: https://ler.letras.up.pt/uploads/ficheiros/6510.pdf. Acesso em: 25 abr. 2012.

REBOUÇAS, Antonio Pereira. *Recordações Patrióticas (1821-1838)*. Rio de Janeiro, Typ. G. Leuzinger & Filhos, 1879. Biblioteca do Senado – Obras raras. Disponível em: http://www2.senado.leg.br/bdsf/item/id/242446. Acesso em: 1º out. 2014.

REGO BARRETO, Luiz. *Memoria Justificativa sobre a conducta do Marechal de Campo Luís do Rego Barreto, durante o tempo em que foi Governador de Pernambuco, Presidente da Junta*. Lisboa: Typographia de Desiderio Marques Leão, 1822. Coleção da Harvad College Library. Disponível em: https://bit.ly/3uAhreM. Acesso em: 10 fev. 2013.

REIS, Arthur Cezar Ferreira. Portugal no seu esforço de independência e autonomia do Brasil. In: *Revista do Instituto Histórico e Geográfico Brasileiro*. Volume 249, outubro-dezembro de 1960. Disponível em: https://ihgb.org.br/publicacoes/revista-ihgb/item/107942-revista-ihgb-volume-249.html. Acesso em: 3 dez. 2013.

RICÚPERO, Rubens. *A Diplomacia na construção do Brasil – 1750-2016*. São Paulo: Editora Versal, 2017.

RIOS, José Arthur. Estrutura agrária brasileira na época da Independência. In: *Revista do Instituto Histórico e Geográfico Brasileiro*, v. 298, janeiro-março de

1973. Disponível em: https://www.ihgb.org.br/publicacoes/revista-ihgb/item/107991-revista-ihgb-volume-298.html. Acesso em: 4 dez. 2013.

ROCHA, Antônio Penalves. *A recolonização do Brasil pelas Cortes: História de uma invenção historiográfica.* São Paulo: Editora Unesp, 2009.

RODRIGUES, José Honório. *Independência: Revolução e Contra-Revolução.* Rio de Janeiro: Biblioteca do Exército Editora, 2002.

RODRIGUES, José Honório; SEITENFUS, Ricardo A. S. *Uma história diplomática do Brasil, 1531-1945.* Organização de Lêda Boechat Rodrigues. Rio de Janeiro: Civilização Brasileira, 1995.

RUBIM, Braz da Costa. Memoria sobre a Revolução do Ceará em 1821. In: *Revista do Instituto Histórico e Geográfico Brasileiro,* tomo XXIX, parte segunda, 1866. Disponível em: https://ihgb.org.br/publicacoes/revista-ihgb/item/107726-revista-ihgb-tomo-xxix-parte-segunda.html. Acesso em: 5 dez. 2013.

SANTOS, Francisco Ruas. A Independência do Brasil do ponto-de-vista militar terrestre. In: *Revista do Instituto Histórico e Geográfico Brasileiro.* Volume 298, janeiro-março, 1973, p. 149-152. Disponível em: https://www.ihgb.org.br/publicacoes/revista-ihgb/item/107991-revista-ihgb-volume-298.html. Acesso em: 23 set. 2013.

SCHIAVINATTO, Lívia. Entre histórias e historiografias: algumas tramas do governo joanino. In: *O Brasil Imperial, volume I: 1808-1831.* Organização Keila Grinberg e Ricardo Salles. Rio de Janeiro: Civilização Brasileira, 2009.

SCHWARCZ, Lilia Moritz. *A longa viagem da biblioteca dos reis: do terremoto de Lisboa* à independência *do Brasil.* São Paulo: Companhia das Letras, 2002.

SENA, Ana Lívia Aguiar de. *As Cortes Gerais e Extraordinárias da Nação Portuguesa: espaço do cidadão maranhense na resolução de suas querelas.* II Simpósio de História do Maranhão Oitocentista. São Luís, 2011.

SILVA, Luís Antonio Vieira da. *História da independência da província do Maranhão (1822-1828).* Rio de Janeiro: Companhia Editora Americana, 1972.

SILVA, Luiz Geraldo Santos da. O avesso da independência: Pernambuco (1817-24). In: *A Independência Brasileira. Novas Dimensões.* Organização de Jurandir Malerba. Rio de Janeiro: Editora FGV, 2006.

SILVA, Marcelo Renato Siquara. *Independência ou morte em Salvador: O cotidiano da capital da Bahia no contexto do processo de independência brasileiro (1821-1823).* Dissertação apresentada ao Programa de Pós-Graduação em História Social do Departamento de História da Universidade Federal da Bahia. Salvador, 2012. Disponível em: https://repositorio.ufba.br/handle/ri/11617. Acesso em: 25 set. 2014.

SOUZA FILHO, Agemiro Ribeiro de. Projetos políticos na revolução constitucionalista na Bahia (1821-1822). In: *Almanack Braziliense*, n. 7, maio de 2008.

SOUZA FILHO. Agemiro Ribeiro de. Entre a Bahia e o Rio de Janeiro: articulações políticas e o reordenamento do poder no tempo da Independência (1821-1823). In: *Revista Binacional Brasil Argentina*, Vitória da Conquista, v. 1, n. 2, p. 33-53, dezembro de 2012. Disponível em: https://periodicos2.uesb.br/index.php/rbba/article/view/1339/1161. Acesso em: 30 set. 2014.

TAVARES, Luiz Henrique Dias. *A Independência do Brasil na Bahia*. Rio de Janeiro, Civilização Brasileira, 1977.

TAVARES, Luiz Henrique Dias. Uma Leitura do Manifesto de Cipriano Barata à Bahia em 1823. In: *Revista do Instituto Histórico e Geográfico Brasileiro*, v. 149, n. 360, julho-setembro de 1988. Disponível em: https://ihgb.org.br/publicacoes/revista-ihgb/item/108048-revista-ihgb-volumes-358,-359,-360-e-361.html. Acesso em: 10 dez. 2013.

TAVARES, Luiz Henrique Dias. *História da Bahia*. 11ª edição. São Paulo: Editora da UNESP; Salvador: EDUFBA, 2008.

VALE, Brian. *Una guerra entre ingleses*. 1ª edição. Buenos Aires: Instituto de Publicaciones Navales, 2005.

VALE, Brian. English and Irish Naval Officers in the War for Brazilian Independence. *Irish Migration Studies in Latin America*, v. 4, n. 3, jul. 2006, p. 104-105. Disponível em: http://irlandeses.org/0607_102to114.pdf. Acesso em: 28 maio 2014.

VARNHAGEN, Francisco Adolpho de. *História da Independência do Brasil*. 3ª edição. São Paulo: Edições Melhoramentos, 1957.

VASCONCELOS, Pedro de Almeida. Salvador, rainha destronada? (1763-1823)". In *História* (São Paulo), v. 30, n. 1, p. 174-188, jan.-jun. 2011. Disponível em: www.scielo.br/pdf/his/v30n1/v30n1a08.pdf. Acesso em: 2 set. 2013.

VIANA, Helio. A Independência e o Império. In: *Revista do Instituto Histórico e Geográfico Brasileiro*. Volume 263, abril-junho de 1964. Disponível em: https://ihgb.org.br/publicacoes/revista-ihgb/item/107956-revista-ihgb-volume-263.html. Acesso em: 10/10/2013.

VIEIRA, Martha Victor. Cunha Mattos em Goiás: os conflitos de jurisdição entre o Governo das Armas e o Governo civil (1823-1826)". In: *Revista Territórios & Fronteiras*. Cuiabá, v. 5, n. 2, julho-dezembro 2012. Disponível em: https://periodicoscientificos.ufmt.br/territoriosefronteiras/index.php/v03n02/article/view/142/133. Acesso em: 10 mar. 2014.

VINHOSA, Francisco Luiz Teixeira. Administração provincial em Minas Gerais. In: *Revista do Instituto Histórico e Geográfico Brasileiro*, ano 160, n. 403, abril-junho de 1999. Disponível em: https://ihgb.org.br/publicacoes/revista-ihgb/item/107853-revista-ihgb-tomo-106-vol-160.html. Acesso em: 16 nov. 2013.

WEBSTER, C. K. (Ed). *Britain and the independence of Latin America (1812-1830)*. Select documents from the Foreign Office Archives, v. I. London: Oxford University Press, 1938.

WEHLING, Arno; WEHLING, Maria José. Exército, milícias e ordenanças na corte joanina: permanências e modificações. In: *Revista Da Cultura*, ano VIII, n. 14, 2008. Disponível em: www.funab.org.br. Acesso em: 21 maio 2013.

XAVIER, Manoel António, Memória sobre o decadente estado da lavoura e comércio da Província do Maranhão e outros ramos públicos, que obstão à prosperidade e aumento de que é susceptível. In: *Revista do Instituto Histórico e Geográfico Brasileiro*, n. 231, abril-junho de 1956. Disponível em: https://ihgb.org.br/publicacoes/revista-ihgb/item/107924-revista-ihgb-volume-231.html. Acesso em: 5 dez. 2013.

Figura 1
Independência ou Morte, Pedro Américo, 1988. Óleo sobre tela.
(Obra também conhecida como *O grito do Ipiranga*.)

Figura 2
Detalhe da obra *1807, Friedland*, Ernest Meissonier, 1861-75. Óleo sobre tela.

Figura 3
Funcionário público saindo de casa com a família, Jean Baptiste Debret, 1835.
Litografia colorida à mão.

Figura 4
O colar de ferro para castigo dos fugitivos, Jean Baptiste Debret, 1835.
Litografia colorida à mão.

Figura 5

Tomada da cidade de São Salvador no século XVIII (panorâmico), autor desconhecido, 17--. Gravura aquarelada.

Figura 6
Santa Maria de Belém do Pará, Johann Baptist von Spix, 1817. Gravura.

Figura 7
General Andoche Junot, Duque de Abrantes, Emmanuel Philippoteaux, 1813.
Óleo sobre tela.

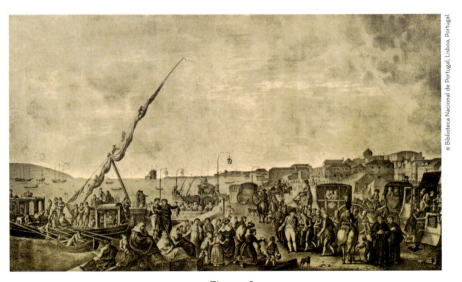

Figura 8
Embarque do Príncipe Regente de Portugal (Dom João) no cais de Belém com toda a Família Real, em 27 de novembro, às 11 horas da manhã, Henri L'Eveque, 1813.
Gravura em buril e água-forte.

Figura 9
Praça do Carmo, Rio de Janeiro, Franz Josef Frühbeck, 1818(?).

Figura 10
Largo da Carioca em 1816, Nicolas Antoine Taunay, 1816. Óleo sobre tela.

Figura 11
Retrato de D. João VI, Jean Baptiste Debret, 1817. Óleo sobre tela.

Figura 12
Casamento de D. Pedro I e D. Amélia, Jean Baptiste Debret, 1829.
Litografia colorida à mão.

Figura 13
Aclamação do Rei D. João VI, Jean Baptiste Debret, 1839. Litografia colorida à mão.

Figura 14
Bênção das Bandeiras da Revolução de 1817, Antonio Parreiras.
Óleo sobre tela.

Figura 15
As cortes constituintes de 1820, Alfredo Roque Gameiro, 1917. Gravura.

Figura 16
Juramento à Constituição, Félix-Émile Taunay, 1821. Aquarela e grafite sobre papel.

Figura 17
Desembarque do Rei Dom João VI, acompanhado por membros da Corte, na magnífica Praça do Terreiro do Paço em 4 de Julho de 1821, regressando do Brasil, Constantino de Fontes, 1821. Gravura em buril e pontilhado.

Figura 18
O Imperador D. Pedro I em São Paulo, Simplício de Sá, 1822. Óleo sobre tela.

Figura 19
José Bonifácio de Andrada, Lithographia de S. A. Sisson, 1861. Litografia.

Figura 20
D. Rodrigo de Sousa Coutinho, Conde de Linhares, Conselheiro, Ministro e Secretário de Estado, Francisco Tomaz de Almeida e Francesco Bartolozzi, 1812. Gravura.

Figura 21
Retrato de D. Pedro I, Simplício Rodrigues de Sá, 1826. Óleo sobre tela.

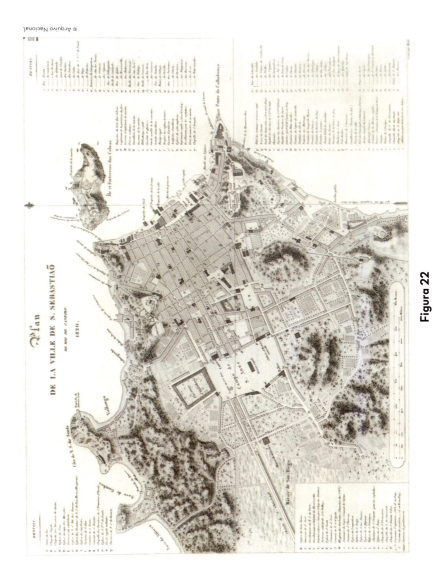

Figura 22

Mapa da cidade do Rio de Janeiro, 1820. O Campo de Sant'Anna é bem visível no centro da imagem. O Morro do Castelo estava na ponta à direita, próximo ao Passo Imperial.

Figura 23
Príncipe Regente Dom Pedro e Jorge de Avilez à bordo da Fragata União,
Oscar Pereira da Silva, 1822. Óleo sobre tela.

Figura 24
Retrato do General Luís do Rêgo Barreto – 1º Visconde de Geraz de Lima (1777-1840),
autoria desconhecida.

Figura 25
Gervásio Pires aos vinte e sete anos de idade. No camafeu vê-se a efígie de Gervásio Pires pintada em uma placa de marfim. Em suporte de ouro, tem no verso o monograma GPF. A joia foi provavelmente confeccionada na França, em 1792.

Figura 26
Retrato da Soror Joanna Angélica, Domenico Failutti, 1925. Óleo sobre tela – marouflage.

Figura 27
O primeiro passo para a Independência da Bahia, Antônio Parreiras, 1931.
Óleo sobre tela.

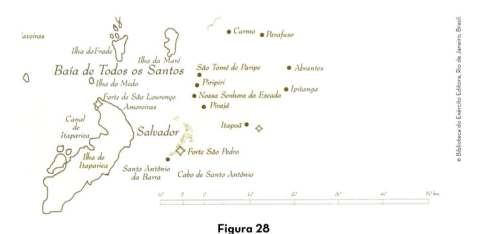

Figura 28
Fonte: EXÉRCITO BRASILEIRO. *O Exército na História do Brasil*. Vol. 2.
Rio de Janeiro: Biblioteca do Exército Editora/Salvador: Odebrecht, 1998.

Figura 29
Maria Leopoldina da Áustria, imperatriz do Brasil, Josef Kreutzinger, 1815. Óleo sobre tela.

Figura 30
A Proclamação da Independência, François-René Moreaux, 1844. Óleo sobre tela.

Figura 31
Coroação de Dom Pedro I, Imperador do Brasil, Jean-Baptiste Debret, 1824.
Litografia colorida à mão.

Figura 32
Escola Militar, Pieter Godfred Bertichem, 1856. Gravura.

Figura 33
Uniformes militares, Jean Baptiste Debret, 1839. Litografia.

Figura 34
Uniformes militares (detalhe), Jean Baptiste Debret, 1839.
Litografia colorida a mão por Thierry Frères.

Figura 35
O rei D. Miguel controla golpe de estado em 1823, António Patricio Pinto Rodrigues e Mauricio José do Carmo Sendim, 1829. Gravura.

Figura 36
Retrato de Pedro Labatut, Oscar Pereira da Silva, 1925. Óleo sobre tela – marouflage.

Figura 37
Fonte: EXÉRCITO BRASILEIRO. O Exército na História do Brasil. Vol. 2.
Rio de Janeiro: Biblioteca do Exército Editora/Salvador: Odebrecht, 1998.

Figura 38
Retrato de Maria Quitéria de Jesus Medeiros, Domenico Failutti, 1920. Óleo sobre tela.

Figura 39
Retrato de Joaquim Lima e Silva (Visconde de Mogi das Cruzes),
Domenico Failutti, 1925. Óleo sobre tela – marouflage.

Figura 40
Thomas Cochrane, 10º Conde de Dundonald, gravura de John Cook
baseada em pintura de James Ramsay, 1866. Gravura.

Figura 41
Nau Pedro I, do almirante Thomas Cochrane.

Figura 42
A batalha de 4 de maio de 1823, por Almirante Trajano Augusto de Carvalho.

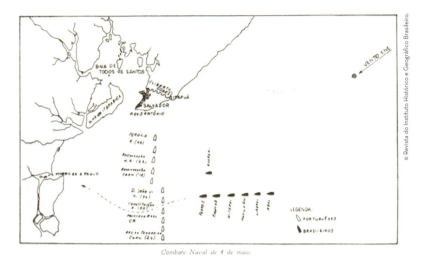

Figura 43
Fonte: GUEDES, Max Justo. A Marinha nas Lutas da Independência. In: Revista do Instituto Histórico e Geográfico Brasileiro, v. 298, janeiro-março de 1973.

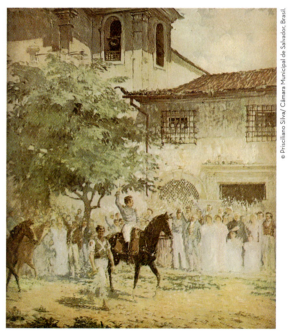

Figura 44
Exército brasileiro adentrando Salvador em 1823, Prisciliano Silva, 1823.
Óleo sobre tela.

Figura 45
Fonte: Revista do Instituto Histórico e Geográfico Brasileiro, 1973, p. 145.

Figura 46
Carlos Frederico Lecor, Barão da Laguna, Miguel Benzo. Óleo sobre tela.

Figura 47
Embarque na Praia Grande das tropas destinadas para uma expedição contra Montevidéu, Jean Baptiste Debret, 1835. Litografia em cores.

Figura 48
Constituição política do Império do Brasil [capa], Assembleia Nacional Constituinte de 1823/1824, 1824. Livro impresso.

Figura 49
Confederação do Equador. Confronto entre tropas rebeldes e forças legalistas na Batalha dos Afogados em Recife, Leandro Martins, 1824. Óleo sobre tela.

Figura 50
Charles Stuart, Barão Stuart de Rothesay (1779-1845), diplomata, Sir George Hayter, 1830. Óleo sobre tela.

Figura 51
Reconhecimento do Império do Brasil e sua Independência (entrega de credenciais do Embaixador Charles Stuart), Leon Tirode, fim do século XIX. Óleo sobre painel.

Figura 52
Tratado do Rio de Janeiro [capa], 1825.
Aborda o Tratado de Paz, Amizade e Aliança entre o Império do Brasil e o Reino de Portugal, firmado em 29 de agosto de 1825.